Tom Gelhausen

Modellextraktion aus natürlichen Sprachen

Eine Methode zur systematischen Erstellung von Domänenmodellen

Modellextraktion aus natürlichen Sprachen

Eine Methode zur systematischen Erstellung
von Domänenmodellen

von
Tom Gelhausen

Dissertation, Karlsruher Institut für Technologie
Fakultät für Informatik, 2010

Impressum

Karlsruher Institut für Technologie (KIT)
KIT Scientific Publishing
Straße am Forum 2
D-76131 Karlsruhe
www.ksp.kit.edu

KIT – Universität des Landes Baden-Württemberg und nationales
Forschungszentrum in der Helmholtz-Gemeinschaft

KIT Scientific Publishing 2010
Print on Demand

ISBN 978-3-86644-547-5

Modellextraktion aus natürlichen Sprachen

Eine Methode zur systematischen Erstellung von Domänenmodellen

Zur Erlangung des akademischen Grades eines
Doktors der Ingenieurwissenschaften
der Fakultät für Informatik
des Karlsruher Instituts für Technologie (KIT)
genehmigte
Dissertation

von

Tom Gelhausen
aus Karlsruhe

Juli 2010

Tag der mündlichen Prüfung: 27. April 2010
Erstgutachter: Prof. Dr. Walter F. Tichy
Zweitgutachter: Prof. Dr. Ralf H. Reussner

Inhaltsverzeichnis

1 Einleitung   **1**
  1.1 Warum natürliche Sprache? 4
  1.2 Was ist natürliche Sprache? 6
  1.3 Thesen und Inhalt der Arbeit 8

2 Zielverwandte Arbeiten und Abgrenzung   **11**
  2.1 Quelle und Ziel 12
  2.2 Prozesseinbettung 16
      2.2.1 Einbettung der Ausgabe 16
      2.2.2 Erhebung der Eingabe 19
  2.3 Implementierungsaspekte des Extraktionsprozesses 22
      2.3.1 Transparenz und Wiederholbarkeit 22
      2.3.2 Sprach- und Formulierungsunabhängigkeit 24
      2.3.3 Ressourcen 25
  2.4 Abgrenzung von den verwandten Arbeiten 26
  2.5 Zusammenfassung 32

3 Grundlagen   **33**
  3.1 Linguistische Grundbegriffe 33
      3.1.1 Konstituenten 34
      3.1.2 Köpfe 35
      3.1.3 Argumente und Adjunkte 37
          3.1.3.1 Zur Valenz 37
          3.1.3.2 Multiplizität und Rollen 40
          3.1.3.3 Synthese 40
      3.1.4 Bezüge – Inhaltliche Bezüge, Textbezüge und Deixis 41
      3.1.5 Begriffe der Grammatik 42
  3.2 Diskursmodelle und Wissensrepräsentation 44
      3.2.1 Prädikat-Argument-Strukturen 45
      3.2.2 Web Ontology Language 45
      3.2.3 Topic Maps 46
          3.2.3.1 Kritik 47
          3.2.3.2 Ein Beispiel für eine Topic Map 47

3.3 Kontext 51
  3.3.1 Werkzeuge 52
  3.3.2 Definition von Kontext 54
  3.3.3 Auswahl der Entscheidungsfunktion 55
  3.3.4 Beispiel 55
  3.3.5 Vergleich mit Temporaler und Modaler Logik 56
  3.3.6 Stetigkeit 56
3.4 Pragmatik 58
  3.4.1 Das Verhältnis von Symbol und Sache 58
  3.4.2 Maßnahmen bei der Texterstellung 60
  3.4.3 Kognition und Präsentation 63
  3.4.4 Subjektivität: Ist Modellierung per se Widersinnig? 65
  3.4.5 Spektren 66
  3.4.6 Modifikation und Koordination 70
    3.4.6.1 Modifikation 70
    3.4.6.2 Koordination 71
3.5 Omnigraphen 73
  3.5.1 Verallgemeinerung von Richtung 74
  3.5.2 Formale Definition 75
    3.5.2.1 Erklärung und Deutung 76
    3.5.2.2 Beispiele 77
3.6 Thematische Rollen 80
  3.6.1 Ein Satz Thematischer Rollen 82
  3.6.2 Deiktischer Abschluss 84
  3.6.3 Handhabung 85

4 SENSE   **89**
4.1 Natürliche Sprache als Programmiersprache 89
4.2 Sense kompakt 97
4.3 Die Semantik der offenen Wortklassen 98
  4.3.1 Die Semantik der Nomen 98
  4.3.2 Die Semantik der Verben 100
    4.3.2.1 Die Bedeutung der Flexion bei Verben 101
    4.3.2.2 Sein und Haben 102
  4.3.3 Die Semantik der Adjektive 103
    4.3.3.1 Vergleichsformen 105
    4.3.3.2 Multiplizitäten 106
    4.3.3.3 Quantoren 106

4.4 Die Semantik der geschlossenen Wortklassen 109

   4.4.1 Die Semantik der Pronomen 109

      4.4.1.1 Personalpronomen 110

      4.4.1.2 Reflexivpronomen 111

      4.4.1.3 Possessivpronomen 111

      4.4.1.4 Demonstrativpronomen 112

      4.4.1.5 Relativ- und Interrogativpronomen 112

      4.4.1.6 Indefinitpronomen 112

   4.4.2 Die Semantik der Präpositionen 113

   4.4.3 Die Semantik der Artikel 113

   4.4.4 Die Semantik der Konjunktionen 114

   4.4.5 Die Semantik der Adverbien 114

      4.4.5.1 Frageadverbien 115

      4.4.5.2 Kommentaradverbien 116

      4.4.5.3 Konjunktionaladverbien 116

      4.4.5.4 Lokaladverbien 117

      4.4.5.5 Modaladverbien 118

      4.4.5.6 Pronominaladverbien 119

      4.4.5.7 Temporaladverbien 119

      4.4.5.8 Partikel: Adverbien ohne besondere Semantik 120

4.5 Die Semantik von Haupt- und Nebensätzen 121

   4.5.1 Die Semantik einfacher Sätze 121

      4.5.1.1 Substantivgruppen 123

      4.5.1.2 Adjektivgruppen 124

      4.5.1.3 Adverbgruppen 125

      4.5.1.4 Präpositionalgruppen 125

      4.5.1.5 Konjunktionalgruppen 126

   4.5.2 Die Semantik zusammengesetzter Sätze 126

   4.5.3 Die Semantik nebengeordneter Sätze 127

   4.5.4 Die Semantik untergeordneter Sätze 128

      4.5.4.1 Relativsätze 128

      4.5.4.2 Inhaltssätze 129

      4.5.4.3 Verhältnissätze 130

4.6 Grammatikalische Sonderfälle 135

   4.6.1 Negation 135

   4.6.2 Ellipsen 140

   4.6.3 Diskontinuierliche Konstituenten 142

5 SAL$_E$ MX **143**

5.1 Die Annotationssprache SAL$_E$ 144

    5.1.1 Spektren, Relationen und Rollen 144

    5.1.2 Phrasen 146

        5.1.2.1 Modifikation und Multiplizitäten 147

        5.1.2.2 Kommentare 149

        5.1.2.3 Phrasenbeziehungen, Schachtelung und Köpfe 150

    5.1.3 Zusicherungen 150

    5.1.4 Explizite Relationen 151

    5.1.5 Beispiel 152

5.2 Die Implementierung 158

    5.2.1 Die Ausgabe von Modellen 161

        5.2.1.1 Ein Graphmodell für UML 161

        5.2.1.2 Klassendiagramme 162

        5.2.1.3 Aktivitätsdiagramme 167

    5.2.2 Die Ausgabe von Fragebögen 170

6 SUMOχ – Inhaltsvollständigkeit von UML-Modellen **173**

6.1 Die Schwierigkeit der Modell-Evaluation am Beispiel der Lehre 173

6.2 Evaluation 174

    6.2.1 Erfolgreiche Beschwerden in Klausureinsichten: Intra-Student-Fairness 175

    6.2.2 Schach-Studie: Inter-Student-Fairness 176

6.3 Diskussion der Abweichungen 179

    6.3.1 Beobachtungen bezüglich der Korrekturen 179

    6.3.2 Beobachtungen bezüglich der eingereichten Lösungen 180

6.4 Diskussion der Anwendbarkeit der Prüflisten 181

    6.4.1 Einschränkungen 181

    6.4.2 Übertragbarkeit auf Softwareprojekte 182

6.5 Zusammenfassung 182

7 Evaluation von SAL$_E$ MX **183**

7.1 Evaluation an der deutschen Grammatik 184

7.2 Evaluation an Fallbeispielen 186

    7.2.1 Schuldverschreibung 186

    7.2.2 Kuchenrezept 192

    7.2.3 Bibliothek 202

    7.2.4 Beobachtungen 213

7.3 Evaluation mit SUMOχ 215

7.4 Ergebnis 219

8	Zusammenfassung und Ausblick	221
A	Thematische Rollen	227
B	Die Grammatik von SAL$_E$	231
C	Transformationsregeln	235
D	Aufbereitung der Grafiken	239
E	Schachaufgabe – Material	243
F	XML-Definition des Topic Maps-Beispiels	277
	Abbildungsverzeichnis	281
	Tabellenverzeichnis	285
	Quelltexte-Verzeichnis	287
	Literaturverzeichnis	289

Kapitel 1

Einleitung

Diese Arbeit beschreibt eine Methode, mit der man aus Anwendungsdomänenbeschreibungen in Form von natürlichsprachlichen Texten Modelle der Domäne extrahieren kann. Solche Modelle benötigt man sowohl in klassischen Softwareprozessen, als auch in modellgetriebenen Entwicklungsverfahren. Warum ist modellieren so schwer? Warum ist das Erstellen eines guten Modells heute immer noch eine Kunst? Auf der Suche nach Antworten auf diese Fragen ist diese Arbeit entstanden. Die Beobachtungen sind:

- Es ist schwer, in umfangreichen Spezifikationstexten den Überblick zu behalten und die Domäne konsistent zu modellieren.

- Es ist schwer, bei der Analyse nicht an die Implementierung zu denken und von dieser unbeeinflusst zu modellieren. Dies wäre aber wichtig, um hinterher unter Berücksichtigung *aller* Anforderungen die Anwendung organisieren, optimieren und von Fehlern befreien zu können.

- Es ist schwer, in großen Modellen nach den Auswirkungen einzelner, geänderter Kundenanforderungen zu suchen. Dafür muss man schlechtestenfalls jedes Mal das gesamte Modell überprüfen.

- Es fällt schwer, das mühevoll geschaffene Modell (-fragment) wieder zu verwerfen, nur weil es „nicht ganz" passt. Gerade bei Anfängern beobachten wir die Neigung, die Wirklichkeit so umzudefinieren, dass sie zum Modell passt, statt das Modell zu überarbeiten und an die Wirklichkeit anzupassen. Das gilt umso mehr, je „eleganter" das aktuelle Modell in den eigenen Augen ist.

Gegenwärtig stellt das Durchforsten von Dokumenten und Formularen nach Nomen, Verben und Adjektiven, um Kandidaten für Klassen, Assoziationen und Attribute zu finden, den Stand der Kunst dar (siehe beispielsweise [Bal00]). Wir müssen also annehmen, dass eine Art „funktionaler Zusammenhang" zwischen der natürlichsprachlichen Spezifikation und dem formalen UML-Modell, das wir für die Anwendungsentwicklung benötigen, existiert. Ein mögliches Bindeglied ist der in dieser Arbeit vorgestellte Formalismus SENSE, ausgeprägt in Form eines *Domänenmodellextraktors* (DMX), nämlich SAL$_E$ ʍx. Beide basieren auf der linguistischen Analyse eines Spezifikationstextes und der anschließenden Transformation der Analyseergebnisse in Softwareprozessartefakte wie UML-Modelle.

Der linguistische Ansatz ist für die genannte Aufgabe nicht neu. Auch wenn es sich bei diesem seit 25 Jahren bekannten Verfahren um „best practice" handelt [Abb83], bleibt die Frage zu beantworten, wieso dieser Ansatz überhaupt erfolgreich ist. Wenn man genauer hinsieht, stellt man fest, dass Nomen nicht immer nur Klassen, sondern manchmal auch Rollen, Beziehungen, Methoden, Attribute oder Zustände beschreiben. Offenbar gibt es eine Beziehung zwischen Aussagen über die Anwendungsdomäne und der Software, die wir für diese Domäne schreiben wollen, aber wie diese Beziehung genau aussieht, ist bisher unklar. Das in dieser Arbeit vorgeschlagene Modell der natürlichen Sprache, SENSE, kann diese Beziehung erklären.

Es gibt bereits zahlreiche Arbeiten, die (halb-) automatisch Modelle oder sogar lauffähigen Code aus mehr oder weniger „natürlicher" Sprache zu erzeugen. Die große Mehrheit dieser DMX wird durch eine monolithische, phänomenologische Abbildung realisiert, bei der die innere Beziehung durch den Blackbox-artigen Prozess vollständig verdeckt wird. Dieser Ansatz führt zu schnell sichtbaren Ergebnissen, deren Qualität aber sowohl von den gewählten Formulierungen in der Domänenbeschreibung, als auch von den implizit in den Transformationen codierten Entwurfsentscheidungen abhängt. Zum Verständnis des Modellierungsprozesses können sie also kaum etwas beitragen. Der in dieser Arbeit vorgeschlagene Ansatz ist differenzierender und ermöglicht die Trennung verschiedenartiger Entscheidungen, für die insbesondere unterschiedliche Qualifikationen der Entscheider nötig sind.

In der Softwaretechnik-Vorlesung empfehlen wir den Studenten, sich ihre Klassendiagramme selbst vorzulesen, wie dies in Abbildung 1.1 skizziert ist. Sie sollen sich für jede Aussage, die sie auf diese Weise bilden, fragen, ob sie wahr oder falsch ist, um ihre Modelle zu prüfen. Offensichtlich kann man aus Texten, die nur aus solchen Sätzen bestehen, die ursprünglichen Modelle rekonstruieren, indem man die Abbildungen einfach umdreht. Die zentrale Frage aber lautet: Was genau können und was sollen wir aus *natürlicher* Sprache – also aus *realen* Texten – extrahieren?

Der hier vorgestellte Ansatz abstrahiert einerseits von der Syntax; mit anderen Worten von Begleitumständen, die aus der Notwendigkeit folgen, eine sprech- und schreibbare, verständliche und praktische – also natürliche – Sprache zu verwenden. Andererseits abstrahiert der Ansatz von der Pragmatik, und damit der Notwendigkeit, die tiefere Bedeutung des gesprochenen mit dem Rechner zu erfassen. Ich werde in dieser Arbeit zeigen, dass für die gegebene Aufgabe allein die

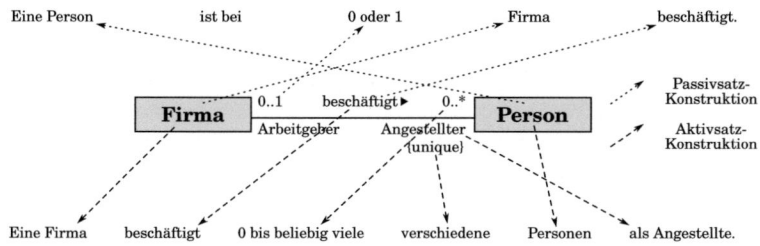

Abbildung 1.1: Ansatz zur Prüfung von Assoziationen in UML-Diagrammen

Transformation der *semantischen Strukturen* reicht. Natürlich benötigt man *zur Identifikation* der semantischen Strukturen sowohl Syntax als auch Pragmatik. Jedoch interessieren uns die syntaktischen Informationen selbst, also beispielweise, ob ein Aktiv- oder ein Passivsatz im Spezifikationsdokument verwendet wurde, bei der Modellierung der Anwendungsdomäne nicht. Die Pragmatik, also welche realweltlichen Instanzen genau den Worten zuzuordnen sind, beschreibt Informationen, die wir im Modellierungsprozess ebenfalls nicht brauchen und deren Erhebung auch mehr als schwierig ist. Beides wird in Kapitel 4 ausführlich besprochen.

SENSE, das für diese Arbeit entwickelte Modell der natürlichen Sprache, kann über die DMX hinaus auch für die Eignungsbewertung von Modelliersprachen und zur Leistungsbewertung von konkreten Modellen verwendet werden: So können wir mehr an semantischen Informationen aus einem Text herausholen, als sich in UML-Diagrammen ausdrücken lässt. Beispiele hierfür sind manche Modalstrukturen oder Begründungen. Einerseits kann also über die Existenz von Entsprechung zu linguistischen Konzepten der maximal mögliche Grad der Abdeckung einer beliebigen natürlichsprachlichen Spezifikation durch einen Formalismus – oder auch einer Menge von Formalismen – bestimmt werden. Damit erkennt man, ob die Spezifikation mit den gewählten Mitteln überhaupt formalisierbar ist. Andererseits kann man auf der Grundlage des vorgestellten Modells Vollständigkeit (*recall*) eines Domänenmodells bezüglich einer gegebenen, natürlichsprachlichen Spezifikation bestimmen. Diese Methode, die ich in Kapitel 6 genauer vorstelle, verwendeten wir erfolgreich zur Bewertung von Prüfungsleistungen am Institut.

1.1 Warum natürliche Sprache?

Im Laufe seiner Ausbildung lernt der Informatiker viele verschiedene formale Spezifikationssprachen. Warum sollte man überhaupt die natürliche Sprache für eine Spezifikation verwenden wollen? *Gegen* die Verwendung der natürlichen Sprache werden üblicherweise zwei Argumente angeführt: 1) Die natürliche Sprache ist langatmig und umständlich (im Vergleich zur kurzen und prägnanten Notationsweise der Mathematik) und 2) sie ist mehrdeutig. Beide Argumente sind zum Teil richtig – aber auch zum Teil falsch.

Zum ersten Argument: Tatsächlich kann man beispielsweise in der Aussagenlogik den Inhalt eines ganzen natürlichsprachlichen Satzes mit einem einzigen Symbol wiedergeben. Man versteckt dann aber die Komplexität in der Interpretation des gewählten Symbols. Betrachtet man Strukturen mit vergleichbarer Komplexität wie die, die natürliche Sprache zulässt (der durch den gewählten Buchstaben repräsentierte Satz ist ja auch nicht atomar), stellt man fest, dass es schwer ist, eine Notation zu finden, die ähnlich effizient ist, wie die natürliche Sprache. Dies mag zunächst verblüffen, aber diese Effizienz wird offensichtlich, wenn man versucht, tatsächlich sämtliche in der Semantik transportierte Information eines Satzes in einer beliebigen formalen Notation aufzuschreiben. (Die in dieser Arbeit vorgestellte Annotationssprache SAL$_E$ für die Auszeichnung der Semantik eines Textes ist ein Beispiel für so eine Notation.)

Zum zweiten Argument: Die zu einer natürlichen Sprache gehörende Semantik und Pragmatik führten zu einer Optimierung der Syntax; eine Optimierung bis hin zur gegenwärtigen, mehrdeutigen Syntax. Diese mehrdeutige Syntax ist für einen menschlichen Benutzer der Sprache so lange kein Problem, wie er die erhaltenen Symbole syntaktisch, semantisch oder pragmatisch ergänzen kann. Man spricht hier von „Sprachökonomie".

Damit sind wir bei einer zentralen Annahme der Arbeit: Für den Menschen ist es vergleichsweise leicht, einen Text zu disambiguieren, also pragmatische Information zu ergänzen, für eine Maschine ist das schwer. Der Maschine fällt es hingegen leicht, die vielen, kleinen, disambiguierten Einzelteile zu verwalten – das ist wiederum für den Menschen schwer. Eine Arbeitsteilung, wie sie in dieser Methode vorgesehen ist, liegt also nahe. Entsprechend habe ich eine eindeutige Syntax für die Codierung der Semantik von natürlicher Sprache entworfen (SAL$_E$), die der Mensch schreiben und die Maschine leicht interpretieren kann.

Nachdem nun die beiden wichtigsten – in der Regel unverzüglich vorgetragenen – *Gegen*argumente diskutiert sind, stellt sich natürlich die Frage: Gibt es auch Argumente, die *für* die Verwendung der natürlichen Sprache als Spezifikationssprache sprechen? Das erste Argument ist die Interdisziplinarität, also die Unabhängigkeit vom Anwender. Die natürliche Sprache wird sowohl vom Softwaretechniker als auch von den Experten jeder Anwendungsdomäne verstanden, für formale Sprachen gilt das nicht. Das zweite Argument ist die Universalität, also die Unabhängigkeit von der Anwendung. Dignum und van de Riet schreiben hierzu:

> [...] something can only be knowledge if it is possible to communicate it to other people. This led several philosophers, like Wittgenstein, Quine and Gadamer, to the proposition that all knowledge should be expressible in (natural) language and even that only natural language can be used to express all knowledge. Although we do not support the thesis that knowledge can only be communicated by natural language, we do think that natural language is the best candidate to represent all the different kinds of knowledge (in a uniform way). [DR91]

1.2 Was ist natürliche Sprache?

In dieser und den verwandten Arbeiten geht es um die Verarbeitung von natürlich-sprachlichem Text. Wie in der Einleitung angedeutet, ist aber „natürliche Sprache" nicht gleich „natürliche Sprache": Gerade Folgen von Sätzen, die immer einem festen Muster genügen müssen, wirken äußerst unnatürlich. Was wollen wir im Rahmen dieser Arbeit unter „natürlicher Sprache" verstehen?

Wir könnten versuchen, für die Definition *natürlicher* Sprache induktiv vorzugehen, also quasi eine Grammatik festzulegen. Aber das führt nicht zum gewünschten Ziel: Wir müssten uns auf eine bestimmte Sprache festlegen (z. B. Deutsch oder Englisch) und alle anderen Sprachen (z. B. Französisch oder Portugiesisch) wären per dieser Definition „unnatürlich". Darüber hinaus erlauben die Ansätze der verwandten Arbeiten unterschiedliche grammatikalische Konstruktionen innerhalb *einer* natürlichen Sprache (i. d. R. Englisch). Eine formale, induktive Definition von „natürlichsprachlichem Text" ist also kaum möglich. Wir wollen trotzdem versuchen zu charakterisieren, was wir als gültige Eingabe betrachten wollen.

Allen hier vorgestellten Arbeiten gemein ist, dass sie *Text* verarbeiten. Das Wörterbuch der deutschen Gegenwartssprache (WDG) definiert „Text" als eine „(schriftlich) fixierte, thematisch zusammenhängende Folge von Aussagen" [KS77]. Außer dem inhaltlichen Zusammenhang der Aussagen (*Kohärenz*) nennt die deutsche Wikipedia noch den grammatikalischen Zusammenhang (*Kohäsion*) als *Textualitätskriterium*[1]. Weitere Textualitätskriterien versuchen, Erscheinungen wie dadaistischen Gedichten gerecht zu werden – aber solche Spezialfälle brauchen wir für das Anwendungsgebiet nicht zu betrachten.

Die in Spezifikationsdokumenten verwendete Sprache ist im Vergleich zu belletristischen Texten eher einfach zu interpretieren: Auch wenn das übliche Ingenieurskauderwelsch hölzern und umständlich ist, müssen im Allgemeinen weder Allegorien gedeutet, noch Hyperbeln relativiert werden. Auch ist es nicht nötig, mehrere Ebenen indirekter Rede auseinander zu halten, wie das beispielsweise Werkzeuge für das automatische Zusammenfassen von Nachrichtentexten können müssen. Noch nicht mal „ich" und „du" kommen in Spezifikationsdokumenten vor; sie sind durchweg in der dritten Person formuliert. Wenn hier oder in den vorgestellten Arbeiten also von „natürlicher Sprache" die Rede ist, dann ist damit die *Sorte* „kognitiver, normativer und informativer Gebrauchstext" gemeint[2].

Keiner der hier vorgestellten Ansätze bemüht sich um die Analyse stilistischen Stucks (solcher Zierrat ist sogar immer kontraproduktiv und führt generell zu Un-

---

[1] vgl. WIKIPEDIA: „Text", http://de.wikipedia.org/w/index.php?title=Text&stableid=57833856, zuletzt besucht am: 24. 5. 2009

[2] vgl. WIKIPEDIA: „Textsorte", http://de.wikipedia.org/w/index.php?title=Textsorte&stableid=57642982, zuletzt besucht am: 24. 5. 2009

sinn im Modell). Trotzdem unterscheidet sich deutlich, was die Ansätze verarbeiten können. Um diese Unterschiede im Kapitel 2 verdeutlichen zu können, benötigen wir jedoch weitere Vergleichskriterien. Diese Kriterien lassen sich jedoch nicht mehr der Begriffswelt der modernen Texttypologie entnehmen, deren Ziel es ja gerade ist, all diese Texte einer einzigen Sorte zuweisen zu können. Die in dieser Arbeit verwendeten Vergleichskriterien orientieren sich inhaltlich eher an den zentralen Begriffen der Semiotik, nämlich Zeichen, Syntax, Semantik und Pragmatik.

Ein Text erzählt immer von gewissen Dingen, er hat ein *Thema*. Was der Text jedoch von diesen Dingen erzählt, das kann – selbst bei gleichem Thema – höchst unterschiedlich sein. Das „was" bezeichnen wir als *Inhalt*. Man kann die Notwendigkeit dieser Unterscheidung leicht nachvollziehen, wenn man sich zwei Passanten vorstellt, die über ein und denselben Verkehrsunfall berichten: Obwohl beide Passanten vom gleichen Ereignis sprechen, könnte sich der Inhalt des Gesagten deutlich unterscheiden. Wenn nun ein Polizeibeamter die Zeugenaussage eines der beiden Passanten aufnimmt, dann werden idealerweise *Thema* und *Inhalt* der Schilderung und des Protokolls gleich sein. Unterscheiden wird Schilderung und Protokoll jedoch vermutlich ein drittes Kriterium, der *Ausdruck*: Die umgangssprachliche Schilderung wird ganz andere linguistische Strukturen aufweisen als das zu Papier gebrachte Protokolldeutsch – obwohl sich beide innerhalb der deutschen Grammatik bewegen. Wenn man nun die Protokolle der Befragung beider Passanten vergleicht, hat man zwei Texte mit gleichem *Thema*, unterschiedlichem *Inhalt*, aber wieder gleichem *Ausdruck*. Wenn man jetzt noch unterstellt, dass der eine Passant ein fünfjähriger Junge und der andere ein Fachmann für Verkehrswesen ist, kann man annehmen, dass sich die beiden Protokolle wiederum in einem vierten Kriterium, dem *Vokabular*, unterscheiden.

Die Kriterien *Thema*, *Inhalt*, *Ausdruck* und *Vokabular* werden hier nur informell eingeführt, da eine exakte Definition weder eindeutig noch kompakt – und auch nicht zielführend ist. Für diese Arbeit reicht es aus, die konzeptuelle Unterscheidung nachzuvollziehen. Dies gilt insbesondere für die Unterscheidung zwischen *Thema* und *Inhalt*: Die Grenze ist gleitend und mit sinkendem Abstraktionsgrad wird der *Inhalt* zum *Thema* der detaillierteren Ansicht, welches dann selbst wieder eigene *Inhalte* hat. Die Unterscheidung ist aber auf jedem Abstraktionsniveau möglich.

Eine formale Definition dessen zu geben, was „natürliche" Sprache ist, ist also kaum möglich. Für das Anwendungsgebiet können wir aber natürliche Sprache mit „Text der Sorte ‚kognitiver, normativer und informativer Gebrauchstext'" gleichsetzen. Um innerhalb dieser Sorte (weiter) differenzieren zu können, verwenden wir die Kriterien Thema, Inhalt, Ausdruck und Vokabular.

1.3 Thesen und Inhalt der Arbeit

Es wurde in der Literatur bereits mehrfach belegt, dass sich Modelle (oder Teile davon) aus Sätzen mit bestimmten Strukturen ableiten lassen. Die Schwäche der bisher veröffentlichten Ansätze ist, dass sie entweder deutliche Einschränkungen in den Eingabedokumenten erfordern, oder dass sie für *reale* Texte nur einen relativ geringen „Wirkungsgrad" (Verhältnis der modellierten Aspekte zu den ursprünglich beschriebenen Aspekten) aufweisen. Die Thesen meiner Arbeit lauten:

1. MAN KANN AUS NATÜRLICHSPRACHLICHEN DOMÄNENBESCHREIBUNG DAS DARIN ENTHALTENE MODELL DER DOMÄNE EXTRAHIEREN, WENN MAN DIE **SEMANTIK DER NATÜRLICHEN SPRACHE** ALS ZWISCHENDARSTELLUNG WÄHLT.

2. EIN DOMÄNENMODELLEXTRAKTOR KANN AUS DIESER ZWISCHENDARSTELLUNG SYSTEMATISCH UML-MODELLE ERZEUGEN, DIE **VERGLEICHBAR VOLLSTÄNDIG** SIND, WIE MANUELL ERSTELLTE MODELLE.

Ich zeige in dieser Arbeit auf, dass man für die Extraktion des Modells keine Einschränkungen der Grammatik oder der zulässigen Formulierung vorgeben muss. Trotzdem kann man die für die Modellierung relevante Semantik viel umfangreicher extrahieren, als dies bisher gezeigt wurde. Beides – also aus beliebigen Texten das darin enthaltene Modell mit hohem Wirkungsgrad extrahieren – geht *systematisch*. Das heißt, es gibt definierte Regeln mit eingeschränktem Wirkungsbereich, so dass ein großes Problem (Modell extrahieren) in viele kleine Probleme (Regeln anwenden) zerfällt. Wenngleich noch nicht ganz automatisierbar, entwickelt sich die Aufgabe so von einer „Kunst" zur Ingenieursdisziplin.

Das alles wird möglich, wenn man die *Semantik der natürlichen Sprache* als Zwischenrepräsentation wählt. Dieser Ausdruck enthält zwei wesentliche Aspekte, die ich kurz erläutern möchte: Erstens geht es hier nicht um die Semantik des Inhalts oder der Domäne, wie sie beispielsweise in Ontologien gespeichert ist und von Deduktionssystemen ausgewertet wird. Auch geht es nicht um die Semantik von (UML-) Modellen, wie sie in beispielsweise in MOF definiert ist (siehe [MOF06]). Es geht um die Semantik *der Sprache* – also die Bedeutung von Hauptwörtern, Relativsätzen und Präpositionen. Zweitens geht es *nur* um die Semantik. Sie reicht, wie bereits in der Einleitung erwähnt, für den gesamten Prozess aus. Syntax und vor allem auch die Pragmatik brauchen wir nicht zu verarbeiten. Diesen beiden Aspekten widme ich mich eingehend in Kapitel 3.4 und Kapitel 4.1.

Um diese Thesen zu belegen, benötigte ich ein konkretes Modell für die Semantik der natürlichen Sprache. Dieses Modell habe ich SENSE getauft (*The Software Engineer's Natural-language Semantics Encoding*). In seine Entwicklung flossen Erkenntnisse aus den „verwandten Arbeiten", aber auch zahlreiche Ideen aus den Bereichen Linguistik, Wissensrepräsentation, der Erkenntnistheorie[3] und der theoretischen Informatik ein. Um hier ein wenig Ordnung zu schaffen, habe ich zunächst diejenigen Arbeiten, die ein *vergleichbares Ziel* (aber mit einem anderen Ansatz) verfolgen, in Kapitel 2 zusammengefasst. Am Beispiel der zielverwandten Arbeiten erörtere ich den Lösungsraum, um meine Arbeit anschließend gegen sie abzugrenzen. In Kapitel 3 beschreibe ich die verwandten Arbeiten, die die *konzeptionelle Grundlagen* für SENSE darstellen. Da ich mich kritisch mit diesen Ansätzen auseinandergesetzt und diese fortentwickelt habe, enthält dieses Kapitel auch eigene Beiträge. Da diese Beiträge in unmittelbarem Bezug zum jeweiligen Thema stehen, werden sie in situ behandelt. Zu diesen Beiträgen gehören unter anderem ein Formalismus für die Darstellung von Kontext (Kapitel 3.3), eine Erweiterung von Hypergraphen (Kapitel 3.5) und eine umfassende, *getestete* Liste von thematischen Rollen (Kapitel 3.6). Kapitel 4 definiert schließlich SENSE und demonstriert seine Anwendung an den grammatikalischen Konstrukten der deutschen Sprache. Damit endet der theoretische Teil der Arbeit.

Der praktische Teil der Arbeit beginnt mit der Vorstellung der Annotationssprache SAL_E in Kapitel 5. Die SENSE *Annotation Language for English*[4] ermöglicht es dem Benutzer, einen vorhandenen Text so auszuzeichnen, dass das Transformationssystem SAL_E ᴍx das enthaltene Modell auslesen und daraus ein UML-Modell erzeugen kann. Die technische Umsetzung des Transformationssystems ist ebenfalls in Kapitel 5 beschrieben. Dem folgt in Kapitel 6 die Beschreibung eines „Abfallproduktes" meiner Forschung, SUMOχ. Dabei handelt es sich um eine Modifikation von SAL_E ᴍx, die wir erfolgreich in der Lehre einsetzen konnten: Sie erzeugt Prüflisten für die Beurteilung der Vollständigkeit von UML-Diagrammen. Diesem Einschub folgen noch die Evaluation meiner Arbeit (Kapitel 7), eine Zusammenfassung mit Ausblick (Kapitel 8), sowie ein umfangreicher Apparat.

---

[3] Interessant wäre in diesem Zusammenhang die Diskussion meiner Überlegungen (insbes. Kapitel 3.3 und 3.4) in Bezug auf Wittgensteins Tractatus [Wit22] oder darauf aufbauende Arbeiten. Es lassen sich zahlreiche Parallelen, aber auch einige Widersprüche identifizieren. Jedoch würde dieser Ausflug in die Philosophie den Rahmen der Arbeit sprengen.

[4] SAL_E sie funktioniert in unveränderter Form auch für Deutsch, Französisch oder Ungarisch. Ich habe die Sprache jedoch zuerst für englischsprachige Publikationen implementiert und bin bei dem Namen geblieben.

Kapitel 2

Zielverwandte Arbeiten und Abgrenzung

Das Ziel dieser Arbeit ist die Extraktion von Softwareprozessartefakten aus natürlicher Sprache – diese Beschreibung ist zwar angenehm kurz, dafür aber auch recht unkonkret. Dieses Kapitel kreist das Ziel nun sukzessive ein, indem verschiedene Aspekte der Aufgabe erörtert werden. Dazu gehört insbesondere eine Festlegung der Quelle, des Ziels, sowie des Lösungsraums des Extraktionsprozesses – kurz: seine sinnvolle Einbettung in den Softwareprozess. Dabei werden wir uns an zielverwandten Arbeiten orientieren.

Wir werden uns hier auf „linguistische" Ansätze beschränken. Das sind Ansätze, die (wie der vorliegende) eine mehr oder minder direkte Korrelation zwischen Sprache und Domänenmodell postulieren und hierüber ein Softwareprozessartefakt ableiten wollen. Ansätze wie beispielsweise das MINT-Projekt [SSMG06], die das Domänenmodell mithilfe spezieller Modellierungssprachen erzeugen wollen, stellen eine fundamental andere Herangehensweise dar.

Es gibt bereits zahlreiche Vorschläge, Softwareartefakte aus natürlicher Sprache abzuleiten. Fast alle beziehen sich auf eine Arbeit von Russel J. Abbott aus dem Jahr 1983 zurück [Abb83]. In diesem Zeitschriftenbeitrag veranschaulicht Abbott die Korrelation von Nominalphrasen in natürlichsprachlichen Algorithmenbeschreibungen und Datentypen im zugehörigen (Ada-) Programm. Diese mehr oder weniger „offensichtliche" Beziehung wurde im Folgenden immer wieder aufgegriffen, konkretisiert, ergänzt und/oder (teil-) automatisiert. Als Ausgangspunkt dienten dabei Algorithmenbeschreibungen [Abb83], oder auch Software-Anforderungsspezifikation [Sch98], mal werden sie funktionale Anforderungen genannt [JML00], mal textuelle Anwendungsfälle [Men04] oder einfach nur "fifth graders' plain English descriptions of a Pacman game" [LL04]. Gemeint ist mit all diesen Umschreibungen letztlich jedoch immer das gleiche: eine in *narrativem* Stil[1] gehaltene Beschreibung der Anwendungsdomäne des geplanten Systems (*system*

---

[1] im Erzählton, im Gegensatz zum *lyrischen* Stil; grammatikalische Kennzeichen: indikative Aussagesätze, dritte Person, meist nur eine Zeitform (Präsens oder Präteritum)

under design, SUD). In den erzeugten Artefakten unterscheiden sich die Ansätze deutlicher: Während Abbott und Liu beispielsweise Quelltext für imperative Programmiersprachen erzeugen, erzeugt Schwitter Prolog [Sch98], Mencl erzeugt Pro-cases[2] [Men04], Ilieva erzeugt „Use Case Path-" und „Hybrid Activity Diagram"-Modelle [IO06], Juristo et al. erzeugen OMT [JML00] und Harmain erzeugt UML-Klassendiagramme [HG00]. Die Methoden reichen von voll-manuell [Abb83, IO06] bis voll-automatisch – für jeweils geeignet gewählte Anwendungsfälle.

2.1 Quelle und Ziel

Alle in dieser Arbeit beschriebenen Ansätze verarbeiten dieselbe Sorte von Texten: kognitive, normative und informative Gebrauchstexte (vgl. Kapitel 1.2), die in *narrativem* Stil die Anwendungsdomäne beschreiben. Jedoch sind viele zusätzlich noch in den zugelassenen syntaktischen Mitteln – also die möglichen Ausdrucksformen – beschränkt. Mencl beispielsweise setzt simple SPDI-Sätze (Subjekt-Prädikat-DirektesObjekt-IndirektesObjekt) voraus [Men04], die er sich durch einen praktisch beliebigen, existierenden Zerteiler für natürliche Sprache zerlegen lassen kann. Schwitter hingegen konstruierte von vorne herein eine maßgeschneiderte, eingeschränkte natürliche Sprache, ACE (Attempto Controlled English) [Sch98], die ihm das Parsen und Interpretieren erleichtert. Andere Autoren schränken subtiler ein: Moreno verlangt beispielsweise ein Umformulieren in grammatikalisch einfache Sätze; bei gleichzeitiger Streichung von Adverbien und numerischen Bestimmungen [MR97]. Dieser Schritt wird jedoch als Bestandteil der Methode beschrieben und nicht als Einschränkung der zulässigen Eingabedokumente. Er führt aber letztendlich zum selben Ergebnis: Gebräuchliche sprachliche Strukturen in der Eingabe können nur verarbeitet werden, wenn sie in das notwendige syntaktische Korsett gezwungen werden können.

Alle vorgestellten Ansätze verwenden die englische Sprache als Grundlage. Das ist in so fern einleuchtend, da Englisch heute die Lingua Franca der Wissenschaft ist und damit englischsprachliche Beispiele von den meisten Lesern nachvollzogen werden können. Englisch hat aber im Vergleich zu vielen anderen Sprachen eine recht einfache Grammatik. Diese einfache Grammatik verstellt wiederum schnell den Blick auf komplexere sprachliche Strukturen, die in der englischen Sprache, wenn überhaupt, nur über die Pragmatik codiert werden können. Wenn die englische Sprache durch einen Ansatz (explizit oder implizit) noch weiter bis auf das Sprachniveaus von Pidgin English verstümmelt wird, dann treten zwei weitere Probleme auf:

---

[2] eine Kontrollflusssprache mit einer regulären Ausdrücken ähnlichen Syntax [PM03]

Erstens ist die Sprache kaum noch natürlich und eine unbefangene Formulierung der Anforderungen ist nicht mehr möglich. Wenn wir Anforderungen aufschreiben sollen, ist es für nichttriviale Anwendungsdomänen mitunter schwierig, eine geschlossene und inhaltlich treffliche Formulierung zu finden. Wenn wir uns obendrein noch überlegen müssen, wie wir das, was wir ausdrücken möchten, mit noch enger beschränkten sprachlichen Mitteln hin bekommen, dann wird ein „Vergessen" von Details immer angenehmer. Darüber hinaus ist eine Verarbeitung bereits existierender Anforderungsbeschreibungen praktisch unmöglich, da die wenigsten realen Spezifikationsdokumente eine derart simple Grammatik aufweisen. Ingenieure, die in der Praxis solche Dokumente schreiben, scheinen sogar eher zum andern Extrem zu neigen.

Das zweite Problem ist, dass stärker flektierende Sprachen als Englisch wesentlich freier in Wortstellung und Satzkonstruktion sind, weshalb sich die nur für das Englische erarbeiteten Ansätze nicht ohne weiteres auf andere Sprachen übertragen lassen. Diese Gründe sprechen für Ansätze, die sich mehr an der Semantik der natürlichen Sprache als an ihrer Syntax orientieren – wie im vorliegenden Ansatz oder in CPL [DKK+87]. Ein solcher Ansatz sollte dann auch auf seine Übertragbarkeit auf andere Sprachen evaluiert werden. So lässt sich der vorgelegte Ansatz problemlos sowohl auf deutsche wie auch auf englische Texte anwenden (vgl. Kapitel 7); weitere Versuche zeigten, dass er auch für Französisch oder das sehr stark flektierende Ungarisch funktioniert.

Nachdem wir die Eingaben bezüglich der Syntax noch etwas differenzieren konnten, wollen wir auch die verschiedenen Ausgaben nochmal betrachten. Sie sind nicht ganz so divergent, wie es zunächst den Anschein hat. Für die vorgestellten Ansätze lassen sich drei Kategorien der extrahierten linguistischen Strukturen identifizieren:

Die erste Kategorie sind Domänenstrukturen wie Aussagen über die Existenz von Entitäten, ihren Eigenschaften und Relationen zwischen den Entitäten. Diese Strukturen werden typischerweise als „statisch" bezeichnet. Man bezieht den Begriff „statisch" auf die Eigenschaft, dass beispielsweise ein Typ von Entitäten – gemeint ist der Typ selbst und nicht seine Ausprägungen – für das geplante System immanent existiert, also immerzu und immer gleich. Aus diesen statischen Domänenstrukturen lassen sich unmittelbar und häufig sehr einfach Typstrukturen für das gewünschte System ableiten. Die benötigten Strukturen werden in der Regel aus einzelnen Hauptsätzen abgeleitet. Ein typischer Vertreter ist der CM-Builder [HG00].

Die zweite Kategorie linguistischer Strukturen, die extrahiert werden, sind Interaktionen, also dynamische Strukturen. Um sie zu gewinnen, müssen die Aktionen der Objekte und nicht deren Beziehungen in den Texten identifiziert werden. Insbesondere muss aber auch der Fokus vom einzelnen Satz auf mehrere Sätze erweitert werden. Der Ansatz von Mencl [Men04] ist ein typischer Vertreter der zweiten Kategorie.

Die dritte Kategorie sind die „Modalstrukturen". Unter diesem Begriff fasse ich explizite Existenz- und Allquantifizierungen, sowie Konstruktionen mit Modalverben wie „können", „dürfen", „müssen" oder „sollen" zusammen. Aus diesen Strukturen werden üblicherweise prädikatenlogische Formeln oder Prolog-Programme erzeugt, mit denen man über die Anwendungsdomäne automatisch schlussfolgern kann. „Produktiver" Code wird dabei allerdings auch nicht erzeugt. Schwitters ACE [Sch98] sei an dieser Stelle als Beispiel für die dritte Kategorie genannt. Das heißt wiederum nicht, dass ACE keine Informationen über statische Strukturen extrahieren würde – die erzeugten Prädikate müssen sich schließlich auch auf irgendwelche Entitäten beziehen. So wie ACE decken viele der vorgestellten Systeme mindestens zwei Kategorien ab, Color-X [BR95] bemüht sich sogar explizit um alle drei. Dabei werden in den Arbeiten unterschiedliche Schwerpunkte gesetzt, und das spiegelt sich in den erzeugten Softwareartefakten wieder: Ein Teil der Ansätze erzeugt Typdeklarationen und Struktogramme, ein anderer Teil Verhaltensprotokolle und der letzte Teil erzeugt prädikatenlogisch verwertbare Aussagen, die sich zum Beispiel auch in Zusicherungen umsetzen lassen.

Es stellt sich nun die Frage, wie die jeweiligen Autoren ihre Ansätze evaluiert haben, wenn diese nur eine oder zwei der genannten Kategorien unterstützen. Der vorgehende Absatz erläutert, welche Kategorien von Modellfragmenten sich aus den verarbeiteten Texten *prinzipiell* extrahieren lassen – das heißt aber nicht, dass solche Informationen in einem bestimmten Textfragment enthalten sein müssen: Gerade die durch die Autoren präsentierten Auszüge enthalten häufig fast ausschließlich solche Inhalte, die das jeweilige System auch verarbeiten kann. Dies ist legitim, um in der Kürze eines wissenschaftlichen Artikels das Potential eines Ansatzes zu exemplifizieren. Es ist auch nicht auszuschließen, dass man einen bestimmten Transformationsprozess ausschließlich für die Gewinnung beispielsweise von statischen Strukturen verwenden möchte. In diesem Fall braucht der Spezifikationstext tatsächlich nur statische Strukturen enthalten. Die unterschiedlichen Beispiele der verschiedenen Autoren sind aber alle gleich plausibel und zeigen damit, dass man im Allgemeinen tatsächlich alle drei Kategorien linguistischer Strukturen extrahieren können möchte. Harmain konstatiert denn auch einen Mangel an Evaluation (im Gegensatz zur Exemplifizierung): "It is also worth noting that none of these systems, so far as we are aware, has been evaluated on a set of previously unseen software requirements documents from a range of domains. This surely ought to become a mandatory methodological component of any research work in this area ... " [HG00].

Wir wollen noch einen Schritt weiter gehen: Harmain fordert nur "previously unseen software requirements documents" und evaluiert sein System an einem

Text aus einem Lehrbuch für objektorientierte Modellierung [Cal94]. Jedoch merkt man auch diesem Text an, dass er speziell dafür entworfen wurde, in ein statisches, objektorientiertes Modell überführt zu werden. Das ist für ein Lehrbuch durchaus sinnvoll. Echte Spezifikationstexte hingegen sind schwieriger zu transformieren als Texte, die „nur unbeeinflusst" sind. Deshalb muss die Forderung lauten: Die Ansätze sollten mit unbeeinflussten, *realen* Spezifikationstexten evaluiert werden. Geeignete Texte sind allerdings schwer zu finden (vgl. Abschnitt 2.2.2).

2.2 Prozesseinbettung

Nachdem wir uns im vorhergehenden Abschnitt eingehend mit den bearbeitbaren Texten und den möglichen Ausgaben beschäftigt haben, betrachten wir in diesem Abschnitt eine mögliche Einbettung der Domänenmodellextraktion in den Softwareprozess und die sich daraus ergebenden Anforderungen für eine Lösung. Zuerst betrachten wir die Einbettung der Ausgabe, weil die anschließenden Prozesse bekannter und klarer strukturiert – und damit einfacher zu fassen sind. Anschließend betrachten wir die Einbettung der Eingabe, denn irgendwo müssen die initialen Texte ja schließlich herkommen. Die Quelle dieser Texte ist die Anforderungsermittlung, weswegen die vorgestellten Ansätze leider weniger griffig sind.

2.2.1 Einbettung der Ausgabe

Ein Domänenmodellextraktor (DMX), der aus einem Text ein UML-Diagramm (o. ä., siehe vorhergehenden Abschnitt) erzeugt, kann offensichtlich nur in einem übergeordneten Softwareprozess sinnvoll eingesetzt werden. Die Autoren vieler Werkzeuge scheinen sich auch bewusst gegen die Ausgabe eines ausführbaren Programms entschieden zu haben. Harmain beispielsweise spricht explizit von der Erzeugung eines "first cut static structure model" und dass dieses Modell noch manuell verfeinert werden soll [HG00]. Juristo, Moreno und López beschreiben gleich einen ganzen Prozess, in den die Transformation eingebettet werden soll [JML00] (siehe auch Abbildung 2.1). Auch Burg und van de Riet sehen ausdrücklich eine anschließende Modellierungsphase ("modelling phase") vor [BR97].

Der Grund dafür, dass der Benutzer trotz der automatischen Modellerstellung noch modellieren soll, ist, dass alle vorgestellten Prozesse „nur" Domänenmodelle aus Domänenbeschreibungen ableiten. Diese Domänenbeschreibungen entsprechen (zumindest zum Teil) der *funktionalen* Spezifikation eines Systems. Da stellt sich natürlich die Frage, was mit den *nicht-funktionalen* Teilen der Spezifikation ist. Das Thema der nicht-funktionalen Teile der Spezifikation ist im Gegensatz zu den funktionalen Teilen besonders ungeeignet für die Transformation durch jeden der hier vorgestellten Ansätze. Das liegt schlicht daran, dass die funktionale Spezifikation das *Was* beschreibt und die nicht-funktionale das *Wie*.

Es wäre wünschenswert, die Transformation der funktionalen Teile durch die nicht-funktionalen Anforderungen zu steuern. Dafür wären aber Leistungen notwendig, die bis heute noch nicht abschließend verstanden worden, geschweige denn automatisierbar sind: Aus den nicht-funktionalen Teilen müsste eine Zielfunktion für die Wahl der richtigen Transformationsparameter erzeugt werden. Dazu müsste man die Anforderungen verstehen, quantisieren, gewichten und zu einer

Zielfunktion verrechnen. Beispiele für die Mannigfaltigkeit solcher Anforderungen sind Sicherheits-, Geschwindigkeits-, Zuverlässigkeits- und Benutzbarkeitsanforderungen. Nach dem Verstehen, Quantisieren, Gewichten und dem Bestimmen der Zielfunktion müssten – das Vorhandensein geeigneter Transformationen vorausgesetzt – die Transformationsparameter ausgewählt werden und das Ergebnis mit geeigneten Verhaltensvorhersagemodellen für etwaige Anpassungen der Parameter evaluiert werden. Allein diese Verhaltensvorhersagemodelle sind ein eigenes Forschungsgebiet (siehe beispielsweise [BKR07]). Folglich muss die Auswahl der Transformationen und ihrer Parameter in Abhängigkeit von den nichtfunktionalen Anforderungen gegenwärtig dem versierten Softwareingenieur als manuelle Tätigkeit überlassen bleiben. Und so *muss* ein DMX (gegenwärtig) in einen geeigneten Softwareprozess eingebettet werden.

Betrachtet man die gegenwärtigen Trends im Bereich der Softwareprozesse, lassen sich im Wesentlichen zwei Tendenzen erkennen: eine hin zu agilen Methoden wie dem Extreme Programming (XP) [Bec05], die andere zu formal-inkrementellen Methoden wie der Modellgetriebenen Softwareentwicklung (*model driven* (*software*) *developement*, MDD) [VS05]. Diese beiden Tendenzen liegen sich bezüglich der Ausgestaltung der Modellierungsphase eines Softwareprojektes diametral gegenüber: Während XP eine explizite Modellierungsphase ausdrücklich ablehnt, konzentriert sich die Modellgetriebene Entwicklung genau auf diese Phase. Nach dem Teile-und-Herrsche-Prinzip wird hier die Modellierungsphase immer weiter in ihre einzelnen Tätigkeiten zergliedert, bis man die einzelnen Fragmente zu verstehen und beherrschen zu können glaubt. Ein DMX ist ein solches Fragment und eine Einbettung in einen modellgetriebenen Prozess erscheint im Hinblick den Schluss des vorhergehenden Absatzes sinnvoll.

Die Model Driven Architecture (MDA) der Object Management Group (OMG) ist eine Umsetzung des Prinzips des MDD auf Grundlage anderer verbreiteter Standards der OMG – insbesondere UML [OMG01]. Da die MDA wohl der prominenteste Vertreter seiner Art ist und gegenwärtig breite Unterstützung sowohl in der Lehre als auch in der Forschung im Bereich der Softwaretechnik erfährt, liegt es nahe, die hier vorgestellten Werkzeuge in Beziehung zu der Konzeption der OMG zu setzen. Wie die folgenden Absätze zeigen, entspricht das „CIM" der MDA recht genau dem, was wir aus einer natürlichsprachlichen Domänenbeschreibung extrahieren können wollen:

Die MDA [MM03] definiert drei Perspektiven (*viewpoints*) auf das System: die Berechnungsunabhängige Perspektive (*computation independent viewpoint*), die Plattformunabhängige Perspektive (*platform independent viewpoint*) und die Plattformspezifische Perspektive (*platform specific viewpoint*). Eine solche Perspektive ist definiert als Abstraktion mittels eines bestimmten Satzes von Architektur-Konzepten und Strukturierungsregeln, die zur Fokussierung auf bestimmte

Aspekte des Systems dient. Die Berechnungsunabhängige Perspektive beschreibt das System quasi aus der Vogelperspektive und abstrahiert von der Systemstruktur (im Sinne einer Softwarearchitektur) und von genauen Berechnungsvorschriften (Algorithmen). Die Plattformunabhängige Perspektive zeigt wie das System arbeitet, ohne jedoch auf Implementierungsdetails einzugehen. Diese Perspektive beschreibt den Teil der Spezifikation, der ohne Änderung übernommen werden kann, wenn die zugrundeliegende Plattform ausgetauscht wird. Die Plattformabhängige Perspektive verbindet die Plattformunabhängige Perspektive mit Implementierungsdetails, die spezifisch für die gewählte Implementierungsplattform sind. Zu jeder der drei Perspektiven definiert die MDA ein Systemmodell: das Plattformspezifische Modell (*platform specific model*, PSM), das Plattformunabhängige Modell (*platform independent model*, PIM) und das Berechnungsunabhängige Modell (*computation independent model*, CIM). Das PSM beschreibt im Grunde genommen die Software, wie sie am Ende tatsächlich implementiert ist – beispielsweise befolgen hier Klassen-, Attribut- und Methodennamen die Namenskonventionen des gewählten Anwendungsrahmenwerks (z. B. Entrprise Java Beans, EJB). Das PIM abstrahiert zum Beispiel von solchen Namenskonventionen und soll – so die Definition – für verschiedene Plattformen des gleichen Typs ("of similar type") geeignet ("suitable") sein. Eine geeignete Technik, um die gewünschte Plattformunabhängigkeit zu erreichen, sei es, das Systemmodell auf eine technologieneutrale, virtuelle Maschine zuzuschneiden, so die Autoren. „Virtuelle Maschine" ist dabei im Sinne einer "High-level-language VM" [SN05] zu verstehen, und nicht unbedingt im Sinne der Java Virtual Machine (JVM) oder der .NET-Laufzeitumgebung Common Language Runtime (CLR). Das dritte Modell ist das Berechnungsunabhängige Modell (*computation independent model*, CIM). Es ist als reines Domänenmodell das abstrakteste der drei Modelle und dient als Schnittstelle zwischen den Domänenexperten und den Softwareentwicklern. Es soll, genau wie die anderen beiden Modelltypen auch, mit Mitteln der UML beschrieben werden. Ein modellgetriebener Prozess überführt dann das CIM (halb-) automatisch in das PIM, danach in das PSM und zuletzt in Quellcode. Der Softwareingenieur steuert nur noch die einzelnen Transformationsschritte, um im Hinblick auf die nicht-funktionalen Anforderungen das gewünschte Ergebnis zu erhalten.

Durch den Einsatz eines DMX kann man diesen Prozess nun um einen weiteren Schritt ergänzen: Die entstehende Kette von Transformationen würde dann bei der natürlichsprachlichen Domänenbeschreibung beginnen und daraus Schritt für Schritt das CIM, dann das PIM, dann das PSM und zuletzt Quelltext erzeugen. Alternativ kann man einen oder mehrere dieser Zwischenschritte überspringen und beispielsweise aus dem Text direkt ein PSM oder gleich Quelltext erzeugen, wie beispielsweise Liu [LL04]. Damit verschenkt man aber ohne Not die

Flexibilität, da man sich auf ein Zielsystem und eine Zielarchitektur beschränken muss. (Dies wurde in der Einleitung als Blackbox-Abbildung kritisiert.) Dabei gibt es, wie bereits erwähnt, derzeit eine beachtliche Forschergemeinschaft, die die Transformationskette vom CIM über das PIM und das PSM zum Code untersucht. Als Beispiel sei stellvertretend eine Arbeit unseres Instituts an Performance- und Zuverlässigkeits-Vorhersagen genannt [BKR07]: Hier wird versucht, das Laufzeit-Verhalten von Softwarekomponenten aus dem Modell (PIM) vorherzusagen, ohne sie zuerst programmieren, dann auf verschiedenen Rechnern installieren und zuletzt vermessen zu müssen. Um auch von solchen Arbeiten profitieren zu können, scheint es sinnvoll, die – auch inhaltlich ideale – Schnittstelle des CIM als Endpunkt für den Transformationsprozess von Anwendungsdomänenmodellen aus narrativen Texten festzulegen. Als Ausgabeformat wäre dann entsprechend UML (beziehungsweise dessen standardisierte Austauschformat XMI) zu wählen.

Von den vorgestellten Werkzeugen unterstützt jedoch nur Harmain UML [HG00] und Juristo et al. [JML00] und das Color-X-System [BR95] OMT, einen Vorläufer von UML. Die Erzeugnisse der anderen Ansätze dagegen sind relativ weit von UML-Modellen entfernt und bieten sich deshalb nicht sonderlich für die Integration in einen standardisierten modellgetriebenen Prozess an.

2.2.2 Erhebung der Eingabe

Wie wir im vorhergehenden Abschnitt gesehen haben, gibt es für die durch einen DMX erzeugten Modelle passende, etablierte Prozesse zur sinnvollen Weiterverarbeitung der Ergebnisse hin zu einem fertigen Produkt. In Kapitel 2.1 habe ich beschrieben, welchen syntaktischen und inhaltlichen Anforderungen die Eingabe, also der zu verarbeitende Text genügen muss. Die Frage ist aber: Wo kommen die Inhalte her? Und wer formuliert den Text? Tatsächlich sind reale Spezifikationstexte häufig ungeeignet für die Verarbeitung durch DMX, da sie sich mitunter in großen Teilen auf die Festlegung nicht-funktionaler Anforderungen beschränken (falsches *Thema*, vgl. Kapitel 1.2). Der Grund hierfür könnte sein, dass solche Spezifikationen von Softwaretechnikern geschrieben werden, deren Expertise in der Regel eher im Gebiet der nicht-funktionalen Anforderungen als in der tatsächlichen Anwendungsdomäne liegt. Bei größeren Projekten kommt die Schwierigkeit hinzu, dass die Inhalte der Spezifikationstexte sowohl nur scheinbar als auch tatsächlich widersprüchlich sein können. Zuletzt kommen die generellen Schwierigkeiten des Anforderungsingenieurwesens, wie zum Beispiel Auslassungen, Pauschalisierungen und Verzerrungen bei der Erhebung (vgl. [GR03]), dazu. Diese Probleme zu lösen liegt außerhalb des sinnvollen Aufgabenbereichs eines DMX. Daher scheint die Einbettung in – beziehungsweise die Anknüpfung an – einen geeigneten Prozess auch am vorderen Ende des DMX angebracht.

Im Anforderungsingenieurwesen (*requirements engineering*), für das Kotonya und Sommerville immerhin geschätzte 15 % der Entwicklungskosten des Gesamtsystems veranschlagen [KS98], fasst man eine ganze Reihe von Tätigkeiten zusammen. Ebert nennt beispielsweise Anforderungsermittlung, -analyse, -vereinbarung, -spezifikation, -verifikation, -verfolgung und Änderungsmanagement [Ebe05]. Das Ziel ist die gezielte Akquise, Integration und Verwaltung der für das zu erstellende System relevanten Anforderungen. Für die Akquise muss der Anforderungsingenieur mit den richtigen Personen sprechen, ihnen die richtigen Informationen entlocken und diese richtig verstehen. Dabei gibt es unterschiedliche Interessengruppen, die im Anforderungsingenieurwesen Anspruchsberechtigter (*stakeholder*) genannt werden, beispielsweise das Management, das das System bezahlt, die Administratoren, die das System warten müssen, und die Benutzer, die es möglichst komfortabel wollen. Dieser Schritt setzt offensichtlich Systemverständnis, Menschenkenntnis und Kontaktfreude voraus und scheint kaum automatisierbar. Der anschließende Integrationsschritt muss die vielen und teilweise widersprüchlichen Anforderungen – gegebenenfalls durch Nachverhandlungen – in Einklang bringen. Etwaige Änderungswünsche seitens des Kunden zu späteren Zeitpunkten müssen ebenfalls immer wieder integriert werden. Zum Schluss müssen geeignete Dokumente für die Entwickler generiert werden. Für die Integration und Verwaltung von Anforderungen gibt es technische Unterstützung.

Die Integration und Verwaltung von Anforderungen bedeuten einen erheblichen Aufwand für die Verwaltung von eher unstrukturierten Wissensschnipseln. Dieser Aufwand müsse jedoch in Kauf genommen werden, schreiben Sawyer et al.: "Requirements management permeates the whole process and is concerned with coping with the incremental emergence of requirements information and with the inevitable changes to which requirements are subject. This is one of the few requirements activities expressly addressed by the CMM ['Capability Maturity Model' des Software Engineering Institutes (SEI) an der Carnegie Mellon University/Pittsburgh]. It is listed as a key process area for level 2 (repeatable) development processes" [SVS98]. Der aus diesem Aufwand resultierende Bedarf an Verwaltungswerkzeugen ist laut der Standish Group ein Markt von 117 Millionen US-Dollar (im Jahr 2001 [Sta02]). Die verfügbaren Werkzeuge umfassen kommerzielle Produkte wie Telelogic DOORS oder freie Produkte wie das Open Source Requirements Management Tool OSRMT. Die Kernfunktion all dieser Produkte ist die Ablage, die Suche und die Verknüpfung von einzelnen Anforderungsfragmenten. Verschiedene Schnittstellen ermöglichen den Produkten sowohl die direkte Eingabe als auch den Im- und Export von verschiedenen Text- und Grafikformaten. Die einzelnen Fragmente können vielfältig verbunden und in Anhängigkeit gesetzt werden, alle Aktionen werden für Nachverfolgbarkeit gespeichert und selbstdefinierbare Filter und Ansichten sollen helfen, das Augenmerk auf wichtige oder problematische Anforderungen zu lenken. Insbesondere die kommerziellen Produkte können nach ihrer langjährigen Fortentwicklung als reif bezeichnet werden und haben sich selbst in kritischen Anwendungsbereichen etabliert. Andererseits bedeutet allein der Einsatz eines Verwaltungswerkzeugs nicht zwangsläufig gutes Anforderungsingenieurwesen: In ihrem an CMM angelehnten Reifegradmodell für das Anforderungsingenieurwesen beschreiben Sommerville et al. denn auch den Werkzeugeinsatz nur als eine von insgesamt 66 ihrer Meinung nach empfehlenswerten Praktiken für erfolgreiches Anforderungsingenieurwesen [SR05]. Ein Verwaltungswerkzeug kann aber dabei helfen, die notwendigen Inhalte für ein geeignetes Anforderungsdokument zusammen zu tragen und innere, logische Widersprüche zu beseitigen. Die einzelnen Sätze formuliert immer noch der Anforderungsingenieur; die Verwaltungswerkzeuge stückeln dann den letztendlichen Text zusammen.

Für den so erstellten Text kann man keine besondere innere Struktur und kein besonderes Format erwarten – eine Entsprechung zum CIM (in UML/XMI formuliert) auf der Ausgabeseite (siehe Abschnitt 2.2.1) gibt es auf der Eingabeseite also nicht. Als Eingabe nehmen wir daher weiterhin reinen Text ("plain text") an, und zwar der Sorte „kognitive, normative und informative Gebrauchstext" (vgl. Kapitel 2.1).

Da die Verwaltungswerkzeuge tatsächlich nur zum organisieren von eingefütterten Wissensschnipseln verwendet werden können, stellt sich die Frage, wo denn die einzelnen Inhalte für die Texte ursprünglich herkommen. Denn offensichtlich kann ein DMX nur Inhalte berücksichtigen, die in das Verwaltungswerkzeug eingepflegt wurden und sich deshalb auch in der erstellten Anwendungsdomänenbeschreibung befinden. Mit der Akquise von Anforderungen haben sich Goetz und Rupp näher befasst [GR03]. Aus kognitionslinguistischer Perspektive haben sie eine Reihe von Regeln entwickelt, die helfen sollen, bessere Spezifikationstexte zu erarbeiten. Die Regeln selbst sind bezüglich der zugelassenen Stilmittel etwas zu restriktiv formuliert – beispielsweise wird die Verwendung von Passiv-Konstruktionen verboten, was nicht wirklich nötig ist. Die Ziele jedoch, die hinter diesen Regeln stehen, führen zu Texten, die für die Modellextraktion gut geeignet sind. Die Methode lässt sich auch gut mit dem Einsatz von Anforderungsverwaltungswerkzeugen verbinden.

2.3 Implementierungsaspekte des Extraktionsprozesses

Bisher haben wir DMX nur bezüglich ihrer funktionalen Aspekte betrachtet, also in welchem Umfeld sie verwendet werden können, welche Eingaben sie benötigen und welche Ausgaben sie produzieren. Dadurch wird der Lösungsraum definiert. Dieser Abschnitt legt nun nicht-funktionale Aspekte, die Entscheidungskriterien innerhalb des Lösungsraums liefern, dar. Beim Entwickeln eines DMX kann man sich für oder gegen die genannten Eigenschaften entscheiden und erhält entsprechend andere Implementierungen.

2.3.1 Transparenz und Wiederholbarkeit

Die Erfahrung zeigt, dass nur sehr wenige Softwareprodukte in einer einzigen Planungsphase spezifiziert und dann entworfen, implementiert und getestet werden können. Die Softwareingenieure reagierten auf diese Beobachtung mit der Entwicklung zahlreicher Vorgehensmodelle wie dem Prototypenmodell, iterativen Modellen, Synchronisiere und Stabilisiere [CS97], oder – als Extremform – den agilen Prozessen. Nun haben wir im Abschnitt 2.2.1 überlegt, dass sich der Einsatz von DMX viel besser zur – im Grunde genommen – streng sequenziellen modellgetriebenen Entwicklung passt, als beispielsweise zum Extreme Programming. Trotzdem muss sich ein neuer Prozessschritt – denn nichts anderes ist ja die Domänenmodellextraktion – das Faktum berücksichtigen, dass der Kunde im durchschnittlichen Softwareprojekt mehrfach seine Meinung ändern können möchte. Es ist im Interesse beider Seiten, die hierdurch entstehenden Mehrkosten möglichst gering zu halten.

Beim Einsatz eines DMX und der modellgetriebenen Entwicklung bietet sich für die Realisierung der Änderungsflexibilität ein iteratives, genauer, ein evolutionäres Prozessmodell an. Dabei zerfällt das große Projekt entweder gesteuert oder ad hoc in mehrere kleine Portionen, die dann sukzessiv nach dem Wasserfallmodell abgearbeitet werden. In der immer wiederkehrenden Planungs- und Definitionsphase kann die Anwendungsdomänenbeschreibung wiederholt ergänzt und korrigiert werden. Die sich dabei ergebenden Änderungen sind – technisch betrachtet – von zweierlei Art: a) neue Sätze werden der Anwendungsdomänenbeschreibung hinzugefügt und b) bereits existierende Sätze werden durch andere Sätze ersetzt. In beiden Fällen muss sich offenbar das Modell ändern: So wird wohl im Fall a) in den meisten Fällen dem Modell nur etwas hinzugefügt, während im Fall b) wahrscheinlich existierende Modellteile abgeändert werden müssen. Aus Rücksicht auf die nachfolgenden Implementierungs- und Testphasen sollten diese Änderungen

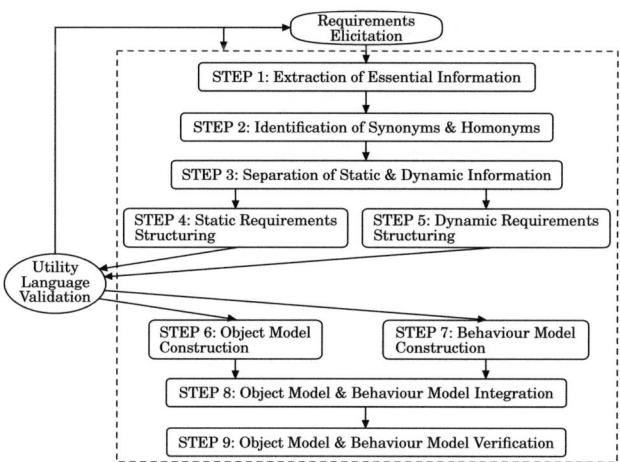

Abbildung 2.1: "OOA Method Steps" nach Juristo, Moreno und Lopez [JM97]

offensichtlich möglichst klein ausfallen. Daher wünschen wir ein vorhersagbares und wiederholbares Verhalten vom DMX.

Die Anforderungen Vorhersagbarkeit und Wiederholbarkeit lassen sich am einfachsten mit offengelegten funktionalen Zusammenhängen zwischen der Eingabe und der Ausgabe des DMX erreichen – oder mit anderen Worten: mit Transparenz. Diese Transparenz ist aber auch aus einem ganz anderen Grund wünschenswert: Sie ist die Voraussetzung für die Rückverfolgung von Fehlern im Modell zu den Spezifikationssätzen, denen die entsprechenden Elemente entspringen. Ein Fehler im Modell kann so leichter auf einen Verständnisfehler des Modellierers oder einen Spezifikationsfehler zurückgeführt werden.

Juristo, Moreno und Lopez streben beispielsweise einen wiederholbaren Prozess an: "[...] we focus on Steps 4 to 9 [vgl. Figure 2.1] because they output repeatable models that don't depend on the human resources that originally performed them." [JML00] Ihr Ansatz erfordert jedoch ein rigoroses Umschreiben der Spezifikation in ein enges Sprachkorsett: "We assume that the description of the static part of the system has been transformed such that: it has been expressed using simple affirmative sentences of the type Subject verb (or verb predicate) Complements, [...]; adverbs have been discarded; numerically definite determiners (one, five, a dozen, ...) that modify the Subject or the Complements have been substituted by the most representative numerically indefinite determiner in each case (several, some, ...)." [MR97] Wenn wir unseren Text aber dementsprechend umschreiben müssen, verlieren wir Transparenz: Entspricht der Inhalt des neuen Textes noch dem Inhalt des Textes vom Domänenexperten? Denn selbst *falls* die Transformation verlustfrei möglich ist (was nicht selbstverständlich ist), können wir dem Ergebnis nicht mehr ansehen, ob es der Quelle entspricht. (Zur Veranschaulichung sei auf den Unterschied zwischen einem Hochsprachprogramm und einem Assemblerprogramm oder auf das Beispiel in Abschnitt 5.1.5 hingewiesen.) Damit ein Ansatz also *wirklich* wiederholbar ist, muss ein solches Umschreiben entweder unterbleiben, oder genau so formalisiert werden, wie der Rest.

Der „Grammalizer"[HHH+99] ist ein Versuch, dieses Umschreiben in grammatikalisch einfachere Sätze zu formalisieren. Der Grammalizer ist die Komponente von Color-X, die aus natürlicher Sprache Kiss-strukturierte Sätze (vgl. [Kri94]) erzeugt [BR95], die dann wiederum in Dignums CPL [DKK+87] überführt werden. Der Grammalizer benötigt für diese Leistung allerdings ein „Lexikon", in dem die Semantik aller verwendeten Wörter nachgeschlagen werden kann. Ein solches Lexikon vorauszusetzen, ist nicht ganz unproblematisch (vgl. Abschnitt 2.3.3). Darüber hinaus beschneidet das Zerstückeln komplexer Aussagen in primitive syntaktische Konstrukte die Fähigkeiten der dem System zugrunde liegenden CPL.

2.3.2 Sprach- und Formulierungsunabhängigkeit

Wie in Kapitel 2.1 bereits beschrieben, verstellt die Konzentration auf die englische Sprache in Bereich der Modellextraktion leicht die Sicht auf bestimmte Herausforderungen. Dazu gehören auch gewisse Freiheiten in der Darstellung, die zwar im Englischen auch, aber nur sehr selten vorkommen: In deutschen Texten sind beispielsweise der Nominalstil, Passivkonstruktionen und „man" sehr beliebt. Ein Ansatz, der nicht damit umgehen kann, dass ein Nomen eigentlich ein Verb sein sollte, dass das Subjekt eines Satzes eigentlich das Objekt ist, oder dass der Aktivsatz eigentlich doch ein Passivsatz ist, ist nicht geeignet, die Texte eines durchschnittlichen deutschen Ingenieurs zu verarbeiten. Jedoch existieren Nominalisierung, Passivsätze und sogar das „man" (als one) auch im Englischen.

Syntax-basierte Ansätze haben bezüglich der Formulierungsunabhängigkeit natürlich eine schlechtere Ausgangsposition als Semantik-basierte Ansätze wie CPL [DKK+87]. Sie müssen, wollen sie ein gewisses Maß an Formulierungsunabhängigkeit erreichen, wesentlich mehr Transformationsregeln vorsehen, als Semantik-basierte Ansätze. Dieses Mehr an Regeln führt zwangsläufig zu einer höheren Fehlerrate der Regeln – der Preis dafür, die Ambiguität der Syntax der natürlichen Sprache mit verarbeiten zu wollen. Die Alternative lautet, sämtliche Freiheiten zu verbieten und strikte Vorschriften darüber zu machen, wie die Sprache zu verwenden ist. Der diesbezüglich konsequenteste Ansatz ist Attempto Controlled English [Sch98].

Das größte Maß an Formulierungsunabhängigkeit erfordert die Flexibilität gegenüber der Wahl der natürlichen Sprache des Eingabedokumentes. Während Syntax-basierte Ansätze hier chancenlos sind – sie scheitern zwangsläufig am freieren oder auch nur *anderen* Satzbau fast jeder anderen Sprache als Englisch, ist die Sprache des Eingabedokumentes für Semantik-basierte Ansätze praktisch egal. Und wenn man entweder die Bezeichner gleich hält oder eine Abbildung zwischen den Bezeichnern angibt, ist bei den Semantik-basierte Ansätzen sogar ein Wechsel der Sprache mitten im Eingabedokument denkbar.

2.3.3 Ressourcen

Der Bedarf an Ressourcen eines Extraktionsansatzes stellt den letzten Aspekt dar, den wir beleuchten wollen. Er spielt scheinbar eine untergeordnete Rolle, weil es eher ein wirtschaftlicher Aspekt ist, denn ein wissenschaftlicher. Leider wird der wirtschaftliche Aspekt zum wissenschaftlichen, sobald es um die *tatsächliche* Verfügbarkeit geht; wenn also die wirtschaftlichen Aspekte die neutrale Evaluation, den Vergleich oder die Überprüfung verhindern. Und es geht hierbei nicht um ein zu schmales Budget für eine Rechenanlage, sondern es geht um Dinge, die man gar nicht kaufen *kann*, weil niemand in der Lage ist, sie wirtschaftlich herzustellen. Zu diesen Dingen gehören Wörterbücher und Thesauri, die *alle* Wörter (auch Fach- und Fremdwörter) kennen, Zerteiler für natürliche Sprache, die *jeden* Text korrekt zerlegen, und Welt-Ontologien, die man *alles* fragen kann. Naive Ansätze wie [LB02][3] greifen gerne (unbewusst) auf solche Komponenten zurück, um die Fähigkeit zur Verarbeitung völlig uneingeschränkter, wie sie das darstellen, natürlicher Sprache zu erreichen. Wer omnipotente Komponenten voraussetzt, muss sich aber die Frage gefallen lassen, wozu er überhaupt noch eine Domänenbeschreibung benötigt und das Modell nicht gleich aus den Wörterbüchern und den Ontologien extrahiert.

Generell ist gegen Einsatz von Zerteilern, Korpora und Ontologien zur *Erleichterung* oder *Beschleunigung* der Benutzung nichts einzuwenden. Problematisch ist ihr Einsatz in der Domäne der Modellextraktoren, wenn er effektiv den Vergleich verschiedener Systeme verhindert. Unglaubwürdig macht er eine Arbeit, wenn er scheinbar auf „magische Weise" harte Probleme löst. Autoren sollten daher ihre Transformationen auch beschreiben können, wenn solche nebulösen Komponenten ausgeschaltet bleiben. Dann wird die Erleichterung oder Beschleunigung durch den Einsatz von Zerteilern, Korpora und Ontologien sogar *messbar*.

---

[3] beim Zerteilen des Textes und beim Aufbau der Kontexte

2.4 Abgrenzung von den verwandten Arbeiten

Wir haben bereits zahlreiche Arbeiten kennen gelernt, die mittelbar das gleiche Ziel haben, nämlich die Extraktion von Softwareprozessartefakten aus natürlicher Sprache. Ihre unterschiedlichen Zielsetzungen und unterschiedlichen Ansätze haben uns ermöglicht, uns im gesamten Lösungsraum zu orientieren und geeignete Anforderungen festzulegen. Dieser Abschnitt gibt nochmal einen prägnanten Überblick über die bereits besprochenen Arbeiten und grenzt sie vom hier vorgestellten Ansatz ab. Tabelle 2.1 stellt die Arbeiten einander gegenüber. Die Vergleichskriterien sind im Einzelnen:

- **Ausgabe.** Was erzeugt der vorgestellte Prozess? Dignum et al. [DKK+87] beispielsweise beziehen sich in ihrer Einleitung auf ANSI/SPARC und schreiben im weiteren Verlauf nur noch vom "Universe of Discourse". Im Verlaufe des Aufsatzes wird aber klar, dass sie DDL/DML-Befehle[4] erzeugen wollen. Deshalb steht in der entsprechenden Zeile „DDL/DML" unter *Ausgabe*.

- **Zwischenrepräsentation.** Diese Spalte gibt an, ob der Prozess explizit ein definiertes Zwischenergebnis vorsieht. Aus der „Transportkapazität" des Zwischenergebnisses lassen sich Rückschlüsse auf die Leistungsfähigkeit des jeweiligen Ansatzes ziehen. Juristo et al. [JML00] beispielsweise beschreiben keine Einschränkungen für ihre Eingabetexte. Da ihr Prozess als Zwischenschritt aber die Rephrasierung der Eingabe in „SUL" (*static utility language*, i. e. Aussagen in stark beschränktem Englisch) vorsieht, kann der Ansatz auch nur das verarbeiten, was in SUL ausdrückbar ist.[5]

- **Unbeschränkte Grammatik.** Dieser Punkt gibt Aufschluss darüber, ob man einen Eingabetext frei schreiben kann, oder ob man (formal) an bestimmte grammatikalische Konstrukte gebunden ist. Während eine solche Beschränkung im Allgemeinen wohl eher als Nachteil empfunden wird, ist sie beispielsweise bei Schwitter [Sch98] gerade der Kern des Ansatzes.

- **Sprachumfang.** Auch wenn die Grammatik formal bei den meisten Ansätzen nicht eingeschränkt ist, so wird sie durch begrenzt leistungsfähige Zwischendarstellungen oder verschiedene Zerteiler-Techniken zum Teil erheblich eingeschränkt. Ein Beispiel für letzteres gibt der Color-X-Ansatz

---

[4] *data definition language* und *data manipulation language*, heute üblicherweise in Form von SQL
[5] Zu den Dingen, die in der SUL nicht ausgedrückt werden können, gehören beispielsweise Modalität. Folglich gehen zwangsläufig alle Modalitätsaspekte der Domänenbeschreibung verloren, wenn der Ansatz von Juristo et al. angewendet wird. Im Umkehrschluss ist also die Sprache (und streng genommen auch die Grammatik) bei diesem Ansatz beschränkt (siehe die nächsten beiden Punkte).

Publikation	Ausgabe	Zwischenrepräsentation	unbeschr. Gramm.	Sprachumfang	Semantikextraktion	Kontextsensitiv	Veröffentl. Evaluation
[Abb83]	Ada-Programm	nicht vorhanden	ja	eingeschränkt	Syntax	nein	2 zus.h. Bsp. à 7 und 3 Sätzen (Algor.-beschr., eigener Text)
[DKK+87]	DDL+DML	CPL-Formeln	ja	unbekannt	them. Rollen	nein	1 zus.h. Bsp. à 18 Sätzen (verbalis. Modell, eigener Text)
[BR95, BR97]	OMT	CPL-Formeln	ja	eingeschränkt	Syntax	nein	1 zus.h. Bsp. à 5 Sätzen (verb. Modell, eigener Text), in BR97 kein Bsp. (nur CPL)
[MR97, JML00]	OMT	SUL	ja	eingeschränkt	Syntax	nein	6 einz. Bsp.-Sätze, 1 zus.h. Bsp. à 3 Sätzen (nat. Spr., eig. Text) und 1 zus.h. Bsp. à 11 Sätzen (verb. Mod., eigener Text)
[Sch98]	Prolog-Programm	nicht spezifiziert	nein (absichtlich)	eingeschränkt	Syntax	nein	zahlr. einz. Sätze und 1 zus.h. Bsp. à 10 Sätzen (verb. Prolog-Progr., eigener Text)
[HG00]	UML-Klassendiagramm	„Discourse Model"	ja	unbekannt	Syntax	nein	1 Bsp. à 15 Sätzen (verb. Mod., fremder Text), ferner 5 n.-veröffentl. Texte à 100-300 Wörter
[PM02, Men04]	Pro-cases	„SVDPI pattern"	nein	eingeschränkt	Syntax	nein	1 zus.h. Bsp. à 40 Sätzen (verbal. Modell, nicht-natürliche Sprache, eigener Text)
[LL04]	Python-Programm	nicht spezifiziert	unbekannt	unbekannt	Syntax	unbekannt	einz. Satzfragm. der Pacman-Beschr., fremder Text
[IO05, IO06]	Use Case Path- u. Hybrid Ativity-Diagr.	SPO-Tabelle u. „semantische Netze"	ja	eingeschränkt	Syntax	nein	2 Bsp. à 7 bzw. 15 Sätzen, echte, fremde Texte
SAL$_E$ MX	UML-Klassen- und Aktivitätsdiagramme	SENSE	ja	nicht eingeschränkt (vgl. Kapitel 4)	them. Rollen	ja	ausschließlich fremde Texte, fast ausschließlich echte Texte (1 verb. Mod. zum Vergleich)

Tabelle 2.1: Gegenüberstellung der Arbeiten mit vergleichbarem Ziel

[BR95, BR97]: Der in den Arbeiten beschriebene Einsatz eines rein syntaktischen Zerteilers für natürliche Sprache zwingt den Color-X vorliegenden Aussagen bereits eine Projektion auf formal-grammatische (syntaktische) Strukturen auf, noch bevor sie in der viel leistungsfähigeren (semantischen) Zwischendarstellung CPL ankommen.

- **Semantikextraktion.** Hier wird angegeben, ob die Zielstrukturen aus der Syntax des Eingabedokumentes oder über thematische Rollen abgeleitet werden. Die prinzipiellen Nachteile eines Syntax-basierten Ansatzes wurden bereits in Abschnitt 2.3.2 besprochen.

- **Kontextsensitiv.** Diese Spalte gibt an, ob in dem Ansatz berücksichtigt wird (oder werden kann), dass kaum ein natürlicher Text nur aus absoluten Wahrheiten besteht. So kann eine Aussage, die ein Spezifikationstext macht, zwar *meistens* gelten, es könnten aber zusätzlich Ausnahmen definiert sein. Dann ist die Aussage nicht mehr allgemeingültig, sondern Kontext-abhängig. Das Thema Kontext wird ausführlich in Kapitel 3.3 und Kapitel 3.4 behandelt.

- **Veröffentlichte Evaluation.** Dieser Punkt soll einen Eindruck über die publizierte Evaluation geben. Neben dem Umfang sind hier auch Angaben zur Qualität des Textes und den Quellen angegeben. Mit „Qualität" ist hierbei ein Hinweis auf die Wahrscheinlichkeit gemeint, mit der so ein Text im Projekttalltag anzutreffen wäre. *Verbalisiertes Modell* bedeutet beispielsweise, dass es sich bei dem angegebenen Beispiel nicht wirklich um einen natürlichen Text handelt, sondern eher um eine textuelle Beschreibung des gewünschten Zielmodells[6]. Solche Texte in Informatik-Klausuren und Übungsaufgaben anzutreffen ist deutlich wahrscheinlicher, als dass ein realer Kunde sie formuliert. Diese Information ist deshalb relevant, weil die Sätze eines solchen Textes gewissen Regeln folgen und deswegen leichter wieder zurück zu verwandeln sind.

Wie der direkte Vergleich der verschiedenen Arbeiten zeigt, wird die Leistungsfähigkeit des Ansatzes wesentlich durch die verwendete Zwischenrepräsentation bestimmt. Ich werde im Folgenden meine eigene Zwischenrepräsentation (SENSE) der Conceptual Prototype Language (CPL) von Dignum et al. [DKK+87] gegenüberstellen. Hierfür gibt es drei Gründe: Erstens steht für CPL eine umfängliche und präzise Definition der *Semantik* der Zwischenrepräsentation zur Verfügung. Zweitens ist CPL eindeutig die leistungsfähigste der bisher vorgeschlagenen Zwischenrepräsentationen. Und drittens versucht CPL ausdrücklich, so wie SENSE,

---

[6] Als Beispiel sei hier der Anfang aus [Men04] zitiert: "Seller submits item description. System validates the description. Seller adjusts/enters price and enters contact and billing information. [...]"

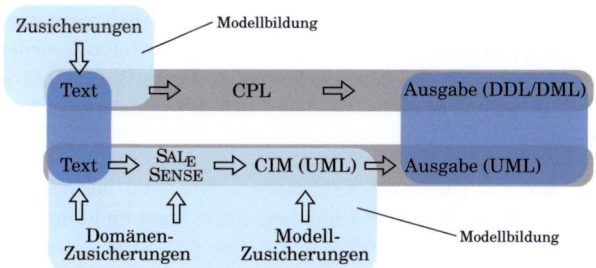

Abbildung 2.2: Vergleich des Zeitpunktes der Modellbildung

die *Semantik der natürlichen Sprache* zu codieren und nicht diffus den „Inhalt des Textes". Der Vorschlag von Dignum et al. ist somit am ehesten mit dem hier vorgeschlagenen Ansatz zu vergleichen. Da CPL aber nicht zwischen dem zugrunde liegenden Formalismus und der Sprache unterscheidet, werde ich CPL auch mit SENSE und der dazugehörigen Sprache SAL$_E$ vergleichen.

Der wichtigste Unterschied zwischen SENSE und CPL ist der Fokus, wie Abbildung 2.2 verdeutlicht: SENSE wurde entwickelt, um zwischen natürlicher Sprache und dem zu erstellenden formalen Modell zu vermitteln (vgl. Abschnitt 2.2.1). Ziel ist es, ausgehend vom *imperfekten* Text einen evolutionären Modellierungsprozess zu ermöglichen, wie ihn auch Burg und van den Riet [BR97], Harmain und Gaizauskas [HG00], Juristo, Moreno und López [JML00] und Götz und Rupp [GR03] vorsehen. Aspekte der Domänen*analyse* und der Domänen*modellierung* können im SAL$_E$ мх-Prozess getrennt werden.

CPL eignet sich hingegen eher für einen rigorosen Übersetzer: Die Entwickler der CPL haben wesentlichen Augenmerk auf die Evaluation von zeitlichen Zusammenhängen, Modalitäten („muss" und „darf") und den sich daraus ergebenden Abhängigkeiten gelegt. Dadurch ist CPL in der Lage, einen lauffähigen Prototyp zu deduzieren und nicht „nur" ein Modell. Dieses Potenzial erkaufen sich die Entwickler aber mit der Notwendigkeit, die Pragmatik eines gegebenen Textes mit zu verarbeiten: "Automatic translation will have to deal with the problem of understanding some deeper semantics [i. e. pragmatics] of NL necessary to come up with the right translation in CPL. This will be the case with aspects of CPL like the choice of PERMIT, MUST or DEDUCE, the choice of PERF, PRET or ACTION and quantifiers (especially the sequence of the roleparts)." [DKK+87, S. 240] Das bedeutet für einen konkreten Text, dass alle seine Aussagen uneingeschränkt wahr sein müssen, und alle Sätze kontextfrei und allgemeingültig. Die Modellierung findet also *vorher* im Kopf statt und muss in geeigneten Sätzen zu Papier gebracht werden. Diese Sätze können aber dann unmittelbar in Quelltext für ein Datenbankprogramm überführt werden.

Texte, die solche Anforderungen erfüllen, sind jedoch kaum natürliche Texte, sondern eher verbalisierte Modelle. Ein Text, die CPL verarbeiten kann, sieht beispielsweise so aus:

> Each adherent has one name. Each adherent has one address. Each adherent has at most one phone number. Each book has one title. Each book has at most one author. Title is a string. Author is a name. Address is a string. Phone number is an integer. An adherent may only borrow a book if the book is available. An adherent may only borrow a book if the book has not been reserved by someone else. A book may only be returned if it has been borrowed. An adherent may only reserve a book if the book has been borrowed by someone else. A book may only be reserved once. (A book may only be reserved if it has not been reserved.) If a reserved book is borrowed then it is no longer reserved. If a book is borrowed then it is no longer returned. If a book is returned then it is no longer borrowed. A book is available if it is not borrowed. [DKK+87, Extrahiert aus Appendix B]

Die Idee hinter SENSE hingegen ist, dass man die strikte Semantik von Quantoren, Temporal- und Modalbeziehungen erst beim Überarbeiten des Modells festlegt (vgl. Abschnitt 2.2.1). Je nach Einsatzgebiet kann also der SENSE- oder der CPL-Ansatz zielführender sein.

Sowohl bei SAL$_E$ als auch bei CPL muss die Semantik von Hand codiert werden. SAL$_E$ ist eine Annotationssprache; man den Text also noch in seiner ursprünglichen Form erkennen (vgl. Abschnitt 5.1.5). Die durch den Menschen identifizierte Semantik der Wörter und Sätze wird an den Text angefügt. CPL hingegen erfordert einen vollständig neuen Ausdruck „in Formeln". Wie in einer Programmiersprache muss man den Sachverhalt mit der Syntax und den Symbolen von CPL ausdrücken. Ein Beispiel aus [DKK+87] ist:

"Students are identified by their name."

```
MUST: PERF: has(<*> zero=student)(<1> pat=name)
MUST: PERF: has(<*> pat=name)(<1-> zero=student)
```

Im Gegensatz zu einer „echten" Programmiersprache sind Symbole und Syntax der CPL genau auf die Darstellung der Semantik der natürlichen Sprache zugeschnitten. MUST steht im Beispiel für eine modale *Vorschrift*; PERF für das temporale *Perfekt* der dahinter stehenden Aussage. Die beiden Prädikate has haben jeweils zwei Argumente[7] (student und name), die die thematischen Rollen[8] pat (für

---

[7] vgl. Abschnitt 3.1.3
[8] siehe Kapitel 3.6

patient) und zero einnehmen. Die Ausdrücke in den spitzen Klammern bezeichnen Quantoren.[9] SENSE und CPL arbeiten also beide mit thematischen Rollen (vgl. Kapitel 3.6). Der Satz von thematischen Rollen, mit dem CPL arbeitet, ist jedoch deutlich kleiner und daher wesentlich unspezifischer, als der in SENSE verwendete. Man kann sagen, dass CPL sein Potential aus den sorgfältig ausgearbeiteten modalen, temporalen und deontischen Beziehungen zieht (MUST, PERMIT, DEDUCE, PRET, PERF und ACTION), während die Stärke von SENSE das ausgeklügelte System thematischer Rollen ist.

Ein echter Nachteil in der Darstellung von CPL ist, dass für die Angabe einer Relation immer ein Verb nötig ist. Dieses Thema wird in den folgenden Kapiteln noch ausführlich behandelt, daher sei an dieser Stelle nur ein kleines Beispiel gegeben: Der Ausdruck „Brunos Kneipe" enthält eine Relation, ohne dass ein Verb präsent ist. Um sie in CPL zu codieren, muss man sich erst ein Verb ausdenken: *Besitzt* Bruno die Kneipe oder *gehört* sie ihm? – Ein juristisch durchaus relevanter Unterschied. Weitere Schwächen der CPL sind der fehlende Kontext bei der Modifikation (siehe Abschnitt 4.3.3), und dass eine Negation sich nur auf das Verb beziehen kann (vgl. Abschnitt 4.6.1).

Generell lässt sich sagen, dass die Information, die in CPL dargestellt werden kann, eine Untermenge derjenigen ist, die in SENSE repräsentiert werden kann. Es wäre also ein Übersetzer denkbar, der CPL einliest und einen SAL_E-Graph ausgibt. Andererseits fehlen SAL_E MX, also dem Transformationssystem (siehe Kapitel 5), aufgrund der Kontextsensitivität von SENSE die deduktiven Fähigkeiten der CPL-Implementierung.

---

[9] in dieser Arbeit als *Multiplizität* bezeichnet, vgl. Abschnitt 3.1.3.2

2.5 Zusammenfassung

Zahlreiche Arbeiten haben gezeigt, dass es möglich ist, Softwareprozessartefakte aus natürlicher Sprache zu extrahieren. Der Schwierigkeitsgrad dieser Aufgabe reicht dabei von trivial bis unlösbar, je nach gewählten Randbedingungen. In diesem Kapitel habe ich die Randbedingungen erörtert, die meiner Ansicht nach für das Reifen der Modellextraktion hin zu einem sinnvollen Softwareprozessschritt notwendig sind. Die wesentlichen sind:

- Umgang mit fremden und unperfekten (echten) Texten

- möglichst breite Unterstützung der vorhandenen Strukturen der natürlichen Sprache

- Kontextsensitivität und möglichst große Unabhängigkeit von der Formulierung (Semantik- statt Syntax-basierter Prozess)

- Beschränkung auf funktionale Beschreibungen

- Integration in den modellgetriebenen Softwareprozess mit UML/XMI

- Implementierung eines deterministischen Prozesses und Unterstützung für einen evolutionären Erkenntnisprozesses bei der Modellierung

Kapitel 3

Grundlagen

Dieses Kapitel enthält die konzeptuellen Grundlagen von SENSE, der in dieser Arbeit vorgeschlagenen Formalisierung der Semantik der natürlichen Sprache. Die erarbeiteten Konzepte basieren zum Teil auf etablierten Techniken der Sprach- und Wissensverarbeitung, so dass sich in diesem Kapitel sowohl verwandte Arbeiten[1], als auch eigene konzeptuelle Entwicklungen finden lassen. Die in den einzelnen Abschnitten vorgestellten Konzepte sind zunächst voneinander unabhängig. Stehen uns die einzelnen „Werkzeuge" jedoch erst einmal zur Verfügung, ist SENSE in Kapitel 4 ganz schnell und einfach definiert.

3.1 Linguistische Grundbegriffe

In diesem Abschnitt werden einige linguistische Grundbegriffe eingeführt, um ein reibungsloseres Verständnis der Arbeit zu fördern. Nicht allen Lesern werden diese Begriffe geläufig sein. Und den Lesern, denen sie geläufig sind, möchte ich Gelegenheit geben, das Verständnis dieser Begriffe im Kontext dieser Arbeit nachzuvollziehen. Denn um Irritationen zu vermeiden, habe ich manche zweckdienlich adaptiert.

Die Struktur der Grammatik der deutschen Sprache, die dieser Arbeit zugrunde liegt, ist zum Teil deutlich vom Formalismus der *Kopfgesteuerten Phrasenstrukturgrammatik* (engl. *Head-Driven Phrase Structure Grammar*, HPSG) geprägt, wenngleich SENSE ausdrücklich ohne Lexikon für die offenen Wortklassen (Nomen, Verben, Adjektive) auskommt. Diese Einführung orientiert sich folglich auch am Lehrbuch *Head-Driven Phrase Structure Grammar – Eine Einführung* von Stefan Müller [Mül07].

---

[1] Im Gegensatz zu Kapitel 2 finden sich hier keine *zielverwandten*, sondern nur *konzeptuell verwandte* Arbeiten, also Arbeiten, die konzeptuell, formal oder technisch ähnliche Ansätze zum Verfolgen eines anderen Ziels verwenden.

3.1.1 Konstituenten

In diesem Abschnitt werden wir versuchen, den Begriff „Konstituente" definieren, also eine sprachliche Einheit aus der man etwas Größeres, wie zum Beispiel einen Satz aufbauen kann. Im Satz „Die alte Frau kocht süßen Brei." wäre beispielsweise *süßen Brei* eine Konstituente. Hier der erster Versuch einer Definition:

KONSTITUENTEN SIND ENTWEDER BESTIMMTE EINZELNE WÖRTER ODER SPEZIELL ZUSAMMENHÄNGENDE WORTFOLGEN, DIE IN DER REGEL DIE „KON-STITUENTENTESTS" (siehe weiter unten) BESTEHEN.

„Bestimmte"? „In der Regel"? Was ist denn das für eine Definition? Konstituenten zu definieren ist nicht leicht, wie Müller zeigt: „Es wäre schön, wenn die vorgestellten Tests [i. e. Konstituententests, siehe Ende dieses Abschnitts] immer eindeutige Ergebnisse liefern würden, weil dadurch die empirischen Grundlagen, auf denen Theorien aufgebaut werden, klarer wären. Leider ist dem aber nicht so. Vielmehr gibt es bei jedem der Tests Probleme [...]" [Mül07, S. 5]. Ich konnte auch in anderer Fachliteratur keine konzise Definition für diese Stelle finden, die sowohl *geschlossen*[2] als auch *nicht falsch* und *nicht zu allgemein* ist. So scheitert beispielsweise die Definition des Duden an nur einem Wort: „Satzglieder [i. e. Konstituenten] sind die *kleinsten* in sich zusammengehörigen Elemente des Satzes (Wörter und Wortgruppen), die sich nur geschlossen verschieben und als Ganzes ersetzen lassen." [EGW+98, Rz. 1104] Jeder Übersetzerbauer ahnt, dass es „größten, aber gerade nicht zu großen" hätte heißen müssen, und dass sich vermutlich leicht Gegenbeispiele konstruieren lassen. Tatsächlich wären die einzelnen Adjektive in dem Ausdruck „das schöne, schnelle, teure Auto" nach der Duden-Definition Konstituenten, der gesamte Ausdruck aber nicht – und das meint die Duden-Redaktion sicher nicht! Wenn man aber diese Formulierung („größten, aber gerade nicht zu großen") in die Definition des Dudens einsetzt, ist sie aber nicht mehr *geschlossen*: Was heißt „gerade nicht zu groß"? Im Symbolzerteiler (*lexer*) eines Übersetzers wird die größte, gerade nicht zu große Zeichenfolge für ein Symbol über die End- und Fehlerzustände eines Akzeptorautomaten definiert, der natürlich zusätzlich spezifiziert werden muss. Die Größe einer Konstituente zu bestimmen, ist noch weniger einfach. Da die Größe in der Duden-Definition also faktisch nicht definiert ist, deckt sich ihr Informationsgehalt praktisch mit der hier angegebenen.

Es gibt mehrere Eigenschaften, die Konstituenten aufweisen (wie z. B. dass man sie verschieben oder ersetzen kann; diese Eigenschaften begründen auch die „Konstituententests"), aber keine davon lässt zweifelsfrei auf eine Konstituente schließen. Müller zeigt Gegenbeispiele und resümiert: „dass die Konstituententests, wenn man sie ohne Wenn und Aber anwendet, nur Indizien liefern. Ist man sich der erwähnten problematischen Fälle bewusst, kann man mit den Tests aber doch

---

[2] eine Definition, die nicht mehr definitionsbedürftige Floskeln einführt, als sie selbst erklärt.

einigermaßen klare Vorstellungen davon bekommen, welche Wörter als Einheit analysiert werden sollten." [Mül07, S. 9] Die von ihm aufgeführten Tests sind:

- *Substituierbarkeitstest.* Kann man den Kandidaten[3] in einem Satz gegen eine andere Wortfolge gleichen grammatikalischen Aufbaus ersetzen?
  Beispiel: „Er kennt *den Mann.*" ⇒ „Er kennt *eine Frau.*"

- *Pronominalisierungstest.* Kann der Kandidat durch ein Pronomen ersetzt werden?
  Beispiel: „*Der Mann* schläft." ⇒ „*Er* schläft."

- *Fragetest.* Kann man nach dem Kandidaten fragen?
  Beispiel: „Der Mann *arbeitet hart.*" ⇒ „*Was* tut der Mann?"

- *Verschiebetest.* Kann die Wortfolge im Satz verschoben werden, ohne dass ein neuer Sinn (oder kein Sinn mehr) entsteht?
  Beispiel: „weil keiner *diese Frau* kennt" ⇒ „weil *diese Frau* keiner kennt"

- *Voranstellungstest.* Steht (nur) der Kandidat vor dem finiten Verb?
  Beispiel: „*Alle fleißigen Studenten* lesen während der vorlesungsfreien Zeit Bücher."

- *Koordinationstest.* Kann der Kandidat mit einer anderen Wortfolge koordiniert, also beispielsweise mit *und* verknüpft an seiner eigenen Position aufgeführt werden?
  Beispiel: „Er hat versucht, *das Buch zu lesen* und *es dann unauffällig verschwinden zu lassen.*"

3.1.2 Köpfe

Der *Kopf* einer Konstituente (oder Phrase) ist ihr Gegenstand, dasjenige, was *in* der Konstituente *durch* diese Konstituente beschrieben wird. Der Rest der Konstituente beschreibt den Gegenstand genauer und bettet ihn in seinen Kontext ein. Der Kopf lässt sich leicht durch die *Was*-Frage ermitteln: *Was* wird durch die Phrase beschrieben? Im Beispiel „ein großes Schiff" ist *Schiff* der Kopf der Konstituente.

Diese Definition weicht von der von Müller gegebenen ab. Nach Müller ist *in* der Kopf der Konstituente „in dem Schiff", weil es den Kasus der Nominalphrase bestimmt und einen wesentlichen semantischen Beitrag (Müller schreibt „den semantischen Hauptbeitrag" [Mül07, S. 10]) liefert. Wenn wir aber die *Was*-Frage stellen, so lautet die Antwort „das/ein Schiff" und so ist nach unserer Definition *Schiff* der Kopf. Warum diese widersprüchliche Definition?

---

[3] „Kandidat" meint hier jeweils die Wortfolge, die man für eine Konstituente hält

Zunächst sind sich die Linguisten untereinander nicht einig, was genau ein Kopf ist. Müller zeigt dies am Beispiel „ein Mann": Er nennt drei Autoren, die der Meinung sind, *ein* sei der Kopf und (inklusive seiner selbst) drei Autoren, die der Meinung sind, *Mann* sei der Kopf dieser Konstituente [Mül07, S. 10]. Der Grund liegt in der herkömmlichen Definition eines Kopfes: Normalerweise wird der Kopf darüber definiert, dass er den Aufbau (also die korrekte Syntax) der Konstituente steuert. Unsere Definition hingegen orientiert sich an der Semantik[4], denn die Syntax den natürlichen Sprache ist für *unseren* Einsatzzweck ja nur ein „notwendiges Übel". Ein für uns wichtiges Kriterium ist, dass der Kopf nicht wandert, wenn wir die Konstituente aufpumpen:

1. „*Schiff*"
2. „ein *Schiff*"
3. „ein schönes *Schiff*"
4. „ein unbeschreiblich schönes *Schiff*"
5. „ein unbeschreiblich schönes *Schiff* der britischen Kavallerie"
6. „in dem unbeschreiblich schönen *Schiff* der britischen Kavallerie"

Auch ein Blick über den eigenen grammatikalischen Tellerrand liefert ein Indiz dafür, dass *in* nicht sinnvollerweise als Kopf von „in dem Schiff" angenommen werden kann, wenn wir an der Semantik interessiert sind: Im Ungarischen gibt es den Fall Inessiv, so dass *in dem Schiff* mit einem einzigen (entsprechend gebeugten) Wort ausgedrückt wird: *hajóban* (vgl. [SI95, S. 46]). Es ist offensichtlich wenig zweckdienlich, wenn in der einen Sprache *in* und in der anderen Sprache *Schiff* der Kopf praktisch derselben Konstituente wäre. In der Praxis erwies sich unsere Definition insofern als robust, dass wir in unserer Arbeitsgruppe nie uneins darüber waren, welches Element der Kopf einer Konstituente ist. Das ist kein Beweis für ihre Korrektheit, aber ein Indiz für die Praktikabilität meiner Definition.

---

[4] Der wesentliche semantische Beitrag der Konstituente *in dem Schiff* wird nicht von *in*, sondern vom *Schiff* geleistet. Deutlich wird das an der einfachen Grammatik von Kleinkindern. Zwisel schreibt hierzu: „Die Kinder lassen bei ihren Wortkombinationen bestimmte Satzelemente aus. Vorwiegend sind dies Artikel, Hilfsverben, Ableitungs- und Flexionsmorpheme sowie Funktionswörter wie Konjunktionen und Präpositionen, die in der Erwachsenensprache einen Satz ‚zusammenhalten'. Die Äußerungen der Kinder lassen sich deshalb nur vor dem Hintergrund der Gesamtsituation eindeutig interpretieren. Solche Interpretationen nimmt die Mutter ständig vor. Dabei überprüft sie, ob sie das Gesagte auch richtig verstanden hat, häufig in der Weise, dass sie die Äußerungen des Kindes in grammatisch vollständiger Form wiederholt und Protest erwartet, wenn sie sich geirrt hat. Die Ursache für solche Verkürzungen dürfte in der Begrenzung der Länge von Äußerungen liegen, die das Kind im Voraus planen kann. Die Begrenztheit der Planungskapazität zwingt das Kind, Wörter wegzulassen." [Zwi90, Kap. 5] Müsste die Mutter das Nomen raten, wäre sie vermutlich deutlich länger beschäftigt als mit dem Raten der richtigen Präposition. Der Informationsgehalt nach Shannon eines Nomens ist schon allein dadurch höher, dass es viel mehr von ihnen gibt.

3.1.3 Argumente und Adjunkte

Neben dem Kopf einer Konstituente (siehe vorhergehender Abschnitt) enthält diese nach Auffassung der HPSG noch *Argumente* und *Adjunkte*. Die Argumente und Adjunkte beschreiben „ihren" Kopf genauer, als es das Kopfwort alleine vermag. In „ein schönes Schiff" ist das *Schiff* der Kopf und es wird durch das Adjektiv *schön* genauer beschrieben. Der Unterschied zwischen Argumenten und Adjunkten ist, dass Argumente notwendig sind, um den Kopf zu beschreiben (man spricht i. A. von seiner *Valenz*), Adjunkte hingegen sind optional. Argumente müssen darüber hinaus eindeutig sein und spielen eine thematische Rolle (vgl. Kapitel 3.6). Adjunkte dürfen hingegen iteriert (also mehrfach genannt) werden und spielen keine thematische Rolle. Betrachten wir nochmal die Konstituente von eben, diesmal im Kontext eines Satzes: „*Ein schönes Schiff* wird kommen." Offenbar ist der Artikel ein Argument und das Adjektiv ein Adjunkt.

Leider ist diese Unterscheidung in Argumente und Adjunkte nicht ganz unproblematisch. Eine eindeutige Valenz zu definieren, erfordert zum Teil skurrile formale Kunstgriffe: Einige Ansätze unterscheiden beispielsweise die Verben „essen/0", „essen/1" und „essen/2". Dabei steht die Zahl hinter dem Schrägstrich für die Valenz. In allen Fällen aber ist das ganz normale Verb „essen" im Sinne von Nahrungsaufnahme gemeint. Durch diesen Kunstgriff hat „essen/2" ganz eindeutig die Valenz zwei, *muss* also zwei Argumente haben. Wenn es die nicht hat, kann nicht das Verb „essen/2" gemeint sein. Nützlich ist dieser Trick beispielsweise bei der Konstruktion eines Zerteilers, wenn es um die Bestimmung des (wahrscheinlichsten) syntaktischen Aufbaus einer Phrase geht. Da wir keinen Zerteiler bauen müssen, interessiert uns der syntaktische Aufbau einer Phrase jedoch bestenfalls peripher. Dies ermöglicht uns eine kritische Betrachtung dieser (nicht nur in der HPSG verbreiteten) Theorie in den nächsten zwei Abschnitten. Die Synthese folgt dann in Abschnitt 3.1.3.3.

3.1.3.1 Zur Valenz

Die strenge Unterscheidung von Argument und Adjunkt bezüglich des Valenz-Aspektes ist mitunter schwer zu rechtfertigen. Betrachten wir zur Veranschaulichung das Verb *essen*. Nach der Theorie der HPSG ist immer das finite Verb der Kopf eines Satzes:

Beispiel: „Ich *esse* gerne Fisch."

Welche Elemente dieses Satzes sind (bezüglich des Kriteriums der Optionalität) Adjunkte und welche Argumente? *Gerne* ist offensichtlich ein Adjunkt, man kann es einfach weglassen, die Syntax bleibt intakt, die Bedeutung ändert sich nur wenig. Wenn wir den *Fisch* weglassen, ändert sich der Sinn des Satzes schon deutlicher, egal, ob wir *Ich esse.* oder *Ich esse gerne.* daraus machen. Syntaktisch ergibt sich jedenfalls kein Problem. *Ich* hingegen scheint ein Argument zu sein, denn „Esse gerne Fisch." würde man als umgangssprachlich und streng genommen „ungrammatikalisch" bezeichnen. Das ist jedoch nicht unbedingt gerechtfertigt, wenn man bedenkt, dass es nicht nur die *präskriptive* (vorschreibende) Schulgrammatik, sondern auch die *deskriptive* (beschreibende) Grammatik in der linguistischen Forschung gibt. Vom semantischen Standpunkt aus reicht die zur Verfügung gestellte Information, also das Verb mit der entsprechenden Beugung. Man kann den Satz ohne jegliche Kontextwissen verstehen. Auf Kroatisch ist *Jedem rado ribo.* (= „Esse gerne Fisch.") zudem eine völlig akzeptable Form – auch jeder *präskriptiven* Schulgrammatik nach.

Nun kann man diesen Effekt so zu erklären versuchen, dass es sich hierbei um eine elliptische Konstruktion[5] handelt und das *ich* quasi in der Flexion *esse* codiert ist, also dass das Argument doch da ist, obwohl es nicht da ist. – Oder wir betrachten wir das Problem statt vom syntaktischen Mal vom semantischen Standpunkt aus: Wie die vier folgenden Beispiele zeigen, ist es möglich, Konstituenten oder Phrasen nur aus der Tätigkeit *essen* und dem Betroffenen *Fisch* zu bauen. In diesen Beispielen gibt es kein semantisches Subjekt, also keinen „Essenden".

- Infinitivkonstruktion: „Ich gehe gerne *Fisch essen.*"

- Infinitivkonstruktion mit *zu*: „Es ist gesund, *viel Fisch zu essen.*"

- Passivkonstruktion: *„Seit langem wird zu wenig Fisch gegessen."*

- Passivkonstruktion mit *man*: *„Man isst zu wenig Fisch."*

Vom syntaktischen Standpunkt aus hätte *essen* je nach Auslegung von Ellipsen ein oder kein Argument. Vom semantische Standpunkt aus hat *essen* keine Argumente, sondern nur Adjunkte, denn man kann *essen* sogar ganz ohne Argumente und Adjunkte gebrauchen: *„Essen* macht Spaß."

Man könnte nun argumentieren, dass dieser Effekt nur bei Verben wie *essen* auftritt. Aber auch vielen der Valenz-Beispiel aus dem Duden [EGW+98, Rz. 189] kann man Argumente stehlen (und ggf. durch ein grammatikalisch und semantisch anderes Objekt ersetzen; der oben gezeigte Infinitiv- und Passiv-Entzug des Subjektes funktioniert bei den Beispielen obendrein):

- „Jens lobt *seinen Bruder.*" ⇒ „Jens lobt *selten.*"
  (Ziel/direktes Objekt durch adverbial verwendetes Adjektiv ersetzt)

---

[5] Eine *Ellipse* (von griech. ελλειψισ, Fehlen, Aussparung, Auslassung) bezeichnet ein syntaktisches Stilmittel, bei dem durch die Auslassung von Wörtern oder Satzteilen unvollständige Sätze entstehen, die aber trotzdem sinnvoll ergänzt und so vom Empfänger verstanden werden können.

- „Die Spieler danken *ihrem Trainer*." ⇒ „Die Spieler danken *es* nicht."[6]
  (Indirektes Objekt/Ziel durch direktes Objekt/Anlass ersetzt)

- „Susanne kümmert sich *um ihren Bruder*." ⇒ „Susanne kümmert sich *nicht*."[7]
  (Direktes Objekt/Affiziertes Objekt entfernt, im Engl. üblicher als im Deutschen: „Susan does not care.")

- „Die Äpfel liegen *im Kühlschrank*." ⇒ „Die Äpfel liegen *schon lange*."
  (Ortsangabe durch Zeitangabe ersetzt)

- „Peter schenkt *seinem Freund* ein Buch." ⇒ „Peter schenkt *gerne*."
  (beide Objekte durch Adverb ersetzt)

- „Er beschuldigte ihn *des Diebstahls*." ⇒ „Er beschuldigt ihn."
  (indirektes Objekt entfernt)

Wer seine Verben kritisch prüft, wird feststellen, dass es nicht besonders viele Verben gibt, die *unbedingt* eine Ergänzung benötigen, also obligatorische Argumente haben. Wenn ein Verb aber tatsächlich nicht ohne ein Argument stehen kann, könnte es sich dabei um ein Streckverb[8] handeln (vgl. Abschnitt 4.3.2). Wenn die Konstituente tatsächlich unter dieser Stilkrankheit leidet, wäre jedoch der Kopf falsch gewählt – zumindest nach der hier gegebenen Definition des Kopfes. Folglich ist zumindest ein Teil der Fälle, die eine Ergänzung erzwingen, ebenfalls *kein* Beispiel für obligatorische Argumente. Mir scheint ein Zusammenhang zwischen dem benötigten (oder gewünschten) Informationsgehalt des Ausdrucks und der Valenz der Köpfe einer Konstituenten oder Phrase zu bestehen. Wenn der Kontext bereits die normalerweise vorhandenen Ergänzungen festlegt, scheint die Valenz des Kopfes zu schrumpfen. Beides sind jedoch nur Vermutungen.

---

[6] Textbelege: „Die Aliens danken es nicht.", Der Tagesspiegel, *Großer Lauschangriff*, vom 18.12.2005; „siehe Gott ist wahrlich voller Gnade gegen die Menschen aber die meisten danken es nicht", Peter J. Ammann, *Der Koran im Vergleich mit der Bibel: Die vollständige Ausgabe übertragen, kommentiert und mit der Bibel verglichen*

[7] Textbelege: „Er kümmert sich nicht vil", Andreas Gryphius (1616-1664), *An CLEANDRUM*; „Insolvenzverwalter kümmert sich nicht!", IG Metall Informationsblatt vom 26.06.2007; „Heizung defekt, Vermieter kümmert sich nicht, was nun?", Forumsbeitrag auf http://www.mietrecht. unser-forum.de vom 14.12.2008; „Leider, bedauert der Rezensent, besteht da wenig Hoffnung, die ‚politische Klasse' Deutschlands kümmert sich nicht.", Notiz von perlentaucher.de – Das Kulturmagazin zur Rezension der Frankfurter Allgemeine Zeitung von Markus A. Kürten, *Die Bedeutung der deutschen Sprache im Recht der Europäischen Union*, vom 06.10.2004; „sorglos, kümmert sich nicht" als Gegenstück zu *Fürsorge*, Manfred Vogt-Hillmann, *Evaluation systemischer Psychotherapie bei der Behandlung psychosomatischer Patienten: Möglichkeiten systemtherapeutischer Interventionen am Beispiel HIV-infizierter und Aids erkrankter Patienten*, Seiten 217 u. 362

[8] Reiners schreibt: „Die einfachste Spielart der Hauptwörterkrankheit sind die Streckverben. Jedes Verbum kann man auseinanderstrecken, indem man statt eines echten Verbums ein Hauptwort und ein farbloses Zeitwort einsetzt. Diese kindische Ausdrucksart ist schon fast landesüblich." [Rei04, S. 113]

3.1.3.2 Multiplizität und Rollen

Bezüglich des Kriteriums der Multiplizität (iterierbar oder nicht) gibt es im Beispielsatz „Ich *esse* gerne Fisch." ganz klar zwei Argumente (*ich* und *Fisch*) und ein Adjunkt (*gerne*). Das Subjekt und das Objekt in diesem Satz können nur durch Koordination[9] vermehrt werden: „*Michael und ich* essen gerne *Fisch und Fleisch.*" Beide, Subjekt und Objekt, würden in diesem Fall auch *eine* thematische Rolle spielen (vgl. Kapitel 3.6) – was einerseits nicht von der Hand zu weisen ist und andererseits genau das ist, wonach wir suchen[10].

Bezüglich der thematischen Rollen ergibt sich bei der Unterscheidung zwischen Argumenten und Adjunkten ein weiteres Problem: Sind Ortsangaben Argumente oder Adjunkte und spielen sie folglich thematische Rollen oder nicht? Müller schreibt: „Einen interessanten Fall stellen nun Verben wie *sich befinden* dar. Sie können nicht ohne eine Ortsangabe stehen [...] Lokalangaben wie *hier* oder *unter der Brücke* werden im Kontext anderer Verben (z.B. *schlafen*) als Adjunkte eingestuft, für Verben wie *sich befinden* muss man aber wohl annehmen, dass diesen Ortsangaben der Status eines obligatorischen syntaktischen Arguments zukommt." [Mül07, S. 13]

3.1.3.3 Synthese

Aufgrund der in den beiden vorgehenden Abschnitten beschriebenen Probleme verwerfen wir die Klassifikation in *Argument* und *Adjunkt*. Wir setzen generell keine notwendigen Ergänzungen voraus, denn die Obligation kann aus der Pragmatik oder dem Kontext erwachsen und deshalb nicht sinnvoll in Regeln formuliert werden. (Rupp beschäftigt sich mit diesem Thema genauer [Rup02a].) Wir übernehmen aber für die *Nicht-Kopf-Töchter*[11] einer Konstituente (oder einer Phrase):

- Die Nicht-Kopf-Töchter charakterisieren den Kopf genauer. Wenn eine Nicht-Kopf-Tochter T selbst komplex ist, kann sie ihrerseits Nicht-Kopf-Töchter enthalten, die deren Kopf (T) charakterisieren.

- Eine Nicht-Kopf-Tochter kann eine thematische Rolle im Bezug auf den Kopf haben. Die thematische Rolle einer Nicht-Kopf-Tochter darf von keiner anderen Nicht-Kopf-Tochter derselben Konstituente wiederholt werden. Wir drücken diese Beziehungen über n-stellige *Relationen* aus, in denen der Kopf selber nur *primus inter pares* ist.

---

[9] Verbindung zweier gleichwertiger Elemente mittels einer Konjunktion (*und*, *oder*, etc.)

[10] Wir interessieren uns ja gerade für die Beziehung zwischen *ich* und *Fisch*.

[11] Eine *Nicht-Kopf-Tochter* einer Konstituente ist eine Tochter, die nicht der Kopf ist. Als „Töchter" bezeichnet man alle in einer Konstituente enthaltenen Konstituenten.

- Eine Nicht-Kopf-Tochter kann auch *keine* thematische Rolle im Bezug auf den Kopf haben. In diesem Fall sprechen wir von *Modifikation* (vgl. Abschnitt 3.4.6).

3.1.4 Bezüge – Inhaltliche Bezüge, Textbezüge und Deixis

Die natürliche Sprache hat verschiedene Arten von Bezügen. Die einfachste Art sind die Pronomen, die für ein anderes Nomen an dieser Stelle verwendet werden, also einen inhaltlichen Bezug herstellen. Offensichtlich würde auch eine wiederholte Nennung des Nomens selbst denselben Bezug herstellen – der Inhaltliche Bezug ist also nicht auf Pronomen beschränkt.

Wir können jedoch nicht nur einzelne Satzobjekte, sondern auch ganze Aussagen referenzieren: „Was ich sagen will, ist *folgendes*: ...“ oder die Antinomie *„Diese Aussage* ist gelogen.“ sind Beispiele dafür. In diesen Fällen würden wir von einem *Textbezug* sprechen. Sowohl Textbezüge, als auch inhaltliche Bezüge können sowohl *anaphorisch* (rückbezüglich) als auch *kataphorisch* (vorausbezüglich) verwendet werden.

Darüber hinaus gibt es noch ein drittes Bezugssystem in der natürlichen Sprache. Es gibt Wörter, deren Bedeutung absolut von ihrem Kontext abhängen. Was mit *dort* gemeint ist, lässt sich nur im Zusammenhang mit den Sätzen um dieses *dort* herum verstehen. Die Theorie von Deixis erklärt, wie diese Wörter zu interpretieren sind. Eine *Deixis* (von griech. δεικνυμι, „zeigen“) spannt einen Referenzraum für die Orientierung des Empfängers auf. Der Nullpunkt dieses Raumes wird nach Bühler *hic-nunc-ego-origo* („Hier-jetzt-ich-Ausgangspunkt“) genannt [Büh78] – und dieser Name beschreibt ihn treffend. Von diesem Nullpunkt ausgehend kann ein Sprachakt mehrere Deixis spannen. Innerhalb jeder Deixis kann man mehrere Lokalitätsstufen unterscheiden, üblich sind *proximal, medial* und *distal.* Diese Stufen lassen sich am einfachsten anhand der Personaldeixis erklären: *Ich/wir* ist proximal, *du/ihr* ist medial und *er/sie/es/sie* ist distal. Neben der Personaldeixis gibt es, je nach Auffassung, noch die Objektdeixis (*dieser, jener*), die lokale Deixis (*hier, dort*), die temporale Deixis (*jetzt, dann*) und die Diskursdeixis („was ich sagen will, ist folgendes: ...“)[12].

Das Beispiel der Diskursdeixis zeigt, dass sich das Konzept der Deixis problemlos auf andere Bezugssysteme der natürlichen Sprache übertragen lässt. Wir werden in Kapitel 3.6 Gebrauch davon machen.

---

[12] vgl. WIKIPEDIA: „Deixis“, http://de.wikipedia.org/w/index.php?title=Deixis&stableid=56231251, zuletzt besucht am: 24. 05. 2009

3.1.5 Begriffe der Grammatik

In dieser Arbeit kommen natürlich noch weitere „grammatikalische Fachbegriffe" vor. In diesem Abschnitt wiederhole ich diejenigen kurz, die zumindest mir seit meinem Deutschunterricht wieder entfallen waren. Da es sich hierbei jedoch nicht um essentielle Begriffe handelt, habe ich hier die Griffigkeit der Beschreibung ihrer Exaktheit vorgezogen. Für eine genaue Definition samt Rand- und Sonderfällen sei auf die einschlägige Literatur verwiesen.

Adposition. Sammelbegriff für Prä-, Post- und Zirkumpositionen, also für Verhältniswörter, die vor oder hinter („der Einfachheit *halber*") dem durch sie regierten Ausdruck, oder um ihn herum (*„um* des Friedens *willen*") stehen. Da der allgemeine Sprachgebrauch aber nur von „Präpositionen" spricht, wird auch in dieser Arbeit nur das Wort Präpositionen, stellvertretend für alle Adpositionen, verwendet.

Apposition. Ein grammatikalischer Kunstgriff, bei dem (in der Regel) zwei Substantive (oder Substantivgruppen) direkt nacheinander gesetzt werden, um einander definierend beziehungsweise relativierend zu ergänzen (siehe auch [EGW+98, Rz. 1166]). Beispiele sind: „Julian, *der Bruder von Christian*, war immer sehr stolz auf sein Auto." und „Die Stadt *Bonn* liegt am Ufer des Rheins."

Finites Verb. Ein Verb, für das „alle grammatischen Parameter eingestellt" sind, also Person, Numerus, Tempus und Modus (Indikativ, Konjunktiv oder Imperativ). Man bezieht sich dabei regelmäßig auf das Hauptverb im Satz, also dasjenige, das zusammen mit etwaigen Hilfsverben das Prädikat bildet. (Anmerkung: Infinitivkonstruktionen oder Partizipien fügen auch Verben in den Satz ein, bei denen aber gerade nicht alle Parameter eingestellt sind.) Beispiel: *„Schlafende* [←Partizip] Hunde *soll* [←finiter Teil] man nicht *wecken* [←infiniter Teil des Prädikates]."

Gebrauch, adverbial. Das entsprechende Wort (die entsprechende Wortgruppe) wird wie ein Adverb verwendet, obwohl es (sie) keines ist; beispielsweise, um die Bedeutung eines finites Verbs genauer zu charakterisieren. Beispiel für ein adverbial verwendetes Adjektiv: „Die Musik tönt *laut*."

Gebrauch, attributiv. Das entsprechende Wort (die entsprechende Wortgruppe) bestimmt ein Nomen näher und steht zusammen mit diesem in einer Nominalgruppe. Beispiel: das *blaue* Haus.

Gebrauch, prädikativ. Das entsprechende Wort (die entsprechende Wortgruppe) bestimmt ein Nomen näher, steht aber nicht zusammen mit diesem in einer Nominalgruppe. Stattdessen steht es zusammen mit einem Hilfsverb (*sein, werden, bleiben, finden*, etc.) in einem mehrteiligen Prädikat. Beispiel: Das Haus ist *blau*. Der Unterschied zwischen prädikativ und attributivem Gebrauch ist also vor allem syntaktischer Natur, weswegen wir sie in SENSE nicht unterscheiden.

Koordination. Eine Koordination (auch Beiordnung) ist Verbindung zweier gleichwertiger Elemente (Wörter oder ganzer Sätze) mittels einer Konjunktion wie *und* oder *oder*. Auch das Komma (seltener auch der Punkt) kann koordinierte Elemente verbinden. Beispiel: *Peter, Paul und Maria*.

Partizip. (auch *Verbaladjektiv*) Ein Verb, das als Adjektiv verwendet wird. Es kann sowohl attributiv als auch prädikativ oder adverbial verwendet werden. Attributiver Gebrauch: „*Schlafende* Hunde soll man nicht wecken.". Prädikativer Gebrauch: „Das Beispiel ist *zutreffend*." Adverbialer Gebrauch: „Das Kind läuft *weinend* nach Hause."

3.2 Diskursmodelle und Wissensrepräsentation

Die einfachste Weise, Wissen in einem Rechner zu speichern, ist das das Anlegen einer Textdatei. Wenn das Wissen strukturiert abgelegt werden soll, zum Beispiel um einen bestimmten Teil davon gezielter wiederfinden zu können, kann man eine Datenbank verwenden. Sowohl die reinen Daten als auch die strukturierten Informationen werden aber in weiten Teilen der Informatik noch nicht als „Wissen" betrachtet, sondern nur als Grundlage davon (vgl. Abbildung 3.1). Stattdessen wird von Wissen Bezüglichkeit und Operationalisierbarkeit gefordert[13]: „Damit wird Wissen mit seiner Nutzung verknüpft, was eine wesentliche Handlungsgrundlage von Informationssystemen darstellt. Wissen bezeichnet deshalb im größeren Rahmen die Gesamtheit aller organisierten Informationen und ihrer wechselseitigen Zusammenhänge, auf deren Grundlage ein vernunftbegabtes System handeln kann."

Abbildung 3.1: Wissenspyramide (nach [SZ03])

Die von uns angestrebte Darstellung der Semantik eines Textes ist in diesem Sinne auch eine Wissensrepräsentation. Wir wollen uns daher anschauen, wie die verschiedenen Diskurs- und Wissensrepräsentationsmodelle Wissen strukturieren und abspeichern.[14] Ich habe hierfür exemplarisch Prädikat-Argument-Strukturen, die Web Ontology Language und Topic Maps ausgewählt.

---

[13] Quelle: WIKIPEDIA: „Wissen", http://de.wikipedia.org/w/index.php?title=Wissen&stableid= 60341808, zuletzt besucht am: 24.05.2009

[14] Es geht also nicht um die Untersuchung dessen, *wofür* wir diese Systeme einsetzen können, sondern darum, Ansätze zu betrachten, *wie* man Wissen ablegen kann.

3.2.1 Prädikat-Argument-Strukturen

Die einfachste Form der Wissensrepräsentation sind die sogenannten *Prädikat-Argument-Strukturen (predicate-argument structures)*. Es handelt sich dabei im Grunde um eine technische Umsetzung der Prädikatenlogik und ihrer Grundstrukturen. Prädikat-Argument-Strukturen sind in der Computerlinguistik verbreitet, um das Diskursmodell eines Textes (i. e. eine Menge mehr oder minder abgeleiteter Aussagen über die Welt im Kontext einer bestimmten Textposition) oder den Inhalt des Textes selbst darzustellen. Für das Prädikat wird in der Regel das Verb des Satzes herangezogen, das Subjekt bildet das erste Argument, das Objekt das zweite und ein etwaiges indirektes Objekt das dritte. Für das Verb *to eat* beispielsweise werden zwei bis drei Prädikate angelegt: eat_1 mit einem Argument für „I am eating." und eat_{2a} und eat_{2b} für „I eat fish." respektive „I am eating fish.". Der Zusammenhang zwischen den verschiedenen Formen des Essens muss über logische Formeln hergestellt werden. Die Prädikate sind aber nicht notwendigerweise nur ein-, zwei- oder dreistellig; auch können die Positionen der Argumente durchaus eine andere Bedeutung aufweisen.

Die eingesetzten technischen Hilfsmittel, um Prädikat-Argument-Strukturen zu realisieren, variieren; in der Regel ist nur Prädikatenlogik erster Stufe zugelassen. Ein nahe liegendes Werkzeug ist Prolog: Die Repräsentation der gewünschten Strukturen ist einfach umzusetzen, die „Vernunftbegabung" kommt durch den Logik-Prozessor.

3.2.2 Web Ontology Language

Im Bereich der elektronischen Wissensverarbeitung markiert derzeit die W3C-Empfehlung *Web Ontology Language* („OWL") den Stand der Technik. Die englischsprachige Wikipedia definiert kompakt und treffend[15]: "The Web Ontology Language (OWL) is a family of knowledge representation languages for authoring ontologies, and is endorsed by the World Wide Web Consortium. This family of languages is based on two (largely, but not entirely, compatible) semantics: OWL DL and OWL Lite semantics are based on Description Logics[16], which have attractive and well-understood computational properties, while OWL Full uses a novel semantic model intended to provide compatibility[17] with RDF Schema."

---

[15] Formulierung übernommen aus: WIKIPEDIA: „Web Ontology Language", http://en.wikipedia.org/w/index.php?title=Web_Ontology_Language&oldid=283941063, zuletzt besucht am: 24.05.2009

[16] siehe hierzu Horrocks und Patel-Schneider [HPS04]

[17] Der „OWL Web Ontology Language Overview" schreibt hierzu: "OWL Full is meant for users who want maximum expressiveness and the syntactic freedom of RDF with no computational guarantees." [MH04, Abschnitt 1.3]

Technisch kann man OWL als Weiterentwicklung von RDF (siehe [KC04]) betrachten. Den Zusammenhang erklärt der „OWL Web Ontology Language Overview" wie folgt: "RDF is a datamodel for objects ('resources') and relations between them, provides a simple semantics for this datamodel, and these datamodels can be represented in an XML syntax. RDF Schema is a vocabulary for describing properties and classes of RDF resources, with a semantics for generalization-hierarchies of such properties and classes. OWL adds more vocabulary for describing properties and classes: among others, relations between classes (e.g. disjointness), cardinality (e.g. 'exactly one'), equality, richer typing of properties, characteristics of properties (e.g. symmetry), and enumerated classes." [MH04, Abschnitt 1.2] Von RDF erbt OWL die Eigenschaft, sämtliche Strukturen auf Tripel herunter zu brechen – oder, in der Begriffswelt der Prädikat-Argument-Strukturen, auf zweistellige Prädikate. Der konzeptuelle Mehrwert von OWL besteht im Wesentlichen aus einem mächtigen (im Falle von OWL Full sogar nicht-berechenbaren) Typsystem für in einfachen, gerichteten Graphen gespeicherte Information. Die „Vernunftbegabung" kommt im Falle von OWL aus der automatischen Deduktionskomponente (*reasoner*), die auf Grundlage dieses Typsystems arbeitet.

3.2.3 Topic Maps

Das letzte Modell zur Wissensrepräsentation, das ich hier vorstellen möchte ist der ISO/IEC-Standard Topic Maps [BBN99]. Es bietet im Vergleich zu den Prädikat-Argument-Strukturen und OWL von Grund auf mächtigere Strukturen und kann als konzeptueller Vorläufer von SENSE betrachtet werden.

„Topic Maps stellen ein standardisiertes, austauschbares Hypertext-Navigationssystem oberhalb bestehender elektronischer Informationsressourcen dar. Sie ermöglichen es, virtuelle Landkarten für im Web, in Knowledge Bases oder in Bibliotheken gespeichertes Wissen zu erstellen. Technisch gesehen transportieren Topic Maps Metainformationen, die es ermöglichen, Zusammenhänge zwischen Themen nachzuvollziehen und auf dieser Basis relevante Informationsressourcen finden zu können. Diese Metainformationen können unabhängig von den eigentlichen Ressourcen erstellt, gespeichert, ausgetauscht und verarbeitet werden. Die Ressourcen bleiben unabhängig von einer Topic Map; somit können beliebig viele Topic Maps zu einem bestehenden Informationspool erstellt werden und beispielsweise einzelne Meinungen zu bestimmten Themen repräsentieren." [Gel01] Prinzipiell kann in Topic Maps aber auch das Wissen selbst (statt nur Metainformationen – die Grenze ist ohnehin fließend) codiert werden, was im Companion-Projekt auch teilweise genutzt wurde (siehe ebenda).

Interessant ist an Topic Maps ihr Ansatz zur Strukturierung von Wissen: Die einzelnen Konzept-Knoten (*topic*) sind durch beliebig-stellige Verknüpfungen (*as-

soc) verbunden, an deren Enden die Konzept-Knoten jeweils eine bestimmte Rolle (*assocrl*) einnehmen. Darüber hinaus darf jeder Konzept-Knoten beliebige Etiketten (*topname*) definieren, die jeweils aus der Perspektive (*scope*) bestimmter anderer Konzept-Knoten gültig sind (eine Art kontextabhängige Namen). Externe Informationseinheiten werden über Verweise (*occurs*) an die Konzept-Knoten gebunden. Ein Beispiel folgt in 3.2.3.2.

3.2.3.1 Kritik

Leider fehlt dem Topic Maps-Ansatz selbst das System zur Realisierung der „Vernunftbegabung", die wir eingangs gefordert haben. Ursprünglich war nur der menschliche Benutzer mit einer Browserkomponente als Benutzer von Topic Maps vorgesehen. Eine automatische Dediktionskomponente wie bei den beiden anderen Ansätzen wäre aber durchaus denkbar. Ihre Eigenschaften machen Topic Maps zwar vom theoretischen Standpunkt nicht mächtiger als Prädikat-Argument-Strukturen, ihre „abstrakteren" Konzepte ermöglichen jedoch eine weniger mittelbare, offensichtlichere Abbildung des Inhalts der natürlichen Sprache. So können wir die Beziehungen zwischen Köpfen und rollenbehafteten Nicht-Kopf-Töchtern (siehe Abschnitt 3.1.3) direkt als Verknüpfungen ausdrücken. Die Strukturierungskonzepte der Topic Maps bilden daher den Vorläufer der im Rahmen dieser Arbeit entwickelten Omnigraphen (siehe Kapitel 3.5), der formalen Grundstruktur von SENSE. Wir wollen sie uns deshalb im Folgenden an einem Beispiel genauer ansehen. Für eine detaillierte Erklärung der einzelnen Konstrukte sei auf [Gel01, Kapitel 3] verwiesen.

3.2.3.2 Ein Beispiel für eine Topic Map

Das folgende Beispiel, es ist [Gel01] entnommen, modelliert Wissen über Arbeitsplatzrechner um das Jahr 2000. Ein solcher Rechner (entweder ein PC oder ein Macintosh-Rechner) besteht aus einer CPU, Arbeitsspeicher (RAM), einer Festplatte (HD) und so weiter. Das Modell ist in Abbildung 3.2 skizziert.

Zunächst wird das zu beschreibende Themengebiet in Topics unterteilt. Diese sind in der Grafik durch Ovale symbolisiert. Topics dieses Gebietes sind neben PC, Mac, CPU, RAM und HD auch AMD, Intel, ALU, Cache, Register, PC100 (ein Speichertyp), PC133 und RDRAM (ebenfalls Speichertypen). Zwischen den Topics gibt es Verbindungen, in der Sprache der Topic Maps Assoziationen genannt. In der Grafik sind Verbindungen durch Pfeil/Kästchen-Kombinationen gekennzeichnet; der Inhalt des Kästchens beschreibt den Typ der Verbindung. Hier im Beispiel existieren die Assoziationen „besteht aus", die „ist Hersteller", die „ist Konkurrent", die „ist Nachfolger" und „ist aktuell benutzter Typ". Die Richtung der Pfeile verdeutlichen die Einflussnahme der einzelnen Objekte untereinander. So

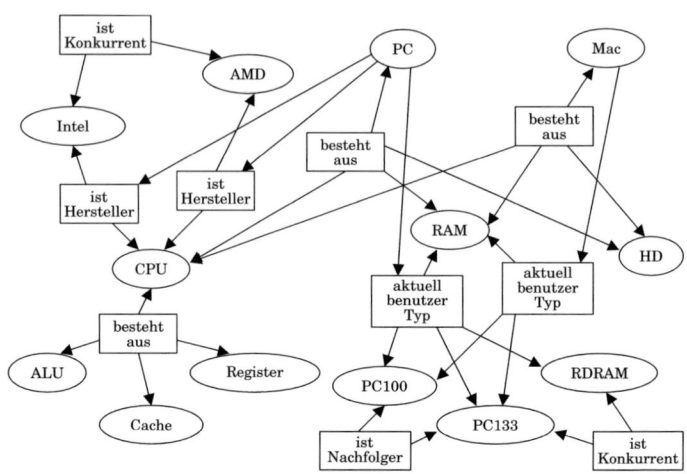

Abbildung 3.2: Beispielhafte Darstellung einer Topic Map

gilt beispielshalber die Beziehung „ist Hersteller" zwischen Intel und CPU nur im Rahmen von PCs, nicht aber bei Macintosh Computer.

Topic Maps werden in der Regel jedoch nicht graphisch, sondern als XML-Dateien dargestellt. Die Zusammenhänge dieses Beispiels werden standardgemäß wie folgt codiert:

```
<topic id="ID_pc">
  <topname>
    <basename>PC</basename>
  </topname>
</topic>
```

Dieses Fragment definiert wird ein Topic mit dem Namen „PC". Um im weiteren Verlauf auf dieses Topic zugreifen zu können, erhält das Topic ein in diesem Dokument eindeutiges id-Attribut zugewiesen, in diesem Fall mit dem Wert ID_pc. Ebenso werden nun die Topics ID_cpu, ID_amd und ID_intel definiert:

```
<topic id="ID_cpu">
  <topname>
    <basename>CPU</basename>
    <dispname>Prozessor</dispname>
  </topname>
</topic>
<topic id="ID_amd" types="ID_firma">
  <topname>
    <basename>AMD</basename>
```

```
</topname>
<occurs type="ID_homepage">http://www.amd.com</occurs>
<occurs type="ID_news">
  http://www.heise.de/newsticker/data/jow-11.12.00-000/
</occurs>
</topic>
<topic id="ID_intel" types="ID_firma">
  <topname><basename>Intel</basename></topname>
  <occurs type="ID_homepage">http://www.intel.com</occurs>
  <occurs type="ID_news">
    http://www.heise.de/newsticker/data/jow-11.12.00-000/
  </occurs>
</topic>
```

Neu ist hier bei ID_cpu das Tag dispname. Es gibt an, dass in einer Anwendung, die Topic Maps verarbeitet, der Begriff „Prozessor" statt dem Begriff „CPU" für die Anzeige verwendet werden soll. Auch anhand von ID_amd und ID_intel wird ein neues Tag vorgeführt: Das occurs-Tag stellt die Verbindung von Topic Maps zu externen Informationsquellen her. In diesem Beispiel sind das Hyperlinks. Es könnten aber auch Verweise auf nicht-elektronische Medien sein, wie etwa ein Artikel in einer Fachzeitschrift oder eine ISBN-Nummer. Ebenfalls neu ist die Verwendung der type und types Attribute. Sie weisen darauf hin, dass ID_intel eine Firma ist (im Diagramm durch die Hinterlegung angedeutet) und dass http://www.heise.de/newsticker/data/jow-11.12.00-000/ auf Nachrichten zu der entsprechenden Firma verweist. ID_firma, ID_homepage und ID_news sind also konsequenterweise auch Topics. (Der Übersichtlichkeit halber wird aber darauf verzichtet, sie hier zu definieren, im Anhang F findet sich das komplette XML-Dokument.) Nun müssen die Topics miteinander verknüpft werden. Hierfür existiert das assoc-Element:

```
<assoc type="ID_ist_konkurrent">
  <assocrl>ID_amd</assocrl>
  <assocrl>ID_intel</assocrl>
</assoc>
```

Modelliert wird, dass Intel und AMD Konkurrenten sind. Der Typ der Assoziation ist folgerichtig wieder ein Topic. So kann sichergestellt werden, dass AMD und Intel im englischsprachigen Kontext auch als „competitors" und nicht als „Konkurrenten" dargestellt werden, sofern diese Information als dispname im Topic ID_ist_konkurrent mit dem entsprechenden scope gespeichert ist. Einen solchen scope benutzt auch das etwas komplexere Beispiel der „ist Hersteller"-Relation zwischen Intel und CPU. Sie ist nicht symmetrisch und gilt auch nur in Hinsicht auf PCs, Intel stellte damals keine Prozessoren für Apple Computer her.

```
<assoc type="ID_ist_hersteller" scope="ID_pc">
  <assocrl type="ID_hersteller">ID_intel</assocrl>
```

49

```
<assocrl type="ID_produkt">ID_cpu</assocrl>
</assoc>
```

Die Asymmetrie der Beziehung kann durch die Verwendung des type-Attributes der Rolle (assocrl) eines Topics innerhalb einer Assoziation formuliert werden. Um den Gültigkeitsbereich einer Assoziation einzuschränken, wird das scope-Attribut verwendet. Das letzte noch nicht vorgestellte Konstrukt der Topic Maps ist die Facette. Sie ermöglicht es, Informationsquellen Eigenschaft/Wert-Paare zuzuweisen. Der folgende Ausdruck speichert die Information, dass die angegebene Webseite auf deutsch ist:

```
<facet type="ID_sprache">
  <fvalue type="ID_deutsch">
    http://www.heise.de/newsticker/data/jow-11.12.00-000/
  </fvalue>
</facet>
```

3.3 Kontext

Ein Domänenmodellextraktor arbeitet mit *Begriffen*. Aus diesen Begriffen werden beispielsweise Klassen, Methoden oder Assoziationen erzeugt. Diese Begriffe sind aber zunächst nur tote Symbole (Daten), die immer nur in einem bestimmten Kontext mit Leben gefüllt werden können. Wir wollen im Folgenden der Frage nachgehen, in wie weit wir diese „Füllung" benötigen, und welche Ansprüche wir gegebenenfalls an die Füllung stellen müssen. Hierfür brauchen wir aber einen Begriff von *Kontext*. Diesen Kontext-Begriff zu entwickeln, ist das Ziel dieses Abschnitts.

Topic Maps als konzeptionelle Grundlage des hier vorgestellten Formalismus SENSE versuchen mit dem *scope*-Attribut eine gewisse Art von Kontextabhängigkeit der Konzept*namen* zu realisieren (siehe Abschnitt 3.2.3). So können Topics durch Projektion auch in der Terminologie eines anderen Topics dargestellt (bezeichnet) werden. Ist das ausreichend?

Bazire und Brézillon haben dem Thema „Kontext" einen ganzen Aufsatz gewidmet [BB05]. Sie vertreten die Ansicht, dass die Definition und die Berücksichtigung von Kontext in wissensbasierten Systemen generell wünschenswert sind:

> [...] the lack of an operational definition [of context] explains several failures noted in knowledge based system use because (1) users and their contexts are not taken into account, (2) out of its context of validity, there is an incorrect use of the knowledge, (3) with the infinite number of contexts, it is not possible to endow prior its use a system with all the needed knowledge, and (4) computer systems have not the means to identify the context in which a user's request must be interpreted.
> [BB05]

Das *scope*-Attribut in Topic Maps kann jedoch nur Referenzen auf andere Topics speichern. Der gesamte Mechanismus ist ferner auf interne Bezüge beschränkt. Gogouen proklamiert für Domänenbeschreibungen aber eine Reihe von *externen* Bezügen [Gog92]. Dazu gehören soziale, temporale und lokale Bezüge, die emergent und kontextabhängig sind:

> We consider that all such discourse structures[18] are situated, emergent, open, locally organised, and contingent. As mentioned before, "situatedness" refers to the social context that is needed to fully understand such structures, and "emergence" refers to the claim that these structures are jointly constructed by members through their on-going interactions. [...] "Local organisation" refers to the idea that what participants do is

---

[18] Er bezieht sich auf "requirements", "task oriented descriptions", "explanations, directions, and other everyday types of discourse" und "'command and control' discourse". Wir verwenden hierfür den Begriff *Domänenbeschreibung*.

conditioned by details of the situation in which they find themselves, including, for example, the timing of a previous utterance. "Contingence" refers to the fact that the interpretation of past actions, and the possibilities for future actions, depend upon the details of current interactions. [Gog92]

Solche Bezüge sollten von unserem Kontext-Begriff ebenfalls abgedeckt werden können.

In der Literatur finden sich viele Definitionen. Bazire und Brézillon haben in ihrer Arbeit 150 Stück zusammengetragen – und konstatieren dennoch: "context stays a very ill-defined concept" [BB05]. Die zwei wesentlichen Probleme der existierenden Definitionen aus unserer Perspektive sind: Erstens, die Definition ist nur verständlich und sinnvoll in ihrem eigenen Kontext (z. B. "A shared goal between instructor and students." [BB05, Definition 49]). Zweitens, die Definition ist so wachsweich, dass aus ihr gar nichts (beziehungsweise beliebiges) folgt (z. B. "Context is any information that characterizes a situation related to the interaction between humans, applications and the surrounding environment" [BB05, Definition 34]). Wir wollen unsere eigene Definition erarbeiten, und sie unseren Bedürfnissen auf den Leib schneidern. Die verbalisierte Form dessen, was wir im Folgenden erarbeiten, lautet:

Ein Kontext ist eine Menge von Stimuli, die für ein Subjekt eine gegebene Entscheidung bestimmen.

In der Kategorisierung von Bazire und Brézillon ordnet sich diese Definition wie folgt ein: Für die perzeptive Transition (vgl. Abschnitt 3.4.3) ist „object concerned = cognitive activity" und „nature = external", für die präsentative Transition „object concerned = action" und „nature = internal". Im Rest dieses Abschnitts wollen wir uns die formale Darstellung dieser Aussage ansehen, sie in Beziehung zur modalen Logik setzen und ihre Anwendung auf die Textinterpretation erläutern.

3.3.1 Werkzeuge

Für eine kompakte und übersichtliche Definition von Kontext benötigen wir ein paar einfache Begriffe, die wir in diesem Abschnitt einführen. Im Zentrum der hier gegebenen Definition von Kontext steht der Stimulus, also die Ursache irgendeiner beliebigen Reaktion. Das braucht kein physiologischer Stimulus zu sein, noch nicht einmal ein Sensor. Der „Benutzer" dieser Definition kann beliebiges zum Stimulus erklären:

Definition 1 (Stimulus S, Entscheider $\mathcal{E}$) *Seien S und $\mathcal{E}$ beliebige, nicht-leere Mengen. Wir nennen S die Menge aller Stimuli und $\mathcal{E}$ die Menge aller Entscheider. Ferner sei eine bel. a. f. charakteristische Funktion χ_e für alle $e \in \mathcal{E}$ gegeben. Dann nennen wir $S|_{e \in \mathcal{E}} = \{ s \in S : \chi_e(s) \}$ die Menge aller Stimuli des Entscheiders e.*

Wir benötigen keine besonderen Eigenschaften der Elemente von S und $\mathcal{E}$, und auch keine besonderen Eigenschaften der Mengen selbst. Wir werden nun den Stimuli einen Wert zuweisen. Damit die Stimuli ihren Wert *ändern* können, definieren wir eine Funktion, die das in Abhängigkeit von der Zeit tut[19]. Eine Ordnung der Zeitpunkte benötigen wir indes nicht.

Definition 2 (Zeitpunkt $\mathcal{Z}$, Wertfunktion w_e) *Sei $\mathcal{Z}$ eine beliebige, nicht-leere Menge. Wir nennen sie die Menge aller* Zeitpunkte. *Sei eine totale Funktion w_e : $S|_{e \in \mathcal{E}} \times \mathcal{Z} \mapsto \mathbb{B}$ gegeben. ($\mathbb{B}$ meint Menge der Booleschen Werte.) Diese Funktion nennen wir die* Wertfunktion *w_e des Entscheiders e. Wir interpretieren w_e als die Funktion, die für jeden Stimulus zu jedem Zeitpunkt angibt, ob er e gerade stimuliert. Ferner definieren wir die vektorwertige Erweiterung $\vec{w}_e : (S|_{e \in \mathcal{E}})^n \times \mathcal{Z} \mapsto \mathbb{B}^n$ zur Vereinfachung der Notation.*

Für die Bildmenge der Wertfunktion kann ohne Schwierigkeiten statt $\mathbb{B}$ beispielsweise auch das Intervall $[0, 1]$ gewählt werden. Wir benötigen nur die Eigenschaft der Wertfunktion, ihren Wert ändern zu können. Es ist zweckmäßig, wenn der Wert einer Wertfunktion tatsächlich von beiden Parametern abhängt.

Definition 3 (Fragen F, Antworten $\mathcal{A}$) *Seien F und $\mathcal{A}$ beliebige, nicht-leere Mengen und $\rho \subseteq F \times \mathcal{A}$ eine Relation. Wir nennen F die Menge aller* Fragen *und $\mathcal{A}$ die Menge aller* Antworten. *Wir interpretieren ρ als die Relation, die jeder Frage alle möglichen Antworten auf diese Frage zuordnet.*

Wir benötigen weder besonderen Eigenschaften der Elemente von F und $\mathcal{A}$, noch besonderen Eigenschaften der Mengen selbst – auch die *praktische* Aufzählbarkeit nicht. So reicht es auch, ρ nur partiell anzugeben: Die Antworten auf eine Frage $f \in F$ sind gemäß dieser Definition die Menge $A_f = \{a \in \mathcal{A} : \rho(f, a)\}$. Diese Menge A_f kann beispielsweise $\mathbb{B}$ sein, wenn es um eine binäre Entscheidung geht, es ist aber auch $A_f = \mathbb{N}$ oder $A_f = \{\text{rot}, \text{grün}\}$ vorstellbar. An ρ haben wir keine besonderen Anforderungen gestellt, so dass zu der Frage „Was ist drei mal drei?" durchaus die Antwortmenge $A_f = \{6, \text{„Kartoffelbrei"}\}$ lauten *könnte* – das hängt nur vom selbst gewählten ρ ab! Es geht uns im Folgenden, darauf sei vorab schon einmal hingewiesen, nicht um *Wahrheit*, sondern nur um Auswahl und Entscheidungen.

Definition 4 (Entscheidung (f, A_f), Entscheidungsfunktion g_f) *Ein Tupel $e = (f, A_f)$ mit $f \in F$ und $A_f = \{a \in \mathcal{A} : \rho(f, a)\}$ nennen wir die (zu treffende)* Entscheidung *e. Eine surjektive Funktion g_f mit A als Bildmenge nennen wir eine* Entscheidungsfunktion *für f.*

---

[19] Das ist ein Standardtrick der Mathematik, wenn irgendetwas seinen Wert ändern können soll. Leider macht er die Definition nicht unbedingt übersichtlicher. Es geht aber nicht kompakter.

Diese Definition entspricht nicht dem in der Informatik gängigen Begriff der Entscheidungsfunktion als Synonym der charakteristischen Funktion. Die hier gegebene Definition ist breiter und umfasst offensichtlich auch charakteristische Funktionen. Der Vorteil ist, dass wir in den Antworten keine spezielle Struktur benötigen (eine beliebige Interpretation der Atome ist möglich) und dadurch den Entscheidungsgegenstand auch auf Meinungsbildungsprozesse oder die Wahl von Handlungsalternativen erweitern können.

3.3.2 Definition von Kontext

Nachdem wir uns einige Begriffe für eine kompakte Definition vorbereitet haben, folgt nun die Definition von Kontext:

Definition 5 (Kontext k, k.-sensitive Entscheidungsfunktion $\mathcal{G}$) *Ein Kontext ist eine Menge von Stimuli, die für ein Subjekt eine gegebene Entscheidung bestimmen: Sei $(f, A_f) \in F \times \wp(\mathcal{A})$ eine (zu treffende) Entscheidung und $k \in (\mathcal{S}|_{e \in \mathcal{E}})^n$ ein bel. a. f. Tupel von Stimuli. Wir nennen k einen* Kontext *und $g_{e,f}(k, t)$ eine* kontextsensitive Entscheidungsfunktion *des Entscheiders e beim Beantworten der Frage f, wenn gilt: Es existiert ein $g' : \mathbb{B}^n \mapsto A_f$, mit*

$$\forall a \exists t : a \in A_f \wedge t \in \mathcal{Z} \wedge g'(\vec{w}_e(k, t)) = a \quad und \quad g_{e,f}(k, t) = g'(\vec{w}_e(k, t))$$

Wir nennen die Menge aller kontextsensitiven Entscheidungsfunktionen $\mathcal{G}$ und die Menge aller Kontexte $\mathcal{K}$.

Wir haben oben definiert, dass die Entscheidungsfunktionen zu einer Frage f surjektiv auf der Antwortmenge A sein müssen. Die Forderung wird in dieser Definition von der kontextsensitiven Entscheidungsfunktion aufgegriffen und konkretisiert: Für jede mögliche Antwort $a \in A_f$ muss es irgendeinen Zeitpunkt t geben, an dem die Werte der Stimuli des Kontextes den Entscheider dazu veranlassen, diese Antwort zurück zu liefern. Wenn k nicht genügend (oder nicht die richtigen) Stimuli enthält, dann gibt es kein surjektives g, womit g keine Entscheidungsfunktion ist und k kein Kontext. Die Frage f kann dann nicht endgültig entschieden werden.

Für die Anzahl der Stimuli im Tupel k fordern wir *nicht* minimal viele Komponenten. Das Tupel k kann auch „überflüssige" Stimuli enthalten, die die Entscheidung nicht beeinflussen, oder Stimuli, deren Werte voneinander abhängen. Daher kann auch $n \gg \log_2 |A_f|$ gelten (wenn man wie hier $\mathbb{B}$ als Bildmenge der Wertfunktionen festlegt). Andererseits braucht k nicht *alle* Stimuli enthalten, so dass für n gilt: $\log_2 |A_f| \leq n \leq |\mathcal{S}|_{e \in \mathcal{E}}|$.

3.3.3 Auswahl der Entscheidungsfunktion

Das Ergebnis einer kontextsensitiven Entscheidungsfunktion hängt offenbar außer von der Frage f auch vom Entscheider e ab, der die Stimuli „auswertet". Wir können also die Menge aller kontextsensitiven Entscheidungsfunktionen $\mathcal{G}$ nach e und f partitionieren. Eine Partitionierung nach den Zeitpunkten t wäre hingegen wenig hilfreich, da die g ohnehin für alle t definiert sind.

Definition 6 (Partitionierung der k.-sens. Entscheidungsfkt. $\mathcal{G}|_{e,f}$) *Sei* $e \in \mathcal{E}$ *ein Entscheider und* $(f, A) \in F \times \wp(\mathcal{A})$ *eine Entscheidung. Dann bezeichnet* $\mathcal{G}|_{e,f} = \{g_{e,f} \in \mathcal{G}\}$ *die Partitionierung von* $\mathcal{G}$ *nach* e *und* f.

Die Größe einer Partition $\mathcal{G}|_{e,f}$ kann 0 sein, beispielsweise wenn die Anzahl aller Stimuli $|\mathcal{S}|_{e\in\mathcal{E}}|$ kleiner ist als $\log_2 |A|$ oder die Wertfunktion w_e nur konstante Werte liefert. In diesen Fällen würde man keinen Kontext finden können, der die Entscheidung (f, A_f) determiniert. Andererseits müssten, wenn $n := |\mathcal{S}|_{e\in\mathcal{E}}|$ beschränkt wäre (was wir nicht gefordert haben), allein $z = \sum_{k=1}^{n} \binom{n}{k}$ kontextsensitive Entscheidungsfunktionen in einer Partition sein, um alle theoretisch möglichen Kontexte zu abzudecken. Darüber hinaus existieren zu einem bel. a. f. Kontext $|A_f|^{|\mathcal{Z}|}$ viele verschiedene Entscheidungsfunktionen. Wenn wir aber eine Antwort auf die Frage f haben wollen, dann brauchen wir genau *eine* Entscheidungsfunktion. Dazu können wir bei der Instanziierung dieses Modells sicherstellen, dass jeder Entscheider e nur jeweils eine Entscheidungsfunktion bekommt. Oder wir können, wenn mehrere Funktionen für ein gegebenes Tupel (e, f, k) definiert sind, die Auswahl der Funktion von einem zusätzlichen Auswahl-Stimulus („Laune"-Stimulus) abhängig machen, und so diese Funktionen in einer einzigen bündeln. Wir schreiben daher vereinfachend „Sei $g_{e,f} = \mathcal{G}|_{e,f} \quad \dots \quad g_{e,f}(k, t) = \dots$", wissend, dass g eigentlich eine Menge ist und erst durch k und die vorgenannten Maßnahmen determiniert wird.

3.3.4 Beispiel

Die Entscheidung (f, A_f) betreffe die Handlungsalternativen eines Autofahrers $a \in \mathcal{E}$ vor einer Ampel. Die Frage lautet also $f =$ „Was soll ich tun?" und die möglichen Antworten seien $A_f = \{$„fahren", „nicht fahren"$\}$. Die rote Lampe der Ampel wäre ein Stimulus s. Sei nun $t_r \in \mathcal{Z}$ ein Zeitpunkt, an dem die rote Lampe leuchtet. Dann ist der Wert der Wertfunktion $w(s, t_r) = 1$. Ferner sei $t_g \in \mathcal{Z}$ ein Zeitpunkt, an dem die rote Lampe nicht leuchtet, also $w(s, t_g) = 0$. Dann ist $k = \{s\}$ ein Kontext, wenn unsere Entscheidungsfunktion $g_{a,f} \in \mathcal{G}|_{a,f}$ liefert: $g_{a,f}(k, t_r) =$ „nicht fahren" und $g_{a,f}(k, t_g) =$ „fahren". Auch dann ist k ein Kontext, wenn unsere Entscheidungsfunktion $g_{a,f}$ liefert: $g_{a,f}(k, t_r) =$ „fahren" und $g_{a,f}(k, t_g) =$ „nicht fahren". Wenn unsere Funktion aber beispielsweise $g_{a,f}(k, t_1) =$ „fahren" und $g_{a,f}(k, t_2) =$ „fahren" liefert

– uns also der Wert des Stimulus nicht interessiert – dann ist $k = \{s\}$ kein Kontext für unsere Handlungsalternativen vor einer Ampel.

3.3.5 Vergleich mit Temporaler und Modaler Logik

Die hier gegebene Definition von Kontext und Stimulus weist einige Parallelen zur Temporalen Logik oder auch der klassischen Modalen Logik nach Kripke auf. Die Stimuli könnte man beispielsweise als die atomaren Aussagen einer „Welt" begreifen (diese Welt entspräche einem globalen Kontext k) und die Änderung ihrer Werte mit der Zeit t mit den Übergängen zwischen den möglichen Welten gleichsetzen. Auch Emersons Klassifikationsaspekte für Temporale Logiken [Eme90] lassen sich zum Teil übertragen. Dennoch gibt es einige wichtige Unterschiede: Wir können und wollen für die Stimuli, die Fragen und die Antworten keine innere Struktur vorschreiben. Weil sie nicht notwendigerweise „kompatibel" sind, wollen wir auch die Elemente der drei Mengen nicht zwangsweise in einer gemeinsamen Domäne namens „Formeln" zusammenwerfen; aus dem gleichen Grund würde auch die Bildung von Metastrukturen per se einem fragwürdigen Zweck dienen. Der dritte Unterschied ist, dass wir auf der Menge der Zeitpunkte keine Ordnung fordern wollen. Dieses würde sich gerade bei der Interpretation von Text als hinderlich erweisen – man denke an den Unterschied zwischen Erzählzeit und erzählter Zeit. Im Endeffekt kommen wir zu einer Definition, die zwar weniger mächtig in Bezug auf die aus ihr ableitbaren Aussagen ist, sich aber sowohl *mit* als auch (wie wir das für unsere Zwecke benötigen) *ohne* greifbare Atome verwenden lässt – man denke an die „Dinge", die wir einem Wort zuweisen wollen (vgl. Kapitel 4.1). Das wichtigste Entwurfskriterium der hier gegebenen Definition ist jedoch, dass wir an keiner Stelle Omniszienz voraussetzen: Keine der verwendeten Mengen muss aufzählbar oder gar endlich sein (Aufzählbarkeit der verwendeten Teilmengen genügt) und wir benötigen an keiner Stelle absolute (Wahrheits-) Werte. Kapitel 3.4 geht darauf ein, warum das in unserem Fall auch notwendig ist.

3.3.6 Stetigkeit

Die Entscheidungsfunktionen können (müssen aber nicht) durch einen Menschen „berechnet" werden. Im Falle eines menschlichen Entscheiders werden die Entscheidungsfunktionen in der Regel nicht bestimmbar sein – in vielen Fällen wird selbst die Menge der Stimuli unbekannt bleiben. Wenn aber weder die Funktionen, noch ihre Parameter bekannt sind, stellt sich die Frage, wie wir diese Definition überhaupt benutzen sollen. Die Antwort lautet, dass wir Annahmen über die Stetigkeit der Entscheidungsfunktion und des Kontextes machen können – geistige Gesundheit und Ernst des Entscheiders vorausgesetzt: Wir gehen davon aus, dass er beide Male dieselbe Antwort gibt, wenn wir ihn zweimal nacheinander im selben Kontext die selbe Frage stellen. Es kann zwar sein, dass dieser Mensch im Laufe seines Lebens seine Meinung ändert, aber bei kurz nacheinander gestellten Fragen (Voraussetzung für denselben Kontext) wären wir schon sehr überrascht, wenn plötzlich eine andere Antwort käme. Wenn wir nun aber den Wert eines seiner Stimuli ändern, zum Beispiel den Salzgehalt seiner Suppe, dann wird unser Entscheider vielleicht seine Entscheidung auf die Frage nach dem Geschmack der Suppe ändern – für den Wein und das Brot wird seine Entscheidung davon aber nicht betroffen sein[20].

Eine ähnliche Annahme können wir auch für die Interpretation von Text machen: In Abschnitt 3.1.4 wurde das Konzept von Deixis vorgestellt. Für jede der Dimensionen können wir eine Frage erzeugen (für die Lokaldeixis beispielsweise „Wo befinden wir uns gerade (aus der Erzählperspektive)?") und entsprechende Stimuli vorsehen. Der Wert der Stimuli wird von der aktuellen Textposition des Lesers (=Entscheider) gesteuert. Wenn nun im Text nacheinander die Schlüsselwörter *hier* und *dort* auftauchen, wird der Wert der Stimuli der Lokaldeixis verändert. (Die Stimuli der anderen Deixis bleiben vom Vorkommen dieser Schlüsselwörter unberührt.) Die Antwort des Lesers sollte sich beispielsweise von „Karlsruhe" auf „Köln" ändern; die Antwort auf die Frage nach dem Erzählzeitpunkt sollte davon aber unberührt bleiben. Adverbien schalten also beispielsweise gezielt einzelne Stimuli im Referenzraum des Lesers um (vgl. Abschnitt 4.4.5).

---

[20] Dieses Beispiel ist natürlich stark vereinfacht. Doch selbst wenn wir die Rückkopplung des Geschmacks einer Speise auf den Geschmack der anderen Speisen, den Hunger und die Höflichkeit gegenüber einem etwaigen Gastgeber und dessen soziale Stellung berücksichtigen wollten, könnten wir das alles problemlos mit dem vorgestellten Definition von Kontext darstellen!

3.4 Pragmatik

"I know that you believe you understand what you think I said, but I'm not sure
you realize that what you heard is not what I meant." – *Robert McCloskey*

Beim Verarbeiten von natürlicher Sprache müssen wir mit hochgradig mehrdeutigem Ausgangsmaterial zurechtkommen. Wir wollen uns in diesem Abschnitt
aber nicht mit der Syntax der Sprache beschäftigen, die sich offenbar über Generationen hinweg auf ein Optimum zwischen (mehrdeutiger) Kompaktheit und
(langatmiger) Eindeutigkeit hin entwickelt hat. Vielmehr geht es in diesem Abschnitt um den Bezug von Sprache und Realität: Wir betrachten die Probleme der
Pragmatik vom kognitiven Standpunkt aus, um das Konzept der Spektren (vgl.
Abschnitt 3.4.5) zu motivieren, mit denen SENSE den Bezug von Textinhalten zur
realen Welt der Dinge herstellt. Zunächst wollen wir uns aber mit der Beziehung
zwischen einem Wort und der dazugehörigen Sache beschäftigen und mit Hilfe des
„Begriffs" einige Phänomene und Begriffe erklären. (Wir werden jedoch im Folgenden *Symbol* statt *Wort* verwenden, da es sich nicht unbedingt immer nur um *ein*
Wort handelt, wie beispielsweise bei „Universität Karlsruhe".)

3.4.1 Das Verhältnis von Symbol und Sache

DIE NASE
Wenngleich die Nas', ob spitz, ob platt,
zwei Flügel (Nasenflügel) hat,
so hält sie doch nicht viel vom Fliegen,
das Laufen scheint ihr mehr zu liegen.
– Heinz Erhardt

Die *Flügel* und das *Laufen* in diesem Gedicht von Heinz Erhardt sind Äquivokationen. Äquivokationen (von lat. *aequivocatio: aequi- (aequus)* „gleich" und *vocare*
„nennen", „lauten") sind gleichlautende Wörter, die für verschiedene Begriffe stehen. (Die bekannteste Form ist das Homonym, das umgangssprachlich als „Teekesselchen" bezeichnet wird.) Äquivokationen belegen, dass ein Symbol nicht nur für
verschiedene Dinge derselben Art, sondern auch für verschieden*artige* Dinge verwendet werden kann. Um das Phänomen von Äquivokationen (und Synonymen)
zu erklären, wird in den Sprachwissenschaften der Bezug zwischen einem Symbol
und einer Sache indirekt über den „Begriff" hergestellt, den sich jemand von einem Ding macht. Hierdurch wird quasi eine *charakteristische Funktion* etabliert,
mit der alle Dinge, die von einem Wort in einer bestimmten Bedeutung erfasst
werden sollen, auswählt werden. Die Begriffe entsprechen der Semantik, während
die Interpretation des Symbols in seinem Kontext der Syntax und die Bindung

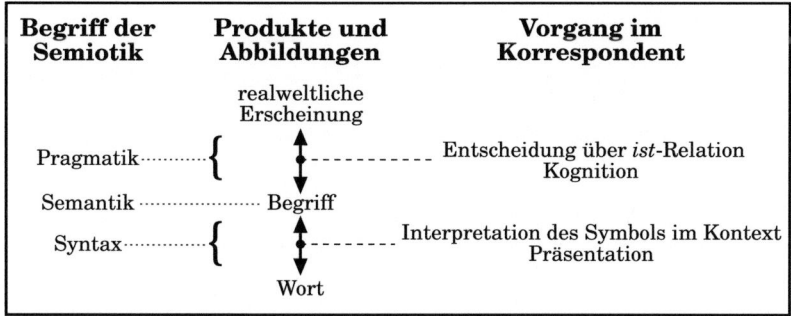

Abbildung 3.3: Semiotik in Bezug auf den Begriff (vgl. Abbildung 4.4)

der Dinge der Pragmatik entsprechen (vgl. Abbildung 3.3). Ein Synonym bedeutet dann, dass es verschiedene Symbole für denselben Begriff geben kann; eine Äquivokation, dass ein Symbol verschiedene Begriffe erwecken kann.

Wenn wir nicht missverstanden werden wollen, reicht es nicht, *irgend*ein Symbol zu wählen, das einen Begriff erweckt, der das zu bezeichnende Ding umfasst. Wir müssen möglichst genau die Menge von Dingen (=den Begriff) erwischen, für die unsere Aussage gilt. Und diesen Begriff müssen wir möglichst eindeutig im Empfänger erwecken. Wir könnten nun auf die Idee kommen, einfach Äquivokationen in den zu verarbeitenden Texten zu verbieten, damit jedes Symbol nur noch einen Begriff erweckt. Der Effekt der Äquivokationen könnte aber trotzdem auftreten, nämlich dass wir dasselbe Symbol für verschiedene Begriffe verwenden! Nehmen wir an, wir wollen ein Telefongespräch beschreiben:

Für ein Telefongespräch benötigen wir zwei Teilnehmer, einen anrufenden und einen angerufenen. Der Teilnehmer nimmt den Hörer ab. Der Teilnehmer wählt eine Nummer. Beim Teilnehmer klingelt das Telefon. Der Teilnehmer nimmt den Hörer ab. Der Teilnehmer meldet sich mit „Hallo, wer ist da?" Der Teilnehmer nennt seinen Namen. Daraufhin nennt der Teilnehmer seinen Namen.

Hier wird offenbar ein Symbol für zwei Individuen verwendet. Das Symbol könnte also entweder *zwei* Begriffe erwecken, die sich jeweils auf *ein* Individuum beziehen oder *einen* Begriff erwecken, der sich auf *zwei* Individuen bezieht. Da wir die beiden unterscheiden können (und wollen) ist letzteres unplausibel: Es stehen uns mit „Anrufer" und „Angerufenem" sogar zwei verschiedene, nichtsynonyme Symbole zur Verfügung, die die beiden Begriffe erwecken. Aber welchen der beiden Teilnehmer sollen wir ab jetzt nicht mehr als Teilnehmer bezeichnen? Obwohl es sich nicht um eine Äquivokation im sprachwissenschaftlichen Sinn handelt (denn im wortwörtlichen Sinn handelt es sich durchaus um eine Äquivokation) werden

Abbildung 3.4: Die Selektivität von Symbolen in Comics [McC93, S. 31]

zwei Begriffe mit demselben Symbol bezeichnet. Die verschiedenen Begriffe, die von einem Symbol erweckt werden, müssen also nicht so unterschiedlich sein, wie die *Flügel* im Gedicht von Heinz Erhardt. Sie können auch kontextbezogene „Unterbegriffe" des durch das Symbol *eigentlich* erweckten Begriffs sein. Wir müssen bei der Verarbeitung also prinzipiell den Kontext (vgl. Kapitel 3.3) des Symbols im Auge behalten. Äquivokationen zu verbieten reicht nicht.

3.4.2 Maßnahmen bei der Texterstellung

Wir haben im vorhergehenden Abschnitt gesehen, dass es zu allgemein gewählte Symbole dem Leser erschweren, den Text richtig zu verstehen. Wir müssen das Symbol mit der richtigen Selektivität wählen. Reiners schreibt in seinem Lehrbuch für guten Stil: „Wer flüchtig beobachtet und sich schlampig ausdrückt, der wählt immer den allgemeineren Ausdruck. Der allgemeine Ausdruck ist bequem: er passt zur Not immer. Sein Umfang ist weit, aber gerade deshalb enthält er nichts von den Besonderheiten der einzelnen Sache." [Rei04, Kapitel „Wortwahl", S. 59] Das Prinzip der unterschiedlichen Selektivität von Symbolen gilt nicht nur für die natürlichen Sprache, sondern, wie McCloud vorführt, in gleicher Weise auch für Comics und Piktogramme [McC93, S. 31] (vgl. Abbildung 3.4).

Eine interessante Frage in diesem Zusammenhang lautet: Gibt es *eindeutige* Symbole? Insbesondere in Bezug auf Eigennamen ist diese philosophische Frage nach wie vor umstritten: Die Deskriptivisten, wie Frege, Russell oder Wittgenstein, gehen davon aus, dass ein Eigennamen quasi ein Synonym für eine (Menge von) Beschreibung(-en) einer Sache darstellt. Ihr Kritiker Kripke geht davon aus, dass es sich bei Eigennamen um "rigid designators" handelt, also fixe Bezüge auf immer dieselben Individuen, in jeder vorstellbaren (modal-logischen) Welt; insbesondere auch in den Welten, in denen die Beschreibungen der Deskriptivisten nicht gelten (vgl. [Kri80]). Die generelle Antwort auf die Frage nach der Eindeutigkeit muss aber sowohl nach McCloud (vgl. Abbildung 3.5) als auch nach Reiners „nein" lauten: „Die Wörter sind ja nicht die Etiketten gegebener Dinge, sondern sie schneiden aus der unendlichen Welt bestimmte Teile unter bestimmten Gesichtspunkten heraus." [Rei04, S. 382] Und in Anbetracht der Tatsache, dass wir unsere Nachttischlampe nach Belieben „Klaus", „Ostern" oder „Pisa" nennen können, schließen auch wir uns dieser Meinung an.

Manchmal gibt es für den von uns imaginierten Begriff noch kein Symbol. Nehmen wir an, wir wollen über Autos sprechen, aber nicht über alle Autos, sondern nur über solche, die rot sind. Dann wäre der Ausdruck „Auto" noch nicht speziell genug, aber der Ausdruck „Ferrari" schon zu speziell. Wenn wir aber die charakteristische Funktionen von „Auto" und „rot" mit *und* verknüpfen, dann haben wir eine neue charakteristische Funktion geschaffen, uns also einen neuen Begriff gemacht. Wenn wir über diesen Begriff kommunizieren wollen, brauchen wir ein neues Symbol. Um dieses Symbol zu erzeugen stehen uns drei Möglichkeiten zur Verfügung:

1. Die *Wortschöpfung*, bei der wir einfach ein neues Symbol erfinden; zum Beilspiel „Tatülefant" für alle roten Autos. Das Problem dieses Ansatzes ist offensichtlich, dass man die Bedeutung des neuen Symbols allen menschlichen Systemteilnehmern vermitteln muss – für die Software ist es allerdings egal, welches Symbol verwendet wird. Der Vorteil ist, dass dieser Ansatz immer funktioniert.

2. Die *Modifikation*, bei der wir einen Hauptbegriff mit einem oder mehreren anderen Begriffen modifizieren, wobei für alle Begriffe existierende Symbole verwendet werden; zum Beispiel „rotes Auto", wobei das Symbol „Auto" den Hauptbegriff induziert und „rot" den modifizierenden Begriff. Modifikation wird noch ausführlicher in Abschnitt 4.3.3 behandelt.

3. Die *Wortbildung*, bei der wir nach den spracheigenen Bildungsregeln neue Wörter aus bekannten machen; im Beispiel können wir analog zum „Blauwal" vom „Rotauto" sprechen. Es muss sich bei dem neuen Wort aber nicht unbedingt um eine Kontraktion aus einem Adjektiv und einem Nomen handeln: Ein weiteres Beispiel wäre „Kuckucksuhr" (Uhr *mit* Kuckuck) für alle „Wanduhren" (Uhr *an* der Wand), in denen „Holzvögel" (Vögel *aus* Holz) wohnen (vgl. [EGW+98, Rz. 784]). Die Wortbildung stellt ein Mittelding zwischen der Wortschöpfung und der Modifikation dar.

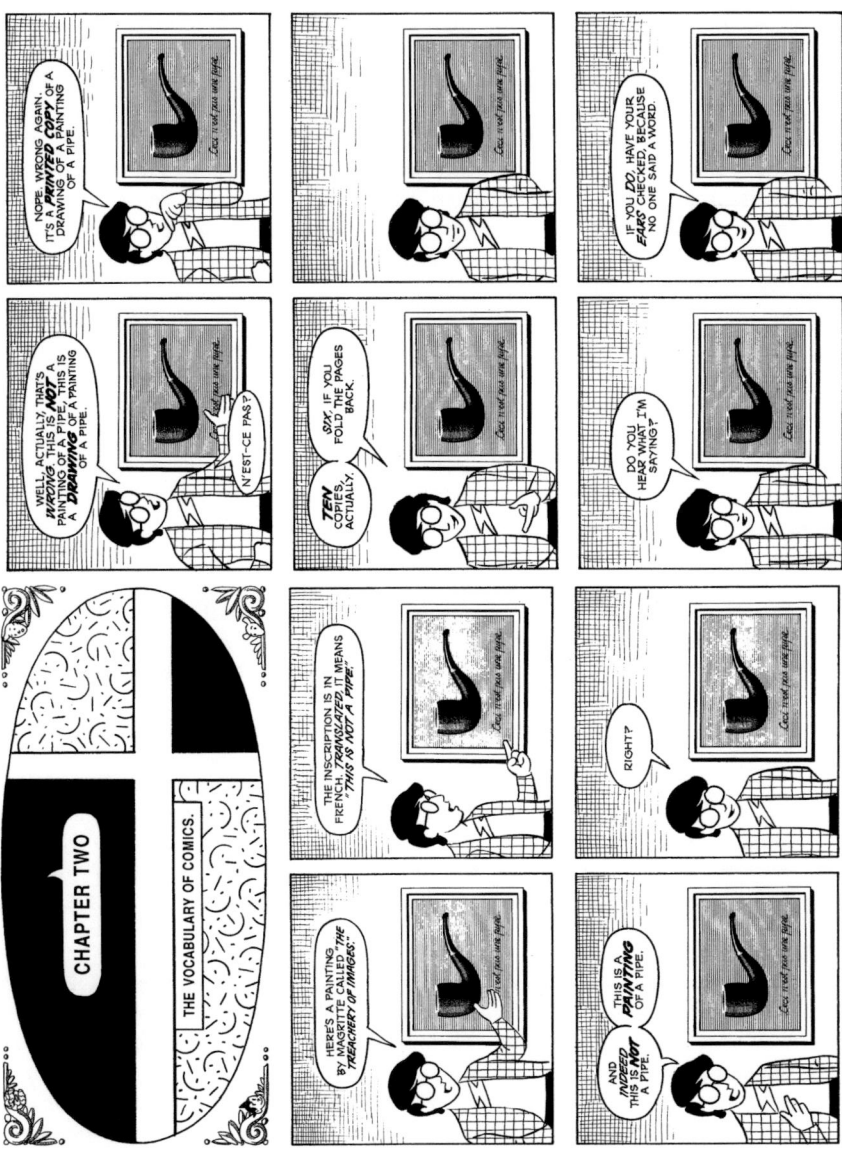

Abbildung 3.5: Zur Eindeutigkeit von Symbolen [McC93, S. 24-25]

3.4.3 Kognition und Präsentation

Das Konzept des Begriffs benötigen wir auch, um zwei weitere Probleme, mit denen wir umgehen müssen, wenn wir natürliche Sprache verarbeiten wollen, zu beleuchten: Kognition und Präsentation. Das präsentative Problem haben wir bereits kennen gelernt: Welches Symbol nehme ich, um meinen Begriff zu beschreiben? Das kognitive Problem ist, dass die charakteristische Funktion eines Begriffs nicht intersubjektiv festgelegt ist. Das heißt beispielsweise, dass zwei Politiker, einer von den Linken, einer von den Liberalen, einen unterschiedlichen Begriff zur *Gerechtigkeit* entwickeln können. Die charakteristische Funktion des einen weist einer ganz bestimmten Handlung h die 1 zu, also „ja, h ist gerecht", die des anderen aber die 0, also „nein, h ist nichts, das man unter ‚Gerechtigkeit' verbuchen kann". Nun wird es im Allgemeinen so sein, dass es viele Handlungen h' gibt, denen beide charakteristische Funktionen denselben Wert zuweisen, denn sonst könnten sich die zwei Menschen vermutlich kaum verständigen. Das Beispiel *Gerechtigkeit* mag ein wenig ausgesucht wirken, aber es reicht bereits, um zu zeigen:

1. Es gibt disjunkte Teilmengen von Dingen, die verschiedene Leute demselben Begriff zuweisen können. (*Diskrepanz in der Kognition*)

2. Es gibt bei der Kommunikation über den Begriff und den ihm zuzuordnenden Dingen verschiedene Motive, die eigene Aussage zu verzerren – man stelle sich die beiden Politiker in einer Fernsehdebatte vor (vgl. [Rup02b]). (*Diskrepanz in der Präsentation*)

Das Problem mit den kognitiven und präsentativen Fähigkeiten besteht insbesondere in der Analysephase, wie Götz und Rupp schreiben: „So the key question of requirements analysis is: How to get what the requirement's originator *really thought of* when he *stated* the requirement?" [GR03] Sie unterscheiden 17 Indikatoren aus drei Kategorien (*Auslassung, Pauschalisierung* und *Verzerrung*) für linguistische Defekte in Aussagen:

Auslassung bezeichnet das Weglassen von Details der einzelnen Sache, die aus der Perspektive des Domänenexperten als „nicht so wichtig" erachtet werden. Auslassung kann sowohl bei der Kognition als auch bei der Präsentation vorkommen. In beiden Fällen könnte man auch von „Fokussierung" sprechen, wodurch auch klar wird, dass die Auslassung nicht prinzipiell etwas Schlechtes darstellt. Zum Problem wird die Auslassung, wenn in der Domänenbeschreibung etwas fehlt, das nur für den Experten „offensichtlich" ist.

Pauschalisierung meint allquantifizierte (oder auf andere Art zu allgemein gehaltene) Aussagen zu machen, die aber nicht allquantifiziert sein dürften – und genau dann sind sie ein Problem. Insbesondere für Spezialisten kann die ihrer Aufgabe eigene Sichtweise auf die Welt zu Pauschalisierung in der Kognition führen.

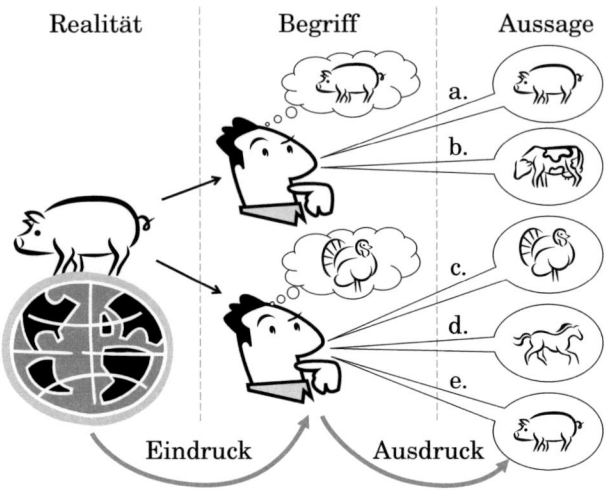

Realität   Begriff   Aussage

Eindruck   Ausdruck

Abbildung 3.6: Fünf Wege, ein Schwein zu spezifizieren

Beim Erstellen einer angeforderten Domänenbeschreibung können Pauschalisierungen den Spezialisten schneller zum „Ziel" führen – nämlich schneller mit der unangenehmen Aufgabe des Schreibens fertig zu werden.

Verzerrung bedeutet, dass eine gemachte Aussage „nicht ganz" gilt – also zum Beispiel etwas deutlich einfacher dargestellt wird, als es eigentlich ist. Für die Planung der Implementierung ist das natürlich Gift. Aber wenn wir an die Techniken der Didaktik denken, erkennen wir, dass man einen Sachverhalt auch bewusst und gut gemeint verzerren kann. Bezüglich der Kognition schreiben Götz und Rupp: „By distorting perceptions we prevent that our knowledge has to be reorganized constantly. Details are changed if necessary to fit in the picture we have already drawn from a given situation." [GR03]

Jeder dieser Defekte kann absichtlich oder unabsichtlich und sowohl bei der Kognition als auch bei der Präsentation auftreten. Kombinatorisch betrachtet gibt es somit fünf Wege, ein Schwein zu spezifizieren (vgl. Abbildung 3.6):

a. Der Experte erkennt ein Schwein und bezeichnet es als Schwein – der Idealfall.

b. Der Experte erkennt ein Schwein, bezeichnet es aber anders – ein Fall, den wir tolerant behandeln können, wenn wir ihn erstens erkennen und zweitens mit Äquivokationen und Synonymen umgehen können.

c. Der Experte erkennt etwas anderes und bezeichnet es „korrekt" – ein Fall, der vermutlich zu einer neuen Klasse in unserem Domänenmodell und damit (hoffentlich „nur") zu totem Code führt.

d. Der Experte erkennt etwas anderes und bezeichnet es darüber hinaus noch „falsch" – es ist unklar, ob und wie dieser Fall zu retten ist.

e. Der Experte erkennt etwas anderes und bezeichnet es als Schwein – ein *ungünstiger* Fall, aber vielleicht kein *unüblicher* Fall, denn alle Kollegen bezeichnen das Ding vermutlich auch als Schwein...

Diese Überlegungen zeigen, dass einige der Schwierigkeiten bereits im Analyseprozess, also vor der Erstellung des Dokuments, eliminiert werden müssen. Andererseits muss der Extraktionsprozess damit umgehen können, dass sich nicht nur die Bezeichnung ändern könnte (wie bei Synonymen), sondern auch der Begriff zu einer Sache. *Rohlinge*, die der Bäcker in den warmen Ofen legt werden irgendwann „spontan" zu *Brötchen*, obwohl das Ding hinter dem Begriff streng genommen das gleiche bleibt. Unsere Klassifikation der Dinge zu ihren Begriffen ist also nicht immer kontextfrei. Wenn wir aber ein kontextsensitives Sein für eine bestimmte Menge von realweltlichen Erscheinungen feststellen, dann folgt für unseren Extraktionsprozess, dass wir für die zwei involvierten Begriffe *keine unterschiedlichen Klassen* (im objektorientierten Sinne) anlegen dürfen! Die Abbildung des realen Vorgangs in der Software würde sonst einen Identitätsübergang von einer in eine andere Klasse erfordern, und das ist weder im objektorientierten Programmierparadigma, noch in gängigen objektorientierten Sprachen möglich.

3.4.4 Subjektivität: Ist Modellierung per se Widersinnig?

Wie die Darstellung in Abbildung 3.6 andeutet, gehen wir bei der Modellierung davon aus, dass eine bestimmte, intersubjektiv wahrnehmbare Realität existiert. Die strikte Trennung des Beobachters von der Welt, wie sie Descartes beschrieben hat [Des37], wird heutzutage von vielen Fachbereichen abgelehnt, unter anderem von der Philosophie, der kognitiven Psychologie, der Linguistik (Sapir-Whorf-Hypothese) und sogar der Physik – genauer gesagt von der Teilchenphysik. Was läge näher, als dieses Untrennbarkeit auch als Faktum im Analyseprozess der Anforderungserhebung zu akzeptieren, wenn sich zudem abzeichnet, dass wir das Verhältnis von einem Wort zu seinem Begriff und das Verhältnis vom Begriff zu seinem Ding nur schwer in den Griff bekommen? Was wir letztlich beobachten können ist nur das Symbol (der „Ausdruck" auf der rechten Seite von Abbildung 3.6). Im Modellierungsprozess wiederum ist das Symbol, das wir vom Domänenexperten bekommen, für uns effektiv die „Sache" (also die linke Seite von Abbildung 3.6).

Bei der Begriffsbildung und wenn wir das Modell weiter entwickeln, sind wir auf eigenes Wissen angewiesen. Dieses eigene Wissen stammt aus unserer Begriffswelt (Mitte). Das Modell, das wir entwickeln, modelliert also die Realität unserer Begriffswelt. Diese könnte sich aber von der Realität auf Seite der Dinge deutlich unterscheiden. Thomas von Aquin schrieb „veritas est adaequatio intellectus et rei" (Wahrheit ist die Übereinstimmung von Verstand und Sache) – Hoffentlich haben wir beim Modellieren die Wahrheit gefunden. Aber wie können wir das überprüfen?

Glücklicherweise, und im Gegensatz zu Philosophie und Physik, brauchen wir das gar nicht zu überprüfen. Für den Teil der Software, den wir mit Modellextraktion erzeugen können, ist es irrelevant, ob oder wie genau wir die Realität auf Ebene der Dinge beschreiben. Wichtig ist, dass unsere Realität auf Begriffsebene „intersubjektiv genug" für alle Benutzer der Software ist. „Intersubjektiv genug" bedeutet, dass der Modellierer und die Benutzer der Software sich genügend Stimuli und deren Bewertung teilen (um die Begriffswelt unserer Definition von Kontext (siehe Kapitel 3.3) aufzugreifen) um ihre gegenseitigen Entscheidungen nachvollziehen zu können. Die Software spielt letzten Endes nur die Rolle eines Kommunikationsmediums über Raum und Zeit und muss die Ding-Realität nicht wirklich kennen.

Im folgenden Abschnitt werden wir eine Menge namens „Phänomene" einführen. Sie dient als Grundmenge der Dinge, die wir in Beziehung zu den Symbolen setzen wollen. Da wir die Ding-Realität von der Begriffs-Realität nicht richtig trennen können und müssen, betrachten wir in der Formalisierung nie „konkrete" Teilmengen oder bestimmte Elemente aus den Phänomenen, sondern immer nur Mengen, die einem bestimmten Begriff zugeordnet sind. Das heißt, auch wenn in folgender Formalisierung der „Begriff" überhaupt nicht vorkommt, ist er doch ein zentraler Bestandteil dieser Theorie!

3.4.5 Spektren

Wir haben im vorigen Abschnitt gesehen, dass das, was wir modellieren, die Realität auf Begriffsebene darstellt. Ein Begriff entspricht einer Art „charakteristischen Funktion" über alle Dinge und Erscheinungen. An den Begriff selbst kommen wir aber nicht direkt heran, wir können ihn nur mit Symbolen erwecken. Wir müssen bei diesem Schritt aber immer den Kontext berücksichtigen. In diesem Abschnitt werden wir diese Erkenntnisse formalisieren und die Strukturen begründen, mit denen SENSE den Bezug von Textinhalten zur realen Welt der Dinge herstellt. Wir definieren uns zunächst die reale Welt der Dinge:

Definition 7 (Phänomen) *Die Menge P der Phänomene enthält alle Dinge, über die der Mensch sprechen kann.*

Damit enthält P alle gegenwärtigen, vergangenen und zukünftigen *Entitäten*, *Sorten*, *Rollen*, *Konzepte*, *Eigenschaften*, *Aktivitäten* und *Ereignisse*. Da wir darüber sprechen können, sind beispielsweise auch das *Nichts*, die *Menge aller Mengen* (eigentlich „Klasse aller Mengen") und P selbst Elemente von P. Die Menge P enthält also das, was in den vorhergehenden Abschnitten mit *Ding*, *Sache* oder *realweltliche Erscheinung* gemeint war und was Reiners mit „bestimmte Teile der unendlichen Welt" meint: „Die Wörter sind ja nicht die Etiketten gegebener Dinge, sondern sie schneiden aus der unendlichen Welt bestimmte Teile unter bestimmten Gesichtspunkten heraus." [Rei04, S. 382]

Darüber hinaus enthält P auch *Aussagen*, *Fragen* und *Befehle*: Wenn Peter sagt, dass Claudia sagt, dass Frank gefragt hat, ob ..., dann sprechen Peter und Claudia über Aussagen. Dieser „Schritt" ist offensichtlich kritisch, da wir, wenn wir auf P operieren (schlussfolgern) wollen, hier die Prädikatenlogik der ersten Stufe verlassen. Man könnte nun aus praktischen Erwägungen P analog zu der Unterscheidung zwischen „OWL DL" und „OWL Full" (vgl. [SWM04, Abschnitt 1.1.]) partitionieren und die Phänomene, über die man sprechen darf, zugunsten der Berechenbarkeit einschränken. Der Sinn dieser Formalisierung ist aber, den Inhalt der natürlichen Sprache ausdrücken zu können. Etwaige sinnvolle Restriktionen auf dem zulässigen Inhalt von Domänenbeschreibungen werden von der Weiterverarbeitung bestimmt und sollten deshalb nicht in der Ausdrucksmächtigkeit des Formalismus manifestiert sein. Wir fordern also keine besonderen Eigenschaften der Elemente von P oder der Menge selbst.

Als nächstes wollen wir die Wörter der offenen Wortklassen (siehe Kapitel 4.1), wir werden sie ab jetzt „Bezeichner" nennen, definieren. Da ein guter Teil dieser Wörter zusammengesetzt ist, verwenden wir als Grundlage der Definition eine spezielle Art des Morphems, der „kleinsten semantisch interpretierbaren Konstituente eines Wortes"[21]:

Definition 8 (Lexem) *Ein Lexem (=lexikalisches Morphem) ist die kleinste Einheit der Sprache, der wir (mindestens) ein $p \in P$ zuweisen können.*

Definition 9 (Bezeichner) *Ein Bezeichner ist entweder ein einzelnes Lexem oder eine endliche Folge von Lexemen (und zusätzlichen funktionalen Morphemen), die nach den Worbildungsregeln der Sprache arrangiert sind. Die Menge aller Bezeichner nennen wir $\mathcal{B}$.*

Formal benötigen wir keine besonderen Eigenschaften von $\mathcal{B}$ oder seinen Elementen, die Komposition (aus Lexemen) bleibt unspezifisch. Der Grund hierfür

---

[21] vgl. WIKIPEDIA: „Morphem", http://de.wikipedia.org/w/index.php?title=Morphem&stableid=60094338, zuletzt besucht am: 24.05.2009

sind die komplexen Wortbildungsregeln der verschiedenen Sprachen – man denke an die Beispiele zur Wortbildung aus Abschnitt 3.4.2: „Kuckucksuhr", „Wanduhr" und „Holzvogel". Wozu unterscheiden wir dann Lexeme und Bezeichner überhaupt? Die Antwort liefert ein Beispiel aus der englischen Sprache: Das Wort „science fiction" ist *ein* Bezeichner (aus *mehreren* Lexemen), obwohl sich noch nicht einmal ein zusammenhängendes Schriftbild ergibt. Wir können die „Atome" der Satzbauregeln und der Semantik also nicht mit einem einfachen, zeichenbasierten Zerteiler finden. Das Finden von Bezeichnern ist ein Standard-Problem in der automatischen Verarbeitung Englischer Sprache (eine verbreitete Technik hierfür ist das sog. *chunking*). Aber auch für menschliche Verarbeiter der englischen Sprache kann das ein Problem werden, wie zumindest bei Linguisten beliebte Sätze wie "Time flies like an arrow."[22] zeigen. In deutschen Texte finden wir diesen Effekt nicht bei Nomen, dafür aber bei Verben: „Peter *gehört* den Karlsruhe Engineers *an*." Da wir SENSE unabhängig von der Syntax der natürlichen Sprache gestalten wollen, betrachten wir die Komposition der Begriffe nicht genauer, auch wenn sie sicher noch interessante Aspekte zur Analyse beitragen könnte.

Die Zuweisung der Dinge zu einem Bezeichner im Text ist wie besprochen mehrfach mehrdeutig. Eine Unterscheidung der einzelnen Zwischenschichten ist deshalb für das Verständnis wichtig, aber für den Umgang unnötig. Wir packen daher alle Unschärfe in eine einzige, kontextsensitive Abbildung:

Definition 10 (Spektrum $\mathbb{S}$) *Das Spektrum eines Bezeichners wählt Elemente aus P in einem Kontext $k \in \mathcal{K}$ aus: Für alle Bezeichner $b \in \mathcal{B}$ und alle Phänomene $p \in P$ sei $f(p,b) := \text{„Bezieht sich } b \text{ auf } p?\text{"} \in F$ eine Frage und $A := \{wahr, falsch\}$ die zugehörige Antwortmenge. Sei $e \in \mathcal{E}$ ein Entscheider, $t \in \mathcal{Z}$ ein Zeitpunkt, $k \in \mathcal{K}$ ein Kontext und $g_{e,f(p,b)} = \mathcal{G}|_{e,f(p,b)}$ die kontextsensitive Entscheidungsfunktion von e. Dann ist $s_{e,k,t}(b) = \{p \in P : g_{e,f(p,b)}(k,t)\}$ das Spektrum von b für e im Kontext k zum Zeitpunkt t. Wir nennen die Menge aller Spektren $\mathbb{S} \subseteq \wp(P)$.*

---

[22] "[...] it could also mean:
- measure the speed of flying insects like you would measure that of an arrow (thus interpreted as an imperative) – i. e. (You should) time flies as you would (time) an arrow.
- measure the speed of flying insects like an arrow would (this example is also in the imperative mood) – i. e. (You should) time flies in the same way that an arrow would (time them).
- measure the speed of flying insects that are like arrows – i. e. Time those flies that are like arrows.
- all of a type of flying insect, 'time-flies,' collectively enjoy a single arrow (compare Fruit flies like a banana)
- each of a type of flying insect, 'time-flies,' individually enjoys a different arrow (similar comparison applies)

(As Groucho Marx is said to have observed, 'Time flies like an arrow; fruit flies like a banana.')"
Quelle: WIKIPEDIA: „Syntactic ambiguity", http://en.wikipedia.org/w/index.php?title=Syntactic_ambiguity&oldid=327218352, zuletzt besucht am: 29.11.2009

Schauen wir uns die Bedeutung dieser Definition an einigen Beispiel an: Seien $m_1, m_2 \in \mathcal{E}$ zwei Personen und $t \in \mathcal{Z}$ der aktuelle Zeitpunkt. In diesem Fall gilt:

- Sei irgend ein bestimmter Gegenstand $p \in P$ gegeben, den m_1 „Buch" nennt und $k \in \mathcal{K}$ der Kontext dieses Beispiels. Dann ist $\{p\} \subseteq s_{m_1,k,t}(\text{„Buch"})$.

- Wenn m_1 den (beispielsweise chinesischen) Bezeichner $b \in \mathcal{B}$ nicht kennt, dann gilt $\forall k \in \mathcal{K} : s_{m_1,k,t}(b) = \emptyset$.

- Wenn m_1 und m_2 Politiker sind und sich im Kontext $k \in \mathcal{K}$ einer Fernsehdebatte über $b = \text{„Gerechtigkeit"} \in \mathcal{B}$ unterhalten, dann gilt sehr wahrscheinlich $s_{m_1,k,t}(b) \setminus s_{m_2,k,t}(b) \neq \emptyset$ und $s_{m_2,k,t}(b) \setminus s_{m_1,k,t}(b) \neq \emptyset$. Damit sich m_1 und m_2 aber überhaupt verständigen können, muss auch $s_{m_1,k,t}(b) \cap s_{m_2,k,t}(b) \neq \emptyset$ gelten.

- Wir nennen zwei Bezeichner $b_1, b_2 \in \mathcal{B}$ *synonym*, wenn $\forall m \in S \; \forall k \in \mathcal{K} \; \forall t \in \mathcal{Z} : s_{m,k,t}(b_1) = s_{m,k,t}(b_2)$. Falls $\forall m \in S \; \forall k \in \mathcal{K} \; \forall t \in \mathcal{Z} : s_{m,k,t}(b_1) \subset s_{m,k,t}(b_2)$ gilt, dann nennen wir b_2 ein *Hyponym* von b_1, und so weiter[23].

Das Spektrum[24] verknüpft einen Bezeichner in seinem Kontext mit einer Menge von Elementen aus P, wie ein Programm eine Variable in ihrem Laufzeitkontext mit ihrem Wert verknüpft. Obwohl uns kaum „Sinn tragenden Konstanten" (außer *alles* und *nichts*, siehe unten) zur Verfügung stehen, können wir mit den Variablen rechnen, wenn wir uns eine Algebra $(\mathbb{S}, \cup, \cap, \complement)$ definieren. Die Nähe zur Mengenalgebra ist unverkennbar, wir müssen lediglich prüfen, wie die Elemente $\bot$ und $\top \in \mathbb{S}$ und das Komplement $\complement$ zu definieren sind und ob $\mathbb{S} = \wp(P)$ angenommen werden kann. Das Element $\bot$ entspricht der leeren Menge, also das, was wir als Ergebnis von $s_{m,k,t}(\text{„nichts"})$ für beliebige m, k, t erwarten. Das Element $\top$ entspricht P, also das Ergebnis von $s_{m,k,t}(\text{„alles"})$. Das Komplement hingegen hat keine direkte Entsprechung, wir können das Komplement $\complement x$ aber darstellen als $s_{m,k,t}(\text{„alles außer } x\text{"}) = P \setminus s_{m,k,t}(\text{„}x\text{"})$. Die letzte Frage ist aber am kniffligsten: Gilt $\mathbb{S} = \wp(P)$? Das würde bedeuten, dass für jede beliebige Menge von Phänomenen ein Bezeichner existieren müsste – wie abstrus die Zusammenstellung auch immer sein mag. Der Duden schätzt den Wortschatz der Alltagssprache auf 500.000 Wörter, ohne Fachwortschatz [Woe07]. Berücksichtigt man Fachwortschätze, so ist allein in der Chemie nach Winter „mit der Existenz von mindestens 20 Millionen

---

[23] Die hier gegebene Definition von Synonym ist natürlich über die Maßen streng. Sie verdeutlicht aber (u.A.) Reiners' Ansicht: „Es gibt keine sinngleichen Wörter. Der Sprachgebrauch verwendet zwei nebeneinanderstehende Wörter stets mit einem gewissen Sinnabstand." [Rei04, Kapitel „Licht und Schatten der Fremdwörterei", S. 382]

[24] benannt nach dem Lichtspektrum der Physik, charakteristisch für ein Material (-gemisch), aber in seiner letztendlichen Ausprägung vom Empfänger (-material), etwaigen Filtern und der relativen Geschwindigkeit zwischen Sender und Empfänger abhängig

Stoffnamen zu rechnen." [Win86, S. 155] Tatsächlich ermöglichen uns Wortschöpfung, Modifikation und Wortbildung (vgl. Abschnitt 3.4.2) nach Bedarf einen Bezeichner für beliebige Mengen zu entwickeln – geeignete Möglichkeiten zur Kommunikation des neuen Bezeichners vorausgesetzt. Wir nehmen also $\mathbb{S} = \wp(P)$ an.

Wir können also mit unseren Bezeichnern, den Wörtern aus den offenen Wortklassen, algebraisch rechnen, auch wenn wir niemals auf den „Inhalt" der bezeichneten Mengen, also die Elemente aus P, zugreifen können. Festhalten wollen wir an dieser Stelle nochmal, dass es sich immer um *Mengen* handelt, die aber auch einelementig oder leer sein können. Wir werden auf diese Eigenschaft in Abschnitt 4.3.3 und Abschnitt 4.4.4 zurückkommen.

3.4.6 Modifikation und Koordination

Wir haben in Abschnitt 3.4.2 Maßnahmen kennen gelernt, mit denen wir zu einem beliebigen Begriff neue Symbole erzeugen können. Umgekehrt muss es natürlich auch möglich sein, mit den verfügbaren Symbolen neue Begriffe a posteriori im Empfänger zu erzeugen, denn sonst wäre die ganze Übung sinnlos. In diesem Abschnitt wollen wir uns zwei Spektren-basierte Techniken ansehen, mit denen man mit Symbolen neue Begriffe erwecken kann: *Modifikation* und *Koordination*.

3.4.6.1 Modifikation

Modifikation bedeutet, dass wir einem bestimmten Begriff, den wir mit einem existierenden Symbol A (*Auto*) erwecken können, mit den Begriffen anderer existierender Symbole B (*rot*) und C (*schnell*) näher beschreiben, charakterisieren. Im Kopf haben wir hinterher nicht die Menge der Phänomene, die wir A zuordnen würden, sondern die der Phänomene, die wir A zuordnen und gleichzeitig B zuordnen und C zuordnen. Phänomene, die wir A zuordnen würden, aber auch $\neg B$ (= z. B. *blau*) werden offensichtlich nicht von dem neuen Begriff erfasst. Vom Standpunkt der Mengenalgebra wäre Modifikation also nichts anderes als Schnittbildung.

Ein „Gegenbeispiel" gibt Müller: „der angebliche Mörder" [Mül07, Kap. 6.2, S. 76] ist natürlich nicht angeblich(x) ∧ mörder(x), sondern angeblich(mörder(x)). Bei einem weiteren Beispiel, das er aus der taz zitiert „Gewalt provoziere immer Gegengewalt und: ‚Soldaten sind potentielle Mörder.'" [Mül07, Kap. 6.4, S. 80], fällt aber schon auf, dass hier etwas nicht stimmt: Nach dem Adjektiv, das ein Nomen beschreibt, kann man mit *wie* fragen (vgl. [EGW+98, Rz. 441]), etwa

Wie ist das Auto? ⇒ *Rot* ist das Auto.

Wie sind die Mörder? ⇒ *Potentiell* sind die Mörder?

Vielleicht sind die Mörder *potent*, aber sicher nicht *potentiell*. Der Fehler liegt in der Annahme, der obige Satz sei grammatikalisch korrekt. Es müsste heißen „Soldaten sind *potentiell* Mörder.", denn *potentiell* ist zwar ein Adjektiv, es wird aber adverbial verwendet. Es modifiziert nicht die *Mörder*, sondern das *sein*. Offensichtlich wird das, wenn man statt des adverbial verwendeten Adjektivs ein echtes Adverb in den Satz einsetzt: „Soldaten sind *gerne* Mörder." (Was wir ihnen aber nur der Anschaulichkeit halber unterstellen.)

Tatsächlich wird in Zeitungen von *potentiellen*, *mutmaßlichen* und *angeblichen* Mördern geschrieben. Wenn sich dieser Gebrauch in der Syntax der deutschen Sprache festgesetzt hat, muss er von Zerteilern (für die HPSG letztlich entwickelt wurde) berücksichtigt werden. Für uns soll das jedoch kein Grund sein, den Formalismus für die Darstellung der Semantik zu verkomplizieren. Insbesondere da sich alle Beispiele, die sich finden ließen, auf „Kommentaradjektive" (in Analogie zu den Kommentaradverbien, siehe Abschnitt 4.4.5.2) bezogen, die in unseren Eingabedokumenten nicht vorkommen. In SENSE bedeutet Modifikation daher Schnittbildung der zugehörigen Spektren.

3.4.6.2 Koordination

Wenn man die Menge der von einem Begriff erfassten Phänomene verkleinern kann, steht zu erwarten, dass man sie auch irgendwie vergrößern kann. Das Mittel, das uns die deutsche Sprache hierfür zur Verfügung stellt heißt *Koordination* (*Nebenordnung*). Die Bezeichnung Nebenordnung kommt von dem syntaktischen Phänomen, dass das Hinzugefügte immer direkt *beim* anderen Begriff dabei steht und die beiden eine syntaktische Einheit bilden (vgl. Abschnitt 3.1.3.2). Eine Koordination besteht aus den Symbolen der zwei (oder mehr) zu koordinierenden Begriffe und einer Konjunktion (vgl. Abschnitt 4.4.4). Im Falle von Begriffen unterscheiden wir *kopulative* (*und*, *sowie*, *sowohl...als auch*) und *disjunktive* (*oder*, *entweder...oder*) Konjunktionen. Im Falle von Relationen kommen noch *restriktive* und *kausale* Konjunktionen hinzu. Letztere unterscheiden sich nur syntaktisch-formal von den entsprechenden Adverbien und werden dort besprochen (siehe Abschnitt 4.4.5).

Die sprachlichen *unds*, *oders* und *entweder...oders* sind nicht so belastbar wie ein logisches *und*, ein logisches *inklusiv-oder* oder ein logisches *exklusiv-oder*: Wenn Peter Maria haut und Kurt sie dabei fest hält, damit sie sich nicht wehren kann, würden wir sagen: „*Peter und Kurt* verhauen Maria." Kaum jemand würde hingegen in diesem Fall die logisch korrekte Form „*Peter oder Kurt* verhauen Maria." verwenden. Ein *entweder...oder* wird von Nicht-Informatikern selten logisch streng interpretiert, und ein *oder* wird in der natürlichen Sprache häufig für ein logisches *exklusiv-oder* benutzt. Die Entscheidung über die Semantik eines *unds*, *oders* oder *entweder...oders* ist also genau so kontextabhängig wie die Entscheidung darüber, was mit den koordinierten Symbolen gemeint ist. Wir können ebenso gut mit *einem* Spektrum für die gesamte Koordination arbeiten! Für „Peter und Klaus" bilden wir *einen* Begriff für die betroffenen Phänomene, den wir später auch mit *einem* Symbol wieder aufgreifen können: *beide*. Wir können also festlegen, dass in SENSE Koordination Vereinigung bedeutet.

Nichtsdestotrotz möchten wir beim Modellieren vielleicht die innere Struktur des durch Koordination gebildeten Begriffs berücksichtigen, um beispielsweise Kompositionsbeziehungen darzustellen. Wir können uns in diesem Fall für einen Begriff merken, dass er eine Menge anderer Begriffe darstellt und welche Verknüpfungsoperation (z. B. *UND*, *ODER* oder *XODER*) dieser Menge zugrunde liegt. Behandeln können wir den Begriff trotzdem genau so wie jeden anderen Begriff auch.

3.5 Omnigraphen

Bei der Diskussion von Argumenten und Adjunkten in Abschnitt 3.1.3 haben wir festgestellt, dass deren strikte Unterscheidung der beiden anhand des Optionalitätskriteriums nicht gerechtfertigt ist. Die strikte Unterscheidung bringt allerdings Vorteile bei der Darstellung von Textinhalten mittels Prädikat-Argument-Strukturen (siehe Abschnitt 3.2.1): Wenn wir feste Argumente voraussetzen, können wir viel leichter „wiederverwendbare" Prädikate erzeugen. Wenn man, so wie wir, prinzipiell alle Nicht-Kopf-Töchter als optional ansieht, muss man für jede Konstellation ein eigenes Prädikat vorsehen[25].

Topic Maps (siehe Abschnitt 3.2.3) hingegen können die n-ären Beziehungen zwischen Kopf- und Nicht-Kopf-Töchtern direkt ausdrücken. Ihre Assoziationen entsprechen in gewisser Weise Hyperkanten. *Hyperkanten* sind wie normale Kanten eines Graphen[26] dessen verbindende Elemente. Im Unterschied zu normalen Kanten haben sie aber nicht nur zwei Enden, sondern mehr. Die Assoziationen von Topic Maps sind allerdings in Hinblick auf die Anzahl und Typen ihrer Enden flexibler als die „gewöhnlich definierten" Hypergraphen: Getypte Hypergraphen lassen für jeden Kantentyp nur eine bestimmte Anzahl von Enden zu; darüber hinaus ist in der Regel eine totale Ordnung auf den Enden definiert. Auf diese Weise wird die Semantik der Kante festgelegt (wie bei Prädikaten). Dies ist aber nicht notwendig, wie wir in Abschnitt 3.5.1 sehen werden.

Es gibt aber auch mit den Assoziationen der Topic Maps noch ein Problem (das sie mit den Hyperkanten teilen): Weder eine Kopf- noch eine Nicht-Kopf-Tochter einer Konstituenten müssen atomar sein. Das heißt, es kann sich bei der Tochter selbst um eine Assoziation handeln. Assoziationen dürfen in Topic Maps aber genau so wenig an Assoziationen anknüpfen, wie Hyperkanten in Hypergraphen an andere Hyperkanten anknüpfen dürfen. Omnigraphen erlauben das. Dieser Abschnitt erklärt die konzeptionelle Grundlage, gibt eine formale Definition und beschreibt die Implikationen, die sich aus diesem Zugeständnis ergeben. Weitere Details, insbesondere auch zur Graphersetzung mit Omnikanten, finden sich in [DGG08].

---

[25] Man kann auch mit zweistelligen Prädikaten arbeiten, deren Kanten man als Kanten in einfach gerichteten Graphen auffasst, die wiederum Hypergraphen simulieren, wie weiter in Abschnitt 3.5.1 beschrieben. Alle in Kapitel 3.2 vorgestellten Diskurs- und Wissensmodelle sind diesbezüglich *theoretisch* gleich mächtig. Die Frage ist nur, was wir mit dem jeweiligen Formalismus *direkt* ausdrücken können.

[26] Wenn ein Graph Hyperkanten enthält, nennen wir ihn einen *Hypergraphen*.

3.5.1 Verallgemeinerung von Richtung

In einem traditionellen gerichteten Graph hat jede Kante eine Richtung, eine Quelle und ein Ziel. Aber wie könnte ein „äquivalentes" Konzept für Graphen aussehen, in denen Kanten beliebig viele Endpunkte haben? Die folgenden Absätze zeigen einen Ansatz, der die normale, gerichtete Kante als Spezialfall eines generelleren Konzeptes behandelt.

Jeder Formalismus – jede Art Information zu repräsentieren – bietet bestimmte Primitiven an, um Informationen zu speichern und andere Primitiven, um diese Fragmente in Beziehung zu setzen. Die verfügbaren Primitiven bestimmen die Semantik, die mit dem Formalismus *direkt* ausgedrückt werden kann. So sind Graphen auch nur ein Formalismus, um Informationen zu speichern. Ihre Primitiven sind in der Regel etikettierte Knoten und etikettierte Kanten. Die Etiketten speichern die Informationsfragmente, der Zusammenhang des Graphen stellt die Beziehungen zwischen den Fragmenten her. Wenn man genauer hinsieht, wird man aber noch eine weitere Primitive in Graphen finden, die uns die Speicherung von Informationen ermöglicht: die Richtung der Kanten. Die Richtung ermöglicht uns, zwischen null und zwei zusätzliche Bits pro Kante zu speichern:

- ein zusätzliches Bit, wenn nur unidirektionale Kanten zugelassen sind („Zeigt die Kante in ‚diese' Richtung?")

- zwei zusätzliche Bits, wenn wir multidirektionale Kanten zulassen (selbe Frage)

- keine zusätzlichen Bits, wenn nur ungerichtete Kanten in unserem Graphen erlaubt sind

Formal betrachtet codieren diese Bits *nur* die Richtung der Kante. Zusätzliche Information, zum Beispiel „Wer liebt wen?" oder „Welcher Codeblock kommt nach einem anderen?" sind nur *Interpretationen*, auf die man sich verständigt hat. Diese Verständigung legt fest, welcher Bitwert welche Rolle in der Beziehung festlegt. Wir sind also im Endeffekt an den *Rollen* interessiert, die eine Kante zuweist, und nicht an ihrer Richtung. Wenn wir uns aber für Rollen statt für Richtungen interessieren, können wir genauso gut gleich mit Rollen arbeiten: Statt einer Kante eine Richtung zuzuweisen, speichern wir für jedes Ende der Kante eine Rolle. Der Vorteil dieses Ansatzes ist offensichtlich: Er skaliert problemlos über die zwei hinaus. Es ist jetzt irrelevant, wie viele Enden (diese „Enden" werden in Hypergraphen „Tentakel" genannt) eine Kante hat, inklusive der Spezialfälle null und eins. Eine weitere Folgerung aus dieser Überlegung ist, dass wir letztendlich selten an den Rollen „Quelle" und „Ziel" interessiert sind. Wir können genauso gut beliebige Sätze von Rollen verwenden und müssen auch deren Kardinalität nicht mit zwei beschränken.

Aus diesem Grund haben Omnikanten keine Richtung und keine inhärente Ordnung oder eine Kardinalitätsbeschränkung der Menge ihrer Tentakel. Stattdessen weist jedes Tentakel dem Knoten, an dem es andockt, eine Rolle aus einem beliebigen Satz von Rollen zu. Zunächst bleiben auch zulässigen Rollenkombinationen für die Omnikanten unspezifiziert – man könnte sich aber durchaus vorstellen, zusammen mit einem Typsystem die zulässigen Rollenkombinationen zu beschränken.

Der klassische Ansatz, um den Tentakeln einer Hyperkante (oder den Komponenten eines Tupels) Semantik zuzuweisen, ist ihre Position: Jede Term-basierte Syntax für die Deklaration einer Hyperkante erfordert die Deklaration der Tentakel in irgendeiner Reihenfolge. Die Position innerhalb dieser Folge definiert dann die Bedeutung des einzelnen Tentakels. Diese Eigenschaft ist sehr gut mit den Argumenten eines Methodenaufrufs in einer Programmiersprache wie Java oder C# zu vergleichen: Die Methode **setPixel**(int, int, int) beispielsweise hat drei Argumente. Zwei der Argumente werden wohl die x- und y-Koordinate codieren und das dritte einen Farbwert – aber welche Zahl wofür steht, legt offensichtlich nur ihre Position fest. Der Nachteil dieses Ansatzes ist, dass die Folge immer vollständig und in der richtigen Reihenfolge angegeben werden muss, und dass zusätzlichen Tentakeln keine (differenzierte) Bedeutung beigemessen werden kann. Programmiersprachen wie Visual Basic oder Eiffel umgehen diesen Nachteil durch *benannte* Funktionsargumente. Der Rollen-Ansatz ist eine Generalisierung hiervon.

Zur Illustration zeigen wir, dass eine „normale", gerichtete, zweiendige Kante vollständig als Omnikante ausgedrückt werden kann: Wir definieren einfach eine Omnikante mit genau zwei Tentakeln, von denen eines die Rolle „Quelle" und das andere die Rolle „Ziel" zuweist. Ein herkömmlicher Graph kann also vollständig als Omnigraph dargestellt werden. Dass (und wie) auch ein Omnigraph mit einem herkömmlichen Graphen simuliert werden kann, zeigen wir in [DGG08]. Damit sind beide Formalismen *theoretisch* gleich ausdrucksmächtig. Die *praktische* Ausdrucksmächtigkeit durch die Abstraktion von der Endenzahl und -bedeutung macht Omnigraphen aber geeigneter für SENSE.

3.5.2 Formale Definition

Definition 11 (Omnigraph) *Seien* N, O, T, R *beliebige endliche paarweise disjunkte[27] Mengen,* $C := N \cup O$, *und src, tgt, sowie rol totale aber nicht notwendigerweise injektive oder surjektive Funktionen mit*

---

[27] Wir fordern nur der Anschaulichkeit halber, dass N, O, T, R paarweise disjunkt sind. Formal benötigen wir nur: $N \cap O = \varnothing$.

$$src \; : \; T \longrightarrow O$$
$$tgt \; : \; T \longrightarrow C$$
$$rol \; : \; T \longrightarrow R$$

Dann ist das 7-Tupel $G = (N, O, T, src, tgt, R, rol)$ *ein* Omnigraph.

3.5.2.1 Erklärung und Deutung

Wir nennen N die Knoten, O die Omnikanten, T die Tentakel und R die Rollen des Omnigraphen. $C := N \cup O$ ist die Menge aller verknüpfbaren Objekte. Tentakel verbinden die Elemente von C mit ihren Kanten $o \in O$; diese Verbindungen werden durch die Funktionen *src* und *tgt* definiert[28]. Es ist spezifisch für Omnigraphen, dass Tentakel nur von Omnikanten ausgehen können aber an Omnikanten und Knoten andocken können. Es kann also kein Tentakel von einem Knoten ausgehen, beliebig viele (inklusive null) können aber bei im ankommen. Die *rol*-Funktion spezifiziert für jedes Tentakel, das ein verknüpfbares Objekt $c \in C$ an eine Omikante $o \in O$ bindet, zusätzlich diejenige Rolle $r \in R$, die c in o einnimmt.

Da Tentakel Omnikanten an andere Omnikanten binden können, sind unsere Tentakel gerichtet, um eindeutig zu machen, welche der beiden Omnikanten die andere als „Endpunkt" hat. Es ist jedoch nur üblich, das Konzept der Richtung an dieser Stelle zu verwenden, notwendig ist es nicht. Es reicht aus, wenn wir *irgendwie* feststellen können, welches Tentakel zu welcher Omnikante gehört, eine Alternative wären beispielsweise ID-Attribute. So ist es dementsprechend auch egal, welche Richtung die Tentakel genau haben – solange die Richtung für alle Omnikanten konsistent beibehalten wird.

Multigraphen sind dadurch definiert, dass sie mehrere Kanten zwischen zwei bestimmten Knoten zulassen. Für Omnigraphen erreichen wir diese Eigenschaft durch die Funktionen-basierte Definition statt der sonst üblichen Tupel-basierten. So können für jede beliebige Teilmenge von verknüpfbaren Objekten $C' \subseteq C$ eine beliebige Menge von Omnikanten definiert werden, die diese Teilmenge verbinden. Darüber hinaus gestattet diese Eigenschaft, dass mehrere Tentakel einer Omnikante einem verknüpfbaren Objekt verschiedene oder alle dieselbe Rolle zuweisen. Die Funktionen *src* und *tgt* sind nicht surjektiv, wenn mindestens ein Knoten oder eine Omnikante nicht durch eine andere Kante mit anderen verknüpfbaren Objekten verbunden wird. Wir verlangen aber, dass *src* und *tgt* total sind, da sonst Tentakel möglich wären, die vom oder ins Nichts zeigen.

Omnigraphen, wie sie hier definiert sind, haben zwei Eigenschaften, die eigenartig wirken, aber harmlose Konsequenzen der Allgemeingültigkeit der Definition

---

[28] Die offensichtliche Richtung der Tentakel hat keinen Einfluss darauf, ob oder wie die Omnikante „gerichtet" ist.

sind: a) Omnikanten können Null oder nur ein Tentakel haben und b) Omnikanten können sich mit sich selbst verbinden.

Für eine effiziente Verwendung der Omnigraphen benötigen wir noch a) Etiketten an den Knoten, Kanten und Rollen, wollen b) von diesen Etiketten das Einhalten bestimmter Zusicherungen verlangen (i. e. Typisierung) und wünschen uns c) Vererbungsbeziehungen zwischen den Typen für einfachere Deklaration von Graphersetzungsregeln. Die hierfür notwendigen Techniken zur Erweiterung der formalen Definition können ohne Probleme von den normalen Graphen übernommen werden.

Die hier gegebene Definition ist relativ ähnlich zu der funktionsbasierten Definition von Hypergraphen. Man *könnte* sich die Menge T als „Kanten" und die Menge C als „Knoten" vorstellen. Die Menge C hat jedoch eine interne Struktur: Die „Kanten" können nur von Elementen $o \in O \subseteq C$ ausgehen, aber an jedem Element $c \in C = N \cup O$ enden. Deswegen sind Omnigraphen nicht bipartit wie normale Hypergraphen. Natürlich kann jeder Omnigraph G in einen Omnigraphen G' verwandelt werden, der keine Knoten enthält ($N = \varnothing$), indem man jeden Knoten in eine Omnikante ohne (ausgehende) Tentakel verwandelt („virtuelle Knoten"). In diesem Fall müssen wir aber an anderer Stelle sicherstellen, dass sich kein Knoten dadurch, dass er „aus Versehen" Tentakel zugewiesen bekommt, spontan in eine Kante verwandeln kann. Der wichtigste Grund für die Trennung von Knoten und Kanten im Omnigraph bleibt aber letztlich der deutlich intuitivere Zugang. Formal gesehen ist diese Definition eine direkte Erweiterung von Hypergraphen. Durch die hier gegebenen Namen und Interpretationen der Mengen C, O, N und T verfügen wir zudem über ein Vokabular auf abstrakter Ebene, das konzeptuell zum Einsatzgebiet dieser Arbeit passt.

3.5.2.2 Beispiele

Da Omnigraphen in SAL$_E$ мх auch dazu verwendet werden, um UML-Diagramme zu repräsentieren und die Erläuterung *ihrer* Semantik an diesem Punkt deutlich schneller geht, wollen wir uns die Umsetzung von zwei UML-Beispielen aus der UML Superstructure Specification [UML07] ansehen. Das erste Beispiel (siehe Abbildung 3.7) zeigt eine dreistellige Relation, das zweite (siehe Abbildung 3.8) eine OCL-Zusicherung – quasi ein Prädikat höherer Ordnung. (Es sichert zu, dass ein Konto *entweder* einer Person *oder* einer Firma zugeordnet ist.)

Die dreistellige Assoziation aus Abbildung 3.7 hat drei Knoten: *Team*, *Year* und *Player*. Sie nehmen die Rollen *team*, *season* respektive *goalie* in der Omnikante *Association* ein:

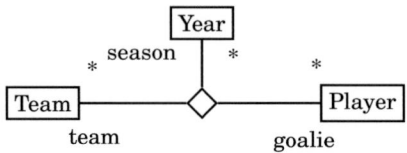

Abbildung 3.7: Ternäre Assoziation [UML07, Fig. 7.21]

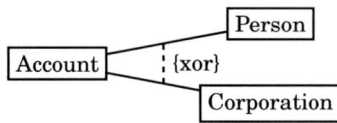

Abbildung 3.8: {xor}-Zusicherung [UML07, Fig. 7.34]

$N = \{\text{Team}, \text{Year}, \text{Player}\} \quad O = \{\text{Association}\}$
$T = \{t_0, t_1, t_2\} \quad R = \{\text{team}, \text{season}, \text{goalie}\}$
$src(t_0) = \text{Association} \qquad tgt(t_0) = \text{Team} \qquad rol(t_0) = \text{team}$
$src(t_1) = \text{Association} \qquad tgt(t_1) = \text{Year} \qquad rol(t_1) = \text{season}$
$src(t_2) = \text{Association} \qquad tgt(t_2) = \text{Player} \qquad rol(t_2) = \text{goalie}$

Die formale Definition der {xor}-Zusicherung besitzt ebenfalls drei Knoten: *Account*, *Person* und *Corporation*. Darüber hinaus brauchen wir noch drei Omnikanten: *Association*$_0$, *Association*$_1$ und *Constraint*. Jede der drei Omnikanten hat zwei Tentakel, so dass wir insgesamt sechs Tentakel haben. Insgesamt gibt es jedoch nur zwei verschiedene Rollen: *associationEnd* und *constraintEnd*. Eine Illustration der formalen Definition findet sich in Abbildung 3.9.

$N = \{\text{Account}, \text{Person}, \text{Corporation}\}$
$O = \{\text{Association}_0, \text{Association}_1, \text{Constraint}\}$
$T = \{t_{a0}, t_{a1}, t_{a2}, t_{a3}, t_{c0}, t_{c1}\} \quad R = \{\text{associationEnd}, \text{constraintEnd}\}$
$src(t_{a0}) = \text{Association}_0 \qquad tgt(t_{a0}) = \text{Account} \qquad rol(t_{a0}) = \text{associationEnd}$
$src(t_{a1}) = \text{Association}_0 \qquad tgt(t_{a1}) = \text{Person} \qquad rol(t_{a1}) = \text{associationEnd}$
$src(t_{a2}) = \text{Association}_1 \qquad tgt(t_{a2}) = \text{Account} \qquad rol(t_{a2}) = \text{associationEnd}$
$src(t_{a3}) = \text{Association}_1 \qquad tgt(t_{a3}) = \text{Corporation} \qquad rol(t_{a3}) = \text{associationEnd}$
$src(t_{c0}) = \text{Constraint} \qquad tgt(t_{c0}) = \text{Association}_0 \qquad rol(t_{c0}) = \text{constraintEnd}$
$src(t_{c1}) = \text{Constraint} \qquad tgt(t_{c1}) = \text{Association}_1 \qquad rol(t_{c1}) = \text{constraintEnd}$

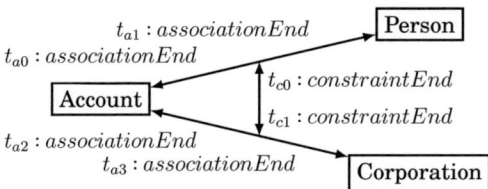

Abbildung 3.9: Illustration der Formalisierung der {xor}-Zusicherung (Namen der Omnikanten ausgelassen)

3.6 Thematische Rollen

Im vorangegangenen Abschnitt haben wir gesehen, wie man die Semantik von Assoziationen über Rollen statt über Richtung definieren kann. Wenn wir linguistische Relationen als Omnikanten darstellen wollen, sollten die Rollen, die wir dafür nutzen, möglichst den durch die Argumente zugewiesenen Rollen (vgl. Abschnitt 3.1.3) entsprechen. Dieser Abschnitt erklärt, welche Rollen in SENSE eingesetzt werden.

Nehmen wir an, wir wollten ein Klassendiagramm für den Satz „Peter wohnt in Bonn." erzeugen. Der naive Ansatz ist, das Subjekt, das Prädikat und das Objekt aus einem gegebenen Satz herauszufischen und die Wörter in unflektierter Form in ein „Grunddiagramm" einzutragen, wie es in Abbildung 3.10(a) angedeutet ist. Diesen Ansatz verfolgen beispielsweise Harmain und Gaizauskas [HG00], sowie Liu und Lieberman [LL04] in ihren Ansätzen zur Extraktion von Softwareprozessartefakten aus natürlicher Sprache. Wäre das Prädikat dieses Satzes allerdings im Progressiv, wie beispielsweise in „Maria verschickt ein Päckchen.", läge eine Abbildung auf ein Klassendiagramm, wie es in Abbildung 3.10(b) dargestellt ist, näher. Es reicht also anscheinend nicht aus, nur die *syntaktischen* Kategorien im Satz auszuwerten.

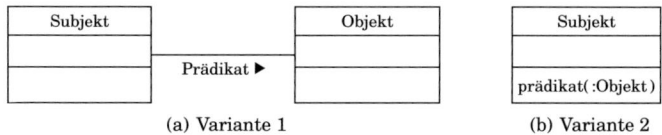

(a) Variante 1   (b) Variante 2

Abbildung 3.10: Umsetzung eines SPO-Satzes als Klassendiagramm

Als Reaktion auf Schwächen in Chomskys Standardtheorie [Cho65], die Beziehungen der Objekte einer Proposition zu erklären, entwickelte Fillmore die Theorie des „Tiefenkasus". Er kam zu dem Schluss "that the traditional subject and object are not to be found among the syntactic functions to which semantic rules must be sensitive." [Fil69, S. 363] Mit anderen Worten: Die syntaktischen Funktionen haben keine Bedeutung für die Semantik eines Satzes. Als Beweis für seine Auffassung, die heute weitgehend der Standardmeinung entspricht, präsentierte Fillmore vier verschiedene Formulierungen desselben Vorgangs, in denen jedes Ding reihum die syntaktischen Rollen „Subjekt" und „Objekt" einnimmt:

1. The door will open.
2. The janitor will open the door.
3. The janitor will open the door with this key.
4. This key will open the door.

Aus Fillmores Theorie entwickelte sich die Theorie der *thematischen Rollen*, die heute weitgehend als Verbindungsglied zwischen Syntax und Semantik der natürlichen Sprache akzeptiert sind [Rau88]. Es gibt auch bereits Ansätze zur Extraktion von Softwareprozessartefakten, die auf thematischen Rollen basieren [RP92][BR97]. Ein Problem dieser Ansätze ist jedoch, dass der verwendete Satz von thematischen Rollen so grob ist, dass die Klassifikation selbst für einen intelligenten menschlichen Entscheider schwer ist. Entsprechend sind die Regeln, die Strukturen aus den Rollen(-kombinationen) ableiten auch nur sehr allgemein. Ein differenzierterer Satz von thematischen Rollen scheint daher wünschenswert. Ein solcher Satz wird im folgenden Abschnitt vorgestellt.

Eine interessante Eigenschaft der thematischen Rollen ist, dass man sie, sobald man sie einmal identifiziert hat, in anderen natürlichen Sprachen auch nachweisen kann. Nehmen wir als Beispiel die Rolle *instrumentum*: Sie verweist auf ein Werkzeug oder ein Hilfsmittel, *mit dem* eine Handlung durchgeführt wird. Diese Rolle kann in Deutsch, Englisch, Französisch, Spanisch, Polnisch, Russisch und Ungarisch ausgedrückt werden, und es gibt keinen Grund zur Annahme, dass es eine Sprache gibt, in der das nicht möglich ist. Worin sich die Sprachen aber deutlich unterscheiden, ist die Art, wie die Rolle ausgedrückt wird: Englisch, Französisch und Spanisch verwenden nur eine Präposition, Polnisch, Russisch und Ungarisch haben einen speziellen grammatikalischem Fall (Instrumental), und Deutsch verwendet eine Kombination aus einer Präposition („mit") und einem Fall (Dativ).

Thematische Rollen werden also im Allgemeinen durch eine Kombination aus grammatikalischem Fall (Kasus, Ausgedrückt durch Satzstellung und/oder Flektion) und einer Präposition (genauer gesagt mit Adpositionen) ausgedrückt. Selbst stark flektierende Sprachen wie das Ungarische, die deutlich mehr Fälle als zum Beispiel Englisch haben (21:3, vgl. [SI95, S. 45-50]), müssen einige Rollen mit Präpositionen ausdrücken. Unglücklicherweise sind die Kombinationen aus Fall und Präposition nicht immer eindeutig einer Rolle zuzuordnen. So kann die Rolle, die einem Objekt durch eine Fall-Präpositionskombination zugewiesen wird, vom Verb abhängen. Die Zuweisung von thematischen Rollen zu den Objekten eines gegebenen Satzes ist deshalb wesentlich schwieriger, als die Zuweisung von syntaktischen Rollen. Es gibt allerdings schon einige Zerteiler wie das „Babel-System" von Müller [Mül99], die thematische Rollen zuweisen können – wenn auch nur auf einer rudimentären Basis.

Wir fassen hier die Definition der thematischen Rolle noch etwas weiter als üblich: Normalerweise können nur Nominalphrasen thematische Rollen einnehmen. Wir beziehen Teilsätze und die Verbphrase aus pragmatischen Überlegungen mit ein. Der Grund dafür, die Verbphrasen mit einzubeziehen, ist die Vorliebe deutscher Ingenieure für den Nominalstil. Wenn die eigentliche Handlung (*actus*) eines Satzes von der Verbphrase in eine Nominalphrase verschoben wird, müssen wir das Objekt, das diese eigentliche Handlung ausdrückt, auch als solches kennzeichnen. Wenn wir hierfür eine separate Rolle einführen, so ist es nur konsequent, sie auch an die Verbphrase zu heften, falls die eigentliche Handlung doch mal durch sie ausgedrückt wird – dadurch erleichtern wir uns eine einheitliche Behandlung. Der Grund dafür, Teilsätzen auch thematische Rollen zuweisen zu können, liegt in der Beobachtung, dass man beispielsweise den Grund einer Handlung (*causa*) sinngleich sowohl als Nominalphrase („des Regens wegen") als auch als Teilsatz („weil es regnet") ausdrücken kann. Da sich das Konzept der thematischen Rollen problemlos auf ganze Teilsätze oder zumindest deren Köpfe (vgl. [Wol06, Abschnitt 2.2.3]) übertragen lässt, wollen wir auch hier die einheitliche Behandlung vorziehen.

Eine wichtige Eigenschaft der thematischen Rollen ist, dass jede thematische Rolle höchstens einmal in einer semantischen Relation auftauchen darf. Das heißt aber umgekehrt nicht, dass die Objekte, die die Rollen einnehmen, in einer semantischen Relation nur *eine* Rolle einnehmen dürfen. Ein beliebtes Bild ist, dass ein Satz eine Bühne ist, und die Rollen ein Satz Hüte, die sich die Schauspieler aufsetzen können. Dabei kann jeder Schauspieler mehrere Hüte übereinander stapeln, jeden Hut kann aber höchstens ein Schauspieler gleichzeitig tragen. Diese Bild hat jedoch zwei Schwächen: Erstens, der Rahmen eines Satzes ist zu groß für die Beschränkung. In dem Satz „Karls Katze frisst Marias Maus." sind zwei thematische Rollen zwei mal vergeben: die Besitzerrolle (*possessor*, Karl und Maria) und die Besessenenrolle (*habitum*, Katze und Maus). Innerhalb ihrer semantischen Relation jedoch (Karl ↔ Katze, Maria ↔ Maus) sind die thematischen Rollen tatsächlich eindeutig. Zweitens ist es möglich, dass eine koordinierte Gruppe von Objekten (vgl. Abschnitt 3.4.6.2) gemeinsam eine Rolle einnimmt. In „Peter und Paul ärgern Maria." nehmen Peter und Paul beide die Rolle des Handelnden (*agens*) ein.

3.6.1 Ein Satz Thematischer Rollen

Wie bereits angedeutet gibt es nicht *den* Satz von thematischen Rollen. Es gibt zwar eine deutliche Schnittmenge, praktisch jede Quelle gibt aber noch eigene Rollen an. Viele dieser zusätzlichen Rollen sind plausibel – die Auswahl wirkt dagegen jedoch oft recht willkürlich. Die in dieser Arbeit angegebene Liste basiert auf den Rollen von Rauh [Rau88], Müller [Mül07] und Wikipedia (Stand 2005)[29]. Diese Rollen wurden um diejenigen Rollen ergänzt, die unmittelbar aus den 21 ungarischen Fällen [SI95, S. 45-50] ableitbar sind. Für diese Menge wurde der „deiktische Abschluss" berechnet (siehe Abschnitt 3.6.2) und der sich ergebende Satz getestet.

---

[29] siehe WIKIPEDIA: „Semantische Rolle", http://de.wikipedia.org/w/index.php?title=Semantische_Rolle&oldid=8938176, zuletzt besucht am: 24. 05. 2009

Hierzu wurden Versuchspersonen gebeten (nach einer kurzen Einführung) Phrasen unterschiedlicher Komplexität zu annotieren (vgl. [Bru08]). Wenn beim Testen fehlende Rollen identifiziert wurden, so wurden diese aufgenommen und der Prozess begann von neuem, bis ein Fixpunkt erreicht war.

Im Vergleich mit einem der differenziertesten Sätze von thematischen Rollen, die sich in der Literatur finden lassen, schneidet der so erzeugte Satz von Rollen gut ab: Der Satz von Helbig [Hel01, S. 555-558] enthält 82 Rollen brutto, darunter 55 Rollen, die mindesten ein „situa" oder ein „proto" als Argument beinhalten[30]. Fast alle seiner Rollen lassen sich (z. T. in leicht speziellerer oder allgemeinerer Form) in unserem Satz wiederfinden. Ein Beispiel einer fehlenden Rolle ist Helbigs *JUST* für „Begründungszusammenhang aufgrund gesellschaftlicher Normen" [Hel01, S. 464f.] mit dem Beispielsatz „[Weil es verboten ist] (JUST^{arg1}), [raucht niemand im Abteil] (JUST^{arg2})." Die Trennung von der *causa*-Rolle, welche es sowohl in seinem wie in meinem Satz gibt, lässt Helbig leider unmotiviert.

Unser quasi nach dem „Push-Verfahren" erzeugte Satz von thematischen Rollen wurde in SAL$_E$ мх verwendet. Dabei wurden weitere Rollen identifiziert, die offenbar noch existieren mussten. Auf diese Weise wurde der Rollensatz quasi im „Pull-Verfahren" ergänzt. Der resultierende Satz ist in Anhang A abgedruckt.

Die thematischen Rollen sind teilweise „falsch" benannt: Der Grund ist die Testprozedur, mit der wir die Liste evaluiert haben (vgl. [Bru08]). Bei der Namensbildung wurden drei Prinzipien zugrunde gelegt: Erstens, die Namen sollten künstlich sein, um vorhandene Assoziationen und implizite Annahmen darüber zu vermeiden, was unter der Rolle zu subsumieren sei und was nicht. Zweitens, durch die Wahl von lateinischen Wortwurzeln sollte es möglich sein, sich Eselsbrücken zu verwandten Konzepten zu bauen, um die Namen einprägsamer zu machen. Und drittens sollte es durch eine systematische Konstruktion der Worte aus ihren Stämmen möglich sein, zu einem gewissen Teil auf die Semantik zu schließen. So wurde beispielsweise zu der Rolle *substitutus* (Sache oder Person, die eine anderen Sache oder Person vertritt) die Rolle *substituens* (Sache oder Person, die vertreten *wird*) gebildet, und zum *thema* (Thema einer Sache) gibt es einen *thematus* (Sache, die etwas thematisiert). Auf diese Weise entstehen zwar falsche lateinische Wörter, dies nehmen wir aber in Kauf, da es sich um künstliche Bezeichner handelt. Falls jedoch existierende lateinische Wörter die Rolle prägnant beschreiben, wurden diese als Bezeichner vorgezogen.

---

[30] Helbig definiert die „thematischen Rollen" etwas anders. Er unterscheidet zwischen Theta- und Proto-Rollen sowie semantischen Relationen, die Argumente haben. Diese semantischen Relationen entsprechen dem, was in dieser Arbeit als thematische Rolle bezeichnet wird, wenn sie mindesten ein „situa" oder ein „proto" als Argument haben. (Wir benötigen die Unterscheidung aber nicht und bleiben bei dem intuitiveren Begriff der „Rolle", die etwas in einem Satz einnimmt.)

3.6.2 Deiktischer Abschluss

Vorhandene Sätze thematischer Rollen enthalten zwar meist lauter plausible Elemente, wirken aber als Ganzes eher unplausibel. Abgesehen davon, dass diese Sätze nicht getestet, sondern nur argumentativ „proklamiert" werden, scheint es keine Ansätze zu geben, sie wenigstens systematisch zu erstellen. Aus diesem Grund wurde für diese Arbeit der Ansatz des „deiktischen Abschlusses" entwickelt, der, vereinfacht gesagt, zu jeder Rolle ein Gegenüber postuliert. Grundlage dieses Ansatzes ist die Theorie von Deixis (siehe Abschnitt 3.1.4).

Die Idee des deiktischen Abschlusses ist, einen Referenzraum wie beispielsweise für die Personal- oder Lokaldeixis auch für thematische Rollen anzunehmen. Wo ein Behandelnder (*patiens*) ist, muss auch ein Behandelnder (*agens*) sein, wo ein Thema (*thema*) ist, muss auch etwas sein, das dieses Thema hat (*thematus*) und wo ein Erfahrender (*experior*) ist, muss auch ein Stimulus (*stimulus*) sein[31]. Wenn es eine Fehlstelle in einer Dimension gab, postulierten wir die Existenz der Rolle und versuchten ihre Existenz mit einem geeigneten Beispiel nachzuweisen. Das Finden eines solchen Beispiels war häufig erstaunlich einfach, obwohl nur auf abstrakter Ebene klar war, welche Eigenschaften der Repräsentant für die neue Rolle haben musste. Ein Beispiel ist die Rolle *fautor* (Wohltäter). Während es viele Rollensätze gibt, die einen *beneficient* (eigentlich „benefaktiv", Nutznießer) kennen, so kennen sie doch keinen *fautor*. Für gewöhnlich wird angenommen, dass der *agens* der *fautor* ist, aber es lässt sich leicht ein Satz basteln, in dem der *agens* und der *fautor* verschieden sind: „Peter (*agens* und *beneficient*) freut sich über sein Geschenk (*favor*) von Claudia (*fautor*)." Dieser Beispielsatz enthält auch gleich die zweite Rolle, auf deren Existenz man sinnigerweise schließen muss: den Vorteil *favor*.

In vielen Fällen fehlte den thematischen Rollen ihr Bezugspunkt – das „betroffene selbst". Für dieses „Gegenüber" ließ sich interessanterweise häufig weder im Deutschen noch im Englischen oder Lateinischen ein geeignetes existierendes Wort finden (Beispiel *thematiens*), so dass in dieser Klasse besonders häufig die oben beschriebenen künstlichen Namen auftreten. Diese Bezugspunkt-Rollen tragen in ihrem Kürzel ein „II" für das Kunstwort *idem ipso* („das nämliche selbst"). Für einige Fehlstellen konnten wir jedoch auch nach längerer Suche kein Beispiel finden. So mag sich für manche dieser Fehlstellen vielleicht sogar eine philosophische Begründung finden lassen.[32] Für die anderen Fehlstellen muss man vielleicht in

---

[31] Diese thematischen Deixis ähneln in gewisser Weise den semantischen Relationen wie sie Helbig verwendet [Hel01]. Wir verwenden sie aber nur als Indikator für fehlende Rollen und zur Vervollständigung des Rollensystems. Die hier gezeigten thematischen Deixis sind außerdem nicht zwingend zweistellig und müssen auch nicht von einem Satz vollständig ausgefüllt werden um überhaupt auftreten zu können.

[32] Beispiel: Auf der „Willens-Achse" (Wollender und Gewolltes, siehe S. 87) fehlt in dieser Arbeit die Quell-Rolle (*origo*), also eine Rolle für denjenigen, der das Wollen eines Wollenden nach dem Gewollten in die Welt bringt. Setzt man einen freien Willen voraus, fällt diese Rolle immer mit

Sprachen suchen, die nicht mit den indogermanischen oder romanischen Sprachen verwandt sind.

Wir fassen die Rollen in zwei Gruppen zusammen. Die Deixis der einen Gruppe, die der *adversen Rollen* (vgl. Tabelle 3.1), zeichnen sich dadurch aus, dass sie nur ein „hier" und ein „dort" kennt, weitere Positionen existieren nicht. Dafür scheinen diese Rollen aber auf ihr *idem ipso* angewiesen zu sein – fehlt es, ist der Satz unvollständig. Der Katalog der linguistischen Indizien für Defekte in Spezifikationstexten von Rupp [Rup02a] sollte daher um diese Rollen erweitert werden. Die zweite Gruppe enthält Deixis, die bis zu sechs Positionen enthalten. Im Gegensatz zu den Deixis' der adversen Rollen, die Beziehungen ausdrücken, drücken die Deixis' der *transitiven Rollen* (vgl. Tabelle 3.2 und Tabelle 3.3) eher einen Übergang im weiteren Sinne aus. Die transitiven Rollen einer Deixis können dafür aber häufig sogar einzeln Auftreten, ohne dass der Satz unvollständig wirkt.

3.6.3 Handhabung

Der Rollensatz ist mit derzeit 69 Rollen recht umfangreich. Verschiedene „Kompressionstechniken" erleichtern dem Anwender jedoch den Umgang mit diesem Rollensatz: Wie bereits angesprochen, lassen sich die Rollen in verschiedene Deixis einteilen, so dass sich der Benutzer eigentlich nur 21 Deixis merken muss. Über die gewünschte Lokalitätsstufe kann man, so die praktische Erfahrung, gut getrennt nachdenken, wenn man die entsprechende Deixis erst einmal identifiziert hat. Eine weitere Kompressionstechnik ist das „Vorzeichen" mancher Rollen. So gibt es beispielsweise ein OPUS+ und ein OPUS-. Das OPUS+ ist das eigentliche Werk, das durch eine Handlung geschaffen wird. Das OPUS- ist das Gegenteil eines erschaffenen Werkes, also eine Vernichtung. Genau so gibt es einen Vorteil (FAV+) und als Gegenteil den Nachteil (FAV-). Und zum Grund aus dem man etwas macht (CAU+) gibt es ein Hindernis, trotz dem man etwas tut (CAU-). Auf diese Weise wurde Umfang des Rollensatzes erweitert, ohne dass der Benutzer sich zusätzlich etwas merken muss.

Trotz dieser Maßnahmen gibt es einen deutlichen Lerneffekt im Umgang mit dem Rollensatz. Im über zweijährigen Umgang mit dem vorliegenden Rollensatz hat dieser eine gewisse Reifung erfahren. Manche bis dahin unbesetzte Lokalitätsstufen konnten besetzt werden, vereinzelt wurden auch Deixis zusammengelegt oder getrennt. Wir erwarten zum gegenwärtigen Stand nicht, dass noch relevant viele Rollen fehlen. Aus dem praktischen Einsatz ist sogar eher das Gegenteil zu erwarten: Die Rollen mancher Deixis wie *Gegner* oder *Erfahrung* kommen selten vor und könnten möglicherweise in Zukunft weg rationalisiert werden.

---

dem Wollenden, also der Positionsrolle (*positio*) zusammen. Möchte man Hypnose, die Libido oder das Werbefernsehen in Betracht ziehen, müsste man diese fehlende Rolle ergänzen.

Deixis	idem ipso (proximal)	adversus (distal)	Beispiel
Begleitung	*dux* (DUX)	*comes* (COM)	Don Quijote (DUX) reitet mit Sancho Panza (COM) durch Spanien.
Gegner	*contrarius* (CONTII)	*contrariens* (CONT)	Ein kleines gallisches Dorf (CONTII) kämpft gegen die Römer (CONT).
Rolle	*fingens* (FIN)	*fictum* (FIC)	Peter (FIN) verkleidet sich als Clown (FIC).
Beschaffen-heit	*qualificatus* (QUALII)	*qualitas* (QUAL)	ein Tisch (QUALII) aus Holz (QUAL)
Ersatz	*substitutus* (SUBII)	*substituens* (SUB)	Wir fahren dieses Jahr ans Meer (SUBII) statt in die Berge (SUB).
Inhalt	*thematus* (THEII)	*thema* (THE)	ein Buch (THEII) über Schiller (THE)
Komposition	*omnium* (OMN)	*pars* (PARS)	ein Wort (OMN) und seine Buchstaben (PARS)
Bedingung	*sumptio* (SUM)	*consequentia* (CONS+/-)	Wenn die Münze Kopf zeigt (SUM), gewinnt Peter (CONS+), sonst gewinnt Kurt (CONS-).

Tabelle 3.1: Adverse Rollen

Deixis	transitum	directio		positio	dimensio	via	Beispiel
		origo	destinatio				
Handlung	*actus* (ACT)	*agens* (AG)	*opus* (OPUS+/−)	*patiens* (PAT)	*modus* (MOD)	*instrumentum* (INST+/−)	Karl (AG) streicht (ACT) mit einem Pinsel (INST+) die Wand (PAT). Danach baut (ACT) er (AG) mit großer Sorgfalt (MOD) eine Mauer (OPUS+).
Situation, log. Zus.-hang		*causa* (CAU+/−)	*intentio* (INT)	*status* (STAT)		*transitus* (TRANS)	Anna wohnt (STAT) in Bonn, um nahe bei ihrer Mutter zu sein (INT). Die Vase fiel (TRANS) vom Tisch, weil Peter dagegen stieß (CAU+).
Zeitlicher Zusammenhang		*praecedens* (PRAE)	*succedens* (SUCC)	*currens* (CUR)			Frank öffnete sich eine Flasche Bier (CUR), die er zuvor aus dem Keller geholt hatte (PRAE), und trank sie dann in einem Zug aus (SUCC).
Können (*können*)	*potentia* (POT+/−)	*magister* (MAG)		*potens* (POTII)			Peter (MAG) lehrt Otto (POTII) das Schwimmen (POT+). Franz (POTII) *kann nicht* schwimmen (POT−).
Wille (*wollen*)	*voluntas* (VOL+/−)			*volens* (VOLII)			Otto (VOLII) *möchte* Geige spielen (VOL+).
Recht (*dürfen*)	*ius* (IUS+/−)	*permitens* (PERM)		*iurens* (IUSII)			Peter (PERM) erlaubte Otto (IUSII), Ball zu spielen (IUS+). Otto (IUSII) *darf nicht* laut schreien (IUS−).
Pflicht (*müssen*)	*requisitum* (REQ+/−)	*obligens* (OBL)		*requirens* (REQII)			Peter (OBL) befahl Otto (REQII), Erbsen zu essen (REQ+). Otto (REQII) *braucht nicht* zu üben (REQ−).

Tabelle 3.2: Transitive Rollen (Teil 1)

Deixis	transitum	directio		positio	dimensio	via	Beispiel
		origo	destinatio				
Besitz	*habitum* (HAB)	*donor* (DON)	*recipient* (RECP)	*possessor* (POSS)			Der Vater (DON) gibt dem Sohn (RECP) die Uhr (HAB) seines Großvaters (POSS).
Erfahrung	*notio* (NOT)	*stimulus* (STIM)	*experior* (EXP)				Der Förster (EXP) hört das Hämmern (NOT) des Spechtes (STIM).
Vorteil	*favor* (FAV+/-)	*fautor* (FAU+/-)	*beneficiens* (BEN+/-)				Der Nil (FAU+) brachte den Ägyptern (BEN+) fruchtbares Land (FAV+).
Vergleich	*criterium* (CRIT)	*comparand* (COMP)	*compariens* (COMPII)		*proportiens* (PROP)		Ein Auto (COMPII) ist schneller (CRIT) als ein Fahrrad (COMP). Ihr werdet um so besser (CRIT) spielen (COMPII), je mehr (PROP) ihr übt (COMP).
Ort	(LTRANS)	(LORIG)	(LDEST)	*locus* (LOC)	(LDIM)	*limes* (LIM)	Der Fluss (LTRANS) fließt entlang der Grenze (LIM) von Süden (LORIG) nach Norden (LDEST) und ist an der Mündung (LOC) 500m breit (LDIM).
Zeit	(TTRANS)	(TORIG)	(TDEST)	*tempus* (TEMP)	(TDIM)	*frequens* (FREQ)	Die Ferien (TTRANS) gehen jedes Jahr (FREQ) von Juli (TORIG) bis September (TDEST) und sind dieses Jahr (TEMP) 6 Wochen lang (TDIM).

Tabelle 3.3: Transitive Rollen (Teil 2)

Kapitel 4

SENSE – The Software Engineer's Natural-language Semantics Encoding

Dieses Kapitel stellt SENSE vor, einen Formalismus für die Codierung der Semantik eines natürlichsprachlichen Textes – aus Sicht eines Softwareingenieurs. Das Ziel dieser Arbeit ist die Extraktion von Modellen aus natürlicher Sprache. Um zu ergründen, was wir *potentiell* an Modellelementen aus der Semantik extrahieren zu können erwarten dürfen, betrachten wir Deutsch als „Programmiersprache", mit der ein Sender (i. e. der Autor eines Textes oder Sprecher) dem Empfänger (i. e. dem Leser oder Zuhörer) ein zusammenhängendes Modell in den Kopf programmieren kann. Dieses Modell ist genau das Modell der Realität, das wir später als UML-Modell darstellen wollen. Wir betrachten im Folgenden die Grundbausteine sowie die Gestaltungsregeln unserer Programmiersprache, um ihre Möglichkeiten zu ergründen.

4.1 Natürliche Sprache als Programmiersprache

Wer die komplette Semantik einer Programmiersprache untersuchen möchte, fängt am besten bei den Symbolen an, die der lexikalische Zerteiler (*lexer*[1]) produziert. Diese Symbole sind in unserem Fall die Wörter der natürlichen Sprache.

Die Linguistik teilt alle Wörter in verschiedene Wortklassen (Nomen, Verben, etc.) ein. Man unterscheidet dabei zwischen *offenen* und *geschlossenen Wortklassen*. Geschlossene Wortklassen sind Wortklassen, deren Bestand im Gegensatz zu dem der offenen Wortklassen nicht durch Wortbildungsmechanismen vermehrt werden

---

[1] Der Lexer ist die Komponente eines Übersetzers, die einen Byte-Strom in einen Symbolstrom überführt, also etwa aus „... **f o r (i n t i** ..." folgenden Strom macht: „... for ␣(␣int ␣i ...".

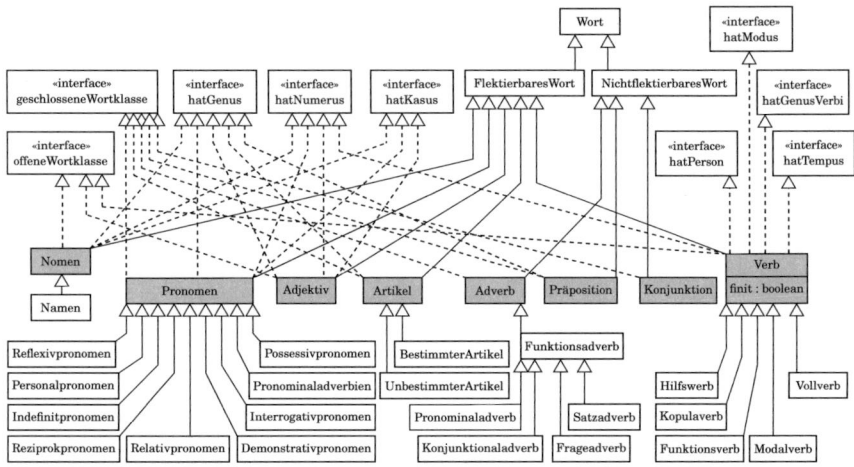

Abbildung 4.1: Die Wortgrammatik der deutschen Sprache. Hinweis: Das ist *kein* Modell von SENSE!

kann. Einen Überblick über die verschiedenen Wortklassen und ihre Eigenschaften gibt Abbildung 4.1.

Die geschlossenen Wortklassen sind Adverbien[23], Artikel, Konjunktionen, Präpositionen und Pronomen. Die Wörter der geschlossenen Wortklassen kann man mit den Schlüsselwörtern einer Programmiersprache vergleichen, denn sie begründen zusammen mit den Regeln über Wortstellung, Flexion und Satzbau die Syntax der Sprache. Damit codieren sie bereits die *Semantik* einer Aussage; den Inhalt der „Variablen" zu kennen, ist dafür (wie in einer echten Programmiersprache) nicht notwendig. Hierauf werden wir gleich noch genauer eingehen.

Nomen, Verben und Adjektive bilden die offenen Wortklassen. Man kann ihre Elemente mit den Bezeichnern einer Programmiersprache vergleichen – sie entsprechen den Variablen. Die Bezeichnung steht stellvertretend für ihren Inhalt in

---

[2] Hinweis: *Adjektive* können *adverbial verwendet* (vgl. Kapitel 3.1.5) werden; und wenn man den Begriff „Adverb" auf die *syntaktische* statt die *lexikalische Kategorie* bezieht, dann wäre diese Klasse nicht geschlossen. Gemeint ist hier aber nur die lexikalische Kategorie, also die Wortart.

[3] Der Duden schreibt: „Die Adverbien stellen eine verhältnismäßig kleine Wortklasse von einigen Hundert Einheiten dar. Diese Klasse ist allerdings wegen der Möglichkeit von Neubildungen in bestimmten Teilbereichen (etwa mit *-weise*) nicht geschlossen." [EGW+98, Rz. 627] Da Wörter wie *beispielsweise* oder *probehalber* aber in der Regel nur attributiv gegenüber dem Verb verwendet werden (also wie ein *adverbial verwendetes Adjektiv*), gestatten wir uns diese Adverbien einfach als Adjektive zu behandeln und die Klasse als geschlossen zu betrachten.

den Formen der Programmiersprache. Man kann auch (wie in einer echten Programmiersprache) beliebige neue Bezeichner erzeugen, um damit bisher Unbenanntem (oder bis dahin anders Benanntem) einen neuen Namen zu geben. Die Anzahl der Wörter in diesen Klassen ist potentiell unendlich. Nomen, Verben und Adjektive besitzen als *Bezeichner* ein Spektrum (siehe Abschnitt 3.4.5), das unsere „Schlüsselworte" nicht haben.

Wir nehmen nun an, dass es einen endlichen Satz von Regeln für Wortstellung, Flexion und Satzbau der deutschen Sprache gibt[4]. Diese syntaktischen Regeln bilden semantische Strukturen (genauer gesagt Ausschnitte davon) auf Wortfolgen ab. Ist ihre Menge nun entsprechend der Annahme beschränkt, dann kann es auch nur beschränkt viele unterschiedliche Strukturmuster geben, die wir auf Wortfolgen abbilden können. Die Menge der unterschiedlichen Strukturmuster ist also kleiner gleich der Menge der syntaktischen Regeln (sogar *echt* kleiner, wenn man bedenkt, dass man einen elementaren Sachverhalt wie „Peters Buch" auf verschiedene Weise ausdrücken kann). Weiterhin ist die Anzahl der semantisch sinntragenden Symbole, also die Anzahl der Wörter aus den geschlossenen Wortklassen, beschränkt. Ihre Anzahl ist im Vergleich zu einem Standardwortschatz an Nomen, Verben und Adjektiven auch recht klein. Wir können erwarten, dass man ihre Semantik codieren kann: Ihre Semantik zu codieren bedeutet, auf ihr Vorkommen jeweils mit geeigneten Aktionen reagieren zu können. Wenn wir also Endlichkeit der syntaktischen Regeln sowie der semantisch sinntragenden Symbole annehmen, dürfen wir auf eine endliche Menge semantischer Grundstrukturen und möglichen Operationen darauf schließen. Wir können demnach erwarten, dass ein Programm P existiert, das alle diese Strukturen kennt und verwalten kann. Aber wozu wäre so ein Programm gut?

Mit so einem Programm P könnte man beispielsweise einen „automatischen Philosophen" bauen, der ständig neue Schlüsse aus dem Text zieht. Er könnte allerdings wie ein Prolog-Programm nur sinnlos im Kreis philosophieren, da er in Ermangelung konkreter Erfahrungen nie neue (eigene) Fakten in Betracht ziehen kann[5]. Man könnte die deduktiven Fähigkeiten von P aber auch zielgerichtet einsetzen: So ein Programm P könnte die Semantik eines Textes, wir werden im Folgenden auch vom *Strukturmodell* sprechen, einem Übersetzer gleich verarbeiten. Der Satz „Im Haus steht eine Kiste in der ein Apfel liegt." liefert ein Beispiel dafür: Wenn P „Objekte" kennt und wir die Semantik der Präposition „in" codiert haben, dann können wir bereits zwei verschiedene Arten von Transformationen anwenden:

---

[4] Maßnahmen für eine praktische Realisierbarkeit – sie schließen die Einschränkung der Grammatik wie z. B. im Attempto Controlled English [Sch98] ein – sind ein Teil des Softwareprozesses (vgl. Kapitel 2.2).

[5] Wir stellen den Realitätsbezug über Spektren her, die zwar zum symbolischen Rechnen reichen, aber letztlich nie von unserem automatischen Philosophen ausgewertet werden könnten.

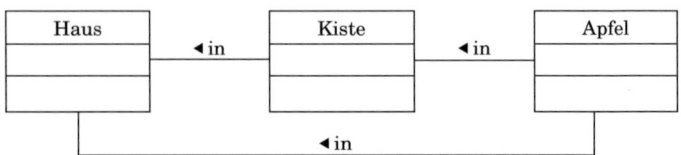

Abbildung 4.2: Beispielausgabe

1. Intrinsische Transformationen, sie entsprächen Optimierungen. Dabei werden Muster im Strukturmodell gesucht, die das Strukturmodell selbst verändern oder ergänzen. Zum Beispiel: „Der Apfel ist auch *im* Haus."

2. Extrinsische Transformationen, sie entsprächen der Codeerzeugung. Dabei werden überdeckend Muster im Strukturmodell gesucht und abhängige Ausgaben gemacht. Zum Beispiel könnte die Ausgabe (nach einer vorhergehenden intrinsischen Transformation entsprechend Punkt 1) wie Abbildung 4.2 aussehen.

Nun stellt sich die Frage, ob das Programm $\mathcal{P}$, wenn es schon die Semantik der natürlichen Sprache verarbeiten kann, nicht gleich auch ihre Syntax und ihre Pragmatik berücksichtigen sollte. Die folgenden Absätze zeigen, dass beides *für die Modellextraktion* inadäquat ist.

Syntax. Ein prinzipielles Problem der Syntax der natürlichen Sprache ist, dass zwischen einer Oberflächenstruktur und „ihrer" Bedeutung in vielen Fällen eine $n : m$-Beziehung besteht, das heißt, die Zuordnung zwischen Wortfolgen und Strukturmodellen ist also nicht eindeutig – weder in die eine noch in die andere Richtung. Ein Beispiel zeigt Abbildung 4.3, ein weiteres wird in Abschnitt 4.6.1 ausführlich behandelt.

Die statistische Auswahl des Strukturmodells zu einem gegebenen Text ist für die Modellextraktion inadäquat, weil damit die abgeleitete Systemstruktur praktisch zum Zufallsprodukt verkommt und wahrscheinlich nichts mehr mit der Struktur der Anwendungsdomäne zu tun hat. So ist für den ersten Satz aus Abbildung 4.3 die Wahrscheinlichkeit, die richtige Struktur zu erraten, gerade mal ⅕. Entscheidungsbasierte, deterministische Verfahren wiederum sind zu umständlich, wie eigene Versuche zeigten [Wol06]. Das Problem ist die Größe des Suchraums, der in der Größenordnung $O(n^m)$ wächst, wobei n die Anzahl der Satzglieder und m die durchschnittliche Anzahl der Alternativen pro Satzglied ist. Eine dritte Möglichkeit besteht darin, die Grammatik einzuschränken um mehrdeutige Ableitungen zu vermeiden. Aber dann verwendet man ja gerade *nicht* mehr die Syntax der natürlichen Sprache, sondern die einer Subsprache.

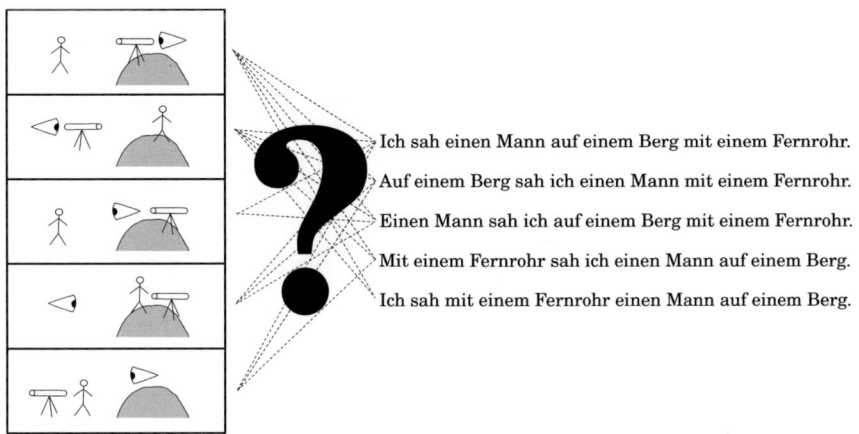

Abbildung 4.3: Wortfolgen und „ihre" Semantik

Die Frage ist nun, ob es überhaupt eine Alternative dazu gibt, die Syntaxanalyse der natürlichen Sprache in $\mathcal{P}$ einzubauen. Kann eine Eingabesprache existieren, die die gleiche Mächtigkeit besitzt, wie die natürliche Sprache, aber eine eindeutige Syntax? Oder stammt zumindest ein Teil dieser Mächtigkeit aus der Mehrdeutigkeit? Betrachten wir nochmal Abbildung 4.3: Selbst wenn die Syntax, also die „Abbildungs"-Vorschrift der natürlichen Sprache mehrdeutig ist, so ist das, was der Sender ursprünglich meint, eindeutig. Wenn nun, wie oben diskutiert, nur endlich viele „Regeln" für die Abbildung existieren, dann lässt sich eine künstliche Sprache mit eindeutiger Grammatik finden: Eine einfache, wenn auch etwas umständliche Abbildungsvorschrift wäre beispielsweise, dass man die Regeln durchnummeriert und in der künstlichen Sprache jeweils die Anwendungsreihenfolge und Nummern der Regeln, sowie ihre Anwendungsstelle angibt. Demnach *existiert* mindestens eine künstliche eindeutige Sprache, mit der wir die komplette Semantik der natürlichen Sprache für $\mathcal{P}$ codieren können. Dann kann $\mathcal{P}$ mit der Semantik des Textes arbeiten, auch wenn es die konkrete Syntax der Sprache nicht beherrscht.

Pragmatik. Pragmatik bedeutet für unsere Programmiersprache die Bindung von realweltlichen Erscheinungen an die Strukturmodelle (vgl. Abbildung 4.4). Diese Bindung geschieht über die Bezeichner, also die Elemente der offenen Wortklassen. Die Grammatik und die Elemente der geschlossenen Wortklassen können offensichtlich nichts zu dieser Bindung beitragen. Wegen der unendlichen Anzahl der Elemente der offenen Wortklassen kann ein endliches Programm $\mathcal{P}$ die

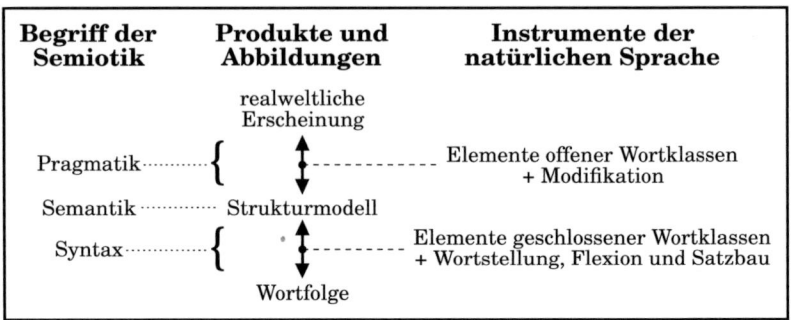

Abbildung 4.4: Semiotik in Bezug auf den Text

Pragmatik *theoretisch* nie vollständig codieren. Nun könnte es aber sinnvoll sein, trotzdem die Bedeutung in $\mathcal{P}$ zumindest eines Teils der Wörter dieser Klassen zu kennen, und auf dieser Grundlage das gesuchte Modell zu ergänzen oder zu verbessern. Ein Versuch in diese Richtung unternimmt Körner mit dem Einsatz von Ontologien [KG08]. Dadurch erreicht man zwar teilweise die gewünschten Ziele, aber streng genommen handelt es sich hierbei nicht um die Verarbeitung von Pragmatik: Die Ontologie stellt nur ein mit anderen Mitteln (Formalismen) gespeichertes, semantisches Modell dar, dessen Aussagen mit bestimmten Regeln verwandelt und dessen „Konzepte" mit den Wörtern der offenen Wortklassen gekreuzt werden können. Das Gleiche wäre prinzipiell auch mit „mehr Text" zu erreichen, also einer etwas ausführlicheren Domänenbeschreibung und den ohnehin vorhandenen intrinsischen Regeln von $\mathcal{P}$.

Echte Pragmatik würde erfordern, dass $\mathcal{P}$ eigene Aussagen über realweltliche Erscheinungen machen könnte. Dazu müsste $\mathcal{P}$ aber realweltliche Erscheinungen erkennen, bewerten und einem Begriff zuordnen können. Nehmen wir an, wir hätten ein Programm zur Verwaltung von Fahrzeugen und träfen auf ein unvorhergesehenes Phänomen wie das Expeditionsmobil in Abbildung 4.5: Es ist ungewiss, ob es sich um einen Personenkraftwagen[6] oder einen Lastkraftwagen[7] handelt. Was tun, wenn die implementierten Regeln des Computerprogramms keine Handhabe geben? Das Programm müsste sich neue, zusätzliche Kriterien für die Unterscheidung von Fahrzeugen einfallen lassen – Kriterien, von denen es ahnt, dass sie bei

---

[6] WIKIPEDIA: „Personenkraftwagen [...] sind mehrspurige Fahrzeuge mit eigenem Antrieb zum vorwiegenden Zwecke der Personenbeförderung.", http://de.wikipedia.org/w/index.php?title=Personenkraftwagen&stableid=60355254

[7] WIKIPEDIA: „Als Lastkraftwagen [...] bezeichnet man Kraftfahrzeuge mit starrem Rahmen, die ausschließlich oder hauptsächlich zur Beförderung von Gütern bestimmt sind.", http://de.wikipedia.org/w/index.php?title=Lastkraftwagen&stableid=59717644

Abbildung 4.5: Expeditionsmobil: LKW oder PKW?

allen Fahrzeugen vorhanden sein könnten, die es aber bisher nicht erfasst hat. Es ist unklar, wie ein Computerprogramm solch eine Leistung erbringen soll.

Zum Glück brauchen wir diese Fähigkeit für die Modellextraktion gar nicht: Es reicht, wenn die Software, die wir zum Beispiel für den TÜV erstellen, Personenkraftwagen und Lastkraftwagen verwalten kann. Das Erstellen der Instanzen – und damit das Zuordnen einer konkreten Erscheinung zu unseren Modellelementen – übernimmt der Benutzer der Anwendung, in diesem Fall wohl der Prüfingenieur. Selbst wenn wir keinen menschlichen Entscheider als Benutzer voraussetzen, sondern irgendwelche Sensoren, dann würde letztlich immer noch eine deterministische Maschine (mit von uns bereitgestellten Algorithmen) entscheiden, in welche Klasse die konkrete Erscheinung fällt. An dieser Stelle von „Glück" zu sprechen ist also durchaus angemessen, wenn man sich überlegt, dass wir hierdurch ein fundamentales Problem der Erkenntnistheorie komplett umgehen.

Auch für die intrinsischen und extrinsischen Transformationen der Modellextraktion benötigen wir keine Pragmatik. Der obige Satz „Im Haus steht eine Kiste in der ein Apfel liegt." dient nochmal als Beispiel: Die semantischen Relation „in" (lokal gebraucht, vgl. Kapitel 3.6) kann problemlos ohne Pragmatik interpretiert werden; ohne zu wissen, was ein Haus, eine Kiste oder ein Apfel ist, kann man folgern, dass der Apfel im Haus ist – und für Garage, Expeditionsmobil und Zigarettenanzünder würde es genauso funktionieren. So ist die Verarbeitung von Pragmatik durch das Programm $\mathcal{P}$ nicht nur schwer bis gar nicht möglich, sondern auch nicht nötig.

Aus den Überlegungen bezüglich der Pragmatik folgt für den Umgang mit Bezeichnern (also den Elementen der offenen Wortklassen) dass wir sie nicht an konkrete Elemente binden können (und auch nicht brauchen), sondern symbolisch rechnen müssen. Genau das leistet das Konzept von Spektren (siehe Kapitel 3.4).

4.2 Sense kompakt

Bisher haben wir über die *Möglichkeit* nachgedacht, ein Programm $\mathcal{P}$ zu realisieren, das aus der Semantik eines natürlichsprachlichen Textes das initiale Domänenmodell für einen Modell-getriebenen Softwareprozess extrahiert. Wir haben überlegt, was grundsätzlich möglich ist, und wo die prinzipiellen Grenzen liegen. Wie man ein solches Programm realisieren kann, wird in Kapitel 5 gezeigt: SAL_E мх ist letztlich ein Prototyp für $\mathcal{P}$. Dieser Abschnitt beschreibt die formale Darstellung der Semantik einer Domänenbeschreibung in SENSE. Er enthält zugunsten einer möglichst kompakten Darstellung keine Beispiele, keine Motivation und keine Erklärungen: Die folgenden vier Abschnitte beschäftigen sich ausführlich damit, wie wir narrativen deutschsprachigen Text in SENSE codieren können.

Wir definieren einen *narrativen Text* als zusammengehörige Menge von indikativen Aussagesätzen in der dritten Person[8] und in nur einer Zeitform[9], die im jeweiligen Kontext (siehe Kapitel 3.3) für *wahr* angenommen werden. Wenn wir die Semantik eines narrativen Textes (egal ob Domänenbeschreibung oder Märchen) in SENSE codieren, dann erhalten wie einen Omnigraphen (siehe Kapitel 3.5): Seine Knoten entsprechen den Spektren (siehe Abschnitt 3.4.5), in erster Linie derjenigen Wörter des Eingabetextes, die aus den offenen Wortklassen stammen. Die Knoten werden durch Omnikanten verbunden, welche den Knoten thematische Rollen (siehe Kapitel 3.6) zuweisen. Wir nennen diese Omnikanten *Relationen*. Relationen weisen selbst wieder ein Spektrum auf und können deshalb selbst ebenfalls thematische Rollen in Relationen spielen. Adjektive (und ggf. auch geeignete Adverbien) modifizieren andere Knoten „im Kontext" der Relation, in der sie auftreten (i. e. behalten eine Referenz auf diese Relation, vgl. Abschnitt 4.3.3); wir nennen sie Modifikatoren. An jeder Stelle, an der ein Objekt eine thematische Rolle einnehmen kann, kann auch eine Menge von Objekten stehen, die diese Rolle einnimmt (siehe Abschnitt 3.4.6.2). An jeder Stelle, an der ein Modifikator verwendet werden kann, kann auch eine Menge von Modifikatoren verwendet werden (siehe ebenda).

In den folgenden vier Abschnitten beschäftigen wir uns damit, wie wir narrativen deutschsprachigen Text in SENSE codieren können. Als wesentliche Quellen der Grammatik wird dabei auf den Duden Band 4 *Die Grammatik* [EGW+98] und canoo net – *Deutsche Wörterbücher und Grammatik* [Can09] zurückgegriffen. Auf eine konkrete Syntax wird bei der Darstellung verzichtet, da sie nicht notwendig ist und wegen pragmatischer Beschränkungen (i. e. *benutzbare* Syntax) die Sicht auf das eigentliche Thema verstellen würde. Die konkrete Syntax wird ausführlich in Kapitel 5 behandelt.

---

[8] egal ob Singular, Plural oder gemischt
[9] normalerweise aber nicht zwingenderweise Präsens oder Präteritum

4.3 Die Semantik der offenen Wortklassen

Nomen, Namen, Verben und Adjektive bilden die Menge der offenen Wortklassen. In SENSE codiert sind sie (symbolische) Variablen. Ein Bezeichner aus den offenen Wortklassen erzeugt ein kontextabhängiges Spektrum (siehe Kapitel 3.4), ist also ein Etikett einer Phänomenmenge. Wenn wir uns neue Phänomenmengen konstruieren (=einen neuen Begriff bilden, vgl. Abschnitt 3.4.1), können wir für diese Menge nach Bedarf ein Nomen, Namen, Verb oder Adjektiv, also ein neues Etikett, bilden. Dafür stehen uns die Wortbildungsmechanismen zur Verfügung (siehe Abschnitt 3.4.2). Uns stehen damit automatisch eine neue Variable und ein neuer Knoten im Omnigraph (Kapitel 4.5) zur Verfügung.

4.3.1 Die Semantik der Nomen

Nomen (und Namen) sind der einfachste Fall für Bezeichner, die ein Spektrum haben, und damit für Knoten in unserem Omnigraphen. Man kann sie in verschiedene Bedeutungsgruppen einteilen. Jede Bedeutungsgruppe weist auf bestimmte Rollen (-gruppen) hin, die die Nomen in einem Satz einnehmen können. Da die Nomen aber keine geschlossene Wortklasse sind, kann man ihre Bedeutungsgruppe nicht aus ihnen selbst heraus ableiten. Hierfür ist Drittwissen in Form eines Wörterbuchs nötig; in [KG08] zeigen wir einen Versuch in diese Richtung.

Sowohl der Duden also auch canoo net unterscheiden nach *Konkreta* (Substantive, mit denen etwas Gegenständliches bezeichnet wird, wie *Mensch*, *Wasser* oder *Frankfurt*) und *Abstrakta* (Substantive, mit denen etwas Nichtgegenständliches bezeichnet wird, wie *Würde*, *Freundschaft* oder *Spaß*); die Konkreta werden außerdem in Eigennamen, Gattungsbezeichnungen, Sammelbezeichnungen (Kollektiva) und Stoffbezeichnungen unterteilt.

Vom Standpunkt der Modellerzeugung aus gesehen ist der Unterschied zwischen Eigennamen, Gattungs-, Sammel- und Stoffbezeichnungen durchaus interessant: Sammelbezeichnungen wie *Herde*, *Familie*, *Gebirge*, etc. weisen auf Kompositionsbeziehungen hin, und sollten – ggf. zusätzlich – die Rolle OMN in einer Relation aufweisen. Nach Sammelbezeichnungen zu suchen wäre demnach auch ein Indiz für das Analyseverfahren von Rupp [Rup02a]. Stoffbezeichnungen dürften in vielen Fällen mit QUAL markiert werden und Aufzählungstypen (*enum*s) begründen. Gattungsbezeichnungen liefern am wahrscheinlichsten Klassen- oder Rollennamen, Eigennamen deuten eher auf Instanzen anderer Klassen hin. Dieser Zusammenhang darf aber nur als Tendenz verstanden werden, eine fallbezogene Festlegung ist unumgänglich. Denn, schreibt der Duden: „Die Grenze zwischen Eigennamen und Gattungsbezeichnungen ist nicht immer leicht festzulegen." [EGW+98, Rz. 341]

Der Duden unterscheidet darüber hinaus auch noch die Abstrakta nach [EGW⁺98, Rz. 339]:

1. Menschliche Vorstellung: *Geist, Seele*
2. Handlungen: *Schlag, Wurf, Schnitt, Boykott*
3. Vorgänge: *Leben, Sterben, Schwimmen, Schlaf, Reise*
4. Zustände: *Friede, Ruhe, Angst, Liebe, Alter*
5. Eigenschaften: *Verstand, Ehrlichkeit, Krankheit, Dummheit, Länge*
6. Verhältnisse oder Beziehungen: *Ehe, Freundschaft, Nähe, Unterschied*
7. Wissenschaften, Künste: *Biologie, Mathematik, Musik, Malerei*
8. Maß- und Zeitbegriffe: *Meter, Watt, Gramm, Jahr, Stunde, Mai*

Der erste Punkt ist in unseren Eingabedokumenten kaum zu erwarten und darf deshalb einer Einzelfallbehandlung vorbehalten bleiben. Die Punkte 2. und 3. sind Nominalisierungen entsprechender Verben und werden entsprechend Abschnitt 4.3.2 als ACT bzw. TRANS codiert. Zustände (Punkt 4.) werden in SENSE mit der Rolle STAT gekennzeichnet, Eigenschaften (Punkt 5.) analog zu Stoffbezeichnungen mit QUAL. Bei Punkt 6., Verhältnisse oder Beziehungen, müssen wir differenzieren: Wird eine Beziehung ausschließlich als Einheit betrachtet, beispielsweise eine *Ehe*, ohne jemals auf die *Eheleute* einzugehen, so kann die Beziehung wie eine Gattungsbezeichnung behandelt werden. Wird hingegen die Beziehung im weiteren Verlauf in ihren Einzelheiten betrachtet, zum Beispiel die *Ehe* als Beziehung zwischen zwei individuellen Partnern, dann besteht eine Äquivalenzbeziehung zwischen dieser Beziehung und dem genannten Abstraktum *Ehe*. Diese wird durch die Sonderrollen EQK und EQD ausgedrückt (vgl. Anhang A). Die letzte Gruppe, Maß- und Zeitbegriffe, weist auf eine Rolle aus der Lokalitätsstufe *dimensio* (siehe Tabelle 3.2 und 3.3 in Abschnitt 3.6.2) hin.

Zusätzliche Informationen, die Nomen transportieren können, sind *Genus* (*grammatisches Geschlecht*), *Numerus* und *Kasus* (vgl. Abbildung 4.1 auf Seite 90). Der Genus interessiert uns nur bei der Decodierung innerer Bezüge und ist daher nur ein Teil der Syntax (vgl. Abschnitt 4.4.1). Der Numerus gibt nominell an, ob sich der Sprecher auf eine Instanz der Sache bezieht (*Singular*), oder auf mehrere (*Plural*). Leider kann sich auch ein Nomen im Singular auf eine Mannigfaltigkeit beziehen: „*Der Mensch* ist sterblich." (=*alle Menschen*) [EGW⁺98, Rz. 364]. Und der Plural eines Nomens allein sagt nichts über die Größe der Menge aus: „*Menschen* sind sterblich." (=*alle Menschen*) versus „In meinem Garten wachsen *Bäume.*" (≠*alle Bäume*). Informationen über Multiplizitäten ziehen wir daher nur aus Zahlwörtern (siehe Abschnitt 4.3.3.2). Der Kasus transportiert zusammen mit der Stellung im Satz und etwaigen Präpositionen die Information über die thematische Rolle, die das Nomen einnimmt (vgl. Kapitel 3.6), wird also dort mit codiert.

4.3.2 Die Semantik der Verben

„Mit Verben wird das *Prädikat* des Satzes gebildet" [EGW+98, Rz. 137] schreibt der Duden. Auch in der Wissensrepräsentation wird regelmäßig das Verb für die Bildung des Prädikates herangezogen, obwohl es sich bei dem „Prädikat" der Linguistik und dem „Prädikat" der Prädikat-Argument-Strukturen (siehe Abschnitt 3.2.1) streng genommen um unterschiedliche Dinge handelt (linguistisches Prädikat versus logisches Prädikat). Es mag nun eine Eigenheit der deutschen Schreiber sein[10], aber faktisch ist das Verb in vielen deutschen Sätzen, insbesondere von Beamten oder Ingenieuren, bedeutungsleer. Reiners gibt ein schönes Beispiel: „Im ersten Schuljahr *ist* die allmähliche Umformung der Mundart oder Aussprache in die Schriftsprache, die Gewöhnung zum freien Sprechen, die Schärfung des Gehörs, die Vermehrung der Wort- und Sprachformen Gegenstand des Unterrichts." [Rei04, S. 118f, Markierung des Verbs von mir] Er empfiehlt: „Wer einen Gedanken entschieden aussprechen will, legt ihn in ein unzweideutiges Verb. Wer seinen Gedanken abschwächen will, wählt ein möglichst abstraktes Hauptwort und fügt ein kraftloses Zeitwort hinzu, wie *sein, werden, befinden, erfolgen, legen, gelangen*. Diese Zeitwörter sind keine echten Tatwörter, sondern bloßer Redekitt. Sie erfüllen lediglich die Grammatikalische Funktion, den Satz vollständig zu machen (Funktionsverben). " [Rei04, S. 112] Diese Ansicht teilt offenbar auch Chris Rupp (siehe [Rup02a, „Distortion"]). Und Wolf Schneider beklagt, dass dieses Problem schon so lange besteht:

Nichts dazugelernt – seit 1931
„Wir warnen Sie auch davor, unangebracht substantivische an Stelle verbaler Konstruktionen zu gebrauchen: ‚nach Instandsetzung der Bauten', ‚aus Gründen der Zugänglichmachung des Gebäudes', ‚beim Unterbleiben der Inangriffnahme des Projektes'."
Fritz Gerathewohl, *Technik und Ästhetik des Rundfunkvortrags*, 1931
[Sch01, S. 52]

Ein angepasster Umgang mit dem Prädikat scheint also angebracht. Wir wenden, um mit diesem Problem umgehen zu können, einen Standardtrick der relationalen Algebra an: Aus dem zweistelligen Prädikat $\rho : X \times X \mapsto \mathbb{B}$, wobei $\rho \in \Phi$, der Menge aller zweistelligen Relationen über X sei, machen wir ein dreistelliges Prädikat $\sigma : \Phi \times X \times X \mapsto \mathbb{B}$. Wir machen also aus der „Funktion" ρ einen „Parameter"

---

[10] Reiners schreibt: „Das Lateinische ist überaus reich an Zeitwörtern; das Verbum, das Zeitwort, war den Römern zugleich das Wort schlechthin [Anm.: *verbum*, lat. „Wort"]. Man nehme einen einfachen Satz wie: ‚Hannibalem conspecta moenia ab oppugnanda Neapoli deterruerunt', also wörtlich: ‚die erblickten Mauern schreckten Hannibal von dem zu belagernden Neapel ab'. Wir pflegen zu übersetzen: ‚Der Anblick der Mauern schreckte Hannibal von einer Belagerung Neapels ab'." [Rei04, S. 111] Später schreibt er bezüglich Streckverben: „Diese kindische Ausdrucksart ist schon fast landesüblich." [Rei04, S. 113]

der Funktion σ. Bei dieser Darstellung verlieren wir keine Information, gewinnen aber die computationelle Unabhängigkeit von ρ: Wir können jetzt abstrakt mit σ arbeiten und erst zu einem späteren Zeitpunkt festlegen, wie wir die vorhandenen ρs behandeln wollen; also ob wir beispielsweise ρ_1, ρ_2 und ρ_3 gleich behandeln wollen, oder nicht. In der Terminologie von Omnigraphen heißt das, dass das Verb nicht den *Typ* einer Omnikante festlegt, sondern wie alle anderen Konstituenten nur eine Rolle in der Relation spielt, die den Satz repräsentiert (vgl. Kapitel 4.5). Und selbst das tut das Verb nur, wenn es tatsächlich eine relevante Bedeutung hat und nicht nur zum syntaktischen Zusammenkleben eines Satzes dient.

Die Rolle, die das Verb gegebenenfalls spielt, wird von seiner Bedeutungsgruppe festgelegt. Sowohl der Duden als auch canoo net unterscheiden die Vollverben nach *Tätigkeitsverben (Handlungsverben)*, *Vorgangsverben* und *Zustandsverben*. Tätigkeitsverben wie *spielen*, *gehen* und *warten* werden in SENSE die Rolle ACT zugewiesen. Vorgangsverben sind Verben, die einen (äußeren) Prozess des Subjektes beschreiben oder einen Vorgang, der am Subjekt vollzogen wird. Beispiele sind *gewinnen*, *sterben* oder *aufwachen*. Offensichtlich ist hier jeweils ein Zustandsübergang involviert; Vorgangsverben werden in SENSE mit TRANS markiert. Zustandsverben beschreiben einen Zustand oder ein Verhältnis. Beispiele sind, jeweils mit geeigneter Ergänzung, *wohnen*, *liegen* oder *leben*. Zustandsverben nehmen die Rolle STAT ein. Es gilt jedoch wie bei den Nomen: Da die Verben keine geschlossene Wortklasse sind, kann man ihre Bedeutungsgruppe nicht aus ihnen selbst heraus ableiten und benötigt hierfür Drittwissen.

Neben den Vollverben gibt es noch *Modalverben* und *Hilfsverben*. Modalbeziehungen werden in SENSE über Relationen ausgedrückt (Deixis *Können* (POT), *Wille* (VOL), *Recht* (IUS), *Verpflichtung* (REQ), siehe Tabelle 3.2 und 3.3 auf Seite 87f). Hilfsverben als funktionales Element der Syntax werden in SENSE nicht codiert.

4.3.2.1 Die Bedeutung der Flexion bei Verben

Die verschiedenen Verbformen transportieren zusätzliche Informationen: *Person*, *Numerus*, *Tempus* (Zeitform), *Modus* (Indikativ, Konjunktiv oder Imperativ) und *Genus Verbi* (Aktiv/Passiv) (vgl. Abbildung 4.1). Person und Numerus des Verbs richten sich nach dem Subjekt des Satzes und sind deshalb redundant. Die Zeitform eines Verbes könnte durchaus interessant für die Modellextraktion sein, ermöglicht sie doch Handlungen in Gegenwärtiges, Vergangenes, Vorvergangenes, Zukünftiges, Abgeschlossenes usw. einzuordnen. Die entstehende Halbordnung könnte eventuell in Interaktionsdiagramme übertragen werden. Leider sind unsere Eingabetexte gewöhnlich nur in einer Zeitform geschrieben, so dass die gewünschte Halbordnung auf anderem Wege analysiert werden muss (vgl. Abschnitt 4.4.5.7). Darüber hinaus ist das System der Zeitformen für die Darstellung komplexer zeitlicher Zusammenhänge nicht mächtig genug. Wir verzichten daher auf die Tempus-Information.

Beim Modus unterscheidet man zwischen Indikativ, Konjunktiv I und II und Imperativ. „Mit dem Indikativ wird etwas in sachlicher Feststellung als tatsächlich und wirklich, als gegeben dargestellt und ohne Bedenken anerkannt. Er ist sozusagen der Normalmodus in allen Texten." [EGW+98, Rz. 271] „Er [der Konjunktiv I] dient zum Ausdruck eines Wunsches, einer Bitte oder einer Aufforderung – die Funktionen sind nicht immer eindeutig zu trennen – und begegnet uns sowohl im Haupt- als auch im Nebensatz." [EGW+98, Rz. 275] „Der Konjunktiv II dient als Zeichen dafür, dass der Sprecher/Schreiber seine Aussage nicht als Aussage über Wirkliches, über tatsächlich Existierendes verstanden wissen will, sondern über eine gedankliche Konstruktion, als eine Aussage über etwas nur Vorgestelltes, nur möglicherweise Existierendes." [EGW+98, Rz. 280] „Der Imperativ dient dazu, eine Aufforderung direkt an eine oder mehrere Personen zu richten." [EGW+98, Rz. 305] Da in unseren Eingabetexten (naheliegenderweise) nur der Indikativ vorkommt, unterstützt SENSE die anderen Modi nicht.

Die „syntaktisch-semantische" Funktion des Genus Verbi besteht nach Angabe des Duden darin, „[...] die Agensgröße – beim Typ A – zugunsten der Größe ‚affiziertes oder effiziertes Objekt' entweder ganz zu tilgen oder doch in den Hintergrund zu drängen, [...]" [EGW+98, Rz. 312] und „Bei den Typen B und C wird die Subjektstelle entweder gar nicht besetzt [...] oder nur formal-inhaltsleer mit *es* [...]; sie bezeichnen im Wesentlichen nur den Vorgang, die Handlung an sich, ohne ihren Urheber (‚Täter') zu benennen." [EGW+98, Rz. 312] Ob der Urheber einer Handlung, die „Agensgröße" im Satz präsent ist, oder nicht, merken wir daran, ob die entsprechende Rolle (AG) in der Relation besetzt ist, oder nicht[11]. Ob sie im Vordergrund steht oder in den Hintergrund gedrängt ist, ist Stilistik und daher absichtlich nicht in SENSE codiert. Demnach ist uns die Information über den Genus Verbi egal.

4.3.2.2 Sein und Haben

Fast alle zielverwandten Arbeiten (vgl. Kapitel 2) weisen eine Sonderbehandlung für die Verben *sein* und *haben* (als Vollverb, nicht als Hilfsverb verwendet) auf. Diese Sonderbehandlung erfahren *sein* und *haben* in SENSE nicht. Man könnte das Prädikat von „Peter *is* an employee." als *is-a*-Beziehung interpretieren, die eine Instanz- oder Vererbungsbeziehung rechtfertigen würde. Das ist einfach und nahe liegend – aber trotzdem falsch. Peter kann seinen Arbeitsplatz verlieren oder in Rente gehen. Dann müsste die Instanz, die Peter in unserer Software repräsentiert, aus der Klasse *Employee* (oder einer Unterklasse) in eine andere Klasse

---

[11] im Passiv können dieselben Rollen verwendet werden, wie im Aktiv (vgl. [EGW+98, Rz. 309ff])

wechseln, die nicht von *Employee* erbt. Das ist jedoch im objektorientierten Paradigma nicht zulässig.

Das Problem ist die viel schwächere Semantik von *sein* in der natürlichen Sprache, als dies das Substitutionsprinzip erfordern würde. Das Substitutionsprinzip fordert, dass sich eine Instanz einer Unterklasse immer so verhalten muss, als wäre sie eine Instanz der Oberklasse – uneingeschränkt und kontextfrei. Ein natürlichsprachliches *ist* hingegen ist praktisch nie kontextfrei. Dazu kommt, dass gerade *sein* häufig als Streckverb gebraucht wird, es sei an dieser Stelle nochmal an Reiners' Beispiel mit dem Gegenstand des Unterrichts im ersten Schuljahr aus der Einleitung von Abschnitt 4.3.2 erinnert. Es ist folglich ein Fehler, aus einem Vorkommen eines *seins* automatisch eine Instanz- oder Vererbungsbeziehung abzuleiten. Diese Beziehungen müssen als bewusste Entwurfsentscheidungen getroffen werden. Der hier vorgestellte Ansatz erzeugt folglich auch keine Vererbungsbeziehungen. Als Faustregel kann man annehmen, dass in den Fällen, in denen vermutlich eine Vererbungsbeziehung vorliegt, die Rollen FIN und FIC eingesetzt werden können.

Die Sonderrolle von *haben* in einigen zielverwandten Arbeiten leitet sich aus der Tatsache ab, dass ein *haben* in aller Regel auf eine Assoziation abgebildet wird (insbesondere, wenn alle anderen Prädikate regelmäßig auf Methoden abgebildet werden). Wir können die Semantik eines *habens* jedoch problemlos mit den Rollen POSS und HAB abbilden und verzichten deshalb auf eine Sonderbehandlung. Bei genauer Betrachtung stellen wir sogar fest, dass wir ein *haben*, das wir in einem Satz finden, faktisch überhaupt nicht mit codieren, sondern nur die beiden Konstituenten mit ihren jeweiligen Rollen.

4.3.3 Die Semantik der Adjektive

Adjektive können auf verschiedene grammatikalische Weisen eingesetzt werden. Sie können als Attribut beim Substantiv, adverbial (Attribut beim Verb, als eigenständiges Satzglied) oder als Attribut beim Adjektiv und beim Adverb verwendet werden. „Ganz allgemein kann man sagen: Mit Adjektiven werden Eigenschaften, Merkmale u. a. bezeichnet; der Sprecher/Schreiber gibt mit ihnen an, wie jemand oder etwas ist, wie etwas vor sich geht, oder geschieht u. a.." [EGW+98, Rz. 441] Egal, welche syntaktische Funktion das Adjektiv also einnimmt, es dient zur Modifikation (vgl. Abschnitt 3.4.6.1).

Der Duden unterscheidet vier Typen von Eigenschaften: sensorische (*rot*, *rund*, *sauer*), qualifizierende (*schön*, *böse*, *dumm*), relationale (*englisch*, *katholisch*) und klassifizierende (*mittelalterlich*, *amtlich*, *technisch*) [EGW+98, Rz. 443]. Wir wollen nicht über die Vollständigkeit, Eindeutigkeit und den Sinn dieser Klassifikation nachdenken, erkennen aber, dass die ersten beiden Typen „klassische" Attribute beschreiben; die anderen beiden beschreiben „Adjektivierungen" von Beziehungen.

Man könnte nun auf die Idee kommen, Adjektivierungen wie *hölzernes Schiff* automatisch aufzulösen, um zu einer einheitlichen Darstellung zu gelangen. Nehmen wir an, unser System wäre mit den notwendigen Wörterbüchern ausgestattet, um aus dem *hölzernen Schiff* automatisch ein *Schiff aus Holz* (mit den Rollen QUALII und QUAL) zu machen. Aber was würde es aus einem *hölzernen Bundespräsidenten* machen? Wir können die Empfehlungen an den Schreiber des Dokumentes richten, nur eine Form zu verwenden, oder wir können hinterher das Modell *bewusst* refaktorisieren. Eine automatische Transformation oder gar das Voraussetzen einer Normalform in nachfolgenden Verarbeitungsschritten scheint hingegen wenig sinnvoll. (Davon abgesehen soll der Prozess auch ohne Wörterbücher auskommen können (vgl. Abschnitt 2.3.3).)

Wenn wir also einerseits das *hölzerne Schiff* nicht automatisch in ein *Schiff aus Holz* verwandeln wollen und andererseits formal mit einem gemeinsamen Spektrum arbeiten (vgl. Abschnitt 3.4.6.1), stellt sich die Frage, ob wir überhaupt *hölzern* und *Schiff* in SENSE getrennt codieren sollen. Wir könnten auch gleich ein *hölzernesSchiff* (oder mit Wörterbuchunterstützung ein *Holzschiff*) codieren. Das Problem an diesem Ansatz ist, dass wir die Gültigkeit eines Attributes nicht ohne weiteres über Propositionsgrenzen hinweg annehmen können. Das Material unseres Schiffs wird sich zwar kaum ändern, es wird immer aus Holz sein, in allen Sätzen. Aber ein *Puffer* kann mal *leer*, mal *teilgefüllt* und mal *voll* sein: Je nachdem müssen wir ihn anders behandeln und wollen das auch ausdrücken.

Man könnte nun argumentieren, dass der Puffer ja doch immer irgendwie *gefüllt* wäre, mal *ungefüllt*, mal *teilgefüllt* und mal *vollgefüllt*. Schließlich möchte man auch im Modell nur *ein* Attribut für den *Füllstand* des *Puffers* haben – und dieses Attribut wäre tatsächlich immanent vorhanden, nur sein Wert ändert sich. Dieser Irrtum ist verbreitet. So schreibt Dignum: "Generally, an adjective identifies a member of a value typed object class. The identity of this underlying object class is, however, not always clear. This is caused by the fact that in the sentence 'a green book', the identity of the underlying object class is not directly revealed. It is, however, clear that it should be 'color'. In the sentence 'an available book' the underlying object class could be described as 'availability' with possible values 'yes' and 'no'." [DKK+87, S. 227] Jedoch sind dies **Annahmen**, die falsch sein könnten:

- Der Bibliothekar, der den Text geschrieben hat, könnte mit *grünes Buch* auch ein für Studenten ausleihbares Exemplar meinen (im Gegensatz zum *roten* Präsenzexemplar und zum *gelben* Exemplar, das nur Lehrpersonal ausleihen darf). Das System würde dann mit *Farbe* die falsche Domäne geraten haben.

Abbildung 4.6: Sondermodell „Polo Harlekin" von Volkswagen

- Die Annahme über die Exklusivität könnte falsch sein: Nehmen wir als Beispiel ein *rotes Auto*. Ganz klar: Ein Auto hat *eine* Farbe – *entweder* rot *oder*
  blau *oder* grün *oder* gelb. Wenn wir so modellieren stellt das Sondermodell
  „Polo Harlekin" von Volkswagen (siehe Abbildung 4.6) dann allerdings ein
  Problem für unsere Software dar.

SENSE muss also erstens die Information aufheben, in welcher Proposition ein Attribut gilt und **muss** zweitens davon ausgehen, dass alle Attribute boolescher Natur sind. Die Ausweitung der Gültigkeit, die Bestimmung etwaiger funktionaler
Abhängigkeiten und eine sich erst daraus ergebende Möglichkeit zur Abstraktion mehrerer boolescher Attribute in ein gemeinsames Attribut sind Entwurfsentscheidungen, die bewusst getroffen werden müssen und falsch sein können.

4.3.3.1 Vergleichsformen

Wir kennen im Deutschen die *Vergleichsformen* (auch *Steigerungsformen*) *Positiv*
(*groß*), *Komparativ* (*größer*), *Superlativ* (*am größten*) und *Elativ*. Der Elativ ist ein
absoluter Superlativ, der außerhalb eines Vergleichs steht: „Sie trägt nur die *neuste* Mode.", im Gegensatz zu: „Sie trägt am liebsten das *neuste* ihrer drei Kleider."
Der Positiv ist der Normalfall, den wir oben schon behandelt haben. Der Komparativ ist das Kriterium (CRIT) im Vergleich des idem ipso (COMPII) mit irgendetwas
anderem (COMP). Der Superlativ tut genau dasselbe, außer dass er zusätzlich das
Supremum aus einer bestimmten Grundmenge (COMP) definiert. Beim Elativ wird

als Grundmenge die Begriffsklasse selber (COMPII) angenommen. Die Zusatzinformation „ist Supremum" kann in SENSE leider nicht abgelegt werden. Eine entsprechende Erweiterung scheint wünschenswert.

4.3.3.2 Multiplizitäten

Zahlwörter, Ordnungszahlen, Bruchzahlen, Vervielfältigungszahlwörter und *Gattungszahlwörter* wie *eins, zweiter, ein Drittel, vierfach* oder *fünferlei* werden sowohl im Duden [EGW+98, Rz. 456] als auch bei canoo net unter Adjektive (Zahladjektive) aufgeführt, weil sie im Allgemeinen dieselbe (syntaktische) Position einnehmen. Sie weisen sich ebenfalls nur einem bestimmten Satzobjekt zu (gelten nicht für die ganze Proposition) und können wie die Adjektive iteriert werden und sind (zunächst) nur in einer Relation gültig. Wir behandeln sie daher ebenfalls wie Adjektive.

Die Repräsentation der Semantik von Zählwörtern u. Ä., was also *vier, 4, 0100$_2$* oder *IV* bedeuten, ist in SENSE nicht vorgesehen. Für diese existieren streng genommen nur begrenzt viele Grundelemente und Bildungsregeln, weshalb man sie irgendwo zwischen den offenen und geschlossenen Wortklassen ansiedeln muss und die Codierung ihrer Semantik theoretisch möglich ist. Würde man aber ihre Semantik decodieren wollen, müsste man aber nicht nur *eins, zwei* und *dreihundertsiebentausendfünfhunderteinundzwanzig* unterstützen, sondern auch *jeder dritte, fünf Viertel, je vier von sechs, der Achtbeste* und *zwei bis vier aber nicht drei*. Das setzt offenbar eine komplexe Verarbeitungslogik voraus, zudem verlangen einige dieser Ausdrücke eine (auch nicht gottgegebene) Ordnung der Elemente. Dieses Problem wurde als Ganzes ausgeklammert, indem Multiplizitäten als ganzer Ausdruck an die nachfolgenden Verarbeitungsschritte „durchgereicht" werden.

4.3.3.3 Quantoren

Quantoren sind für uns ganz allgemein Wörter, die wie Multiplizitäten die Größe einer Menge definieren, ohne diese jedoch an eine feste Ordinalzahl (oder mehrere feste Ordinalzahlen) zu binden. Diese künstliche „Wortklasse" gibt es in der Grammatik nicht, denn sie enthält Einträge, die je nach grammatischem Kontext in eine der drei folgenden Klassen fallen:

- *Unbestimmte Zahl**adjektive*** können Wörter sein wie *viel, zahlreich, zahllos* oder *ungezählt* um größere Mengen einer Sache auszudrücken, oder *wenig, verschieden, gering, einzeln* oder *vereinzelt*, um geringe Mengen auszudrücken (siehe [EGW+98, Rz. 472]).

- **Pronomen** *mit quantifizierender Funktion* können Wörter sein wie *alle, jeder, mehrere* oder *beide* (siehe [EGW+98, Rz. 573]).

- *Indefinitartikel* können Wörter sein wie *alle, irgendein, jeder* oder *manche* (nach canoo net[12]). Der Duden nennt Indefinitartikel „Artikel im weiteren Sinn" (siehe [EGW+98, Rz. 568]).

Offensichtlich können wir diese Fälle genau so behandeln, wie die Multiplizitäten, außer dass wir bei den pronominalen Quantoren zusätzlich die Referenz auflösen müssen (vgl. Abschnitt 4.4.1). Alternativ können wir diese pronominalen Quantoren schon beim Schreiben ganz einfach in Indefinitartikel überführen, indem wir das Nomen, auf das sie sich beziehen, direkt dahinter schreiben: Aus *„Alle* lieben Raymond" machen wir *„Alle Menschen* lieben Raymond".

Da Quantoren Multiplizitäten sind, die ihrerseits Attribute sind, haben Quantoren ein Spektrum – und das ist mehr als begrüßenswert: Quantoren müssen nämlich immer kontextsensitiv betrachtet werden – es sei hier nochmals an die fünf Arten erinnert, ein Schwein zu spezifizieren (vgl. Abbildung 3.6): Gerade, wenn der Domänenexperte ein *alle* benutzt, ist große Vorsicht geboten. Götz und Rupp schreiben: "A very easy to find indication of an over-generalization is universal quantors. [...] Universal quantors state frequencies, e. g. 'never', 'always', 'none', 'all', 'any'." [GR03] Absolute Quantoren anzunehmen, führt im schlechtesten Fall dazu, dass wir dem Kunden *beweisen* können, dass seine Anforderungen theoretisch unerfüllbar sind – aber wem nützt das? Absolute Quantoren sind Entwurfsentscheidungen. Für die relativen Quantoren wie *einige, mehrere* usw. kann man zwar wie Helbig [Hel01, S. 193] eine relative Halbordnung definieren (vgl. Abbildung 4.7), aber diese Halbordnung gilt ebenfalls nur für ein Individuum und seine Perspektive.

---

[12] canoo net [Can09], „Liste der gebräuchlichsten Artikelwörter", http://www.canoo.net/services/ OnlineGrammar/Wort/Artikel/Artikelwort/Liste.html, Stand: 31.03.2009

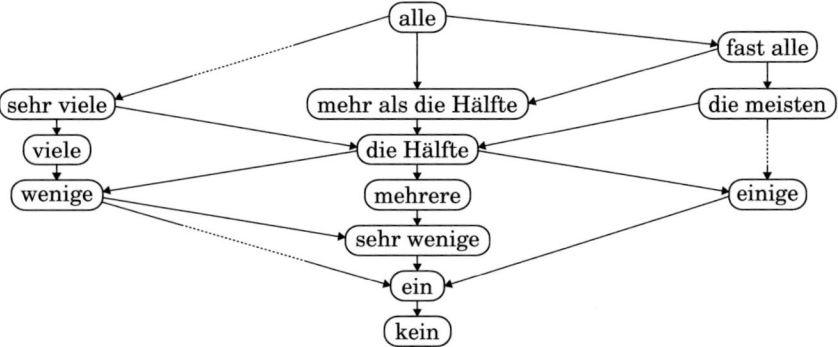

Abbildung 4.7: Halbordnung der Quantoren nach Helbig [Hel01, Abb. 9.1]

4.4 Die Semantik der geschlossenen Wortklassen

Als Faustregel kann man für die Codierung der Semantik eines Textes in SENSE angeben: Die Wörter der offenen Wortklassen initiieren Knoten im Omnigraphen, während die Wörter aus den geschlossenen Wortklassen für die Verbindungen zwischen diesen Knoten sorgen. Wir haben bereits gesehen, dass auch der Kasus einen Einfluss auf die Rolle nimmt, die ein Knoten in einer Relation spielt, und somit mittelbar natürlich auch auf die Verbindung. Das gleiche gilt für den Subtyp eines Wortes innerhalb seiner Wortklasse, wie beispielsweise bei den Tätigkeits-, Vorgangs- und Zustandsverben (vgl. Abschnitt 4.3.2). Andersherum gibt es jedoch kaum eine Ausnahme: Ein Wort aus einer geschlossenen Wortklasse sollte niemals einen Knoten in einem SENSE-Graphen bilden. Die Erklärung hierfür ist einfach: Die Bedeutung jedes dieser Wörter lässt sich ausschließlich in seinem Kon*text* bestimmen, wir können diesen Wörtern außerhalb ihres Satzes kein Spektrum zuweisen. Die einzige Ausnahme können die Modaladverbien auf *-weise* und Partikel wie *sehr* bilden; sie werden bei Bedarf über Modifikation erfasst (vgl. Kapitel 4.3, 4.4.5.5 und 4.4.5.8).

4.4.1 Die Semantik der Pronomen

Pronomen stehen generell *für* (lat. *pro*) ein *Nomen* und sind damit das Paradebeispiel für Textbezüge (vgl. Abschnitt 3.1.4). Sie sind ebenfalls ein Beispiel für den Zielkonflikt zwischen Spracheindeutigkeit und Sprachökonomie. Um diese Bezüge aufzulösen, benötigen wir Informationen aus bis zu drei Sprachebenen, mindestens der aus Syntax und der Semantik, und manchmal auch Tipps aus der Pragmatik. Die Bezüge müssen aber aufgelöst werden, um die Semantik des Textes eindeutig zu codieren.

Der syntaktische Anteil der Analyse ist, ein Nomen zu finden, das vor dem Pronomen (bei anaphorischen Bezügen) oder dahinter (bei kataphorischen Bezügen) im Text steht, und in Numerus, Genus und Person oder Kasus dem des vertretenen Substantivs entspricht (*syntaktische Kongruenz*). Dabei kann man bestenfalls heuristisch davon ausgehen, ob es sich um einen anaphorischen oder einen kataphorischen Bezug handelt, dem Pronomen (oder seiner Verwendungsweise) kann man das nicht ansehen. Der semantische Anteil der Analyse ist, welches der in Frage kommenden Nomen auf derselben Deixis wie das Pronomen sitzt. Aus der verbliebenen Menge von Nomen kann man jetzt noch diejenigen Kandidaten streichen, auf die sich das Pronomen „offensichtlich" nicht beziehen kann – hierfür brauchen wir allerdings Pragmatik (oder eine gute Simulation derselben). Der letzte Schritt der Analyse besteht darin, eine Heuristik über die „Sprungweite" anzuwenden. Schwitter präsentiert eine pragmatische Lösung:

Strukturelle Restriktionen auf der DRS
Die Auflösung des Bezugs zwischen einem nominalen anaphorischen
Ausdruck und einem Antezedens kommt in DRT-E [i. e. Diskursreprä-
sentationstheorie mit Theorie für Eventualitäten] einerseits durch die
interne Struktur der DRSen [i. e. Diskursrepräsentationsstrukturen] –
das heißt durch strukturimmanente Zugänglichkeitsbeschränkungen –
und andererseits durch syntaktische Beschränkungen (Numerus, Gen-
der) zustande. Außer diesen strikten Beschränkungen spielt bei der
Sprache ACE die Distanz zwischen einem anaphorischen Ausdruck und
dem Antezedens eine entscheidende Rolle. Definitionsgemäß bildet in
ACE immer die letzterwähnte zugängliche und passende Nominalphrase das Antezedens. Dies ist eine einschneidende Restriktion, die den
Schreibprozess ohne Zweifel beeinflusst, doch der Gewinn ist ein Maß
an Klarheit und Effizienz, wie das für die Verarbeitung von voller natürlicher Sprache nie möglich ist. [Sch98, S. 115]

Diese Analyse für nicht-kontrollierte Sprachen zu automatisieren ist ein aktu-
elles Forschungsfeld der Computerlinguistik mit ganz unterschiedlichen Ansätzen
(*coreference analysis* bzw. *-resolution*). Da diese Verfahren immer nur Heuristiken
darstellen können, wollen wir Textbezüge generell nicht „automagisch" auflösen,
da dieser Schritt Indeterminismus in die Transformation einführen würde. Bei
der Codierung in SENSE muss also direkt das referenzierte Spektrum eingesetzt
werden. (Das heißt aber nicht, dass nicht ein Hilfswerkzeug dem Benutzer gute
Vorschläge machen darf.)

4.4.1.1 Personalpronomen

Die deutschen *Personalpronomen* sind *ich, du, er, sie, es, wir, ihr, sie, meiner, deiner, seiner, ihrer, seiner, unser, euer, ihrer, mir, dir, ihm, ihr, ihm, uns, euch, ihnen,
mich, dich, ihn, sie, es, uns, euch* und *sie* [EGW+98, Rz. 580]. Da unsere Texte ausschließlich in der dritten Person geschrieben sind (vgl. Kapitel 2.1), ist die Information aus der Person redundant. Die Information aus Numerus und Genus hilft
uns bei der Dekodierung des Bezugs. Die Information aus dem Fall hilft uns bei
der Dekodierung der thematischen Rolle (vgl. Kapitel 3.6). Der durch das Pronomen vertretene Begriff nimmt diese Rolle in der die Proposition repräsentierenden
Relation (vgl. Kapitel 4.5) ein. Einen Zusatzfall liefert *es*: Das Pronomen es kann
sich auch auf eine Proposition beziehen. In diesem Fall nimmt die entsprechende
Relation die Stelle und die Rolle des Pronomens ein.

4.4.1.2 Reflexivpronomen

Die deutschen *Reflexivpronomen* sind *meiner, deiner, seiner, ihrer, unser, euer, ihrer, mir, dir, sich, uns, euch, sich, mich, dich, sich, uns, euch* und *sich* [EGW+98, Rz. 584]. Die syntaktischen Informationen können wie bei den Personalpronomen (Abschnitt 4.4.1.1) verwendet werden.

Reflexivpronomen beziehen sich auf ein im Satz bereits genanntes Objekt, meistens das Subjekt und meistens anaphorisch: *„Ich* wasche *mich.*" (Es geht aber beispielsweise auch kataphorisch und im Bezug auf ein Akkusativobjekt: „Mit *sich selbst* multipliziere man *den Quotienten!*") In SENSE manifestiert sich ein Reflexivpronomen dadurch, dass der referenzierte Begriff *zwei* Rollen in der beinhaltenden Proposition einnimmt.

„Wenn mit dem Subjekt zwei oder mehr Personen, Dinge usw. gemeint sind [Anm.: und ein reziprokes Verb[13] verwendet wird], dann kann durch die entsprechende Form des Reflexivpronomens oder durch *einander* eine gegenseitige Bezüglichkeit, eine Wechselbezüglichkeit ausgedrückt werden." [EGW+98, Rz. 586] Leider ist die Beziehung nicht immer so klar und offensichtlich wie in folgendem Beispiel: *„Peter und Claudia* lieben *sich.*" Ein Beispiel aus dem Duden (von Th. Mann) veranschaulicht das: *„Verwaltung und Gäste* unterstützten *einander* in diesem Bestreben." [EGW+98, Rz. 586] Unterstützt, der Aussage nach, die Verwaltung die Gäste? Ja. Unterstützten die Gäste die Verwaltung? Anscheinend auch. Aber unterstützen sich die Gäste auch untereinander? Das ist aus dem Satz nicht direkt heraus zu lesen. Aber es ist nicht auszuschließen! Demnach *könnte* Mann das gemeint haben – vielleicht geht es um die Evakuierung eines Hotels bei einem Brand? Genau so wenig können wir ausschließen, dass „Peter und Claudia lieben sich." nicht heißt: Peter liebt sich und Claudia liebt sich und die beiden kennen sich gar nicht. Oder Peter liebt Claudia und Claudia liebt Peter aber Peter liebt, genau wie Claudia auch sich selbst. Es scheint also gerechtfertigt, dass die „Reziprokpronomen", wie canoo net sie nennt, in SENSE keine Sonderbehandlung gegenüber den „normalen" Reflexivpronomen erfahren: Wenn wir in den beiden Beispielen das *sich* bzw. das *einander* durch den jeweils referenzierten Begriff (also die Mengen *Peter und Claudia* bzw. *Verwaltung und Gäste*) ersetzen, und den Satz dann „ganz normal" codieren, sehen wir, dass das Ergebnis gar nicht so verkehrt ist.

4.4.1.3 Possessivpronomen

Die deutschen *Possessivpronomen* sind *mein, dein, sein, ihr, sein, unser, euer* und *ihr* [EGW+98, Rz. 588]. Die syntaktischen Informationen können analog den Personalpronomen (Abschnitt 4.4.1.1) verwendet werden. Allerdings werden sie in der

---

[13] Verben, die gegenseitige Beziehungen ausdrücken (STAT), wie *begegnen, treffen, küssen, lieben, verloben, heiraten* usw..

Regel nicht pronominal, sondern attributiv gebraucht: „Ich habe *dein* Buch." Andere Vorkommen sind elliptisch (vgl. Abschnitt 4.6.2) oder prädikativ („Das Buch hier ist *deins*."). Auf jeden Fall zeigen sie eine Besitzbeziehung an, wobei das Pronomen auf den Besitzer (POSS) zeigt.

4.4.1.4 Demonstrativpronomen

Die deutschen *Demonstrativpronomen* sind *dieser, diese, dieses, der, die, das, jener, jene, jenes*, u. a. [EGW⁺98, Rz. 591]. Sie weisen gegenüber den Personalpronomen (Abschnitt 4.4.1.1) mit besonderem Nachdruck auf eine bestimmte Person, eine Sache oder einen Sachverhalt hin. Dieser Nachdruck ist Stilistik, die wir in SENSE nicht codieren wollen; Demonstrativpronomen werden deshalb genauso behandelt wie Personalpronomen – ebenfalls wieder mit dem Zusatz, dass sich die neutralen Fälle (*dies(-es), das, jenes*) auf ganze Propositionen und nicht nur auf einzelne Begriffe beziehen können.

4.4.1.5 Relativ- und Interrogativpronomen

Die deutschen *Relativpronomen* sind *der, die, das, dessen, deren, dem, denen, welcher, welche, welches, welchem, welchen, wer, was, wessen, wem* und *wen* [EGW⁺98, Rz. 602ff]. Sie dienen als Relativpronomen der Einleitung von Relativsätzen (für deren semantische Codierung siehe Abschnitt 4.5.4.1), als *Interrogativpronomen* werden sie in Fragesätzen gebraucht (Fragen können in SENSE nicht codiert werden). Die syntaktischen Informationen können wie bei den Personalpronomen (Abschnitt 4.4.1.1) verwendet werden.

4.4.1.6 Indefinitpronomen

Der Duden beschreibt *Indefinitpronomen* wie folgt: „Pronomen wie *jemand, etwas, alle, kein, man, sämtlich, nichts, niemand* haben eine allgemeine und unbestimmte Bedeutung. Der Sprecher/Schreiber gebraucht sie, wenn er ein Lebewesen, ein Ding usw. nicht näher bezeichnen will oder kann, wenn er eine ganze Gruppe von Lebewesen, Dingen u. a. allgemein bezeichnen (und ausschließen) will u. Ä. Sie werden als Stellvertreter und z. T. auch als Begleiter von Substantiven (+Artikel) gebraucht." [EGW⁺98, Rz. 607] Wir unterscheiden also zwei Fälle: Wenn das Indefinitpronomen als „Stellvertreter" verwendet wird, können wir offenbar keine Grundmenge im Text ausmachen, auf die sich dieses Pronomen bezieht („*Alle* lieben Raymond."). Wir könnten es in diesem Fall wie ein normales Nomen behandeln (vgl. Abschnitt 4.3.1), hätten dann aber einen Knoten ohne Spektrum im SENSE-Graph. Da dies nicht wünschenswert ist, muss dieses Problem bereits vorher in der Analyse beseitigt werden (vgl. [Rup02b, Kap. 7]). Wenn das Indefinitpronomen

hingegen als Begleiter eines Nomens auftritt („*Alle* Menschen lieben Raymond.“),
dann stellt es einen Quantor dar (vgl. Abschnitt 4.3.3.3).

4.4.2 Die Semantik der Präpositionen

Der Duden schreibt zum Gebrauch der *Präpositionen*: „Präpositionen treten weder
als Satzglied noch als Attribut auf. Sie vermitteln viel mehr in der Art eines Ver-
bindungsstücks den Anschluss zwischen zwei Wörtern.“ [EGW+98, Rz. 678] Diese
Verbindung ist genau die thematische Rolle, die die angeschlossene Wortgruppe,
die *Präpositionalgruppe*, in der übergeordneten Relation spielt. Den Zusammenhang zwischen Kasus, Präposition und thematischer Rolle haben wir bereits in
Kapitel 3.6 eingehend erörtert.

4.4.3 Die Semantik der Artikel

Der Duden unterscheidet zwischen „Artikel im engeren Sinne“ und „Artikel im
weiteren Sinne“ [EGW+98, Rz. 534]. Artikel im engeren Sinne sind die *bestimmten*
(*der, die, das, des, dem, den*) und die *unbestimmten Artikel* (*ein, eine, eines, einer,
einem, einen*). Zu den „Artikeln im weiteren Sinne“ zählen Demonstrativpronomen, Possessivpronomen, Interrogativpronomen und Indefinitpronomen (vgl. Abschnitt 4.4.1.4, Abschnitt 4.4.1.3, Abschnitt 4.4.1.5 und Abschnitt 4.4.1.6), wenn sie
ein Nomen begleiten [EGW+98, Rz. 568]. Da diese Pronomen als Artikel verwendet semantisch den gleichen Funktionen nachkommen wie wenn sie pronominal
gebraucht werden, folgen wir der Einteilung des Duden: Wir brauchen an dieser
Stelle nur noch die „Artikel im engeren Sinne“ zu betrachten.

Genus und Numerus eines Artikels richten sich nach dem Nomen, bei dem ein
Artikel steht (Kongruenz). Der Fall des Artikels wird letztlich von der benötigten Rolle festgelegt, oder andersherum ausgedrückt, aus dem Fall können wir wie
bei den Pronomen auf die thematische Rolle schließen. Verbleibt die Information
darüber, ob ein bestimmter oder ein unbestimmter Artikel eingesetzt wurde. Bei
der Auswahl des zu verwendenden Pronomens gibt es zwei Fälle: Beim „gebunde-
nen Gebrauch“ ist der Sender durch Sprachkonventionen (Idiomatisierungen) an
die Wahl zwischen einem bestimmten, einem unbestimmten oder keinem Artikel
durch den Ausdruck gebunden (vgl. [EGW+98, Rz. 538]). In diesem Fall enthält der
Artikel für uns also keine semantische Information. Nur beim „freien Gebrauch“
kann sich der Sender aussuchen, welche Art er verwenden möchte: „Der *bestimmte Artikel* ist zu wählen, wenn das vom Substantiv bezeichnete Objekt ‚bestimmt‘
ist. ‚Bestimmt‘ meint dabei, dass Sprecher und Hörer es in gleicher Weise identifizieren; es ist beiden bekannt. [...] Der *unbestimmte Artikel* ist zu wählen, wenn
das vom Substantiv bezeichnete Objekt ‚unbestimmt‘ ist, wenn es vom Sprecher

und Hörer nicht identifiziert werden kann, beiden nicht bekannt ist." [EGW+98, Rz. 539] Doch was macht ein Objekt identifizierbar? Der Duden nennt einige Mittel zur „Identifizierung" (Vorerwähnung, Vorinformation, sachliche Einmaligkeit u. a. [EGW+98, Rz. 540ff]). Die *wirklich* referenzierten Phänomene (im Sinne von Abschnitt 3.4.5) zu bestimmen, ist mit diesen Arten der Identifizierung ohne Pragmatik kaum möglich. Wir können also davon ausgehen, dass die Artikel keine verwertbare semantische Information tragen.

4.4.4 Die Semantik der Konjunktionen

Konjunktionen verbinden Wörter, Wortgruppen oder Sätze miteinander um Relationen zu etablieren (vgl. Kapitel 4.5). Den verbundenen Teilen weisen sie thematische Rollen zu. Man kann sie nach der Art des Verhältnisses, das sie beschreiben, klassifizieren. Wir wollen die Klassifikation des Duden und von canoo net übernehmen[14]. Entsprechend dieser Klassen kann man die thematischen Rollen angeben, die sie in der Regel zuweisen. Die Tabelle 4.1 zeigt die Beziehung und verweist auf die einzelnen Randziffern im Duden, unter denen die jeweiligen Konjunktionsformen beschrieben und Beispiele zu finden sind. Es gibt darin allerdings zwei Formen, die wir nicht mit thematischen Rollen ausdrücken: die kopulativen und die disjunktiven Konjunktionen. Sie dienen der Koordination (vgl. Abschnitt 3.4.6.2).

4.4.5 Die Semantik der Adverbien

Die Klasse der Adverbien erscheint auf den ersten Blick etwas inhomogen. Sie scheint all das aufnehmen zu müssen, das in keine der anderen Kategorien (Pronomen, Präpositionen, etc.) passt – oder auch nur „nicht richtig" passt: Es gibt neben Pronomen auch Pronominaladverbien, neben Präpositionen auch Präpositionaladverbien, neben Relativpronomen auch Relativadverbien und neben Konjunktionen auch Konjunktionaladverbien. Für uns ist es aber egal, ob es sich bei dem vorliegenden Wort nun beispielsweise um ein Pronomen oder ein Pronominaladverb handelt – die codierte Semantik ist in aller Regel die gleiche. Generell werden durch Adverbien entweder Verben attribuiert, oder die Adverbien haben eine deiktische Funktion. In letzterem Fall verorten sie das Spektrum, das sie vertreten bzw. das Spektrum der Wortgruppe, die sie regieren, für den Empfänger im Verweisraum der entsprechenden Deixis.

---

[14] Nach: [EGW+98, Rz. 716-737] und canoo net [Can09], „Die Bedeutung der Konjunktionen", http://www.canoo.net/services/OnlineGrammar/Wort/Konjunktion/Bedeutung/index.html, Stand: 01.04.2009

Konjunktions-form	Symbole (ggf. Auszug)	thematische Rolle	Rand-ziffer
Adversative	*aber, allein, (je)doch, sondern, während*	siehe Text	721
„dass/ob/wie"	*dass, ob, wie*	THE	737
Disjunktive	*oder, beziehungsweise, entweder ... oder*	siehe Text	720
Fehlender oder stellvertretender Umstand	*ohne ... dass, ohne zu, anstatt ... dass, statt ... dass, anstatt zu, statt zu*	CAU-, INSTR-, COM-	728
Finale	*damit, dass, um ... zu*	INT	736
Instrumentale	*indem*	INST	727
Kausale	*denn, da, weil, zumal*	CAU	731
Konditionale	*falls, wenn, sofern*	SUM	733
Konsekutive	*sodass, als dass, um ... zu, ohne ... dass*	INT	732
Konzessive	*obschon, obgleich, wenn ... auch, wiewohl*	CAU-	735
Kopulative	*und, sowie, sowohl ... als auch, weder ... noch*	siehe Text	719
Proportionale	*je ... desto, je ... umso, je ... je*	CRIT, PROP	734
Restriktive	*insofern (als), sofern, insoweit (als), soweit, soviel*	SUM	729
Temporale	*während, nachdem, bevor, als, wenn, ehe*	TEMP-Deixis	726
Vergleichende	*als, wie, gleichwie, als ob, als wenn, wie wenn*	COMP	730

Tabelle 4.1: Konjunktionen der deutschen Sprache

4.4.5.1 Frageadverbien

Frageadverbien sind *wer, wann, wo, was, wozu, weshalb, warum* und so weiter. Sie kommen entweder in Fragen (*Wo* ist mein Auto?), oder in indirekter Rede (Sie fragte, *wann* er kommt.) vor und werden deshalb von SENSE bisher nicht unterstützt. Eine Ausnahme bilden jedoch die mit *wo-* gebildeten *Pronominaladverbien*. Diese werden in Abschnitt 4.4.5.6 behandelt.

4.4.5.2 Kommentaradverbien

Kommentaradverbien (auch *Satzadverbien*) dienen der Stellungnahme und der Bewertung. Mit ihnen kann der Sender den Grad seiner Gewissheit über die Gültigkeit seiner Aussage ausdrücken (*vermutlich, zweifelsfrei*), seine gefühlsmäßige Einstellung wiedergeben (*leider, hoffentlich*) oder zu einem Sachverhalt Stellung beziehen (*dummerweise, anerkanntermaßen*) [EGW⁺98, Rz. 658]. Der Semantik der Kommentaradverbien widmet sich ein großer Teil der Computerlinguisten mit Hingabe: Sie zu verarbeiten ist ein Kernproblem beim automatischen Verstehen und Zusammenfassen von Zeitungsartikeln, denn sie erschweren das Erkennen und Bewerten der jeweiligen Propositionsquelle in (mehrfach) indirekter Rede. Für die Modellextraktion ist ihre Semantik aber irrelevant: Sie kommen in Domänenbeschreibungen praktisch nicht vor.

4.4.5.3 Konjunktionaladverbien

Konjunktionaladverbien bringen Zustände und Sachverhalte miteinander in Beziehung. Sie ähneln also in ihrer Funktion den Konjunktionen (Abschnitt 4.4.4). Wir unterscheiden nach ihrer Bedeutung adversative (entgegensetzende), disjunktive (ausschließende), kausale (begründende), konsekutive (folgernde), konzessive (einräumende), kopulative (verbindende) und restriktive (einschränkende) Konjunktionaladverbien. canoo net nennt als Beispiele für Wörter, die als Konjunktionaladverbien verwendet werden können[15]: *allerdings, also, andernfalls, auch, außerdem, dagegen, daher, darum, demnach, demzufolge, dennoch, des(sen) ungeachtet, deshalb, deswegen, doch, ebenfalls, ebenso, ferner, folglich, gleichfalls, gleichwohl, hingegen, immerhin, indes(sen), infolgedessen, insofern, jedoch, mithin, nämlich, nichtsdestotrotz, nichtsdestoweniger, nur, so, somit, sonst, trotzdem, überdies, vielmehr, wohl, zudem* und *zwar ... aber*. Als Satzverbindungsglieder weisen sie Teilsätzen thematische Rollen zu. Diese werden (auch anhand von Beispielen) in Abschnitt 4.5.3 erläutert.

Konjunktionaladverbien sind eines der wenigen Beispiele, bei dem guter Stil unserem Zweck *nicht* dienlich ist. Schon in der Grundschule lernen wir, nicht jeden Satz im Aufsatz mit *Und dann...*[16] zu beginnen. Reiners schreibt dazu:

Überlogisierung

Sollen wir immer aussprechen, in welchem logischen Verhältnis zwei Sätze zueinander stehen? Sollen wir also vor die Begründung stets ein

---

[15] Quelle: canoo net [Can09], „Das Konjunktionaladverb", http://www.canoo.net/services/OnlineGrammar/Wort/Adverb/Klasse/Konjunktional.html, Stand: 19.03.2009

[16] *dann* ist eigentlich ein Temporaladverb (siehe Abschnitt 4.4.5.7), aber für die gilt das gleiche

denn, vor die Einschränkung ein *zwar*, vor den Gegensatz ein *aber* setzen? Wir müssen die logischen Bindewörter einfügen, wenn der Leser den Satz sonst schwer versteht. Wir müssen sie weglassen, wenn der Zusammenhang ohnehin klar ist. (Denn) wir sollen dem Leser (zwar) eine bekömmliche Kost vorsetzen, aber wir sollen ihm nicht den Brei in den Mund schmieren. Ein wenig Gedankenarbeit können wir dem Leser überlassen: (denn) er hält den Gedanken leichter für seinen eigenen. „In den Städten ist schlecht wohnen; da gibt es zu viele der Brünstigen" – wer wird bei dem Satz Nietzsches das *denn* vermissen? [Rei04, S. 105]

Wenn wir einen gegebenen Text automatisch verarbeiten wollen, so stellt unsere Komponente einen besonders dummen Leser dar. Er ist auf das setzen dieser Schlüsselwörter angewiesen, um jegliche logischen (und temporalen) Beziehungen erkennen zu können. (Könnte unsere Komponente aufgrund umfangreichen „Wissens" (vgl. Abschnitt 2.3.3) selbst herausfinden, dass zwei Aussagen auseinander folgen oder widersprüchlich sind, dann bräuchte es den Satz nicht.) Diese Abhängigkeit führt zu einem Dilemma: Entweder pflastern wir unseren Eingabetext mit Massen von Adverbien zu, um logische (und temporale) Beziehungen ausdrücken, oder das Ergebnis ist nicht mehr deterministisch. Heuristiken könnten zwar helfen, die Massen von Adverbien zu reduzieren, der *Schreiber* müsste aber diese Heuristiken ebenfalls genau kennen und berücksichtigen. Nun geht es in diesem Kapitel (noch) nicht um die Verarbeitung des Textes. SENSE ist, wie oben beschrieben, in der Lage, die Informationen, die man aus Konjunktionaladverbien ziehen kann, direkt darzustellen. Die beschriebenen Schwierigkeiten treten aber natürlich bei SAL$_E$ auf und müssen dort mit Zusicherungen (siehe Abschnitt 5.1.3), realisiert werden, da entsprechende Heuristiken zu finden nicht trivial zu sein scheint.

4.4.5.4 Lokaladverbien

Die adverbialen Bestimmungen des Raumes geben an [EGW⁺98, Rz. 1149]:

- einen Ort („Karl arbeitet *in München*.") Rolle: LOC

- eine Richtung („Elisabeth geht *ins Theater*.") Rolle: LDEST

- eine Herkunft („Inge kommt *aus dem Schwimmbad*.") Rolle: LORIG

- eine (räumliche) Erstreckung („Peter wirft den Ball *bis an den Fluss*.") Rolle: LDIM

Lokaladverbien sind Wörter, die für sich genommen bereits eine adverbiale Bestimmung des Raumes darstellen. Folglich nehmen diese Wörter selbst eine Rolle in der übergeordneten Aussage ein, obwohl sie gar keine „Variablen" bezeichnen. Dieses Verhalten ist mit dem der Pronomen (vgl. Abschnitt 4.4.1) vergleichbar. Auch benötigt man für ihre Auflösung, wie bei den Pronomen, Deixis (vgl. Abschnitt 3.6.2). canoo net nennt als Beispiele für Wörter, die als Lokaladverbien verwendet werden können[17]: *abwärts, anderswo, anderswoher, anderswohin, aufwärts, außen, auswärts, bergab, bergauf, bergwärts, da, daher, dahin, dort, dorther, dorthin, draußen, drinnen, drüben, flussaufwärts, heimwärts, her, herauf, heraus, herein, herüber, herunter, hier, hierher, hierhin, hin, hinauf, hinaus, hinein, hinten, hinüber, hinunter, innen, irgendwo, irgendwoher, irgendwohin, links, nebenan, nirgends, nirgendwo, nirgendwoher, nirgendwohin, oben, rechts, rückwärts, seitwärts, überall, unten, vorn* und *vorwärts.* Ihnen werden jeweils die Rollen der Art der adverbialen Bestimmungen des Raumes zugewiesen, wie sie oben angegeben sind.

4.4.5.5 Modaladverbien

Modaladverbien geben eine Qualität (Art und Weise) oder eine Quantität (Menge, Ausmaß) an. Häufig werden auch Gradpartikel (vgl. Abschnitt 4.4.5.8) zu den Modaladverbien gezählt. Sie werden dann als Modaladverbien zur Bestimmung der Intensität (Grad, Stärke) bezeichnet (vgl. [EGW+98, Rz. 647]). canoo net nennt als Beispiele für Wörter, die als Modaladverbien verwendet werden können[18]: *anders, äußerst* (Gradpartikel), *blindlings, derart, eilends, einigermaßen* (Gradpartikel), *folgendermaßen, genauso, gern, größtenteils* (Gradpartikel), *haufenweise* (Gradpartikel), *hinterrücks, irgendwie, jählings, kaum* (Gradpartikel), *kopfüber, rundweg, sehr* (Gradpartikel), *so, überaus* (Gradpartikel) und *vergebens.* Der Duden nennt darüber hinaus noch *anstandslos, flugs, haufenweise, insgeheim, kurzerhand, nebenbei, nebenhin, rundheraus, rundweg, scharenweise, schlankweg, schnurstracks, spornstreichs, umsonst* und *unbekannterweise* [EGW+98, Rz. 648f]. Diese Aufzählung zeigt, dass die Klasse der Modaladverbien für uns in Teilklassen zerfällt:

- Die nichtgeschlossene Teilklasse der *„gebildeten" Modaladverbien* (häufig mittels *-weise,* z. B. auch *massenweise,* aber es gibt auch andere Wege wie in *bekanntermaßen* oder *bekanntlich*). Die Umsetzung dieser Adverbien kann über Modifikation oder über Rollen erfolgen.

- Die geschlossene Teilklasse der *„echten" Modaladverbien,* die wir wiederum unterscheiden in zwei Unterklassen

---

[17] Quelle: canoo net [Can09], „Das Lokaladverb", http://www.canoo.net/services/OnlineGrammar/ Wort/Adverb/Klasse/Lokal.html, Stand: 19.03.2009

[18] Quelle: canoo net [Can09], „Das Modaladverb", http://www.canoo.net/services/OnlineGrammar/ Wort/Adverb/Klasse/Modal.html, Stand: 19.03.2009

- einzelne Modaladverbien, für die wir eine programmbedeutsame Semantik definieren können: *nebenbei* – für Nebenläufigkeit einer Aktion; *vergebens* – für Erfolglosigkeit einer Aktion; *gratis* – für Kostenlosigkeit einer Aktion; *umsonst* – siehe *vergebens* oder *gratis*.
- und den Rest der für die Modellextraktion offensichtlich *irrelevanten Modaladverbien*.

4.4.5.6 Pronominaladverbien

Pronominaladverbien (oder auch *Präpositionaladverbien*) sind Kontraktionen aus den Adverbien *da, hier* und *wo* und einer Präposition. Ein Beispiel ist: „Ihr habt uns geholfen. Wir möchten uns *dafür* (= für das) bedanken." Pronominaladverbien stehen als Ersatz für ein Präpositionalgefüge in der Rolle einer adverbialen Bestimmung, eines Attributs oder eines Objektes [EGW+98, Rz. 659]. Sie können entweder deiktisch (zeigend, vgl. Abschnitt 3.6.2) oder textbezüglich (anaphorisch, zurückweisend oder kataphorisch, vorausweisend) verwendet werden. Ein Beispiel für die textbezügliche Verwendung ist: „Der Rasen des Spielfelds muss in Zukunft besser gepflegt werden. *Darüber* müssen wir noch einmal sprechen." [EGW+98, Rz. 661] Da diese Adverbien pronominal gebraucht werden, können sie in SENSE entsprechend umgesetzt werden (vgl. Abschnitt 4.4.1).

4.4.5.7 Temporaladverbien

Die adverbialen Bestimmungen der Zeit geben an [EGW+98, Rz. 1150]:

- einen Zeitpunkt („*Eines Tages* sah ich ihn wieder.")
  Rolle: TEMP

- eine (zeitliche) Wiederholung („Er läuft *jeden Tag* diese Strecke.")
  Rolle: FREQ

- eine (zeitliche) Erstreckung („Er war *zehn Jahre* im Gefängnis.")
  Rolle: TDIM

Temporaladverbien sind Wörter, die für sich genommen bereits eine adverbiale Bestimmung der Zeit darstellen. Folglich nehmen diese Wörter selbst eine Rolle in der übergeordneten Aussage ein, obwohl sie gar keine „Variablen" bezeichnen. Dieses Verhalten ist mit dem der Pronomen (vgl. Abschnitt 4.4.1) vergleichbar. Auch benötigt man für ihre Auflösung, wie bei den Pronomen, Deixis (vgl. Abschnitt 3.6.2). canoo net nennt als Beispiele für Wörter, die als Temporaladverbien verwendet werden können[19]: *abends, anfangs, bald, bisweilen, damals, dann, dienstags, dreimal,*

---

[19] Quelle: canoo net [Can09], „Das Temporaladverb", http://www.canoo.net/services/OnlineGrammar/Wort/Adverb/Klasse/Temporal.html, Stand: 19.03.2009

eben, eher, einmal, endlich, gestern, häufig, heute, heutzutage, immer, inzwischen, jetzt, lange, manchmal, mehrmals, mittlerweile, montags, morgen, nachts, neulich, nie, niemals, noch, nun, oft, schließlich, seitdem, seither, selten, stets, übermorgen, vorerst, vorhin, vormittags, zeitlebens, zugleich, zuletzt und *zweimal.* Ihnen werden jeweils die Rollen der Art der adverbialen Bestimmungen der Zeit zugewiesen, wie sie oben angegeben sind.

4.4.5.8 Partikel: Adverbien ohne besondere Semantik

In SENSE können *Partikel* nicht besonders codiert werden. „Sie [die Partikel] geben u. a. den Grad oder die Intensität an, dienen der Hervorhebung, drücken die innere Einstellung des Sprechers aus und spielen eine wichtige Rolle in der Gesprächsführung. Allen Partikeln gemeinsam ist, [...] dass sie [...] keine eigentliche ((nenn-)lexikalische) Bedeutung haben oder jedenfalls bedeutungsarm sind und dass sie [...] keine grammatikalische Funktion haben." [EGW+98, Rz. 667] Beispiele für Partikel sind *doch, bloß, halt, mal, sehr, überaus, sogar* und so weiter. Sie können jedoch über Modifikation erfasst werden. Insbesondere für die Gradpartikel könnte man sich eine Halbordnung definieren, um ihre Bedeutung zu implementieren. canoo net nennt als Beispiel[20]: „Sie sind *kaum/etwas/ziemlich/-sehr/enorm/höchst/zu* gefährdet." Stilbücher raten jedoch generell von ihrer Verwendung ab. So schreiben Strunk und White: "Avoid the use of qualifiers. *Rather, very, little, pretty* – these are the leeches that infest the pond of prose, sucking the blood out of words. The constant use of the adjective *little* (except to indicate size) is particularly debilitating; we should all try to do a little better, we should be very watchful for this rule, for it is a rather important one, and we are pretty sure to violate it now and then." [SW99, S. 73]

---

[20] Quelle: canoo net [Can09], „Die Gradpartikeln", http://www.canoo.net/services/OnlineGrammar/Wort/Adverb/Partikel/Gradpartikel.html, Stand: 19.03.2009

4.5 Die Semantik von Haupt- und Nebensätzen

Bei den Sätzen haben wir es etwas schwieriger, als bei den Wortarten: Es gibt eine Unmenge an Bildungsregeln mit zahllosen Ausnahmen[21], so dass das Abarbeiten entlang dieser Regeln wie in Kapitel 4.4 hier wenig angebracht scheint. Wir werden uns daher keine *konkrete* Grammatik der deutschen Sprache anschauen, sondern die einer Obermenge: Manche Sätze, die nach den hier angegebenen Regeln gebaut sind, könnten ungrammatikalisch sein, aber *jeder* grammatikalische Satz lässt sich mit diesen Regeln beschreiben (und entsprechend in SENSE darstellen).

4.5.1 Die Semantik einfacher Sätze

Jeder *einfache Satz* enthält ein ein- oder mehrteiliges Prädikat, das normalerweise an zweiter Stelle[22] steht. „Aufgerufen vom Prädikat und in ihrer Anordnung von ihm bestimmt, stehen im Satz *Satzglieder*[23]. [...] Neben dem Prädikat und den Satzgliedern kommen Verbindungsteile vor; sie dienen der Verknüpfung von Sätzen." [EGW+98, Rz. 1098] Auf die Konstituenten (wir zählen das Prädikat auch dazu) werden wir in diesem Abschnitt eingehen, auf die Verbindungsteile in Abschnitt 4.5.3 und Abschnitt 4.5.4.

Sowohl der Duden als auch canoo net betrachten die Konstituenten sowohl unter formalgrammatischem als auch unter funktionalem Aspekt. Der funktionale Aspekt weist den Konstituenten Funktionen wie *Subjekt, Prädikat, Objekt* usw. zu, und leitet aus diesen Funktionen Zusicherungen (Existenz, Position, u. ä.) ab. Für dieses grammatische System oberhalb der Theorie der Wortarten benötigt man[24] jedoch das problematische Konzept der Valenz des Verbs im Prädikat (vgl. Abschnitt 3.1.3.1). Hierdurch wird dieses etablierte – aber nicht zwingende – Beschreibungssystem der Sprache (=Grammatik) abhängig vom Wortschatz[25]. In lexikonbasierten Formalismen wie der HPSG wird beides konsequenterweise nicht mehr unterschieden.

Wir wollen jedoch die Semantik des Textes *codieren* und nicht seine Syntax *decodieren*. Wir benötigen also die Zusicherungen der SPO-Theorie nicht. Deswegen konnten wir es uns auch erlauben, das Konzept der Valenz über Bord zu werfen. Und dies ist genau der Punkt, an dem wir gegebenenfalls *mehr* akzeptieren, als

---

[21] der Duden benötigt über 200 Seiten, um sie zu beschreiben

[22] vgl. [EGW+98, Rz. 1097]

[23] Anm.: Der Duden bezeichnet die Konstituenten als *Satzglieder*. Zur Problematik der Konstituentenbestimmung siehe Abschnitt 3.1.1.

[24] sowohl Müller [Mül07, Kap. 1.5], als auch der Duden [EGW+98, Rz. 1098, 1114 u. a.] und canoo net (siehe: canoo net [Can09], „Valenz und Satzbauplan", http://www.canoo.net/services/OnlineGrammar/Satz/Satzbau/Valenz/index.html, Stand: 02.04.2009) benötigen Valenz für die Beschreibung der Grammatik

[25] Es handelt sich bei den Verben um eine offene Wortklasse!

die Grammatik der deutschen Sprache zulässt: Wir betrachten den *einfachen Satz* als eine Menge von mindestens zwei gleichrangigen Konstituenten, von denen eine häufig eine Verbgruppe mit finitem Verb (="Prädikat") ist. Die einzige Zusicherung, die wir machen *könnten*[26] ist, dass in einer Relation jede Rolle nur einmal besetzt werden darf – gegebenenfalls von einer Koordination (siehe Abschnitt 3.4.6.2).

Der "formalgrammatische Aspekt" hingegen benötigt – auch wenn sein Name das Gegenteil erwarten lässt – keine grammatische Theorie, die über die Theorie der Wortarten hinaus geht. Deshalb wollen wir uns an diese Klassifikation halten. Formalgrammatisch teilt der Duden die Konstituenten eines Satzes in acht Gruppen ein (die Einteilung von canoo net ist sehr ähnlich[27]), die Tabelle 4.2 wurde aus dem Duden übernommen [EGW+98, Rz. 1111]. Ihre Beispielsätze zeigen, dass unbeschränkte (aber immer noch einfache!) deutsche Sprache in der Stellung der einzelnen Gruppen deutlich freier ist, als das alle Syntax-basierten Ansätze, die in dieser Arbeit vorgestellt wurden, verkraften könnten (vgl. Kapitel 2.1 und 2.3.2).

Jede Konstituente kann aus nur einem Wort bestehen, oder selbst eine komplexe Wortgruppe mit einem Kopf sein. Als *Kopf der Konstituente* bezeichnen wir entweder das einzelne Wort, wenn die Konstituente nur daraus besteht, und sonst den Kopf der Wortgruppe (vgl. Abschnitt 3.1.2), die die Konstituente bildet.

Der *einfache Satz* wird in SENSE wie folgt codiert (drei Ausnahmen folgen): Dem Kopf jeder Konstituenten wird eine thematische Rolle zugewiesen, die das Kopfobjekt in einer Relation (Omnikante) spielt, die den Satz repräsentiert. Im Satz "Peter geht zur Schule." gibt es drei Konstituenten: *Peter, geht* und *zur Schule*. Die Köpfe der ersten beiden Konstituenten sind klar, da sie jeweils nur aus einem Wort bestehen. Der Kopf der dritten Konstituente ist *Schule* (nach unserer Definition in Abschnitt 3.1.2). *Peter* nimmt in der Relation die Rollen AG und LTRANS ein, *geht* die Rolle ACT und *Schule* die Rolle LDEST.

Nun zu den Ausnahmen: Wir haben in Abschnitt 4.3.2 besprochen, dass das Prädikat nur syntaktischer Kitt sein kann, wenn es mit einem Streckverb gebildet wird und die eigentliche Handlung, Beziehung oder Transition in einer der anderen Konstituenten steckt. In diesem Fall trägt das Prädikat nichts zur Semantik bei und spielt deshalb auch keine thematische Rolle in der übergeordneten Relation. Auch andere Konstituententypen bekommen keine Rolle, wenn sie nichts zur Semantik beitragen (Floskeln, siehe auch Abschnitt 4.4.5.8). Es muss also heißen: "Dem Kopf jeder Konstituente, *die etwas zur Semantik des Satzes beiträgt*, wird eine thematische Rolle zugewiesen, die das Kopfobjekt in einer Relation (Omnikante) spielt,...".

---

[26] ... wenn wir wollten – es scheint keine Gegenbeispiele zu geben, aber wir brauchen die Zusicherung nicht.

[27] siehe: canoo net [Can09], "Die formale Einteilung der Satzglieder", http://www.canoo.net/services/OnlineGrammar/Satz/Satzglied/Formal.html, Stand: 02.04.2009

Art	Beispiele
Substantivgruppe im Nominativ	*Der Sturm* vernichtete den Wald. Dirk ist *mein Freund*. *Frau Meier*, Sie haben gewonnen. Sie Stimmen ab, *ein faires Verfahren*.
Substantivgruppe im Akkusativ	Man hat *den Vorarbeiter* entlassen. Sie arbeitete *den ganzen Tag*. Ich nenne ihn *einen Lügner*. Er döste, *die Füße auf dem Tisch*.
Substantivgruppe im Dativ	Ilse hilft *ihrem Vater*. *Dem Patienten* graut vor der Operation.
Substantivgruppe im Genitiv	Er bedarf dringend *meiner Hilfe*. *Dieser Tage* traf ich ihn wieder.
Adjektivgruppe (Partizipgruppe, Satzadjektiv)	Das Essen ist *gut gewürzt*. Das Essen schmeckt *gut*.
Adverbgruppe (Satzadverb, Satzpartikel)	Ich warte *darauf*. Die Kinder blieben *draußen*.
Präpositional-gruppe	Ich warte *auf den Bus*. Ich halte *zu dir*. Man wählte sie *zur Vorsitzenden*. Alle saßen *um den Tisch*. Sie hat es *von klein auf* gelernt. *Seit gestern* regnet es dauernd.
Konjunktional-gruppe	Herbert gilt *als guter Spieler*. Ich kenne sie *als ausgezeichnete Lehrerin*. Er verhielt sich *wie ein Gentleman*. Sie hat es *als ausreichend* beurteilt. Das geht *wie vorhin* wieder schlecht aus. *Statt am Abend* kam er um Mitternacht.

Tabelle 4.2: Konstituenten des einfachen Satzes

Die zweite Ausnahme betrifft attributiv oder prädikativ verwendete Wortgruppen: Sie beschreiben keinen neuen Teilnehmer der Relation, sondern modifizieren einen anderen (siehe Abschnitt 3.4.6.1). Die letzte Ausnahme sind Wortgruppen oder Teilsätze, die selbst als Ganzes (statt ihres Kopfelements) eine Rolle in der übergeordneten Relation einnehmen. Dies ist zum Beispiel bei Infinitivkonstruktionen in einer Substantivgruppe (siehe unten) der Fall. Die einzelnen Konstituenten selbst werden wie folgt codiert:

4.5.1.1 Substantivgruppen

Eine *Substantivgruppe* besteht aus einem Nomen oder Pronomen (dem Kopf), einem optionalen Begleiter und beliebig vielen (auch Null) Attributen. Ein Begleiter ist ein „Artikel im weiteren Sinn" und wird entsprechend codiert (vgl. Abschnitt 4.4.3). Die Attribute können ihrerseits wieder Substantivgruppen („das Auto *seiner Eltern*"), Adjektivgruppen („ein *schönes* Auto"), Adverbgruppen („der Baum *dort hinten*") oder Präpositionsgruppen („die Besucher *aus der Schweiz*") sein. Darüber hinaus können Appositionen (zur Erklärung siehe Kapitel 3.1.5), Inhalts- und Relativsätze Attribute darstellen[28].

Im Falle von Substantiv-, Adverb- und Präpositionalgruppenattributen bildet die betrachtete Substantivgruppe eine eigene (zusätzliche) Relation. Der Kopf der Substantivgruppe nimmt zwei thematische Rollen ein; eine spielt er in der übergeordneten Relation und eine in der Relation der Substantivgruppe – in der Regel sind die beiden Rollen verschieden. Die Nicht-Kopf-Töchter der Substantivgruppe (Attribute) spielen hingegen nur eine Rolle in der Relation der Substantivgruppe. Adjektivgruppenattribute modifizieren den Kopf der Substantivgruppe. Inhalts- und Relativsätze begründet eigene Relationen (siehe Abschnitt 4.5.4.1 und Abschnitt 4.5.4.2). Appositionen wie in „Julian, *der Bruder von Christian*, war immer sehr stolz auf sein Auto." begründen ebenfalls neue Relationen, die die Rollen FIN und FIC verwenden.

4.5.1.2 Adjektivgruppen

Eine *Adjektivgruppe* (zu denen wir auch die „Partizipgruppen" zählen wollen) besteht aus einem Adjektiv (oder Partizip) und beliebig vielen (auch Null) Attributen. Die Attribute können Adjektiv-, Adverb-, Präpositional-, Substantiv- und Konjunktionalgruppen (mit *als* oder *wie*) sein [EGW+98, Rz. 1172]. Dementsprechend werden sie codiert:

- Adjektivgruppenattribut. (Beispiel: „Der Verkehr war *schrecklich* laut.") Die Adjektivgruppe modifiziert das Adjektiv.

- Adverbgruppenattribut. (Beispiel: „Der Verkehr war *sehr* laut.") Die Adverbgruppe modifiziert das Adjektiv.

- Präpositionalgruppenattribut. (Beispiele: „Der *nach seinen Knochen* suchende Hund bellt laut." oder „Der Schüler ist *im Vergleich zu anderen Jugendlichen* intelligent.") Offensichtlich muss in diesem Fall eine Relation angelegt werden. Im ersten Beispiel nimmt der Kopf des Präpositionalgruppenattributs (*Knochen*) die Rolle PAT, das Partizip (*suchend*) die Rolle STAT und das von der gesamten Adjektivgruppe „modifizierte" Objekt (*Hund*) die Rolle AG ein. Im zweiten Beispiel nimmt das Präpositionalgruppenattribut die Rolle COMP, das Adjektiv die Rolle CRIT und das von der gesamten Adjektivgruppe modifizierte Objekt die Rolle COMPII ein.

---

[28] Quelle: canoo net [Can09], „Die Nomengruppe", http://www.canoo.net/services/OnlineGrammar/ Satz/Satzgliedbau/Nomen/index.html, Stand: 02.04.2009

- Substantivgruppenattribut. (Beispiele: „Die *des Sieges* sichere Mannschaft wurde unvorsichtig." und „Der Graben war *einen Meter* breit.") Auch in diesem Fall müssen wir eine Relation mit dem äußeren Objekt anlegen.

- Konjunktionalgruppennattribut mit *als* oder *wie*. (Beispiel: „Anna läuft schneller *als Barbara*.") Auch in diesem Fall müssen wir eine Relation mit dem äußeren Objekt anlegen. Wir wissen aber, dass es jeweils nur eine Vergleichsbeziehung (COMP/CRIT/COMPII) sein kann.

Adjektiv- und Partizipgruppen können auch „satzwertig" sein, man spricht dann auch von *Partizipialsätzen* [EGW+98, Rz. 1085]. Sie erfüllen im zusammengesetzten Satz die gleiche Funktion wie Teilsätze (vgl. Abschnitt 4.5.2). Ein Beispiel ist: „*Vom plötzlichen Einbruch der Nacht überrascht*, war er ohne Orientierung."

4.5.1.3 Adverbgruppen

Eine *Adverbgruppe* besteht aus einem Adverb und beliebig vielen (auch Null) Attributen. Die Attribute können Adverb-, Adjektiv-, Präpositional- und Substantivgruppen sein[29]. Adverb- und Adjektivgruppenattribute (*„links* außen" und *„direkt* vor dem Abgrund") modifizieren das Adverb. Präpositional- und Substantivgruppenattribute („dort *hinter dem Haus*" und *„einen Tag* früher") geben in der Regel einen Wert oder ein Maß an, um die Zeigefunktion des Adverbs (vgl. Abschnitt 4.4.5) zu verstärken, indem die Deixis noch weiter beschränkt wird. Dementsprechend muss das Präpositional- oder Substantivgruppenattribut ebenfalls als Modifikation aufgefasst werden.

4.5.1.4 Präpositionalgruppen

Eine *Präpositionalgruppe* besteht aus einer Präposition und einer abhängigen Wortgruppe. Die abhängige Wortgruppe kann eine Substantiv-, eine Adjektiv- oder eine Adverbgruppe sein [EGW+98, Rz. 1137]. In der Regel spielt der Kopf der abhängigen Wortgruppe eine Rolle in der übergeordneten Relation. Manchmal spielt allerdings auch die gesamte abhängige Wortgruppe die Rolle in der übergeordneten Relation. Die Rolle wird von der Präposition und, im Falle einer abhängigen Substantivgruppe, von deren Kasus bestimmt (vgl. Kapitel 3.6). Im Satz „Das Wasser floss *aus einer großen Röhre*." ist *einer großen Röhre* die abhängige Substantivgruppe und *Röhre* der Kopf derselben; als Rolle ergibt sich LORIG. Im Falle einer abhängigen Adverbgruppe (z. B. „seit *damals*", „bis *hierher*", „von *dort hinter dem*

---

[29] Nach: canoo net [Can09], „Die Adverbgruppe", http://www.canoo.net/services/OnlineGrammar/ Satz/Satzgliedbau/Adverb.html, Stand: 02.04.2009; vgl. auch [EGW+98, Rz. 1172]

Haus"[30]) bestimmt das Adverb die Deixis und die Präposition die Lokalitätsstufe. (Für die genannten Beispiele wären das in der Reihenfolge TORIG, LDEST und LORIG.) Für den Fall einer Adjektivgruppe[31] konnte ich leider nur folgende Beispiele (und dazu Analoges) finden: „auf *ewig*" und „für *dumm/wichtig/aufgeblasen*". In beiden Fällen sind die Präpositionen syntaktische Krücken und wir würden nur das Adjektiv (bzw. Partizip) codieren.

4.5.1.5 Konjunktionalgruppen

Eine *Konjunktionalgruppe* besteht aus einer Konjunktion und einer abhängigen Wortgruppe. Die abhängige Wortgruppe kann eine Substantiv-, eine Adjektiv-, eine Adverb-, eine Präpositional- und sogar eine Konjunktionalgruppe sein [EGW+98, Rz. 1144]. Im Falle von abhängigen Substantivgruppen bilden wir Relationen entsprechend Abschnitt 4.4.4. In den anderen Fällen unterstützt SENSE nur Koordination (vgl. Abschnitt 3.4.6.2).

4.5.2 Die Semantik zusammengesetzter Sätze

Beim *zusammengesetzten Satz* können wir *Satzverbindungen* (auch: *Satzreihen*), *Satzgefüge* und *Perioden* unterscheiden [EGW+98, Rz. 1083]. Satzverbindungen sind, grob gesagt, verbundene Hauptsätze, die auch für sich alleine stehen könnten, wie beispielsweise „Der Himmel verdunkelte sich, Blitze zuckten, der Regen strömte herab." [EGW+98, Rz. 1084]. Bei Satzgefügen ist mindestens ein Teilsatz syntaktisch (nicht inhaltlich und auch nicht von seiner Relevanz) von einem anderen Teilsatz abhängig, kann also nicht ohne diesen stehen. Einen abhängigen Teilsatz nennt man normalerweise einen *Nebensatz*, einen unabhängigen einen *Hauptsatz*. Zu den Nebensätzen kann man auch satzwertige Infinitivgruppen („Es freut mich, *ihm ein bisschen geholfen zu haben.*") und satzwertige Adjektiv- und Partizipgruppen („Es war das Gesicht eines Weltenbummlers, *vom Leben gezeichnet.*") rechnen [EGW+98, Rz. 1085, 1317]. Diese Nebensatzäquivalente nennt man *Infinitiv-* beziehungsweise *Partizipialsätze*. Eine Periode entsteht, wenn man „Hauptsätze (oft selbst schon komplex ausgebaut), übergeordnete Teilsätze, Nebensätze und selbstständige Teilsätze [...] zu kunstvollen Gesamtsätzen [vereinigt]" [EGW+98, Rz. 1087]. Zu deren Aufbau werden jedoch dieselben Mittel verwendet, wie für den Aufbau von Satzverbindungen und Satzgefügen, welche wir in Abschnitt 4.5.3 und Abschnitt 4.5.4 genauer betrachten.

---

[30] Quelle: canoo net [Can09], „Die Präpositionalgruppe", http://www.canoo.net/services/OnlineGrammar/Satz/Satzgliedbau/Praepositional.html, Stand: 02.04.2009

[31] Die Adjektivgruppe wird übereinstimmend mit dem Duden auch von canoo net angegeben.

4.5.3 Die Semantik nebengeordneter Sätze

Wir sprechen von *nebengeordneten Sätzen*, wenn zwei selbstständige Hauptsätze miteinander zu einer Satzverbindung kombiniert werden. Es handelt sich also um eine Beziehung zwischen zwei Phrasen. Deren Rollen werden durch die jeweiligen Schlüsselwörter (Konjunktionaladverbien, sofern sie gesetzt sind, siehe Abschnitt 4.4.5.3) bestimmt. Wir unterscheiden nach ihrer Semantik[32]:

- Adversative Satzverbindungen („Ich möchte weggehen, *aber* ich muss hierbleiben.")
  Rollen: STAT und CAU-

- Disjunktive Satzverbindungen („Du gehst weg *oder* du bleibst hier.")
  (siehe Text)

- Kausale Satzverbindungen („Ich bleibe hier, *denn* ich habe keine Lust wegzugehen.")
  Rollen: STAT und CAU+

- Konsekutive Satzverbindungen („Ich habe keine Lust wegzugehen, *deshalb* bleibe ich hier.")
  Rollen: CAU+ und STAT

- Konzessive Satzverbindungen („Ich habe Lust wegzugehen, *dennoch* bleibe ich hier.")
  Rollen: CAU- und STAT

- Kopulative Satzverbindungen („Du gehst weg *und* ich bleibe hier.")
  (siehe Text)

- Restriktive Satzverbindungen („Sie kann *zwar* gut singen, *aber* ein Star wird sie nicht.")
  Rollen: CAU- und STAT

Die disjunktiven und die kopulativen Satzverbindungen spielen eine Sonderrolle. Betrachten wir zunächst die kopulativen Satzverbindungen mit *und*: Im indikativen Text werden alle Aussagen „in sachlicher Feststellung als tatsächlich und wirklich, als gegeben dargestellt und ohne Bedenken anerkannt" [EGW+98, Rz. 271]. Es ist also irrelevant, ob zwischen diese Aussagen kopulative Konjunktionaladverbien gesetzt werden, oder nicht. Mit anderen Worten: Wir können das *und* einfach wie einen Satzende-Punkt behandeln. Die disjunktive Satzverbindung

---

[32] Kategorisierung und Beispiele nach: canoo net [Can09], „Nebenordnung von Teilsätzen", http://www.canoo.net/services/OnlineGrammar/Satz/Komplex/Ordnung/Koordination.html, Stand: 19.03.2009

mit *oder* ist problematisch: Was genau ist die Semantik eines *oders* zwischen zwei indikativen, also für wahr angenommenen Sätzen? Wir können das *oder* natürlich als logisches *inklusiv-oder* interpretieren, dann wäre jedoch kein Unterschied zum *und* gegeben. Wir können das *oder* aber auch als logisches *exklusiv-oder* interpretieren, was nicht unüblich ist (siehe Beispiel und vgl. Abschnitt 3.4.6.2), dann ergibt sich aber ein Widerspruch zum Indikativ (vgl. Abschnitt 4.3.2). Es bleibt also der Einzelfall zu prüfen. In unseren Dokumenten kam eine solche disjunktive Satzverbindung mit *oder* allerdings nicht vor.

4.5.4 Die Semantik untergeordneter Sätze

Wir folgen bei der Behandlung der Nebensätze der Darstellung des Duden in drei Teilbereichen [EGW+98, Rz. 1320]: Wir unterscheiden Relativsätze, Inhaltssätze und Verhältnissätze.

4.5.4.1 Relativsätze

Relativsätze sind Nebensätze, die sich mit dem Hauptsatz ein gemeinsames Objekt („eine gemeinsame Stelle") teilen. Sie werden durch Relativpronomen (siehe Abschnitt 4.4.1.5) oder Relativadverbien[33] eingeleitet. Der Duden schreibt: „[...] grundsätzlich [...] ist für die Relativbeziehung charakteristisch, dass Hauptsatz und Nebensatz durch eine beiden Teilsätzen gemeinsame Stelle miteinander verbunden sind. Diese Stelle ist im Nebensatz durch das Relativpronomen oder das Relativadverb besetzt; im Hauptsatz kann die Stelle besetzt sein, oder auch nicht. Je nachdem nimmt der Nebensatz die Position eines Satzglieds oder Gliedteils ein. Inhaltlich ordnet der Relativsatz dem Satzglied im übergeordneten Satz (bzw. der Satzgliedposition) eine nähere Bestimmung zu." [EGW+98, Rz. 1321]

Wir können also regelmäßig erwarten, dass der Hauptsatz und der Relativsatz zwei verschiedene Relationen begründen, die über einen gemeinsamen Knoten miteinander verbunden sind. Die beiden Sätze können tatsächlich problemlos in zwei getrennte Hauptsätze umgeformt werden (vgl. [EGW+98, Rz. 1322]), die sich beide auf ein gemeinsames Spektrum beziehen (vgl. Abschnitt 3.1.4). Die Rollen, die der Knoten in den beiden Relationen einnimmt, hängen konsequenterweise nur von den Relationen selbst ab.

Wir müssen aber auch davon ausgehen, dass die Relation, die den Relativsatz ausdrückt, eine Rolle in der Relation des Hauptsatzes spielt – nämlich genau in den Fällen, in denen „die Stelle" im Hauptsatz nicht besetzt ist. In diesen Fällen ist der Relativsatz *notwendig* (vgl. [EGW+98, Rz. 1322]). Ein Beispiel ist: „Sie verhält

---

[33] „Relativadverbien sind z. B. *wo, wohin, woher, womit, worauf, wodurch, wovon*. Relativsätze, die durch Relativadverbien eingeleitet sind, lassen sich ohne Veränderung des Sinns in pronominal eingeleitete Relativsätze überführen." [EGW+98, Rz. 1321]

Deixis	Anschlussmittel	Beispiel
Vergleich	*wie, wie ... wenn, als, als ... wenn, als ... ob, wie ... um*	Sie verhält sich, wie sie es gelernt hatte.
Ort	*wo, woher, wohin*	Er stand noch immer, wo sie ihn verlassen hatte.
CAU	*weshalb, weswegen*	Er kam deswegen nicht, weswegen ich auch nicht kam.
INST	*womit, wodurch*	Wodurch wir belästigt wurden, dadurch werdet auch ihr belästigt werden.
unbeein-flusst	*der, die, das, welcher, welche, welches, wer, was*	Wer diese Auffassung vertritt, ist ein Verbrecher.

Tabelle 4.3: Klassifikation der Relativbeziehungen

sich, *wie man sich im Kindergarten verhält.*" An diesem Beispiel wird aber auch deutlich, dass wir den Relativsatz manchmal direkt in der Hauptsatz-Relation mit codieren können. Generell gilt aber im Falle von notwendigen Relativsätzen, dass ihre Rolle in der Relation des Hauptsatzes vom Relativpronomen bzw. vom Relativadverb zumindest mitbestimmt wird. Dieser Einfluss wird in Tabelle 4.3 charakterisiert, deren Klassifikationen und Beispiele dem Duden entstammen [EGW+98, Rz. 1333].

4.5.4.2 Inhaltssätze

Formal sind Inhaltssätze relativ schwierig zu fassen: „Zum einen ist hier der Anschlusswert weniger deutlich zu fassen als in anderen Satzgefügen, zum anderen stecken hinter äußerlich gleichen Anschlussmitteln teilweise unterschiedliche Werte – und umgekehrt hinter unterschiedlichen Anschlussmitteln gleichartige Werte." [EGW+98, Rz. 1340] Die Übersicht in Tabelle 4.4 wurde aus dem Duden übernommen [EGW+98, Rz. 1363].

Für uns jedoch stellen sich Inhaltssätze relativ einfach dar: „In Satzgefügen mit Inhaltssätzen geht es nicht, wie sonst meist im Satzgefüge, darum, zwei verschiedene Aussagen zueinander in Bezug zu setzen [...]. Vielmehr stellt die Aussage des Nebensatzes so etwas wie den Inhalt des Rahmens dar, der durch den Hauptsatz eröffnet wird; es bleibt damit letztlich bei einer Aussage [...]." [EGW+98, Rz. 1334] Es scheint also, dass sich alle Inhaltssätze mit dem Rollenpaar THE/THEII an ihren Hauptsatz binden lassen. Tatsächlich können Inhaltssätze nur an Hauptsätze angehängt werden, die ganz bestimmte Bedingungen erfüllen: „Möglich ist ihr Anschluss z. B., wenn im Hauptsatz ein Ausdruck der Wahrnehmungs- oder Gefühlsäußerung, auch des Denkens oder des Wollens steht. Dieser Ausdruck muss nicht notwendig ein Verb sein – ausschlaggebend für die Anschlussmöglichkeit ist nicht die Wortartprägung, sondern die Bedeutung: ,Ich *behaupte/beobachte/habe den Eindruck/meine/wünsche*, dass er kommt. *Die Behauptung*, er komme, ist verfrüht. *Bestrebt*, schnell zu kommen, warf er alles weg.'" [EGW+98, Rz. 1337] Die Prädikate der Hauptsätze der Beispiele aus den einschlägigen Abschnitten im Duden sind: *ärgern, behaupten, beobachten, das Gefühl haben, denken, egal sein, eine Rolle spielen, fragen, freuen, können, lassen, rechnen mit, sagen, scheinen, sehen, so freundlich sein, überlegen, vermögen, vernünftig sein*, und *wissen*. Diese Aufzählung mag ein Gefühl dafür vermitteln, warum wir die Codierung mit THE und THEII als ausreichend erachten.

4.5.4.3 Verhältnissätze

Während der Relativsatz (in der Regel) zwei Relationen über ein gemeinsames Objekt verknüpft und der Inhaltssatz als Ganzes eine Rolle (THE) in der übergeordneten Relation spielt, stellt der Verhältnissatz eine Beziehung zwischen den beiden Relationen her: „In Satzgefügen, die hierher gehören, werden zwei Aussagen, die inhaltlich und strukturell vollständig sind, zueinander in Beziehung gesetzt; es wird ein bestimmtes Verhältnis zwischen ihnen hergestellt. Der kategoriale Wert dieses Verhältnisses ist [...] unabhängig von irgendwelchen Merkmalen im übergeordneten Satz, und gegenüber keiner Verknüpfung bestehen Einschränkungen grammatischer Art. [...] Weil diese Verhältnisse jeweils durch sehr unterschiedliche Anschlussmittel bestimmt sind, orientieren wir uns für unsere Darstellung nicht an diesen Mitteln, sondern gleich an den kategorialen Werten, die ja auch der Bezeichnung der Nebensätze [siehe Tabelle 4.5] zugrunde liegen." [EGW+98, Rz. 1364] Den vom Duden genannten *kategorialen Wert* eines (Teil-) Satzes können wir direkt in eine thematische Rolle übersetzen, so dass die Codierung von Verhältnissätzen in SENSE sehr einfach ist. Tabelle 4.5 gibt die thematischen Rollen an; Kategorisierung, Anschlussmittel und Beispiele wurden aus dem Duden übernommen [EGW+98, Rz. 1364-1389].

Typ	Anschlussmittel	Beispiele	Deixis
Kausal- satz	*da*; *weil*; *zumal*; *um so mehr als*; *dafür*; *dass*	Da eine Baustelle eingerichtet wird, gibt es eine Umleitung. Sie blieb gerne im Bett, zumal sie ein bisschen Fieber hatte. Dafür, dass du zu spät kommst, musst du eine Runde zahlen.	CAU+

Konse-kutivsatz	*dass*; *sodass*; *zu*; *so ..., dass*; *um ... zu*; *zu ..., als dass*; *sodass*	Es regnete stark, sodass die Wanderung recht anstrengend wurde. Er lies das Radio so laut laufen, dass sich alle Nachbarn aufregten. Sie war dabei so glücklich, dass sie hätte in die Luft springen wollen. Sie hatten den Einfluss, den Beschluss durchzusetzen. Er ist zu müde, als dass er heute noch kommt. Ich bin zu alt, um darauf noch zu hoffen.	CAU+/-
Konzes-sivsatz	*obwohl*; *obschon*; (etc.) *wenn auch*; *wenngleich*; *trotzdem*	Obwohl er sich sehr beeilte, kam er zu spät. Wenn das Buch auch sehr gut ist, ist es doch für mich wenig nützlich.	CAU-
Modal-satz	*indem*; *so, dass*; *dadurch, dass*; *ohne dass*; *ohne ... zu*	Er löste die Aufgabe, indem er den Knoten zerhieb. Er tat alles, ohne jedoch Erfolg zu haben.	MOD oder INST
Tempo-ralsatz	*nachdem*; *als*; *wie*; *seit*; *seitdem*; *sobald*; *sowie*; *sooft*; *wenn*; *kaum dass*; *bis*; *bevor*; *ehe*; *während*; *indem*; *indes*; *indessen*; *solange*	Nachdem sie die Probezeit bestanden hatte, war es für sie leichter. Kaum hatte er das Haus verlassen, als es Alarm gab. Seitdem er umgezogen ist, lebt er viel ruhiger. Bevor sie die Probezeit bestanden hatte, war es schwer. Bevor du die Probezeit nicht bestanden hast, darfst du nicht Urlaub nehmen. Bis er umzog, lebte er sehr unruhig. Ich genehmige den Urlaub nicht, bis du (nicht) die Probezeit bestanden hast. Während er schrieb, gingen wir spazieren. Als er auf dem Lande lebte, war er viel ausgeglichener. Seit er auf dem Land lebte, war er viel ausgeglichener. Solange er auf dem Land lebte, war er viel ausgeglichener. Als sie (gerade) schrieb, brachen wir auf.	Zeit
Kondi-tionalsatz	*wenn*; *sofern*; *falls*; *außer wenn*; *es sei denn*; *je ... desto*; uneingeleiteter Nebensatz	Wenn sie jetzt gewählt ist, bleibt sie auch da. Ich komme heute noch vorbei, außer wenn es sehr spät wird. Wenn er nur an sie dachte, wurde er schon ganz froh. Er stimmt wahrscheinlich mit Nein, wenn er überhaupt stimmt. Wenn ihr liberal seid, dann sind wir ja Anarchisten. Je mehr sie sich um ihn bemühte, um so spröder wurde er.	SUM+/- oder Verhältnis

Final-	*damit; dass; auf*	Sie ließ die Rollläden herunter, um das Licht zu	INT
satz	*dass; um … zu*	dämpfen. Um das Licht zu dämpfen, brauchst du	
		nur die Rollläden herunter zu lassen. Einen Last-	
		wagen, um das Holz abzufahren, haben wir nicht.	
Kon-	*während; wenn;*	Statt zu schlafen, las sie. Während die eine Woh-	keine
fronta-	*wohingegen;*	nung zu klein war, war die andere zu weit entfernt.	Rela-
tion	*statt dass; statt*	Außer dass er eingekauft hat, hat er nichts getan.	tion,
	… zu; außer		siehe
	dass; außer …		Text
	zu		
Aussa-	*was; insofern;*	Er ist eigentlich ganz korrekt, nur dass er recht	siehe
genprä-	*soviel; soweit;*	nachgiebig ist. Der Plan ist, was die statischen Be-	Text
zisie-	*dafür, dass;*	rechnungen angeht, in Ordnung. Das Ergebnis ist,	
rung &	*wobei; was*	insofern hier erstmals Jugendliche mitgearbeitet	
Aspekt-		haben, zufrieden stellend. Soviel ich weiß, ist der	
ein-		Erdumfang 40 000 km. Dafür, dass sie nur 1,40 m	
gren-		groß ist, springt sie sehr hoch. Seine Forderung ist	
zung		übertrieben, wobei ich über ihre Logik nichts sa-	
		gen will. Was nun diese Geschichte angeht, so ist	
		festzuhalten: …	

Tabelle 4.5: Klassifikation der Verhältnissätze

Für Nebensätze der Konfrontationsbeziehung (vgl. [EGW+98, Rz. 1387]) und der Aussagenpräzisierung (vgl. [EGW+98, Rz. 1388]) kann man nicht ohne weiteres angeben, wie sie in SENSE codiert werden können. Daher betrachten wir diese beiden nochmal genauer: Der Duden unterscheidet fünf Typen von Konfrontationsbeziehung, in denen „zwei Aussagen in irgendeiner Weise einander konfrontierend zugeordnet werden." [EGW+98, Rz. 1387]

- Der erste Typ ist die *adversative Konfrontation*, wie in „*Während die eine Wohnung zu klein war,* war die andere zu weit entfernt." Hier können einfach beide Aussagen als *wahr* angenommen und getrennt voneinander codiert werden. Die Konfrontation ist hier nur ein Stilmittel.

- Der zweite Typ ist die *substitutive Konfrontation*, wie in „*Statt zu schlafen,* las sie." Den substituierten Teil (*statt zu schlafen*) kann man durch einen negierten Satz ausdrücken: „Sie schlief nicht." Auch in diesem Fall können wir wieder beide Aussagen als *wahr* annehmen und getrennt voneinander codieren. (Zur Problematik der Codierung einer Negation vgl. Abschnitt 4.6.1.)

Kategorialer Wert	Anschlussmittel	Beispiele
faktisch	*dass*	Es hat mich gefreut, dass er das versprochen hat.
	Infinitiv	Es hat mich gefreut, sie gesehen zu haben.
verlaufsdarstellend	*als*	Als er plötzlich auftauchte, freute mich das ungemein.
hypothetisch	Infinitiv	Es würde mich freuen, ihn zu sehen.
	wenn	Es würde mich freuen, wenn ich ihn sähe.
referierend	Infinitiv	Sie behauptet, darüber betroffen zu sein.
	dass	Sie sagt, dass alles seine Ordnung hat.
indirekte Rede	angef. Satz	Er sagt, er sei selber schuld.
direkte Rede	angef. Satz	Er sagt, „Ich bin selber schuld."
verlaufsdarstellend	*wie*	Ich merkte, wie meine Kräfte nachließen.
	Akk. mit Inf.	Ich sah sie näher kommen.
undeutliche Wahrnehmung	*als/als ob*	Mir schien, als wüsste er nicht weiter. Mir schien, als ob er nicht weiter wüsste.
modal	*dass*	Es ist wichtig, dass sie einmal kommt.
	Infinitiv	Er vermochte dies nicht einzuschätzen. (Er konnte dies nicht einschätzen.)
	Akk. mit Inf.	Sie ließen ihn gehen.
Offenheit eines Sachverhaltes		
global fraglichkeitsdarstellend (indirekt)	*ob*	Er fragte, ob ich käme.
g. f. d. (direkt)	angef. Frage	Er fragte: „Kommst du?"
fraglichkeitsaufhebend	*ob*	Sie weiß, ob er kommt.
alternativsetzend	*ob*	Es spielt keine große Rolle, ob er kommt.
speziell fraglichkeitsdarstellend (indirekt)	W-Anschluss	Sie fragte, wann er komme.
s. f. d. (direkt)	angef. W-Frage	Sie fragte: „Wann kommst du?"
fraglichkeitsaufhebend	W-Anschluss	Er weiß, wann er kommt.
alternativsetzend	W-Anschluss	Es spielt keine große Rolle, wer kommt.
umreißend	W-Anschluss	Mich hat geärgert, was da behauptet worden ist.

Tabelle 4.4: Klassifikation der Inhaltssätze

- Der dritte Typ ist die *ausgrenzende Konfrontation*, wie in *„Außer dass er eingekauft hat*, hat er nichts getan." Bei diesem Typ geht es, so der Duden, um nichterfüllte oder übererfüllte Erwartungen. Problematisch ist im Beispiel die nichtspezifizierte Grundmenge (vgl. [Rup02b, Kap. 7.2]) der Erwartungen: Was hätte er denn tun können oder sollen? Dieses Problem entspringt nicht dem Wort *nichts* in diesem Beispiel (auch wenn das alleine schon problematisch ist, vgl. Abschnitt 4.6.1), es hätte ja auch heißen können: „Außer dass er eingekauft hat, hat er *nur geschlafen*." Die Grundmenge ist unbekannt, da nicht gesagt wird, was *er* außer *einkaufen* statt *schlafen* hätte tun sollen. Davon abgesehen bleiben uns aber offensichtlich wieder zwei Aussagen („Er hat eingekauft." und „Er hat geschlafen.") die wir als *wahr* annehmen und getrennt voneinander codieren können.

- Der vierte Typ ist die *Schicksals-Konfrontation*, wie in „Sie stellte den Regenschirm neben sich, *um ihn dann doch noch zu vergessen*." Auch diese Konfrontation ist eher ein Stilmittel. Wieder können wir beide Aussagen ohne Verlust getrennt voneinander codieren.

- Der fünfte Typ ist die *Vergleichbarkeits-Konfrontation*, wie in *„So wie du gerne angelst*, spiele ich gerne Tischtennis." Auch in diesem letzten Fall können wir beide Aussagen ohne Verlust getrennt voneinander codieren.

Die Nebensätze der Aussagenpräzisierung können in Sense nicht verlustfrei codiert werden. Nebensätze der Aussagenpräzisierung präzisieren die Aussage, die im Hauptsatz steht. Das heißt, sie geben den Kontext an, in dem die Aussage des Hauptsatzes *wahr* ist. In Sense ist jedoch bisher keine Abbildung von Spektren in die Stimuli und Entscheidungsfunktionen des Kontextes (vgl. Abschnitt 3.3.2) entwickelt. (Diese würde beispielsweise auch für die Codierung von indirekter oder zitierter Rede benötigt.) Der einzige Weg, die Semantik von Sätzen mit Nebensätzen der Aussagenpräzisierung zu codieren, wäre zu versuchen, sie in Sätze zu verwandeln, die im gegenwärtigen Kontext uneingeschränkt war sind.

4.6 Grammatikalische Sonderfälle

In diesem Abschnitt behandeln wir Effekte der natürlichen Sprache, die zwar häufig vorkommen, sich aber nicht so einfach in der Satzgrammatik beschreiben lassen. Sie stehen in gewisser Weise orthogonal zum Aufbau grammatikalischer Sätze. Da wäre zum einen die Negation, die sich praktisch beliebig auf Wörter, Wortgruppen, Konstituenten und Teilsätze anwenden lässt. Das nächste Thema sind Ellipsen, der Inbegriff der Sprachökonomie, und ein Indiz dafür, dass der Mensch mit Wörtern gerne genau so weit spart, dass das Gesagte unter Einsatz von Syntax-, Semantik- und Pragmatik-Wissen gerade noch verständlich ist. Das letzte Thema, die nichtkontinuierlichen Konstituenten, könnte eigentlich in der Satzgrammatik berücksichtigt werden, wird aber in der Linguistik allgemein häufig als Sonderthema behandelt, weil es die Konstruktion einer Grammatik (bzw. eines entsprechend fähigen Zerteilers) äußerst komplex macht.

4.6.1 Negation

In der Aussagenlogik ist alles eigentlich ganz einfach: Es gibt eine Aussage A, und es gibt ihre Negation $\neg A$. Wenn wir die Aussage aber nicht-atomar betrachten, wird die Sache schwieriger: Nehmen wir an, die Aussage wäre „Peter geht nach Hause." Die Negation wäre „Peter geht nicht nach Hause." Aber was bedeutet das eigentlich? Wir wissen jetzt, dass (1) Peter nicht nach Hause geht, sondern noch bleibt. Oder aber auch, dass (2) er nicht *nach Hause* geht, sondern wo anders hin. Oder aber auch, dass (3) er nicht nach Hause *geht*, sondern fährt. Oder vielleicht auch, dass (4) es nicht *Peter* ist, der geht, sondern Klaus. Der Duden unterscheidet an dieser Stelle (wie viele andere Quellen) die *Satznegation* und *Sondernegation* [EGW+98, Rz. 1272]. Die Interpretation (1) des Beispielsatzes entspräche einer Satznegation, die Interpretationen (2)-(4) entsprächen Sondernegationen. Diese Unterscheidung ist aber problematisch, da die Entscheidung, welcher Fall vorliegt, häufig nicht zu treffen ist [EGW+98, Rz. 1273]. Mündlich können wir das Gemeinte noch durch Betonung kenntlich machen, aber in Schriftdeutsch geht es gar nicht. Doch selbst wenn das möglich wäre – mit einer Annotationssprache wie SAL_E zum Beispiel – was lernen wir aus der negierten Aussage für unsere Anwendung? Da diese Frage „vorwärts" kaum zu beantworten ist, betrachten wir den Prozess im Folgenden von der Ergebnisseite: Wie kann man die Negation in den einzelnen Diagrammtypen der UML überhaupt ausdrücken?

Die UML 2 kennt sechs *Strukturdiagramme* und sieben *Verhaltensdiagramme*. Ein Teil dieser Diagrammtypen ist jedoch eher bis ausschließlich geeignet, Aspekte der konkreten Implementierung und der Installation der fertigen Software zu modellieren. Wir werden daher im Folgenden nur diejenigen betrachten, deren Einsatz im CIM sinnvoll ist (vgl. Kapitel 2.1).

Anwendungsfalldiagramm. Die Anwendungsfalldiagramme zeigen, wie die geplante Systemfunktionalität von den Akteuren zum Erreichen ihrer Ziele (i. e. Anwendungsfälle) verwendet werden. Jeder Anwendungsfall spiegelt eine *Möglichkeit* wider, das System zu verwenden. Eine *explizite Unmöglichkeit* für die Verwendung des Systems ist in der UML nicht vorgesehen: Dass ein System für diesen oder jenen Zweck *nicht* verwendet werden kann (oder darf), kann man nur ausdrücken, indem man den Anwendungsfall nicht hinschreibt – was jedoch dem Fall „nicht spezifiziert" entspricht. Ein „nicht" kann in Anwendungsfällen also nicht umgesetzt werden.

Klassendiagramm. Die Klassendiagramme beschreiben Mengen von Objekten (Klassen), Beziehungen zwischen Mengen (Vererbung) und wie Objekte miteinander verbunden sein können (Assoziationen). Darüber hinaus wird der „Bauplan" der Objekte einer Klasse angegeben (Attribute und Methoden). Die Klassendiagramme drücken also nicht aus, was *ist*, sondern sie drücken das Mögliche aus: das, was sein *kann*. Wenn hier (wie in den verwandten Arbeiten) dennoch Programmstrukturen (Klassen und Assoziationen) aus dem, was *ist*, abgeleitet werden, dann basiert dieser Ansatz auf der Annahme, dass nur etwas sein kann, das auch *möglich* ist: Man leitet aus der Aussage „Peter geht nach Hause" ab, dass es wohl einen „Peter" geben muss, dass der offenbar „gehen" kann und dass sein Ziel „nach Hause" sein können muss. Wenn jedoch eine negierte Aussage vorliegt, lernen wir unmittelbar nichts über das, was *ist*, und infolgedessen möglich sein muss. Mit einer zusätzlichen Annahme können wir dennoch strukturelle Information aus der negierten Aussage ziehen: Aus sprachökonomischen Überlegungen können wir annehmen, dass Spezifikationen in der Regel keine offensichtlich unzutreffenden Fakten enthalten, wie zum Beispiel „Ein Rotkrauthobel heiratet nicht in Kübeln." Mit dieser Annahme können wir davon ausgehen, dass, wenn der Satz „Peter geht nicht nach Hause." vorliegt, Peter prinzipiell schon nach Hause gehen *könnte*, auch wenn er es gerade nicht *tut*. Da das Klassendiagramm wiederum genau das *Mögliche* ausdrückt, können wir für das Klassendiagramm aus der negierten Aussage zumindest die gleichen Strukturen ableiten, wie aus der positiven Aussage.

Die einzige Möglichkeit, ein *nicht* in Klassendiagrammen unterzubringen, ergibt sich durch Zusicherungen: So kann ein *nicht* Einfluss auf Kardinalitäten haben – wenn eine Beziehung zwischen zwei bestimmten Instanzen explizit *nicht* besteht, dann muss die Multiplizität auf mindestens einer Seite der entsprechenden Assoziation mit Null beginnen. Wenn das *nicht* sogar ein *niemals* ist, ist zudem eine Umsetzung als OCL-Ausdruck [OCL06] denkbar: Die Invarianten, Vor- und

Nachbedingungen der OCL sind boolesche Ausdrücke, in denen der logische Operator *not* verwendet werden kann. Um aber den OCL-Ausdruck für das *niemals* überhaupt formulieren zu können, muss ironischerweise zuerst eine *Möglichkeit* geschaffen werden, also zum Beispiel eine Klasse angelegt werden, von der es *niemals* eine Instanz gibt, oder eine Assoziation, von der es *niemals* eine Verknüpfung gibt. Überraschenderweise ist also *nichts* (ignorieren) das sinnvollste, was wir mit einem *nicht* für das Klassendiagramm im Modellextraktionsschritt tun können!

Objektdiagramm. Das Objektdiagramm zeigt mögliche Ausprägungsszenarien von Klassen und Assoziationen. Es zeigt also in Beispielszenarien, was *ist*. Was *nicht ist*, ist im Objektdiagramm nicht zu sehen. Im Objektdiagramm ist es also nicht möglich, ein *nicht* auszudrücken.

Aktivitätsdiagramm. Das Aktivitätsdiagramm beschreibt schematisch Abläufe von Aktivitäten. Dabei können sowohl der Kontrollfluss als auch Objektflüsse dargestellt werden. Zur Steuerung des Kontrollflusses gibt es im Aktivitätsdiagramm unter anderem Entscheidungsknoten. Ihre Ausgänge werden mit Bedingungen (*guards*) versehen, die über den Kontrollfluss entscheiden. An den Aufbau dieser Bedingungen stellt die UML-Spezifikation keine formalen Anforderungen (siehe [UML07, § 12.3.22]), wir können hier also Negationen verwenden. Die Interpretation der Bedingungen (und folglich auch etwaiger Negationen) muss aber mit dem Verwender des Modells abgestimmt werden.

Interaktionsdiagramm. Die Interaktionsdiagramme (dazu zählen die Sequenzdiagramme, Kommunikationsdiagramme und Interaktions-Übersichtsdiagramme) zeigen, wie Objekte miteinander interagieren (i. e. Botschaften austauschen) und in welcher Reihenfolge sie das tun. Die unterschiedlichen Diagrammtypen haben dabei einen unterschiedlichen Fokus (und natürlich eine unterschiedliche Notation), ihnen liegen aber seit UML 2 dieselben formalen Strukturen zugrunde. Eine zentrale Rolle spielt hierbei das „kombinierte Fragment" (*Combined-Fragment*): In seiner ursprünglichen Intention zeigte beispielsweise ein Sequenzdiagramm *einen* von vielen möglichen Wegen, den die Kommunikation einschlagen kann. Bei jeder binären Entscheidung, die die Kommunikation beeinflusst, verdoppelte sich demnach die Anzahl der Sequenzdiagramme, die man zeichnen musste, um das System vollständig zu spezifizieren; bei mehrwertigen Entscheidungen vervielfältigte sich die Anzahl um so mehr. Dieses Problem lösen kombinierte Fragmente: "Through the use of CombinedFragments the user will be able to describe a number of traces in a compact and concise manner." [UML07, § 14.3.3] Ein kombiniertes Fragment besteht aus einem Interaktionsoperator und einem oder mehreren Interaktionsoperanden, die jeweils an eine Bedingung (*guard*) geknüpft sein

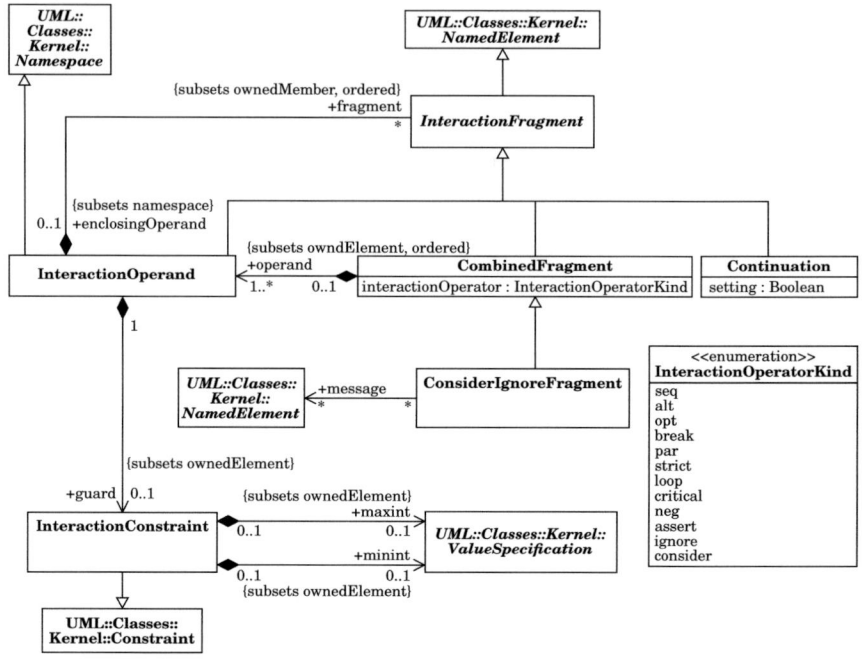

Abbildung 4.8: CombinedFragment aus der UML-Spezifikation

dürfen (vgl. Abbildung 4.8, Quelle: [UML07, Fig. 14.7]). An diesen beiden Stellen, beim Interaktionsoperator und bei den Bedingungen haben wir die Möglichkeit ein *nicht* in Interaktionsdiagrammen auszudrücken.

Die erste Möglichkeit ist der Interaktionsoperator *Negative*: "The interaction-Operator **neg** designates that the CombinedFragment represents traces that are defined to be invalid. The set of traces that defined a CombinedFragment with interactionOperator *negative* is equal to the set of traces given by its (sole) operand, only that this set is a set of invalid rather than valid traces. All InteractionFragments that are different from Negative are considered positive meaning that they describe traces that are valid and should be possible." [UML07, § 14.3.3] Die Information, ob *nicht dieser Empfänger* (i. e. unzulässiger Teilnehmer), *nicht diese Interaktion* (i. e. unzulässige Interaktion) oder *nicht dieser Ablauf* (i. e. unzulässiger Ablauf) gemeint ist, kann man jedoch nicht spezifizieren. Der erste Fall entspräche einer Sondernegation an einem Satzobjekt, der zweite Fall einer Sondernegation am Prädikat oder einer Satznegation und der dritte Fall einer „Negation am Absatz".

Die zweite Möglichkeit, ein *nicht* auszudrücken, haben wir in den Bedingungen (*guards*): "A guard represents a Message whose execution is contingent on the truth of the condition clause. The guard is meant to be expressed in pseudocode or an actual programming language; UML does not prescribe its format. An example would be: [x > y]." [UML07, S. 516] Die einzige Einschränkung ist, dass es sich um einen Booleschen Ausdruck oder um *else* handelt (vgl. [UML07, § 14.3.14]). Die Interpretation der Bedingungen (und folglich auch etwaiger Negationen) bleibt somit, wie beim Aktivitätsdiagramm, dem Programmierer überlassen.

Zustandsdiagramm. Das Zustandsdiagramm in UML ist letztlich ein endlicher Automat, der die möglichen Zustände und deren Abfolge eines Objektes beschreibt. Jeder Zustandsübergang in diesem Automaten kann an eine Bedingung (*guard*) geknüpft werden, die vom Typ „Constraint" ist. Für diesen Typ spezifiziert die OMG: "A constraint is a condition or restriction expressed in natural language text or in a machine readable language for the purpose of declaring some of the semantics of an element. [...] Certain kinds of constraints (such as an association 'xor' constraint) are predefined in UML, others may be user-defined. A user-defined Constraint is described using a specified language, whose syntax and interpretation is a tool responsibility. One predefined language for writing constraints is OCL. In some situations, a programming language such as Java may be appropriate for expressing a constraint. In other situations natural language may be used." [UML07, § 7.3.10] Es kommt also darauf an, worauf wir uns mit dem Programmierer einigen, ob – und wenn und welche Semantik ein *nicht* besitzt.

Schlussfolgerung In Anwendungsfall- und Objektdiagrammen können wir ein *nicht* überhaupt nicht ausdrücken, in Klassendiagrammen ignorieren wir es am besten und in den restlichen besprochenen Diagrammtypen können wir es nur in Bedingungen und dort nur ohne zwingende Semantik umsetzen. Allein der Interaktionsoperator *Negative* ermöglicht uns Rückschlüsse auf die Anforderungen an die Verarbeitung eines *nicht*s im Eingabedokument zu ziehen. Und diese Anforderungen sind nur die Angabe des Wirkungsbereichs des *nicht*s. Wir wollen daher ein *nicht* als Attribut behandeln: Es ist einem gewissen Spektrum zugeordnet – und zwar in dessen Satzkontext (vgl. Kapitel 4.2). In dieser Form behalten wir genügend Information, um in den nachfolgenden Schritten ein *nicht* sowohl als Satz- als auch als Sondernegation (oder sogar noch weiter ausgedehnt) zu interpretieren.

4.6.2 Ellipsen

Eine *Ellipse* (von griech. ελλειψισ, Fehlen, Aussparung, Auslassung) bezeichnet ein syntaktisches Stilmittel, bei dem durch die Auslassung von Wörtern oder Satzteilen unvollständige Sätze entstehen, die aber trotzdem sinnvoll ergänzt und so vom Empfänger verstanden werden können. Der vom Standpunkt der Modellextraktion aus gesehen wichtigste Unterschied zwischen den verschiedenen Arten von Ellipsen ist die Ebene, auf der eine Ergänzung stattfinden muss. Überschriften zum Beispiel sind üblicherweise Ellipsen, die *auf pragmatischer Ebene* ergänzt werden müssen: Der Empfänger muss sich mit Sachwissen die fehlenden Satzglieder ausdenken, um einen ganzen Satz zu konstruieren. Diese Art von Ellipsen weist also auf eine unvollständige „Spezifikation" hin und verschiebt eine sinnvolle Behandlung dieses Defekts von der Modellextraktion zurück in die Textakquisephase (vgl. Abschnitt 2.2.2). Die zweite Art von Ellipsen (auch „Zeugma" genannt) kann auf der *syntaktischen und Sprach-semantischen Ebene* ergänzt werden. Hier ist die fehlende Wortfolge im Text enthalten, der Empfänger braucht sie, bildlich gesprochen, nur mit einem Präprozessor nochmal an die richtige Stelle zu kopieren. Ein bekanntes Beispiel für diese Art von Ellipse ist „Ich heiße Heinz Erhardt und Sie herzlich willkommen!" Nur diese Art von Ellipsen, bei der zumindest alle benötigten Wörter vorhanden sind, hat eine Chance, in der Modellextraktionsphase erfolgreich behandelt werden zu können. Das Folgende bezieht sich daher nur noch auf diese zweite Art von Ellipsen.

Nun handelt es sich bei dem Satz „Ich heiße Heinz Erhardt und Sie herzlich willkommen!" eigentlich um eine sprachwidrige Verbindung zweier Aussagen. Das Verb „heißen" ist *polysem*, das heißt, das formal gleiche Wort hat unterschiedliche Bedeutungen[34]. Da offensichtlich verschiedene Bedeutungen in den beiden Teilen verwendet werden, ist das Ergebnis humoristisch. Als rhetorische Stilmittel nennt man diese speziellen Art von Ellipse auch *Syllepse*. Nicht, dass wir bei der Modellextraktion erhöhten Wert auf die Verarbeitung von Syllepsen legen wollen, aber dieser kurze Satz zeigt bereits das Problem, das die Verkürzung mit sich bringen kann: Die virtuelle „Kopieroperation", die der Dekodierung einer solchen Ellipse vorausgehen muss, schafft für die wiederverwendete Wortfolge einen neuen Kontext, in dem sich die Bezüge und damit die Interpretation ändern können. Diese Änderung ist nicht zwingend, sie *kann* aber gewollt sein – beides aber manifestiert sich nicht im Text! Ein Beispiel für das Problem, das sich aus dieser Möglichkeit ergibt, gab George W. Bush in einer Rede vom 5. August 2004[35]: "Our enemies are in-

---

[34] Der Unterschied zum Homonym ist die Verwandtschaft der Wörter über eine gemeinsame sprachliche Wurzel oder eine Ableitungsbeziehung der Bedeutung bei der Polysemie. Homonymie liegt hingegen bei diesbezüglich unverwandten Wörtern vor.

[35] siehe WIKIQUOTE: „George W. Bush", http://en.wikiquote.org/w/index.php?title=George_W._Bush&oldid=957562, zuletzt besucht am: 24. 05. 2009

novative and resourceful, and so are we. They never stop thinking about new ways to harm our country and our people, and neither do we." Die Dekodierung dessen, was Bush gemeint hat, ist offensichtlich nur auf pragmatischer Ebene möglich und damit wieder jenseits der Modellextraktion.

Nun mag sich der Leser fragen, warum man sich bei der Modellextraktion überhaupt um rhetorische Figuren und Heinz Erhardt kümmern muss. Die Antwort ist, dass die Ellipse häufig von technischen Schreibern eingesetzt wird. Ein Beispiel aus den FIDE Schachregeln ist folgende Koordination: "Leaving one's own king under attack, exposing one's own king to attack and also 'capturing' the opponent's king are not allowed." [FID08] Es ist gleichzeitig Beispiel für eine „gutartige" Ellipse: Drei vollständige Satzglieder teilen sich ein gemeinsames viertes. Das geteilte Satzglied ermöglicht keine unterschiedlichen Bezüge für die drei elliptischen Satzglieder (in diesem speziellen Fall gestattet es ja sogar gar keine Bezüge). Wann immer vollständige Satzglieder mit identischen Bezügen geteilt sind, ist die Verarbeitung mit SENSE (und wenn sie kontinuierlich sind, auch mit SAL_E) möglich. Das ist bei Koordinationen häufig der Fall. Ein Gegenbeispiel: „Der Hauseigentümerverband *hat* gegen die Hypothekarzinserhöhung *protestiert*, [und] der Mieterbund gegen die angekündigte Mieterhöhung." [EGW+98, Rz. 1255] Hierbei handelt es sich nicht um eine Syllepse, das Verb *protestieren* wird monosem verwendet. Der Protest des Hauseigentümerverbandes ist aber dennoch ein anderes Ereignis, als der Protest des Mieterbundes. Der Bezug des *protestieren* ändert sich also: Mit nur einem einzelnen syntaktischen Element werden also zwei verschiedene Begriffe erweckt (vgl. Abschnitt 3.4.1).

Sich ändernde Bezüge werden in SENSE naheliegenderweise nicht unterstützt. Um Ellipsen in SAL_E zu behandeln, stehen dem Annotierer zwei Möglichkeiten zur Verfügung: a) Er kann anstelle einer einzelnen Konstituenten Koordination verwenden (vgl. Abschnitt 5.1.1) und b) er kann mehrere explizite Relationen über die Konstituenten spannen (vgl. Abschnitt 5.1.4). Die Bezüge bleiben in diesen Fällen eindeutig, und zwar so, dass es auch für den Annotierer offensichtlich ist. Zusätzlich wäre denkbar, dass der SAL_E-Übersetzer in einem Vorverarbeitungsschritt die notwendigen Kopieroperationen für weitere elliptische Konstruktionen durchführt – technisch (und syntaktisch) problemlos zu realisieren. Da sich hierbei aber, so unsere Beobachtung, in vielen Fällen auch der Bezug ändert, entsteht ein Problem: Für die Eingabesprache SAL_E haben wir verschiedenen Konstrukte ausprobiert um die benötigte Information zu annotieren, konnten aber keine befriedigende Lösung finden. Über die beiden vorgeschlagenen Möglichkeiten hinaus werden Ellipsen in SAL_E derzeit nicht weiter unterstützt.

4.6.3 Diskontinuierliche Konstituenten

Diskontinuierliche Konstituenten sind Konstituenten, deren Wortfolge unterbrochen ist, die also keine kontinuierliche Wortfolge aufweisen, wie Konstituenten dies normalerweise tun. Ein Beispiel ist häufig das Prädikat im deutschen Satz: „Er *wird* sich auf die Reise *begeben*." Die Grenze, was als diskontinuierliche Konstituente angesehen wird, und was nicht, hängt von der Satzgrammatik ab, die wir für die jeweilige Sprache entwickelt haben (vgl. [EKR+69]). Jedoch, wo auch immer man die Grenze zieht: Durch unsere Kommas, den zusätzlichen Fall (Dativ) und eine stärkere Flexion der Wörter können wir im Deutschen viel leichter sinnvolle diskontinuierliche Wortfolgen bauen, als beispielsweise im Englischen. Und so muss man diskontinuierliche Konstituenten in deutschen Texten als *üblich* akzeptieren.

Da SENSE intentional nur die Semantik einer Aussage codiert, ist es der entstehenden Relation nicht mehr anzusehen, ob sie ursprünglich kontinuierlich oder diskontinuierlich aufgeschrieben war. Für SENSE ist dieses Problemfeld der allgemeinen Computerlinguistik also irrelevant. Anders sieht es da, so viel sei vorweggenommen, bei SAL_E aus: SAL_E kann nur dann mit diskontinuierlichen Konstituenten umgehen, wenn andere Konstituenten in die diskontinuierlichen „hinein geschachtelt" wurden (vgl. [EKR+69]). In diesem Fall sind keine besonderen Maßnahmen zu ergreifen. Leider ist diese Schachtelungsbeziehung zwar häufig, aber nicht immer der Fall. Im obigen Beispiel mit dem diskontinuierlichen Prädikat liegt keine Schachtelungsbeziehung vor. Dieser häufige Fall einer diskontinuierlichen Konstituenten löst sich aber ebenfalls von selbst: Wir würden dem Hilfsverb sowieso keine semantische Bedeutung zuweisen und es als syntaktischen Kitt einfach ignorieren (vgl. Abschnitt 4.3.2).

Kapitel 5

SAL$_E$ мх

Im vorhergehenden Kapitel wurden die Konzepte von SENSE (Software Engineer's Natural language Semantics Encoding) vorgestellt, der algebraischen Grundlage, auf der die Semantik der Annotationssprache SAL$_E$ aufbaut. SAL$_E$ steht für „SENSE Annotation Language for English[1]". Das Verhältnis von SAL$_E$ zu SENSE ist also grob mit dem Verhältnis von Java zum objektorientierten Programmierparadigma zu vergleichen: SAL$_E$ ist *eine* mögliche Syntax, um den Formalismus SENSE mit Inhalten zu füllen, die dann weiterverarbeitet werden. Das SAL$_E$-Dokumente verarbeitende Werkzeug hat den Namen SAL$_E$ мх (SAL$_E$ Model eXtraction). Realisiert ist SAL$_E$ мх im Wesentlichen durch Graphersetzung, die die Strukturen des Formalismus SENSE (Spektren, Omnigraphen, Modifikation, etc.) vermittels der vorhandenen Strukturen (Knoten, Kanten, Attribute, etc.) und Regeln (Single-Push-Out-Ansatz, Typhierarchien, etc.) des eingesetzten Graphersetzungssystems GRGEN.NET [GBG+06] simuliert. Die verschiedenen Begriffe und Komponenten sind für einen groben Überblick in Tabelle 5.1 aufgeführt.

SAL$_E$	Annotationssprache für linguistisch-semantische Informationen
SAL$_E$-Graph	Darstellung der semantische Interpretation des Textes als einfacher (attributierter und typisierter) Multigraph in GRGEN.NET
GRGEN.NET	Graphersetzungssystem für die Transformation eines SAL$_E$-Graphen
(SAL$_E$-) Übersetzer	ANTLR-basierter Übersetzer, der SAL$_E$-annotierte Texte in Befehle überführt, die einen SAL$_E$-Graph in GRGEN.NET erzeugen
Graphmodell	Beschreibung der zulässigen Knoten- und Kantentypen eines SAL$_E$-Graphen
„Regeln"	Graphersetzungsregeln, die den SAL$_E$-Graph in die gewünschte Form transformieren
SAL$_E$ мх	SAL$_E$-Übersetzer + GRGEN.NET + Graphmodell + Regeln

Tabelle 5.1: Begriffe und Komponenten

---

[1] SAL$_E$ wurde ursprünglich für die Annotation von englischen Texten entworfen, funktioniert aber ebenso gut mit deutschen Texten.

5.1 Die Annotationssprache SAL$_E$

In diesem Abschnitt betrachten wir die Syntax der Annotationssprache SAL$_E$ genauer. Da sie „nur" die Syntax für SENSE darstellt, gibt es beim Entwurf einer solchen Sprache natürlich einige Freiheitsgrade. Als Entwurfsziel für SAL$_E$ wurde festgelegt, den Eingabetext möglichst unverändert *annotieren*, aber trotzdem möglichst seine gesamte Semantik in SENSE *codieren* zu können. Es sollte also im Gegensatz zu zum Beispiel CPL [DKK$^+$87] *nicht* notwendig sein, den kompletten Text so umzuformulieren, bis er aus einer Reihe von verbalisierten, prädikatenlogischen Formeln besteht, deren Zusammenhang mit dem ursprünglichen Text alles andere als offensichtlich ist. Erste Versuche mit XML – derzeit eine Modetechnik für Annotationssprachen – scheiterten an der schieren Menge von spitzen Klammern und ständig wiederholten Auszeichnungsnamen: Der eigentliche Text war kaum noch zu erkennen. Da die Annotation auch von Hand möglich sein sollte, wurde das Ziel „so wenig zusätzliche Zeichen wie möglich" in die Menge der Entwurfsziele aufgenommen.

Die konkrete Grammatik von SAL$_E$ ist wegen gewünschter praktischer Eigenschaften etwas unübersichtlich. Zu diesen praktischen Eigenschaften gehört zum Beispiel, dass die Position einer Modifikation nicht festgelegt sein soll – die Modifikation soll also vor oder hinter dem zu modifizierenden Spektrum oder aber auch an einem ganz anderen Ort stehen können. Die an sich einfache Grammatik muss somit an unzähligen Stellen Anknüpfungspunkte für keine, eine oder eine Menge von Modifikationen vorsehen. Diese (und andere) „Hässlichkeiten" stellen jedoch weder grundlegenden Schwierigkeiten für das Verständnis des Benutzers noch für die Verarbeitung durch den Übersetzer dar, sie machen nur die Grammatik unübersichtlich. Aus diesem Grund habe ich die konkrete Grammatik in den Anhang B verschoben und führe die Sprache hier Schritt für Schritt ein.

5.1.1 Spektren, Relationen und Rollen

Die beiden zentralen Konzepte von SENSE sind das *Spektrum* (Abschnitt 3.4.5) und die *Omnikante*, die eine Relation oder Phrase repräsentiert (Kapitel 3.5). Wir beginnen mit dem *Spektrum*: Ein *neues* Spektrum wird entweder von einem *Wort* oder einer *Phrase* aufgespannt.

Wie ein Wort definiert werden kann, hängt vom verwendeten Zerteilergenerator und der Konstruktion der Grammatik ab. Wir nehmen für SAL$_E$ vereinfachend Regeln an, wie sie auch für Identifikatoren in Programmiersprachen gelten könnten. Der Vorteil dieses Ansatzes ist, dass wir die Wörter, wie sie sind, weiterverwenden können. So können wir sie direkt in UML als Klassennamen oder unterwegs

in GRGEN.NET als Variablennamen verwenden ohne sie in irgendeiner Form um-
zucodieren. Da wir, wie praktisch alle Programmiersprachen, keine Leerzeichen in
Wörtern zulassen, benötigen wir auch kein Wörterbuch, um Wortgrenzen zu erkennen. Ob es sich bei folgendem Beispiel um *Zeitfliegen* oder um das *Verfliegen von
Zeit* handelt, legt also der Benutzer fest: „Time flies like an arrow." Da hier zwischen *time* und *flies* ein Leerzeichen ist, handelt es sich um *zwei* Wörter und damit
um verfliegende Zeit. Daraus folgt, dass im Englischen zusammengesetzte Wörter bei der Annotation verbunden werden müssen. So muss aus „science fiction"
beispielsweise „science_fiction" gemacht werden, aus „New York" könnte man „Ne-
wYork" machen. Im Deutschen tritt dieses Phänomen deutlich seltener auf als im
Englischen (vgl. Abschnitt 3.4.5), jedoch müssen auch hier manchmal Bindestriche
gelöscht oder durch Unterstriche ersetzt werden.

Ein Spektrum kann nicht nur mit Wort oder Phrase neu erzeugt werden, auch
ein bereits verwendetes Spektrum kann wieder aufgegriffen werden. Hierfür wird
die *Referenz* verwendet: Mit dem Präfix @ vor einem Wort wird dieses Wort als *Identifikator* interpretiert. Der Identifikator muss dem Wort eines zuvor[2] verwendeten
Spektrums entsprechen (oder dem explizit angegebenen Identifikator einer zuvor
aufgeführten Phrase). Die Referenz bezieht sich auf dasselbe Spektrum wie das
nächstgelegene vorhergehende Vorkommen des Bezeichners (vgl. Abschnitt 4.4.1).
Dieser Mechanismus ist transitiv.

Wir wollen uns nun die Pseudo-Regel der *Relation* ansehen. Es gibt eigentlich
keine dedizierte „Relation" in SAL$_E$, sie ist nur eine vereinfachende Restriktion der
Phrase. Das folgende Syntaxdiagramm hat also nur illustrativen Charakter:

Relation

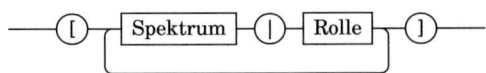

Eine Relation verbindet mehrere Spektren miteinander, und jedes dieser Spektren spielt eine *Rolle* in der Relation. Die Relation ist eine syntaktische Ausdrucks-
form der Omnikante: Weder die Anzahl der Elemente noch die Typen oder zulässigen Kombinationen der Rollen sind festgelegt. So kann eine Relation eine zweistellige, symmetrische Relation wie die Gleichheit von zwei Dingen ausdrücken
oder mit den Rollen *src* und *tgt* beispielsweise eine Kante eines einfach gerichteten
Graphen repräsentieren (vgl. Kapitel 3.5). *Welche* Rollen zur Verfügung stehen, ist
nicht durch die Grammatik von SAL$_E$ festgelegt. SAL$_E$ ʍx arbeitet an dieser Stelle
mit einer einfachen Textdatei, in der alle Rollen, die in SAL$_E$ ʍx verwendet werden

---

[2] an einer früheren Position in der linearen Folge der Wörter des Textes

können sollen, aufgeführt sind. Die Regeln für die Weiterverarbeitung des SAL$_E$-Graphen verwenden jedoch Rollen in den Suchmustern. So setzt SAL$_E$ MX mittelbar doch einen bestimmten Rollensatz voraus (auch wenn dieser änderbar ist). Dieser Rollensatz ist der in Kapitel 3.6 erarbeitete (für eine Komplettliste siehe Anhang A); die Rollen werden jeweils über ihre Abkürzungen referenziert.

Wir können jetzt bereits den einfachen Satz „Peter haut Anna." annotieren: Der Satz enthält drei Wörter aus offenen Wortklassen (zwei Nomen und ein Verb), die wir jeweils mit Spektren codieren (vgl. Kapitel 4.3). In der Beziehung nehmen sie die Rollen *agens* (AG, der Handelnde), actus (ACT, die Handlung) und *patiens* (PAT, der Behandelte) ein. In SAL$_E$ annotiert sieht das wie folgt aus[3]:

```
[Peter|AG haut|ACT Anna|PAT].
```

5.1.2 Phrasen

Die einfache Relation werden wir jetzt zur *Phrase* erweitern: In einer Phrase kann ein Element nicht nur *eine* Rolle einnehmen, sondern gleich mehrere (vgl. Kapitel 3.6). Wir lassen deshalb in der Phrase statt der Angabe einer einzelnen Rolle auch die Angabe einer Rollenmenge zu:

Rollenangabe

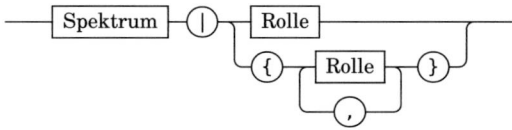

Im Satz „Peter schenkt Anna Rosen." nimmt Peter zwei Rollen ein: die Rolle des Handelnden (AG) und die Rolle des Gebenden (DON). Der Satz wird in SAL$_E$ wie folgt codiert:

```
[Peter|{AG,DON} schenkt|ACT Anna|RECP Rosen|HAB].
```

In einer Phrase kann nicht nur ein Element mehrere Rollen einnehmen, sondern auch – im Falle einer Koordination – mehrere Elemente eine Rolle (vgl. Kapitel 3.6). Allgemein wird eine solche Koordination in SAL$_E$ wie folgt ausgedrückt:

---

[3] Der annotierte Text wird in den folgenden Codebeispielen immer **besonders** herausgestellt, die Annotationen sind hingegen normal gedruckt.

Koordination

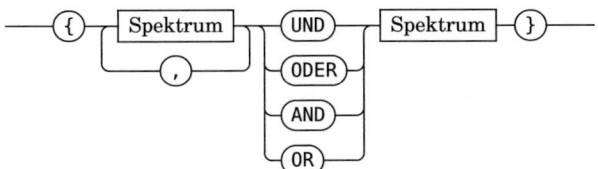

Die Koordination bildet als Ganzes *ein* Spektrum, das eine Rolle einnehmen kann, aber auch mehrere, wie das folgende Beispiel zeigt. Das Schlüsselwort UND gibt dabei den Typ der Verknüpfung für alle Spektren innerhalb der Menge an. (Kommata werden nicht ausgewertet.) Da SAL$_E$ auf Englisch und Deutsch optimiert wurde, wird das Schlüsselwort immer an vorletzter Position im Ausdruck erwartet.

[{**Peter**, **Frank** UND **Klaus**}|{AG,DON} **schenken**|ACT **Anna**|RECP **Rosen**|HAB].

5.1.2.1 Modifikation und Multiplizitäten

Neben der Koordination ist auch die Modifikation eine Möglichkeit, die Selektivitätsgrenzen der existierenden Wörter zu verändern (vgl. Abschnitt 3.4.6). Insbesondere Adjektive werden zur Modifikation verwendet. Da die Position eines Modifikators aber je nach Satzart variieren und es mehrere Modifikatoren für ein Spektrum geben kann, müssen wir überall um ein Spektrum herum mit Modifikatoren für dieses Spektrum rechnen und können keine prägnante Regel angeben. Wir geben aber zur Veranschaulichung eine weitere Pseudo-Regel an:

Modifikation

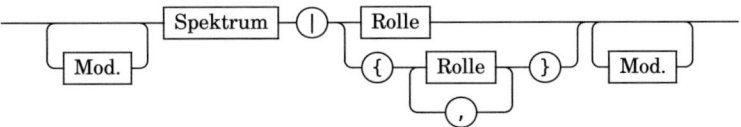

Das heißt, zwischen den Spektren, die eine Rolle in einer Relation spielen, können beliebig viele *Modifikatoren* stehen. Ein Modifikator ist wie folgt aufgebaut:

Modifikator

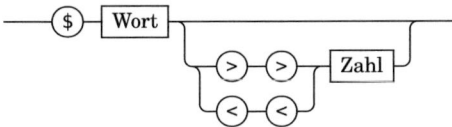

Ein Modifikator wird standardmäßig auf das nächste Spektrum im Satz bezogen. Diese Heuristik trifft im Deutschen und Englischen häufig („ein *rotes* Auto" bzw. „a *red* car"), im Französischen hingegen nie („une voiture *rouge*"). Doch auch im Deutschen kann das Adjektiv hinter dem modifizierten Nomen stehen: „Aal *blau* [. . .] tausend Mark *bar*" [EGW+98, Rz. 445]. Hinzu kommen Einschübe oder Nebensätze, die die „normale" Wortstellung durcheinander wirbeln. Um auch diese Fälle verarbeiten zu können, bietet SAL$_E$ die Verschiebeoperatoren << und >> an. Mit ihnen kann man angeben, auf das wievielte Element (in der entsprechenden Richtung der Pfeile) sich der Modifikator bezieht. Mitgezählt werden dabei nur Spektren und Modifikatoren (und damit auch Multiplizitäten, siehe unten). Der Fall, dass das *nächste* Spektrum modifiziert werden soll, kann mit >>1 angegeben werden. Diese Angabe kann jedoch unterbleiben, da in dem Fall, dass kein Verschiebeoperator angegeben wird, automatisch >>1 angenommen wird. In den folgenden beiden Beispielen werden demnach erst die *Rosen* modifiziert und dann das *schenken*:

```
[Peter|{AG,DON} schenkt|ACT Anna|RECP $rote Rosen|HAB].
[Peter|{AG,DON} schenkt|ACT Anna|RECP $häufig<<2 Rosen|HAB].
```

Auch Modifikatoren dürfen in Mengen auftreten:

Modifikatormenge

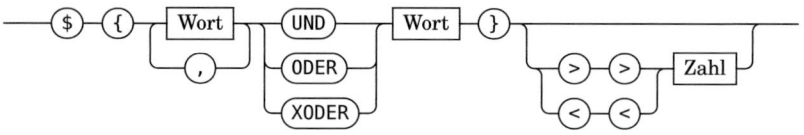

Ein Anwendungsbeispiel wäre „Anna mag langstielige und rote Rosen". Je nachdem, was wir *tatsächlich* ausdrücken möchten, können wir den Satz auf drei verschiedene Arten codieren. Man erkennt an diesem Beispiel die prinzipielle Problematik der Koordination in der natürlichen Sprache (vgl. Abschnitt 3.4.6.2).

```
[Anna|AG mag|STAT $langstielige>>2 $rote>>1 Rosen|PAT].
[Anna|AG mag|STAT ${langstielige UND rote} Rosen|PAT].
[Anna|AG mag|STAT ${langstielige ODER rote} Rosen|PAT].
```

Wie bereits Eingangs dieses Abschnitts erwähnt, wollen wir Modifikationen überall zulassen. In obigem Gleisdiagramm der Modifikatormenge müsste also ein rekursiver Aufruf der Regel *Modifikatormenge* vor und hinter jedem Wort eingefügt werden. Da das entstehende Diagramm ein deutliches Missverhältnis zwischen Übersichtlichkeit und Informationszugewinn aufweist, ersparen wir es uns und betrachten lieber ein Beispiel: Wenn Annas Rosen nicht nur langstielig und rot, sondern langstielig und *leuchtend* rot sein sollen, annotieren wir:

[**Anna**|AG mag|STAT ${**langstielige** UND $**leuchtend** **rote**} **Rosen**|HAB].

Bei dieser Annotation sind es nicht die Rosen, die leuchten: Da keine Verschiebeoperation angegeben ist, bezieht sich das *leuchtend* auf das unmittelbar nächste Spektrum, also auf das *rot*.

Eine besondere Form der Modifikation eines Spektrums ist – entsprechend unserer Erkenntnisse aus Abschnitt 4.3.3.2 und 4.3.3.3 – die Quantisierung. Mit ihr codieren wir die Information aus Zahlwörtern, Bruchzahlen, Zahladjektiven, Indefinitartikel und dergleichen mehr. Syntaktisch und semantisch funktionieren sie genau so, wie die Modifikatoren (hier nur die vereinfachte Darstellung ohne Mengen):

Quantor

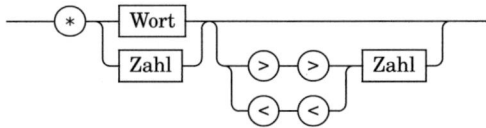

Ein Beispielsatz wäre:

[**Anna**|POSS **hat**|STAT *****drei** **Meerschweinchen**|HAB].

5.1.2.2 Kommentare

In einem normalen Text wollen wir (je nach Sprache) grob geschätzt 20-30 % Wörter nicht auswerten. Dafür gibt es verschiedene Gründe: Präpositionen beispielsweise wollen wir immer auskommentieren, weil ihre Semantik bereits in den thematischen Rollen codiert ist (vgl. Abschnitt 4.4.2). Ein weiteres Beispiel sind Streckverben, die nichts zur Semantik beitragen (vgl. Abschnitt 4.3.2). Ab und zu kann findet man auch Floskeln wie „o. B. d. A." oder andere Textabschnitte, mit deren Semantik man nicht das Modell belasten möchte. In SAL$_E$ gibt es daher die Möglichkeit einzelne Worte oder ganze Passagen auszukommentieren:

Kommentar

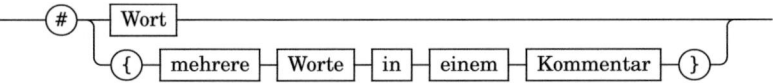

Nach Strunk und White hat beispielsweise ein *very* keine Bedeutung [SW99, S. 73] und so kann man es in folgendem Satz auskommentieren. (Man beachte auch die Verschiebeoperatoren: Kommentare werden nicht mitgezählt.)

[**Frank**|AG **sleeps**|ACT #**very** $**tightly**<<1].
[**Frank**|AG **sleeps**|ACT #{**very**, **very**} $**tightly**<<1].

5.1.2.3 Phrasenbeziehungen, Schachtelung und Köpfe

Wie zu Anfang dieses Abschnitts erwähnt, können nicht nur Wörter Spektren aufspannen und damit Rollen in Relationen spielen, sondern auch Phrasen. Ein Beispiel aus Abschnitt 4.5.4.3 ist der Konditionalsatz: Seine Aussage drückt eine Bedingung für eine andere Aussage aus. Er nimmt also im Verhältnis zu einer anderen Aussage die Rolle SUM ein. Die andere Aussage nimmt die Rolle CONS+ ein. Da zwischen diesen beiden Aussagen eine Relation besteht, annotieren wir:

```
[
    [#Wenn #die Sonne|AG scheint|ACT]|SUM
    [#gehen wir|AG Angeln|ACT]|CONSP
].
```

Auf diese Weise können Phrasen zueinander (oder zu anderen Objekten) in Beziehung gesetzt werden, die vom grammatikalischen Standpunkt aus in einem hierarchischen Verhältnis stehen. Jedoch müssen wir auch Phrasen in Beziehung setzen können, für die kein hierarchisches Verhältnis vorliegt. Zu diesem Zweck können wir eine Phrase einen Namen geben (hier: id42) und diesen Namen im Folgenden mit einer Referenz aufgreifen:

```
id42=[Peter|{AG,DON} schenkt|ACT Anna|RECP *eine Blume|HAB].
[#Darüber @id42|PAT freut|ACT #sich Anna|AG].
```

In diesem Fall spielt der erste Satz die Rolle PAT im zweiten Satz, obwohl kein hierarchisches Verhältnis vorliegt. Wir müssen aber auch den umgekehrten Fall behandeln können: Wenn zwei Phrasen eigentlich hierarchisch angeordnet sind, aber nicht die eingeschachtelte Phrase, sondern nur einer ihrer Konstituenten eine Rolle in der übergeordneten Phrase spielt, dann müssen wir diesen Konstituenten aus der inneren Phrase herausheben. Mit einem Zirkumflex können wir genau einen Konstituenten einer Phrase markieren, um dem SAL$_E$-Übersetzer mitzuteilen, dass er nicht die Phrase, sondern diesen Konstituenten mit der an der Phrase angegebenen Rolle an die äußere Omnikante binden soll. In folgendem Beispiel ist es nicht das „Besitzverhältnis" zwischen Peter und seinem Bruder, das die Rolle AG in der äußeren Phrase annimmt, sondern der Bruder. Er ist derjenige, der handelt, der also den Kuchen backt:

```
[
    [Peters|POSS ^Bruder|HAB]|AG
    backt|ACT #einen Kuchen|OPUS
].
```

5.1.3 Zusicherungen

Natürlichsprachliche Texte enthalten viele Textbezüge. Wenn das verwendete Wort in der gleichen Flexion wieder verwendet wird, können wir diesen Bezug mit einer Referenz (@...) auflösen. Im Falle von veränderten Flexionen, Pronomen, oder ähnlichen Bezügen funktioniert der Referenzmechanismus von SAL$_E$ nicht. In diesem Fall kann man dem SAL$_E$-Übersetzer ausdrücklich mitteilen, dass sich zwei Wörter (beispielsweise *Peter* und *er*) auf dasselbe Spektrum beziehen. Dazu gibt man eine zusätzliche Relation zwischen den beiden betroffenen Spektren an, die die Gleichheit der beiden ausdrückt. Eine solche Relation bezeichnen wir als *Zusicherung*.

```
[Klaus|AG backt|ACT $gerne<<1 Kuchen|OPUS].
[Er|AG spült|ACT auch $gerne<<2 #das Geschirr|PAT].
[@Klaus|EQK @Er|EQD].
```

Dabei sind zwei Dinge zu beachten: Erstens müssen beide Spektren-Angaben in der Zusicherung *Referenzen* auf die entsprechenden Spektren sein, die gleichgesetzt werden sollen. Zweitens ist diese Äquivalenzrelation, die der SAL$_E$-Übersetzer auswertet *nicht* symmetrisch. Wäre sie symmetrisch, wüsste der Übersetzer nicht, welches der beiden Elemente er einsetzen sollte. Wir verwenden daher die Rolle EQK (**eq**ual-**k**eep) für dasjenige Element das im Graphen behalten werden soll und EQD (**eq**ual-**d**rop) für das Element, das ersetzt werden soll. Im obigen Beispiel wird demnach das *er* durch den *Klaus* ersetzt. Dieser Mechanismus funktioniert natürlich mit allen Bezeichnern, so dass wir das Beispiel von weiter oben wie folgt umschreiben können:

```
id42=[Peter|{AG,DON} schenkt|ACT Anna|RECP *eine Blume|HAB].
[Darüber|PAT freut|ACT #sich Anna|AG].
[@Darüber|EQD @id24|EQK].
```

5.1.4 Explizite Relationen

Im Falle von besonders kompliziert gebauten Sätzen kann es sein, dass wir mit den bisher vorgestellten Mechanismen von Klammerung, Schachtelung, Herausheben und Referenzen nicht auskommen. Für diesen Fall sieht SAL$_E$ eine *explizite Relation* vor. Bei dieser Relation wird nicht das zusammengestellt, was „zufällig" gerade beieinander steht, sondern man greift sich bewusst einzelne Elemente heraus, die man in Beziehung setzen möchte. Hierzu kann man hinter der Rollenangabe einen Identifikator in runden Klammern für die explizite Relation notieren. Alle Objekte mit demselben Identifikator werden mit einer Omnikante (in den entsprechend angegebenen Rollen) verbunden. Die Syntax der Rollenangabe lautet dann:

Rollenangabe

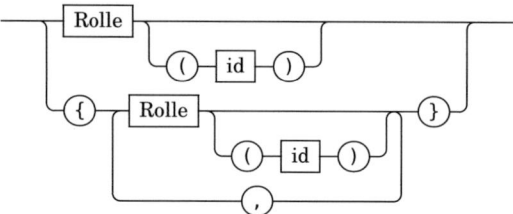

Dem entsprechend sind folgende Annotationen gleichwertig:

```
[[Karls|POSS ^Katze|HAB]|AG frisst|ACT [Marias|POSS ^Maus|HAB]|PAT].
[Karls|POSS(a) Katze|{HAB(a),AG} frisst|ACT Marias|POSS(b) Maus|{HAB(b),PAT}].
```

5.1.5 Beispiel

Dieses Beispiel behandelt einen Satz aus dem Bürgerlichen Gesetzbuch (BGB) der Bundesrepublik Deutschland. Es handelt sich um den ersten Satz aus Buch 2, Abschnitt 8, Titel 24, § 801 (Erlöschen; Verjährung), Satz (1). Er lautet (Quelle: http://dejure.org/gesetze/BGB/801.html):

> Der Anspruch aus einer Schuldverschreibung auf den Inhaber erlischt
> mit dem Ablauf von 30 Jahren nach dem Eintritt der für die Leistung
> bestimmten Zeit, wenn nicht die Urkunde vor dem Ablauf der 30 Jahre
> dem Aussteller zur Einlösung vorgelegt wird.

Dieser Satz ist ein schönes Beispiel für die Diskrepanz zwischen einem „unbeeinflussten" Text, den man ihn in einem Lehrbuch für objektorientierte Modellierung findet (vgl. Abschnitt 7.2.3), und einem ebenfalls unbeeinflussten Text, der nicht speziell für die Modellierung geschrieben wurde. Er enthält gleich mehrere Aussagen, die zueinander in Beziehung stehen und ergibt so ein komplexes Gebilde aus Relationen, dessen Darstellung in SAL$_E$ auch nicht mehr wirklich übersichtlich ist, wie Quelltext 5.1 zeigt. Es ist jedoch gleichzeitig ein Beispiel für einen Text, den wir kaum ohne weiteres in einfache Sätze umschreiben können, um einfachere Ansätze zu verwenden. Auch ist das Modell, das aus diesem einzigen Satz abzuleiten ist, alles andere als offensichtlich. Die SAL$_E$-Annotation verdeutlicht bei diesem Beispiel anschaulich, welche Menge von Interpretation allein die Decodierung der Semantik des Textes benötigt wird, denn Überlegungen hinsichtlich einer geeigneten Modellierung in UML sind in der SAL$_E$-Annotation noch gar nicht enthalten.

Zeile 1 beschreibt die Existenz eines *Anspruchs* und die Rollen, die der einnimmt. (Der Artikel #Der ist auskommentiert). Das Paar von geschweiften Klammern hinter dem vertikalen Strich deutet an, dass der Anspruch mehrere Rollen

```
 1   [ #Der Anspruch|{OPUSP(Anspr), AG(erl), THEII(Inh)}
 2     #{aus einer} Schuldverschreibung|{CREA(Anspr), HAB(SchVer), PAT(einl)}
 3     #{auf den} Inhaber|{RECP(SchVer), AG(vorl), DON(vorl), RECP(Leistg)}
 4     erlischt|{TRANS(erl), SUCC(ae), CONSP(erl)}
 5     #{mit dem} Ablauf|{PRAE(ae), TRANS(abl), SUCC(ea), SUCC(va)}
 6     #von *30 Jahren|AG(abl)
 7     #{nach dem} Eintritt|{TRANS(eintreten), PRAE(ea)}
 8     #{der fuer die} Leistung|{THE(Inh), HAB(Leistg), QUAL(best)}
 9     bestimmten|STAT(best) Zeit|{AG(eintreten), QUALII(best)},
10     [ #wenn $nicht>>4 #die Urkunde|HAB(vorl)
11       #{vor dem Ablauf der 30 Jahre}
12       #dem Aussteller|{DON(SchVer), RECP(vorl), DON(Leistg), AG(einl)}
13       #zur Einloesung|{INT(vorl), ACT(einl)}
14       ^vorgelegt|{ACT(vorl),PRAE(va)} #wird
15     ]|SUM(erl)
16   ].
17   [@Schuldverschreibung|OMN @Urkunde|PARS].
```

Quelltext 5.1: Fallbeispiel „Schuldverschreibung" in SAL_E

einnimmt. Er ist erstens nicht von sich aus in der Welt, sondern hat eine Quelle, er wird von jemandem erzeugt (OPUSP(Anspr)). Zweitens ist es der Anspruch, der im weiteren Verlaufe des Satzes (potentiell) erlischt. Er verändert also seinen Zustand und ist bezüglich dieser Handlung der Handelnde (AG(erl)). Drittens hat man einen Anspruch *auf* irgendetwas, also hat der Anspruch auch irgendeinen Inhalt (THEII(Inh)).

Die Zeile 2 beginnt ebenfalls mit einem Kommentar, diesmal mit einem mehrgliedrigen (#{aus einer}). Danach werden die *Schuldverschreibung* und ihre drei Rollen spezifiziert: Die Schuldverschreibung ist die Quelle des Anspruchs, sie erzeugt ihn also (CREA(Anspr)). Ferner ist die Schuldverschreibung etwas, das gegeben wird (HAB(SchVer)), und zwar vom *Aussteller* in Zeile 12 dem *Inhaber* in Zeile 3. Zuletzt ist sie der Behandelte eines etwaigen Einlösevorgangs (Zeile 13): Die Schuldverschreibung *wird* eingelöst (PAT(einl)).

Zeile 3 beschreibt den *Inhaber*. Er nimmt insgesamt vier Rollen ein: Er bekommt die *Schuldverschreibung* (RECP(SchVer)). Er ist der Handelnde und der Gebende, wenn es ums Vorlegen geht: Der Inhaber legt die Schuldverschreibung ggf. dem Aussteller vor (AG(vorl) und DON(vorl)). Danach *empfängt* er ggf. die Leistung (RECP(Leistg)).

Die Zeile 4 beschreibt das Prädikat des Satzes. Beim *erlöschen* handelt sich um den besagten Zustandsübergang des Anspruchs (TRANS(erl)). Dieser Übergang ist der Nachfolger (SUCC(ae)) des Ablaufens (der 30 Jahre) aus Zeile 5. Darüber hinaus ist er eine Konsequenz (CONSP) die folgt, wenn eine Bedingung erfüllt ist (SUM in Zeile 10-15). Zusammengenommen *erlischt* also der *Anspruch* nach einem *Ablauf*, wenn eine Bedingung eintritt.

Der *Ablauf* wird in Zeile 5 genauer beschrieben: Er findet vor dem Erlöschen statt (PRAE(**ae**)) und ist selbst ein Zustandsübergang (TRANS(**abl**)). Darüber hinaus ist der *Ablauf* der Nachfolger des Eintritts aus Zeile 7 (SUCC(**ea**)).

Die *Jahre* in Zeile 6 nehmen die Rolle desjenigen ein, der einen Zustandsübergang erfährt: Als AG(**abl**) sind es die Jahre, die ablaufen. Der Ausdruck *30 markiert eine Multiplizität; da kein Verschiebeoperator folgt, bezieht sich die Multiplizität auf die direkt folgenden Jahre.

Zeile 7 beschreibt ebenfalls wieder einen Zustandsübergang, den *Eintritt*. Das in dieser Zeile auskommentierte #{**nach dem**} ist durch die Rolle PRAE(**ea**) des Eintritts gekennzeichnet: Erst kommt der Eintritt, und dann beginnen die Jahre mit dem Ablaufen (SUCC(**ea**)). Was eintritt ist die *Zeit* in Zeile 9 – eigentlich sollte hier wohl „Zeitpunkt" im Gesetz stehen.

Und welche Zeit ist dabei gemeint? Zeile 8 spezifiziert: Die für die *Leistung* bestimmte Zeit. Der Zeitpunkt (QUALII(**best**), Zeile 9) wird also durch die (Pflicht zur und idealerweise die Erbringung der) Leistung bestimmt (QUAL(**best**)). Insbesondere ist die Leistung der Inhalt des Anspruchs (THE(**Inh**)). Die Leistung ist auch dasjenige, das der Gläubiger bekommt (HAB(**Leistg**)), und zwar vom Schuldner (i. e. dem Aussteller in Zeile 12).

Das Adjektiv *bestimmten* in Zeile 9 beschreibt als Partizip Perfekt des Verbs *bestimmen* die Beziehung zwischen der Zeit und der Leistung genauer (STAT(**best**)).

Zeile 10-15 enthält eine eingeschachtelte Relation. Jedoch nimmt nicht die ganze Relation, sondern nur deren Kopf (^**vorgelegt**, Zeile 14) die Rolle SUM ein.

Die Zeile 10 enthält zwei wesentliche Elemente: Die Modifikation \$**nicht**>>4 und die *Urkunde*. Die Modifikation bezieht sich in diesem Fall nicht auf die Urkunde (Kommentare werden nicht mitgezählt), sondern wegen der Verschiebung um vier nach rechts auf das *vorlegen*. Die Urkunde ist bezüglich des Vorlegens das *habitum*, also dasjenige, das jemand anderes (vorgelegt) bekommt.

Zeile 11 ist komplett auskommentiert. Sie enthält zwar wichtige semantische Informationen, aber wir codieren diese Informationen anders: Der *Ablauf der 30 Jahre* von dem hier die Rede ist, ist der selbe *Ablauf* wie der *Ablauf* in Zeile 5. Insofern läge es nahe, den Ablauf zumindest mit der Referenz @**Ablauf** wieder aufzugreifen. Als Ganzes jedoch sagt *vor dem Ablauf der 30 Jahre* an dieser Stelle nicht viel mehr aus, als wenn hier „zuvor" gestanden hätte. Dementsprechend wird hiermit nur eine weitere PRAE/SUCC-Beziehung etabliert, nämlich die Beziehung *va* zwischen dem *Ablaufen* in Zeile 5 und dem *Vorlegen* in Zeile 14.

Zeile 12 beschreibt den Schuldner, also denjenigen, der die Schuldverschreibung abgibt (DON(**SchVer**)), der die Urkunde vorgelegt bekomme (RECP(**vorl**)), der zur Begleichung seiner Schuld die Leistung erbringen muss (DON(**Leistg**)) und der die Urkunde einlöst (AG(**einl**)). Letzteres mag überraschen, aber entgegen der landläufigen Meinung löst der Schuldner und nicht der Gläubiger einen Gutschein

o. Ä. ein[4]). Zeile 13 enthält diese Handlung, die *Einlösung*, die auch der Zweck (INT(**vorl**)) der Vorlage ist.

Auch das Verb *vorlegen* in Zeile 14 nimmt mehrere Funktionen ein: Zum einen ist es die Handlung in der Beziehung *vorl*. Diese Handlung ist ferner der (richtiger: ein möglicher) Vorgänger des Ablaufs der 30 Jahre in Zeile 5. Der Zirkumflex (^) weist zu dem darauf hin, dass dieses Element als Kopf der Phrase diejenige Rolle einnimmt, die am Ende der Phrase angegeben ist (Zeile 15, SUM). Das *vorgelegt* ist also die Voraussetzung für das Erlöschen. Sollte das nicht genau anders herum sein? Ist es auch, denn unser *vorgelegt* ist ja attribuiert und zwar mit dem $nicht aus Zeile 10!

Zeile 17 enthält noch eine Zusicherung: Wir erklären dem System mit dieser Zeile, dass die *Urkunde* ein Teil der *Schuldverschreibung* ist. Das Stück Papier ist tatsächlich nur ein Teil des ganzen Rechtsgeschäfts – wir haben uns aber eher der Anschaulichkeit halber hierfür entschieden. Die Rollen EQK und EQD an dieser Stelle zu verwenden wäre sicher genauso gut zu rechtfertigen.

Bemerkungen. Dieses Beispiel demonstriert, warum ein einfacher, SPO-basierter Ansatz an Beamtendeutsch scheitern muss. Die Zeilen 1-3 enthalten praktisch nur das Subjekt des Satzes und bereits zahlreiche intrinsische und extrinsische Beziehungen, die ein SPO-basierter Ansatz nicht auflösen könnte. Vier unterschiedliche Modellfragmente, die sich allein aus diesem Subjekt ableiten ließen, sind in Abbildung 5.1 dargestellt. Sie unterscheiden sich vor allem in der Menge des Zusatzwissens, das der Modellierer in den Prozess mit einbringen kann (von (a)-(d) zunehmend, die jeweils angenommenen Teile in grau).

Der vorliegende Text ist übrigens schwer zu annotieren, solange man nicht erkennt, dass er voller nominalisierter Verben steckt, die Handlungen und Zustandsübergänge beschreiben. Problematisch ist beispielsweise das Annotieren des Ausdrucks „mit dem Ablauf von 30 Jahren nach dem Eintritt der für die Leistung bestimmten Zeit" – schon allein, weil seine Bedeutung aus dem Stegreif alles andere als klar ist. *Rückblickend* ist natürlich völlig klar, was dieser Ausdruck bedeutet, es steht ja expressis verbis da: Wenn der Zeitpunkt, an dem der Schuldner zurückzahlen muss, verstreicht, und mehr als 30 Jahre vergehen, ohne dass der Gläubiger die Schuld einfordert, dann verfällt der Anspruch des Gläubigers auf die ihm zustehende Leistung (i. e. sein Geld). Diese Interpretation des Satzes kann man mit etwas Geschick und Kontextwissen raten, aber sagen seine Worte das auch aus? – Genau das müssen wir wissen, um die *vermutete* Bedeutung bestätigen oder verwerfen zu können. Interessanterweise konnte uns SAL$_E$ beim „begreifen" des Ausdrucks sogar helfen: Durch die Möglichkeit zur stückweise Dekodierung der Se-

---

[4] vgl. WIKIPEDIA: „Insolvenz", http://de.wikipedia.org/w/index.php?title=Insolvenz&oldid=60193913, zuletzt besucht am: 20. 5. 2009

mantik und die Möglichkeit, die einzeln dechiffrierten „Informationsbrocken" an den betroffenen Stellen zu vermerken, konnten wir uns die Semantik des Textes quasi nach dem Teile-und-Herrsche-Prinzip erarbeiten. Wir haben so die Interpretation des Textes nach besten Wissen und Gewissen unter Zuhilfenahme zusätzlicher Quellen vorgenommen; aber wir sind keine Juristen und die Interpretation könnte trotz allem falsch sein. Das zeigt aber ebenfalls die Stärke des hier vorgestellten Ansatzes: Das SAL$_E$-Dokument legt minutiös offen, was wir wie interpretiert haben. Damit sollte es einem Fachmann möglich sein, uns zu sagen, was genau wir falsch verstanden haben.

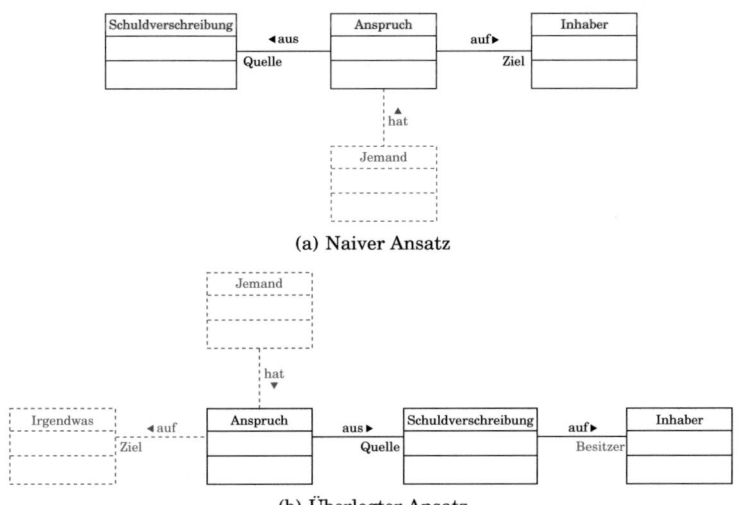

(a) Naiver Ansatz

(b) Überlegter Ansatz

(c) Informierter Ansatz

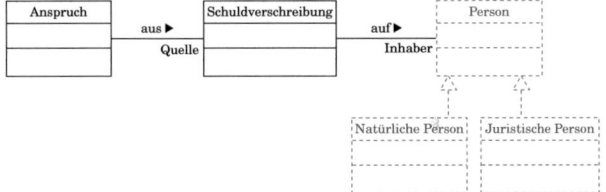

(d) Alternativer Ansatz (mit zusätzlichem Domänenwissen)

Abbildung 5.1: Alternativen für das erste Subjekt aus § 801

5.2 Die Implementierung

Wie bereits zu Anfang dieses Kapitels angedeutet, besteht SAL$_E$ MX aus mehreren Komponenten. In diesem Abschnitt besprechen wir die Implementierung der einzelnen Komponenten entlang der einzelnen Prozessschritte vom Domänenbeschreibungstext zum UML-Modell. Eine schematische Übersicht dieser Prozessschritte findet sich in Abbildung 5.3.

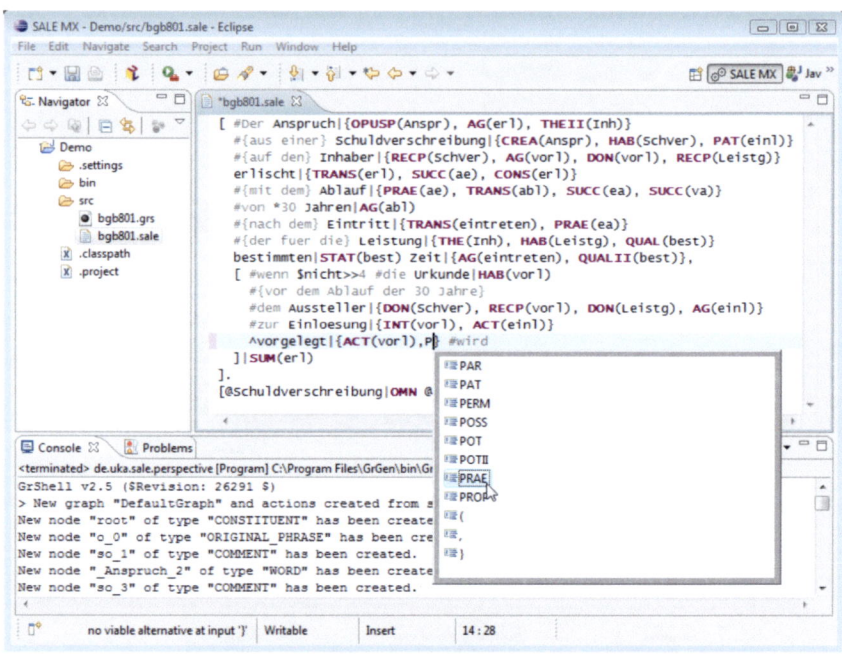

Abbildung 5.2: SAL$_E$ MX-Plugin für Eclipse

Zu Anfang muss der Benutzer die Domänenbeschreibung (normaler Text) annotieren. SAL$_E$-Quelldateien sind einfache Textdateien, so dass dieser Schritt mit jedem beliebigen Texteditor durchgeführt werden kann. Ein Editor mit Syntaxhervorhebung und einer Funktion zur automatischen Vervollständigung erleichtert die Arbeit natürlich; wir haben uns für unsere Arbeit entsprechende Plugins für die Entwicklungsumgebung „Eclipse" entwickelt (siehe Abbildung 5.2). Eine weitergehende Unterstützung wäre durch eine Vormarkierung und ein Vorschlagssystem vorstellbar. Der Annotationsschritt ist in Abbildung 5.3 mit ① markiert.

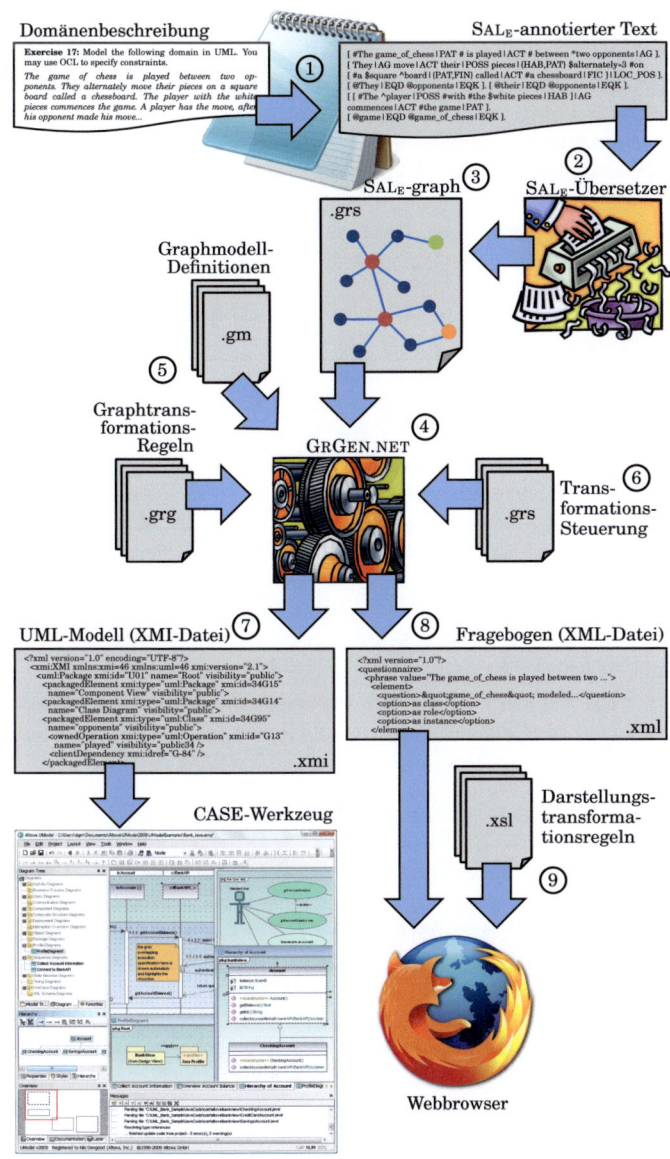

Abbildung 5.3: SAL$_E$ MX Prozessübersicht

Der nächste Schritt ist die Übersetzung des annotierten Textes mit dem SAL_E-Übersetzer (mit ② markiert). Der SAL_E-Übersetzer ist ein einfacher, ANTLR-basierter [Par09] Übersetzer, der eine Textdatei mit der Endung „grs" erzeugt (Punkt ③). Die Endung „grs" steht für „Graph Rewrite Script" und deutet darauf hin, dass die Datei eine lineare Folge von Instruktionen enthält, die in dem Graphersetzungssystem GRGEN.NET (Punkt ④) einen Graphen erzeugen. Der so erzeugte Graph repräsentiert einen Omnigraphen, der wiederum das übersetzte SAL_E-Dokument repräsentiert. Die technische Umsetzung der Simulation von Omnigraph-Ersetzung mittels GRGEN.NET haben wir in [Den07] gezeigt.

GRGEN.NET ist eine virtuelle Maschine die Graphersetzungsbefehle ausführt. Das Programm muss mit zwei Arten von Dateien parametrisiert werden (Punkt ⑤): mit Modelldateien („gm") und mit Regeldefinitionen („grg"). Die Modelldateien definieren die Knoten- und Kantentypen sowie deren Attribute und Typbeziehungen, die zur Laufzeit in der virtuellen Maschine zur Verfügung stehen. Sie stellen in gewisser Weise das Klassendiagramm des Graphen dar. Die Regeldefinitionen enthalten Regeln der Form „linke Seite ↦ rechte Seite". Die linke Seite ist ein Graphmuster, das im SAL_E-Graphen gesucht wird. Wird es gefunden, *kann* der Graph an dieser Stelle entsprechend der rechten Seite abgeändert werden. Im Gegensatz zu herkömmlichen (Term-) Ersetzungssystemen wie der funktionale Programmiersprache Haskell gibt es in GRGEN.NET keine durch die Deklarationsreihenfolge festgelegte Anwendungssemantik. Stattdessen steuert ein weiteres „Graph Rewrite Script" die Auswahl. Die Anwendungsreihenfolge und die Anwendungsstellenauswahl der Regeln (Punkt ⑥). Je nach Steuerscript werden also entweder UML-Modelle (Punkt ⑦) oder Fragebogen erzeugt (Punkt ⑧). Auf diese beiden Schritte werden wir detaillierter in Abschnitt 5.2.1 und 5.2.2 genauer eingehen.

Wenn ein Modell erzeugt wird, gibt GRGEN.NET eine XMI-Datei aus (Punkt ⑦). XMI ist ein XML-basiertes Austauschformat für UML-Modelle, dass von der OMG spezifiziert wurde [XMI07]. Diese XMI-Datei kann der Benutzer im Anschluss in sein CASE-Werkzeug importieren, um das Modell zu überarbeiten oder zu verfeinern. Beim Austausch über XMI werden nur die reinen Modelldaten übertragen. Darstellungsinformationen, wie sie beispielsweise für ein konkretes Klassendiagramm benötigt werden (Positionen, Linienzüge für Assoziationen, etc.), sind in einer XMI-Datei nicht enthalten. Dies vereinfacht die Implementierung, erfordert aber beim Importieren jeweils das Anlegen und Anordnen der gewünschten Diagramme. Je nach Fähigkeiten des verwendeten CASE-Werkzeugs werden beim Importieren der Modellelemente automatisch mehr oder weniger brauchbare Diagramme angelegt und grob angeordnet. Die Diagramme in dieser Arbeit sind jedoch jeweils von Hand angeordnet, um sie für den Druck zu optimieren (vgl. Anhang D).

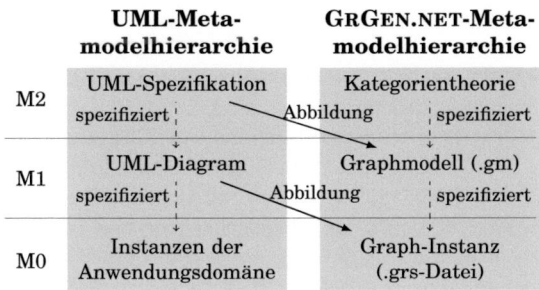

Abbildung 5.4: Illustration der Metamodellschichtung

Neben der Möglichkeit, Modelle zu erzeugen, kann SAL$_E$ MX auch Fragebögen zur Evaluation von Modellen erstellen. Wenn ein Fragebogen erzeugt wird, gibt GRGEN.NET eine XML-Datei nach selbstdefiniertem Schema aus (Punkt ⑧). Die Datei enthält für jede zu erzeugende Frage und ihre jeweiligen Antwortoptionen einen Eintrag. Diese XML-Datei haben wir mit einem XSLT-Skript in eine HTML-Seite verwandelt, die die Fragen und mögliche Antworten tabellarisch darstellt (Punkt ⑨).

5.2.1 Die Ausgabe von Modellen

GRGEN.NET ist ein streng typisiertes Graphersetzungssystem, dessen Regeln zweierlei Arten der „Ausgabe" zulassen: Die Regeln in GRGEN.NET können Graphmuster-Instanzen erzeugen und verändern oder sie können beliebige textuelle Ausgaben auf der Konsole machen (die wiederum in eine Datei umgelenkt werden können). Die die erste Art könnte man also als intrinsische, die zweite Art als extrinsische Transformationen bezeichnen. Die strenge Typkontrolle von GRGEN.NET funktioniert natürlich nur bei den intrinsischen Transformationen.

5.2.1.1 Ein Graphmodell für UML

Die Regeln, die aus einem SAL$_E$-Graphen ein UML-Modell bauen, müssen wegen der strengen Typisierung auf ein bestimmtes Graphmodell abbilden. Dieses Graphmodell muss in der Lage sein, UML-Modelle zu beschreiben (vgl. Abbildung 5.4, Details finden sich in [GDG08]). Eine zusätzliche Entwurfsentscheidung lautete, dass die Transformation aus der internen Darstellung in das, was

Ausgegeben werden soll (extrinsische Transformation zu XMI), möglichst schematisch und trivial sein sollte. Aus diesem Grund transformierten wir die UML-Spezifikation der OMG, die in maschinenlesbarer Form als XMI-Datei verfügbar ist [UML06], in ein Graphmodell. Für dieses Modell ließ sich dann ein relativ simpler Besucher konstruieren, der standardkonformes XMI erzeugt. Der Vorteil dieses Ansatzes ist, dass SAL$_E$ MX automatisch prinzipiell alles unterstützt, was man mit UML ausdrücken kann und dies auch standardkonform weitergeben kann. Der Nachteil ist, dass man sich als „Regelschreiber" erst in die stellenweise etwas umständliche UML/XMI-Denkweise einarbeiten muss. Dazu muss aber gesagt sein, dass sich erstens der Regelschreiber sowieso in *irgendeine* Art der UML-Darstellung hineindenken muss – und vielleicht kann er UML/XMI ja sogar schon, es handelt sich immerhin um einen verbreiteten Standard. Und zweitens bekommen wir so eine umfangreiche Dokumentation samt Anwendungsbeispielen geschenkt: Die UML-Spezifikation [UML07] ist letzten Endes nichts anderes als die „schriftliche Ausarbeitung" zu den XMI-Dateien [UML06]. Der dritte Vorteil ist die Vermeidung der Gefahr eines Impedanz-Missverhältnisses (*impedance mismatch*) zwischen einer eigenen Darstellung und der Darstellung der OMG. Das gesamte Verfahren ist in [GDG08] detailliert beschrieben.

5.2.1.2 Klassendiagramme

Wir werden in diesem und im folgenden Abschnitt einige Regeln zur Erzeugung der Modelle näher betrachten. Exemplarisch wollen wir Klassendiagramme als Vertreter der Strukturdiagramme und Aktivitätsdiagramme als Vertreter der Verhaltensdiagramme behandeln. Dabei müssen wir einigermaßen abstrakt bleiben: Auch wenn die einzelnen Regeln und die dedizierte Regelsteuerung in GRGEN.NET ein eher deklaratives Vorgehen erlauben, so „verschmutzen" trotzdem Aspekte wie Homomorphiebedingungen, Mechanismen zur Sicherstellung der vollständigen Graphabtastung und Abhängigkeitsprüfungen die echten Regeln. Ich gebe daher an dieser Stelle trotz des mächtigen Formalismus, der uns zur Verfügung steht, nur verbale Beschreibungen an. Um die Sätze möglichst übersichtlich zu halten verwende ich darüber hinaus in den folgenden Abschnitten die Abkürzungen der thematischen Rollen als Synonym für das Spektrum *und* die Rolle, die es einnimmt. Es sei an dieser Stelle auf die nach Deixis und Lokalitätsstufe geordneten Tabellen 3.1, 3.2 und 3.3 auf den Seiten 86-88, sowie auf die Gesamtliste in Anhang A ab Seite 227 verwiesen.

Die Regeln für die Erzeugung von Klassendiagrammen wollen wir uns am Beispiel aus Abschnitt 5.1.5, dem Paragraphen 801 aus dem BGB, erarbeiten. Die Abbildungen 5.5 und 5.6 zeigen ein mit SAL$_E$ MX erzeugtes statisches Modell des in Quelltext 5.1 abgedruckten Textausschnitts. Die beiden Diagramme unterschei-

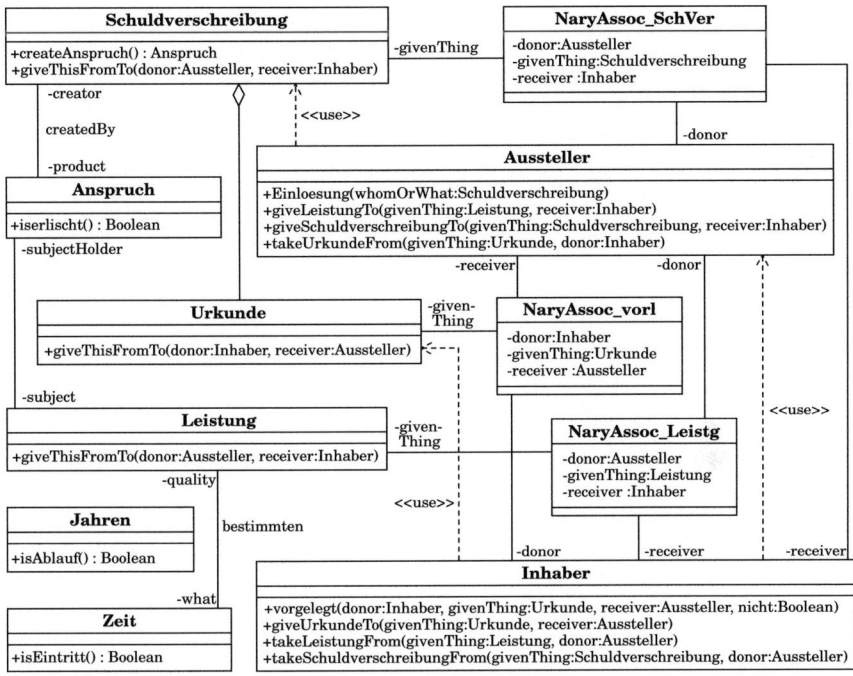

Abbildung 5.5: Aus § 801 erzeugtes Klassendiagramm (ungebeugt)

den sich nur dadurch, dass die in der zweiten Abbildung verwendeten Bezeichner geeignet gebeugt sind: Die Klasse *Anspruch* beispielsweise (jeweils links oben im Bild) hat ein Abbildung 5.5 eine Methode *iserlischt()*, in Abbildung 5.6 heißt die Methode *isErloschen()*. Die Textpassage, der das Wort *erlischt* entstammt, lautet „Der Anspruch [. . .] erlischt mit dem Ablauf von 30 Jahren [. . .]". *Erlischt* ist 3. Person Präsens Indikativ des Verbs *erlöschen*. Da wir kein Wörterbuch angebunden haben, kopieren wir einfach das Wort *erlischt* und fügen das (englische) Präfix *is* an, um zu verdeutlichen, dass wir an dieser Stelle eine Methode wünschen, die uns Auskunft über den Zustand des Objektes gibt. Mit Wörterbuch könnte man automatisch *erloschen* ermitteln, das Partizip Perfekt von *erlöschen*, um automatisch die „korrektere" Form *isErloschen* zu erzeugen. Der besseren Verständlichkeit wegen werden wir im Folgenden die gebeugte Version (Abbildung 5.6) besprechen.

Die Erzeugung der Methode *isErloschen* verwenden wir auch gleich als erstes Beispiel für eine Regel: Im annotierten Text (Quelltext 5.1 auf Seite 153) finden

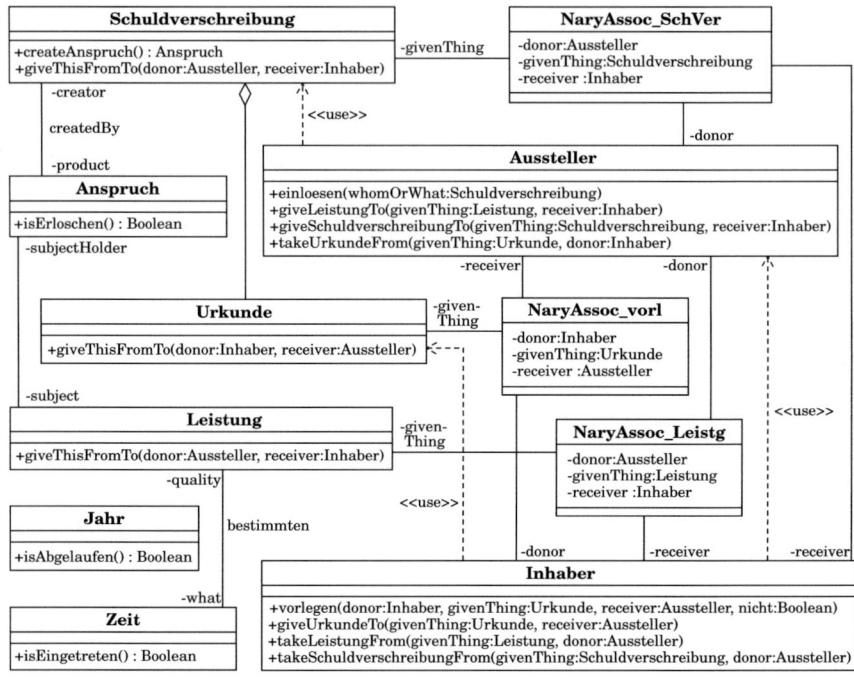

Abbildung 5.6: Aus § 801 erzeugtes Klassendiagramm (gebeugt)

wir eine Beziehung *erl* mit einem AG (Anspruch) und einem TRANS (erlischt) und keinen weiteren Elementen. Wenn wir dieses Muster finden, wollen wir also einen möglichen Zustandsübergang für den AG annehmen. Wir haben hier eine Regel angewendet, die eine Prüfmethode anlegt, ob der AG sich bereits im Zielzustand befindet. Wir haben ferner Regeln implementiert, die einen Zustandsübergang im Zustandsdiagramm für die AG-Klasse realisieren. Insgesamt blieben die erzeugten Zustandsdiagramme aber stets unzusammenhängend (siehe Abbildung 5.7), so dass wir ihre Erstellung nicht weiter verfolgt haben. Die Untersuchung, wie man aus einem Sal_E-Dokument ein „schönes" Zustandsdiagramm ableitet, wäre aber sicher eine interessante weiterführende Arbeit.

Apropos AG-Klasse: Unser Regelsatz legt für jeden AG im Sal_E-Graph eine eigene Klasse an, genauer gesagt sogar für jedes Spektrum, das mindestens eine „Entitätenrolle" einnimmt. Im Beispiel sind das die *Schuldverschreibung* (CREA, HAB und PAT), der *Inhaber* (AG, DON und RECP), der *Anspruch* (AG und OPUS), die Urkunde

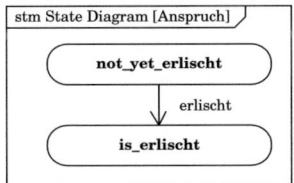

Abbildung 5.7: Für die Klasse „Anspruch" erzeugtes Zustandsdiagramm

(HAB), die *Leistung* (THE und HAB), das *Jahr* (AG), die *Zeit* (AG und THEII) und der *Aussteller* (AG, DON und RECP). Zu den weiteren Entitätsrollen zählen wir BEN, COM, COMP, COMPII, CONT, CONTII, CRIT, DUX, FAU, FIN, FIC, INST, IUSII, MAG, OBL, OMN, PARS, POSS, QUAL, QUALII, SUB, SUBII, VOLII sowie alle Lokal- und Temporalrollen. Realisiert ist der Typ Entitätsrolle als Oberklasse für die genannten Rollen. (GRGEN.NET unterstützt Vererbungsbeziehungen (Mehrfachvererbung) zwischen Typen.)

Für adverse Rollen (Tabelle 3.1) erzeugt unser Regelsatz Assoziationen. Ein Beispiel ist die Aggregationsbeziehung zwischen *Schuldverschreibung* und *Urkunde*, die wir anlegen, wenn wir ein OMN/PARS-Paar finden. Ein weiteres Beispiel ist die Assoziation *bestimmt* zwischen den Klassen *Leistung* und *Zeit*: Sie wurde zwischen den Klassen angelegt, die für die Rollen QUAL (Leistung) und QUALII (Zeit) angelegt wurden. Da sich in der entsprechenden Relation (*best* im Beispiel) noch ein STAT findet, benutzen wir das STAT (bestimmt) als Name für die Beziehung: Es charakterisiert die Beziehung zwischen *Leistung* und *Zeit*. Wenn kein STAT in der Relation vorhanden ist, dafür aber ein Standardname hinterlegt wurde, wird dieser Standardname (hier wäre es „qualifies") für diesen Typ der Beziehung verwendet.

Die Assoziation *createdBy* zwischen den Klassen *Schuldverschreibung* und *Anspruch* ist ein Beispiel für eine Assoziation, die mit einem Standardname angelegt wurde. Sie wurde jedoch nicht wegen zwei adverser Rollen angelegt, sondern wegen der CREA/OPUS-Beziehung zwischen der *Schuldverschreibung* und dem *Anspruch* in der Domänenbeschreibung. Darüber hinaus wird bei der CREA-Klasse noch die Methode *createAnspruch* (also der OPUS-Bezeichner mit dem Präfix *create*) angelegt. In der Praxis hätte vielleicht eine der beiden Umsetzungen gereicht – da sie aber (zumindest im Modell) orthogonal zu einander sind, haben wir beide erzeugt. Dies ist ein offenbar ein Punkt, an dem ein Softwaretechniker entscheiden muss, welche Modellierung am ehesten zum Ziel führt (vgl. Abschnitt 2.2.1).

Eine ähnliche Regel erstellt für DON/HAB/RECP-Tripel dreistellige Assoziationen, hier *NaryAssoc_vorl*, *NaryAssoc_SchVer* und *NaryAssoc_Leistg*. Für diese drei dreistelligen Assoziationen wurde jeweils eine Klasse angelegt, weil das für die Visualisierung verwendete UML-Werkzeug keine mehrstelligen Assoziationen unterstützt (normalerweise durch eine Raute symbolisiert, vgl. [UML07, Fig. 7.21]). Die von diesen Klassen ausgehenden binären Assoziationen weisen den jeweils assoziierten Klassen Standardrollennamen zu (*donor*, *reciever* und *givenThing*). Redundanterweise haben wir in den die ternären Assoziationen repräsentierenden Klassen[5] Attribute gleichen Namens angelegt, die als Speicherstelle für die jeweiligen Assoziationspartner dienen sollen. Sinnvoll ist das natürlich nicht (die Information steckt ja bereits in den binären Assoziationen), es soll aber nochmals verdeutlichen, dass die Auswahl der gewünschten Modellierung eine *bewusste* Entscheidung erfordert. Auch die Verwaltungsmethoden für die Verknüpfungen dieser ternären Assoziationen haben wir redundant angelegt: Mit *giveLeistungTo(givenThing:Leistung, receiver:Inhaber)* kann man beispielsweise einer *Aussteller*-Instanz sagen, dass sie die übergebende *Leistung* an den übergebenen *Inhaber* geben soll; mit *takeLeistungFrom(givenThing:Leistung, donor:Aussteller)* kann man einem *Inhaber* sagen, dass er die übergebene *Leistung* vom übergebenen *Aussteller* bekommt; und mit *giveThisFromTo(donor:Aussteller, receiver:Inhaber)* kann man einer *Leistung* sagen, dass sie dem übergebenen *Inhaber* vom übergebenen *Aussteller* gegeben wird.

Für ACT-Konstituenten wird in unserem Regelsatz eine Methode angelegt. Wenn ein AG angegeben ist, so wird die Methode bei der entsprechenden AG-Klasse angelegt. Wenn nicht, dann wird die Methode bei einer eventuell vorhandenen PAT-Klasse angelegt. Wenn beide Rollen nicht in der Relation vorkommen, dann wird die Methode bei einer künstlichen *System*-Klasse angelegt (siehe beispielsweise Abbildung 7.7). Die restlichen Entitätenrollen der Relation werden zu Methodenparametern; zusätzlich werden entsprechende <<use>>-Beziehungen angelegt. Ein Beispiel ist die Methode *einlösen* der Klasse *Aussteller*: Sie nimmt als Parameter eine *Schuldverschreibung* entgegen, weswegen eine Benutzt-Beziehungen vom *Aussteller* zur *Schuldverschreibung* angelegt wurde. Die Methode *vorlegen* der Klasse *Inhaber* wiederum zeigt, wie wir mit Modifikationen eines ACT-Konstituenten umgehen: Aus ihnen wird ebenfalls ein Methodenparameter. Die Namen der Methodenparameter werden aus der thematischen Rolle abgeleitet, bei Mehrfachnennungen wird durchnummeriert.

Es existieren noch weitere Regeln für die Erzeugung von Klassendiagrammen. Wir werden noch einige im Kapitel 7 kennen lernen, wenn uns die Fallbeispiele als Anschauungsobjekt zur Verfügung stehen.

---

[5] Der Begriff „Assoziationsklassen" bezeichnet etwas anderes!

5.2.1.3 Aktivitätsdiagramme

Aktivitätsdiagramme gehören zu den Verhaltensdiagrammen. Sie stellen die Verbindungen zwischen elementaren Aktivitäten mit Kontroll- und Datenflüssen dar. Die Regeln zur Erzeugung der Verbindungen werten daher hauptsächlich die Rollen PRAE und SUCC, sowie SUM und CONS+ aus. Verbunden werden Spektren in den Rollen ACT, TRANS und STAT. Man könnte nun argumentieren, dass streng genommen nur ACT wirkliche *Aktivitäten* darstellen. Ich vertrete aber die Auffassung, dass Übergänge und Beziehungen, wenn sie extra in zeitliche Zusammenhänge gesetzt werden, mindestens eine *Aktion* erfordern, die die kleinste Form der *Aktivität* darstellt (vgl. [UML07, § 12.3.2 u. § 12.3.4]). Wenn ich im Folgenden also von „Aktivitäten" spreche, sind Spektren in den Rollen ACT, TRANS und STAT gemeint. Spektren in diesen Rollen sind jedoch nur dann Aktivitäten, wenn sie nicht gleichzeitig die Rolle SUM einnehmen, denn diese sind als Bedingungen nur hypothetisch zu interpretieren. Um ein Aktivitätsdiagramm aus einem SAL_E-Graphen zu erzeugen, gehen wir wie folgt vor:

- Erzeuge einen Startknoten[6] in einem neuen Aktivitätsdiagramm.

- Erzeuge eine initiale Barriere[7], verbinde den Startknoten mit der initialen Barriere[8]

- Lege einen Aktivitätsknoten[9] für jede Aktivität an (also alle ACT, TRANS und STAT, die nicht gleichzeitig SUM sind)

- Beziehe logische Verbindungen ein: Erzeuge zwischen INT und CAU und der jeweils zugehörigen Aktivität eine PRAE/SUCC-Beziehung

- Verbinde die initiale Barriere mit jeder Aktivität
    - zu der es kein PRAE im SAL_E-Graphen gibt UND
    - die nicht gleichzeitig die Rolle CONS– einnimmt[10]

---

[6] *initial node*, nach [UML07, § 12.3.20]

[7] schwarzer „Synchronisationsbalken", *fork node*, siehe [UML07, § 12.3.20]

[8] Statt einer Barriere könnte man an dieser Stelle, sowie am Ende, auch Entscheidungsknoten („weiße Raute", *DecisionNode*, [UML07, § 12.3.22]) verwenden. Die Semantik ist selbstverständlich eine gänzlich andere; sie kann aber nicht von vornherein für alle Texte festgelegt werden: Texte, die von der Charakteristik eher statische Strukturen beschreiben (vgl. Kapitel 2.1) benötigen an dieser Position eher Entscheidungsknoten, Texte, die eher dynamische Strukturen beschreiben, erfordern hier Barrieren. Wir haben uns entschieden, Barrieren als Vorgabe zu verwenden, da die Aktivitätsdiagramme für dynamische Strukturen nützlicher sind und deshalb eher korrekt sein sollten. Mit einem UML-Werkzeug lässt sich der Kontrollknotentyp nachträglich leicht ändern.

[9] „abgerundetes Rechteck", *ActivityNode*, nach [UML07, § 12.3.8]

[10] CONS– werden später eingebunden. Wir stellen durch eine separate Regel sicher, dass zu jeder CONS+ auch eine CONS– (und umgekehrt) existiert. Der Knoten enthält ggf. eine Warnung, dass die CONS+ bzw. CONS– undefiniert ist.

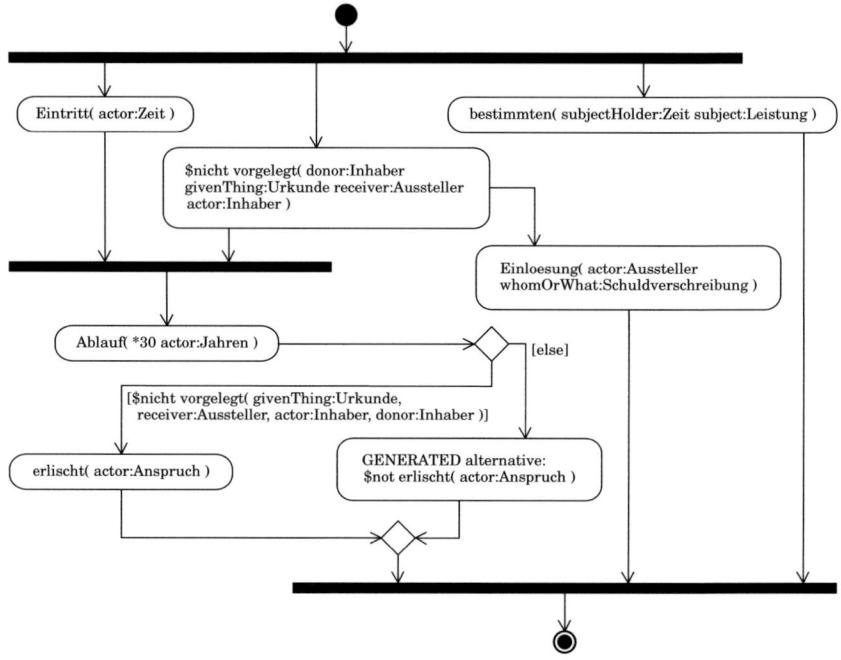

Abbildung 5.8: Aus § 801 erzeugtes Aktivitätsdiagramm (ungebeugt)

- Verbinde alle PRAE/SUCC-Paare
    - Erzeuge eine Barriere für jeden SUCC und verbinde diese mit dem entsprechenden Knoten
    - Verbinde alle PRAEs eines SUCCs mit dieser Barriere
- Erzeuge eine finale Barriere und einen Stopp-Knoten, mit dem diese Barriere verbunden ist
- Verbinde alle Aktivitäten, die keinen SUCC haben (inklusive der CONS−), mit der finalen Barriere
- Aufräumschritt: Ersetze alle Barrieren, die nur *eine* eingehende und *eine* ausgehende Kante haben, durch direkte Verbindungen
- Erzeuge Entscheidungsknoten für das Einbinden von Bedingungen[11]

---

[11] „Rauten", *decision node* bzw. *merge node*, nach [UML07, § 12.3.20]

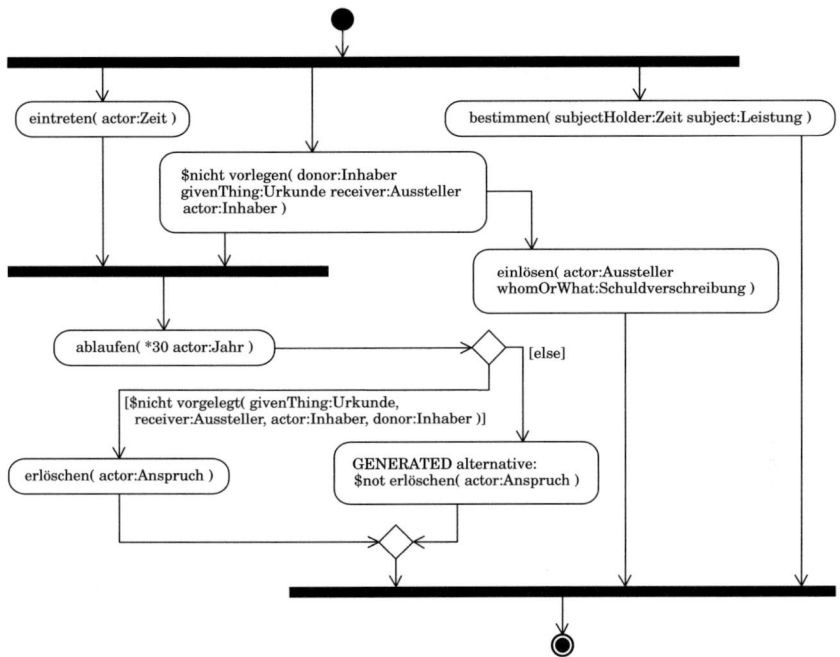

Abbildung 5.9: Aus § 801 erzeugtes Aktivitätsdiagramm (gebeugt)

- Jede eingehende Kante einer Aktivität, die auch die Rolle CONS+ einnimmt (egal, ob die Kante von einer Aktivität oder einer Barriere
  kommt), wird durchgeschnitten
- Ein neuer Entscheidungsknoten wird eingefügt, der die zugehörige SUM
  als Bedingung für den Eintritt in die CONS+-Aktivität erhält
- Hänge den entsprechenden CONS--Knoten mit „sonst" als Bedingung für
  den Eintritt an den neuen Entscheidungsknoten (auf diese Weise werden
  auch alle CONS--Knoten an der richtigen Stelle in das Netz eingebunden)
- Füge zuletzt einen neuen Vereinigungsknoten ein, der die Kontrollflüsse
  aus CONS+ und CONS- wieder zusammenführt

Das sich für das Beispiel aus Abschnitt 5.1.5 ergebende Aktivitätsdiagramm
sieht wie Abbildung 5.8 aus, die gebeugte Version zeigt Abbildung 5.9. Die Grafik
soll an dieser Stelle nur als Illustration der entstehenden Kontiguität dienen. Wir
werden die Qualität des Ergebnisses noch genauer in Abschnitt 7.2.1 untersuchen.

Ausblick. Wir erzeugen bisher noch keine Objektflusskanten. Da wir aufgrund der Spektrensemantik in SAL$_E$ mit Identitäten arbeiten können, können wir für alle unsere „Objekte" feststellen, in welchen Aktivitäten sie verwendet werden. Damit können wir prinzipiell auch für alle Aktivitäten den Objektfluss extrahieren: Wenn ein Objekt X in Aktivität A und in Aktivität B verwendet wird und A im Kontrollfluss vor B kommt, dann können wir eine Objektflusskante zwischen A und B eintragen. Da die Relation „x kommt im Kontrollfluss vor y" aber im Allgemeinen nur eine Halbordnung ist, bleibt das Problem zu lösen, in welche Richtung der Objektfluss anzulegen ist, wenn A und B nicht korreliert sind. Darüber hinaus bleibt zu klären, wie DON/HAB/RECP-Beziehungen zu verarbeiten sind, die ja offensichtlich Objektfluss modellieren (für den sogar die Richtung klar ist), die aber an beiden Enden Entitäten statt Aktivitäten haben.

5.2.2 Die Ausgabe von Fragebögen

Bei dem Versuch die vorliegende Arbeit zu evaluieren, ergab sich das Problem, dass die etablierten Metriken für die Beurteilung der Qualität von UML-Modellen ausschließlich nicht-funktionale Eigenschaften wie Vererbungstiefe oder Kohäsion bewerten. Einzig Harmain und Gaizauskas haben einen Ansatz veröffentlicht, der den Versuch unternimmt, auch den *Inhalt* eines UML-Modells zu bewerten [HG00]: Sie schlagen vor, die Maße „Trefferquote" (*recall*) und „Genauigkeit" (*precision*) aus dem Gebiet der Informationsgewinnung (*information retrieval*) zu übernehmen. Die Trefferquote und die Genauigkeit werden auf Basis eines sog. „Goldstandards" berechnet, in diesem Fall wäre das *das* optimale Modell der Domäne. Sie definieren darüber hinaus das Maß der „Überspezifiziertheit" als Anzahl der zusätzlichen, als korrekt bewerteten Modellelemente, die sich nicht im Goldstandard finden. Sie bemerken: "However, a single gold standard model for any given software requirement does not exist, as different human analysts will usually produce different models. These models cannot be categorised as strictly *correct* or *incorrect*, but nonetheless they are usually categorised as *good* or *bad*, depending on the objects and the relationships represented in them. We have assumed that the models available in Object-Oriented text books are good models and have used them as answer keys." [HG00]

Abgesehen davon, ob man die Meinung teilt, die Modelle in Lehrbüchern seien prinzipiell *gut*, ergeben sich bei diesem Ansatz zwei weitere Probleme: Erstens ist nicht für jeden Text ein Lehrbuchmodell vorhanden – insbesondere für *realistische* Texte nicht (vgl. Abschnitt 7.2.1). Zweitens ist der differenzielle Vergleich von UML-Modelle kaum wohlzudefinieren. Harmain und Gaizauskas räumen ein: "This is a complex, non-deterministic process whose outcome will differ depending on, e.g., whether one wants to maximise the absolute number of class model elements matched between response and key or whether one weights certain elements above others (e.g. associations above attributes) and on the level required for element contexts to match." [HG00] Darüber hinaus hängt die „gemessene" Qualität eines Modells natürlich vom gewählten Goldstandard ab. Es ist dabei nicht auszuschließen, dass ein *anderer* Goldstandard-Kandidat eine schlechtere Bewertung bekommt, als ein „offensichtlich" schlechteres Modell.

Wir haben das Maße „Trefferquote" weiter entwickelt: Die Idee ist, nicht mit einem Goldstandard zu vergleichen, sondern mit dem vorliegenden Text. Wie viele (und welche) der im Text genannten Konzepte und Beziehungen finden sich – wie auch immer modelliert – im Modell wieder? Diese Konzepte und Beziehungen sind genau das, was wir mit SAL_E auszeichnen. Infolgedessen können wir, statt wie in Abschnitt 5.2.1 Modellelemente zu erzeugen, auch die Frage erzeugen, ob das entsprechende Konzept (oder die entsprechende Beziehung etc.) in dem Modell zu finden ist.

Die Regeln für die Erzeugung solcher Fragen sind analog den in Abschnitt 5.2.1 vorgestellten Regeln. Statt aus einem AG im SAL_E-Graph den XMI-Code für eine Klasse (oder eine Rolle oder eine Instanz) abzuleiten, erzeugen wir die Frage „Wurde der/die/das ⟨AG⟩ als Klasse, als Rolle oder als Instanz modelliert?" Und statt für einen ACT eine Methode (oder einen Zustandsübergang etc.) zu erzeugen, generierten wir die Fragen „Gibt es eine Methode mit dem Namen ⟨ACT⟩ bei der Klasse ⟨AG⟩ oder ⟨PAT⟩? Gibt es eine Assoziation namens ⟨ACT⟩ zwischen den Klassen ⟨AG⟩ und ⟨PAT⟩? (etc.)" Die Regeln sind also tendenziell einfacher, da sie nicht ein zusammenhängendes, konsistentes Modell aufbauen müssen, sondern nur voneinander unabhängig Fragen.

Wir haben die Erzeugung solcher Fragen in dem System $SUMO\chi$ realisiert, dessen Einsatz und Evaluation im nächsten Kapitel beschrieben werden. Technisch ist $SUMO\chi$ jedoch nichts anderes als eine alternative Synthesephase, vergleichbar mit der Codegenerierung im sog. *backend* eines Übersetzers. Aus diesem Grund habe ich die Realisierungsbeschreibung hier ins Kapitel 5 vorgezogen, das somit alle Implementierungsaspekte meiner Arbeit beschreibt.

Kapitel 6

SUMOχ – Inhaltsvollständigkeit von UML-Modellen

Dieses Kapitel beschreibt den Einsatz und die Evaluation von SUMOχ (SAL$_E$-based UML MOdel eXamination). Es handelt sich bei diesem System eigentlich um ein SAL$_E$ MX-System mit einer alternativen Synthesephase: Statt UML-Modelle erzeugt das System Prüflisten zur Beurteilung von UML-Modellen. Mit diesen Prüflisten lässt sich die Vollständigkeit des Inhalts eines Modells in Bezug auf einen gegebenen Spezifikationstext bestimmen. Sie ergänzen damit klassische Metriken, die ausschließlich Qualitätsaspekte beurteilen. Die technischen Details zur Implementierung wurden schon im voranstehenden Kapitel behandelt (da es sich ja nur um ein SAL$_E$ MX-System mit einer alternativen Synthesephase handelt) und werden hier nicht wiederholt. Dieses Kapitel fasst unsere Erkenntnisse beim Einsatz der erzeugten Prüflisten in der Lehre zusammen, die wir auch im Rahmen eines Buchkapitels veröffentlicht haben [GLK09].

6.1 Die Schwierigkeit der Modell-Evaluation am Beispiel der Lehre

Im Informatikstudium lehren wir das Modellieren – und was wir lehren, müssen wir natürlich auch prüfen. Aufgrund der vielen Freiheitsgrade gehören Modellieraufgaben jedoch zu den unangenehmsten Prüfungsaufgaben in der Softwaretechnik: Die Bewertungen werden außergewöhnlich häufig nicht akzeptiert. Einerseits machen die Korrektoren Fehler, weil es anstrengend ist, zahlreiche Modelle in kurzer Zeit zu bewerten. Der Korrektor benötigt neben einer schnellen Auffassungsgabe hohe geistige Flexibilität, um sich schnell in die immer neuen Modelle einzudenken. Andererseits zeigen sich viele Prüflinge bei Modellieraufgaben besonders uneinsichtig: Jedes noch so kleine Detail der Beurteilung[1] wird diskutiert und

---

[1] Unter „Beurteilung" verstehe ich die Entscheidungen, was richtig ist, was falsch und was fehlt.

die Angemessenheit der entsprechenden Bewertung[2] infrage gestellt. Klare, verständliche und nachvollziehbare Bewertungen scheinen wünschenswert, um beide Probleme auf einmal zu lösen: a) es dem Studenten zu ermöglichen, tatsächliche Fehler des Korrektors zu identifizieren und b) ausufernde Diskussionen bei der Übungsblattrückgabe und der Klausureinsicht zu vermeiden.

Ich habe vier Kriterien identifiziert, denen eine Beurteilung für UML-Modelle genügen sollte: Die Beurteilung sollten systematisch, fair, transparent und *kumulativ* sein. *Kumulativ* meint in diesem Zusammenhang, dass sich die Bewertung aus einfachen, atomaren Entscheidungen zusammensetzen sollte. Diese Entscheidungen sollten selbst (idealerweise) nicht in Frage gestellt werden können. Diesen vier Kriterien entspricht die Bewertung von UML-Modellen mit den durch SUMOχ erzeugten Prüflisten, wie ich im Rest dieses Kapitels zeigen werde. Der große Vorteil dieser automatisch erzeugten Prüflisten ist, dass sie alle im Text enthaltenen Aspekte per Konstruktion gleichmäßig bepunkten, was bei manuell erstellten Listen schwer sicherzustellen ist. Ein Beispiel für so eine Prüfliste findet sich in Anhang E, Abbildung E.12 bis E.22.

6.2 Evaluation

Wir haben die Eignung der von SUMOχ erzeugten Listen für den ihnen zugedachten Zweck in zwei Studien überprüft. Erstens haben wir die Rate erfolgreicher Beschwerden in Klausureinsichten bestimmt und mit früheren Daten zu Nicht-Modellierungsaufgaben verglichen. Das Ergebnis zeigt, dass die Beurteilungen, die mithilfe der SUMOχ-Listen erstellt wurden, für die Studenten akzeptabel sind. Da jedoch die zurückliegenden Klausurergebnisse nicht vor dem Hintergrund der Evaluation von SUMOχ gesammelt wurden, war es nicht möglich, weitergehende Untersuchungen auf dieser Basis durchzuführen. Um den Ansatz genauer zu untersuchen, haben wir zweitens eine Studie zur Konkordanz unterschiedlicher Gutachter (*inter-rater agreement*) durchgeführt. In dieser Studie sollten Paare von Studenten das Schachspiel modellieren. Neben den rein numerischen Abweichungen untersuchten wir die Diskrepanz der Beurteilungen zwischen den verschiedenen Korrektoren auch auf qualitativer Basis.

---

[2] Unter „Bewertung" verstehe ich die Gewichtung der einzelnen Urteile durch das Zuweisen eines Punkte-Wertes (positiv oder negativ).

6.2.1 Erfolgreiche Beschwerden in Klausureinsichten: Intra-Student-Fairness

Schriftliche Prüfungen der Wahlpflichtvorlesung Softwaretechnik finden zwei Mal pro Jahr statt und dauern genau 60 Minuten. Typischerweise nehmen zwischen 60 und 250 Hauptdiplomsstudenten an diesen Klausuren teil. Nach der Korrektur findet eine Klausureinsicht statt, bei der die Studenten ihre Klausur und die Bewertung einsehen können. Durchschnittlich 45 % der Teilnehmer nehmen diese Gelegenheit wahr.

Zwei der letzten Klausuren enthielten je eine Modellieraufgabe, die mit 17 von 60 Punkten einen wesentlichen Anteil der jeweiligen Klausur darstellte. Der Aufgabentext forderte die Studenten auf, jeden Satz des gegebenen Textes sorgfältig zu analysieren und seine Entitäten zu modellieren. Da die Klausuren immer unter Zeitdruck stattfinden, erwarteten wir keine elaborierten Entwürfe, sondern einfache Domänenmodelle die sich nahe am Text bewegen.

Wir verglichen die Ergebnisse mit denen von 22 Nicht-Modellierungsaufgaben von Softwaretechnik-Klausuren der drei vorhergehenden Jahre. Diese 22 Aufgaben waren etablierten Typs, also beispielsweise Wissensfragen wie „Nennen Sie drei Stufen des Wasserfall-Modells." Die Typen dieser Aufgaben erwiesen sich in den Jahren als gut korrigierbar und führten nur zu wenigen erfolgreichen Beschwerden während der Klausureinsicht.

In den zwei Modellieraufgaben erreichten die Studenten nur mittlere Punktzahlen, so dass Beschwerden in der Klausureinsicht zu erwarten waren. Während den Klausureinsichten teilten wir die ausgefüllten Prüflisten mit aus, so dass die Beurteilung der eigenen Lösung für den Studenten vollständig transparent war. Eine niedrige Zahl erfolgreicher Beschwerden würde darauf hindeuten, dass das Verfahren fair für den *einzelnen*[3] Studenten ist.

Um die Beurteilungen zu vergleichen, berechnen wir den Klausureinsichts-Gewinn q_e als durchschnittliche Differenz zwischen der Punktzahl vor (p^{pre}) und nach der Klausureinsicht (p^{post}) für jede Aufgabe e und jeden Student s, der an der Klausureinsicht teilgenommen hat. (Sei n die Anzahl dieser Studenten.) Wir normalisieren den Klausureinsichts-Gewinn auf die Maximalpunktzahl der jeweiligen Aufgabe p_e^{max}. Der Klausureinsichts-Gewinn berechnet sich also als:

$$q_e = \frac{1}{n} \sum_{s=1}^{n} \frac{p_{e,s}^{\mathrm{post}} - p_{e,s}^{\mathrm{pre}}}{p_e^{\mathrm{max}}}$$

---

[3] Wir erwarten, dass in diesem Fall ein Großteil der Studenten die Beurteilung *ihrer eigenen Arbeit* als gerechtfertigt empfinden muss. Die Untersuchung, ob das Verfahren auch *zwischen verschiedenen* Studenten fair ist (Inter-Student-Fairness), haben wir in der Schach-Studie (siehe Abschnitt 6.2.2) untersucht.

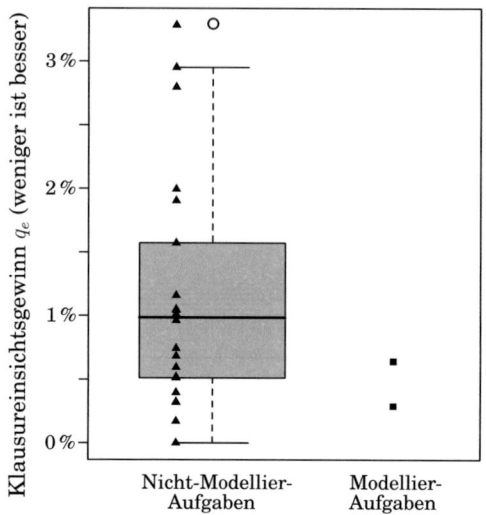

Abbildung 6.1: Erfolgreiche Beschwerden in der Klausureinsicht

Die Ergebnisse dieses Vergleichs zeigt Abbildung 6.1: Die 22 Nicht-Modellier-aufgaben sind den zwei Modellieraufgaben in diesem Diagramm gegenüber gestellt. Jedes kleine Dreieck und die kleinen schwarzen Quadrate repräsentieren den Klausureinsichts-Gewinn einer Prüfungsaufgabe. Durchschnittlich 64,8 Studenten besuchten jede der sechs beobachteten Klausureinsichten; jeder Datenpunkt im Diagramm aggregiert also im Schnitt knapp 65 Einzeldatenpunkte. Das Ergebnis legt die Vermutung nahe, dass die vorgeschlagene Bewertungsmethode mit den etablierten Aufgabentypen mindestens mithalten kann: Über die Hälfte der 22 Nicht-Modellieraufgaben schnitten beim Klausureinsichts-Gewinn schlechter ab.

6.2.2 Schach-Studie: Inter-Student-Fairness

Die Erfahrung aus den Klausureinsichten zeigt, dass die Bewertungen regelmäßig durch den Ermessensspielraum der Korrektoren verzerrt sind: Die Korrektoren bewerten kleine Abweichungen unterschiedlich streng. Wir erwarten aber von einem Bewertungsschema, dass es *monoton* ist, in dem Sinne, dass bessere Studenten auch bessere Noten bekommen als schlechtere. Diese Eigenschaft nennen wir Inter-Student-Fairness. Um zu überprüfen, ob man mit den generierten Prüflisten Inter-Student-Fairness bei der Bewertung von Modellen erreichen kann, ha-

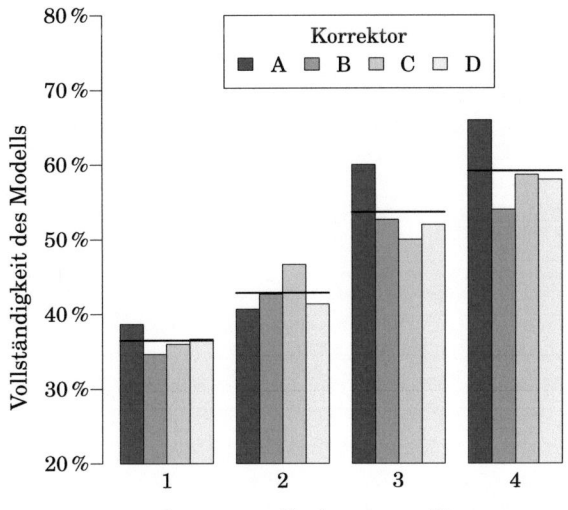

Abbildung 6.2: Vergleich der Bewertungen verschiedener Korrektoren

ben wir eine zweite Studie durchgeführt: Mehrere Korrektoren bewerteten unabhängig voneinander dieselben Modelle. Die Modelle sind eine zufällig ausgewählte Teilmenge der eingereichten Modelle zu einer Übungsaufgabe. Eine hohe Konkordanz der Gutachter (*inter-rater agreement*) würde darauf hinweisen, dass sich die Studenten unabhängig vom Korrektor auf der Leistungsskala einordnen.

Als zu modellierenden Text wählten wir die Turnierschachregeln der Fédération Internationale des Échecs (FIDE) [FID08] aus. Sie sind von angemessenem Umfang, in sich abgeschlossen und sie verwenden (außer für die Startaufstellung) keine Tabellen oder Grafiken. Darüber hinaus sind sie grammatikalisch nicht-trivial (aber trotzdem verständlich) und stehen außer Zweifel „speziell fürs modelliert werden" geschrieben worden zu sein. Die Studenten waren Hörer der Softwaretechnik-Vorlesung (Diplom-Informatik) der Universität Karlsruhe und im Mittel im fünften Semester (also nach dem Vordiplom). Sie durften in Paaren arbeiten und hatten sieben Tage Zeit für die Bearbeitung. Eine Kopie des Übungsblattes findet sich in Anhang E auf den Seiten 244-248. Sie enthält auch die genaue Arbeitsanweisung für die Studenten.

Aus den 53 eingereichten Lösungen wählten wir zufällig vier aus, die von vier Mitarbeitern des Lehrstuhls mithilfe der SUMOχ-Prüflisten ausgewertet wurden. Ein dieser vier Lösungen ist im Anhang auf den Seiten 249-254 abgedruckt, eine

$(r; p)$	Korrektor A	Korrektor B	Korrektor C	Korrektor D
Korrektor B	$(0,904; 4,8\,\%)$	–	–	–
Korrektor C	$(0,826; 8,7\,\%)$	$(0,935; 3,2\,\%)$	–	–
Korrektor D	$(0,964; 1,8\,\%)$	$(0,968; 1,6\,\%)$	$(0,945; 0,3\,\%)$	–
Durchschnitt	$(0,961; 1,9\,\%)$	$(0,976; 1,2\,\%)$	$(0,945; 2,7\,\%)$	$(0,999; 0\,\%)$

Tabelle 6.1: Paarweise Korrelation der Korrektoren.

der vier zu dieser Lösung erstellten Bewertungen auf den Seiten 255-265. Das Diagramm in Abbildung 6.2 zeigt die erreichte Inhaltsvollständigkeit der untersuchten UML-Modelle. Dabei zeigt die horizontale Linie jeweils den Durchschnittswert an. Bitte beachten Sie, dass zur Veranschaulichung der Wertebereich etwas gespreizt und die Studentenpaare nach aufsteigender Leistung angeordnet wurden.

Um die Konkordanz der Korrektoren zu überprüfen, berechneten wir den Korrelationskoeffizienten r nach Pearson[4] jedes Korrektors mit jedem anderen. Da wir erwarten, dass die Bewertungen der Korrektoren positiv korreliert sind, versuchen wir die Null-Hypothese $H_0 : r \leq 0$ zu widerlegen. Wir wollen die Null-Hypothese dann verwerfen, wenn der mit einem einseitigen t-Test berechnete p-Wert kleiner als das Signifikanzniveau $\alpha = 5\,\%$ ist. Mit anderen Worten: Wir verwerfen die Null-Hypothese, wenn die Wahrscheinlichkeit, dass die beobachteten Korrelationskoeffizienten zufällig so sind, wie sie sind, kleiner als 5 % ist.

Tabelle 6.1 gibt den Korrelationskoeffizienten r und den zugehörigen p-Wert für alle Paarungen von Korrektoren an. Die Korrelationskoeffizienten legen einen starken linearen Zusammenhang zwischen den Bewertungen nahe. Jedoch ist der p-Wert der Paarung A/C größer als das Signifikanzniveau von 5 %; die Wahrscheinlichkeit, dass wir diesen Korrelationskoeffizienten zufällig beobachtet haben, liegt bei knapp 9 %. Obwohl wir die Null-Hypothese auf dieser Grundlage nicht verwerfen können, sind die Ergebnisse schon recht vielversprechend. Eine Analyse der Diskrepanzen findet sich in Kapitel 6.3.

Die letzte Zeile der Tabelle gibt Pearsons Korrelationskoeffizienten sowie die zugehörigen p-Werte für jeden Korrektor im Verhältnis zum Gruppendurchschnitt an. Die hohen Werte der Koeffizienten deuten wieder auf eine starke positive Korrelation hin. Da in diesem Fall alle r-Werte statistisch signifikant sind ($p < 5\,\%$),

---

[4] Die Werte von r reichen von -1 bis $+1$ und geben Stärke und Richtung eines linearen funktionalen Zusammenhang zwischen zwei Variablen X und Y an; in unserem Fall die Bewertungen zweier Korrektoren. Der Wert 0 bedeutet, dass es keinen linearen Zusammenhang zwischen den Variablen gibt. Positive Werte weisen auf einen positiven Zusammenhang hin, i. e. wenn X wächst, wächst Y ebenfalls. Negative Werte bedeuten einen negativen Zusammenhang, i. e. wenn X schrumpft, dann schrumpft auch Y. Für weitere Details siehe z. B. [How99].

kann man schließen, dass jeder einzelne Korrektor den Student mit diesem Verfahren so auf der Leistungsskala einordnet, wie es auch die Gruppe tun würde.

6.3 Diskussion der Abweichungen

Die immer noch vorhandenen Abweichungen der Beurteilungen (vgl. Abbildung 6.2) zeigen, dass wir die „atomaren Entscheidungen, die selbst nicht in Frage gestellt werden können" noch nicht ganz erreicht haben. Es bleibt immer noch Spielraum für Interpretationen – die Korrektoren müssen also ihre Entscheidungen immer noch abstimmen. In unserer Studie waren die Korrektoren strikt isoliert, um statistische Unabhängigkeit zu erreichen. Nach den Beurteilungen jedoch wurden die Abweichungen diskutiert.

6.3.1 Beobachtungen bezüglich der Korrekturen

Der am einfachsten zu behebende Grund für Abweichungen in den Beurteilungen ist die Präzision der Fragen in den Prüflisten. Sie waren offenbar zum Teil nicht klar genug formuliert. Ein zweiter Grund war der unterschiedliche Kenntnisstand über die Semantik der UML. Hierbei *schien* ein geringerer Kenntnisstand zu einer freieren Interpretation und damit zu einer großzügigeren Beurteilung des Geschriebenen zu führen. Diesen Zusammenhang haben wir nicht aber nicht untersucht, weshalb er nur als Eindruck dokumentiert werden kann. Abstellen lässt sich dieser Umstand auf jeden Fall auch leicht.

Nach einer Weile begannen die Korrektoren, Einträge in den Prüflisten abzuhaken, die eindeutig nicht in den Modellen vorhanden waren. Wir erklärten uns diesen Umstand damit, dass die notwendigerweise fragmentarischen Sichten, die die UML-Diagramme bieten, von den Korrektoren im Kopf ergänzt und entsprechend beurteilt wurden. Beispielsweise markierten Korrektoren Klassen als modelliert, deren Existenz nur in einem Zustandsdiagramm angedeutet war. Dementsprechend ist auch unterschiedliche Konzentration ein Grund für Abweichungen.

Eine Maßnahme, von der wir uns Erleichterung versprechen würden, wäre die Verwendung von Modellierwerkzeugen: Die Modelle nach den erfragten Elementen zu durchsuchen ist mühsam, insbesondere wenn die Diagramme wie in unserer Schach-Übungsaufgabe über durchschnittlich fünf bis sechs Seiten verteilt sind. Hier könnten digitale Diagramme den Aufwand etwas verringern, wenn der Korrektor eine Suchfunktion benutzen kann. Die Modelle zu Prüfungsaufgaben wiederum, die klassischerweise von Hand geschrieben werden, umfassen schon aus Zeitgründen selten mehr als eine Seite, so dass das Problem hier erfahrungsgemäß nicht besonders ausgeprägt ist.

Der vierte Grund für Abweichungen, den wir identifiziert haben, ist, dass die Korrektoren die „Blöcke" zu einem Modellelement nicht bis zum Ende ausgefüllt haben. Nehmen wir beispielsweise die „Diagonale" (Abbildung E.15, ganz oben): Die Prüfliste sieht vor, dass man nach einer Klasse, einer Rolle und einer Instanz sucht, die „Diagonale" heißen könnte, dass man einen Kommentar des Studenten sucht, er habe die „Diagonale" absichtlich nicht modelliert, und dass man nach sonstigen Alternativen sucht, wie der Student die „Diagonale" modelliert haben könnte. In der Excel-Tabelle, die wir für die Auswertung verwendeten, musste der Korrektor jeweils ein Kreuz setzen, ob die Klasse, Rolle oder Instanz modelliert waren, fehlten, oder falsch waren.[5] Wenn jedoch die Konzentration nachließ, begannen die Korrektoren, nachfolgende Prüfungen nicht mehr sorgfältig durchzuführen, wenn beispielsweise die Klasse schon gefunden war. Hierfür ist uns leider keine erfolgversprechendere Gegenmaßnahme eingefallen, als die Korrektoren immer wieder aufzufordern, konzentriert zu arbeiten.

6.3.2 Beobachtungen bezüglich der eingereichten Lösungen

Zu den Abweichungen in den Bewertungen trugen auch die von den Studenten eingereichten Modelle selbst bei: Manche Diagramme wichen weit von der standardisierten UML-Notation ab. Die grundlegenden Fragen für den Korrektor sind in so einem Fall: Handelt es sich noch um ein UML-Diagramm mit Syntax-Fehlern oder schon um etwas anderes? Welche Semantik interpretiere ich in die nicht-spezifizierten syntaktischen Elemente des Modells? Dies ist offensichtlich ein Punkt, an dem der Korrektor mehr oder weniger großzügig sein kann – insbesondere, wenn vorab keine gemeinsamen Standards festgelegt sind. Eine einfache Gegenmaßnahme wäre hier, den Studenten die Verwendung eines UML-konformen CASE-Werkzeugs vorzuschreiben.

Die Verwendung von Code in den Modellen beziehungsweise zusätzlich zu den Diagrammen führte ebenfalls zu Uneinigkeit bei den Korrektoren. Die Lösung eines Studentenpaares enthielt beispielsweise Java-Methoden zur Berechnung der gültigen Züge jeder Figur. Was darf noch als Modell gelten und was ist schon eine Implementierung? Diese Diskussion führte zu der Einsicht, dass die Studenten im Aufgabentext klar darauf hingewiesen werden müssen, dass ausdrücklich kein Code gewünscht ist.

---

[5] Die immer vorhandenen Zeilen „explizit weglassen" und „sonstiges" brauchten nur bei Bedarf ausgefüllt zu werden.

6.4 Diskussion der Anwendbarkeit der Prüflisten

Einige Studenten verwendeten offensichtlich ihr Domänenwissen, um ihre Modelle zu vervollständigen: Ihre Modelle enthielten Artefakte, die eindeutig nicht im zur Verfügung gestellten Text enthalten waren. In denselben Modellen fehlten aber Teile, die beim sorgsamen durcharbeiten des Textes sicher nicht verloren gegangen wären, wie beispielsweise die umfänglich beschriebene Rochade (*castling*). Wir schlossen daraus, dass die Studenten eher das, was sie schon über das Schachspiel wussten, modellierten und sich nicht sonderlich auf den Text konzentrierten. Der Ansatz, die Inhaltsvollständigkeit der Modelle bezüglich des vorgegebenen Textes zu bewerten, führte zu schlechten Noten für diese Studenten. Ob dies ein Problem darstellt, muss der jeweilige Prüfer selbst entscheiden. Die Entscheidung hängt letzten Endes vom Lernziel ab.

6.4.1 Einschränkungen

Der Ansatz ist nicht geeignet, die Fähigkeiten des Studenten zu beurteilen, Objektorientierte Analysen zu erstellen. Er wurde entwickelt, um zu testen, wie gut Studenten eine exakt vorgegebene Domäne in UML umsetzen können. Die Beurteilung der Analysefähigkeiten ist eine spannende, aber vor allem eine *andere* Aufgabe (für die die Fähigkeit des Umsetzens von etwas Gegebenem die Voraussetzung ist). Rein technisch gesehen, könnte man SUMOχ durchaus dafür verwenden, Prüflisten auch für die Analysefähigkeiten der Studenten zu erzeugen: Man könnte von der zur Verfügung gestellten Domänenbeschreibung einfach einzelne Aspekte (i. e. Sätze) entfernen und erwarten, dass der Student sie selbstständig wieder ergänzen kann. Die Frage ist allerdings, wie fair ein solches Vorgehen für den Studenten wäre. Er müsste nicht nur erraten, welche Aspekte im Modell erwartet werden, sondern auch, in welchem Detaillierungsgrad und welcher Tiefe. Wie die Antworten auf diese drei Fragen für den Studenten „offensichtlich genug" im Aufgabentext verpackt werden können, ist unklar.

Eine zweite Einschränkung des Ansatzes ist, dass er nicht geeignet ist, die technische Güte der Umsetzung zu bewerten. Es jedoch bereits dutzende Metriken, die für Beurteilung der Modellqualität herangezogen werden können. Sie lassen sich problemlos mit dem SUMOχ-Ansatz verbinden: So kann ein Teil der Note aus der erreichten Inhaltsvollständigkeit und der anderer Teil aus einer oder mehreren beliebigen Qualitätsmetriken gebildet werden.

6.4.2 Übertragbarkeit auf Softwareprojekte

An dieser Stelle stellt sich die Frage, ob die SUMOχ-Prüflisten auch als Metrik für einen normalen Softwareprozess geeignet wären. Die Antwort lautet: Nach einer Definition entsprechend IEEE Standard 1061-1998 [IEE98] eigen sich die Prüflisten nicht als Metrik; wie Abbildung 6.2 zeigt, handelt es sich noch nicht mal um ein Maß (nach IEEE-Definition). In Ermangelung einer Alternative sollte man jedoch die Weiterentwicklung des Ansatzes bis hin zu einem „Fast-Maß"[6] und dann die Entwicklung einer Metrik in Erwägung ziehen.

6.5 Zusammenfassung

Die geforderten Kriterien, denen eine Beurteilungsmethode für UML-Modelle genügen sollte, waren Systematik, Fairness, Transparenz und Kumulativität. Die Beurteilung mit SUMOχ-generierten Prüflisten ist systematisch, weil das System ohne einen Goldstandard auskommt, und weil es keinen Fokus auf irgendwelche Aspekte des Textes legen kann, so dass andere in der Prüfliste unterrepräsentiert wären. Die Beurteilung mit SUMOχ-generierten Prüflisten ist auch vergleichsweise fair, wie ich in diesem Kapitel dargelegt habe. Transparenz erreicht man dadurch, dass man dem Studenten Einsicht in die ausgefüllte Prüfliste gewährt. Kumulativität für die Beurteilung von Modellen erreicht man mit dem gewählten Prüflistenansatz, wenn die einzelnen Entscheidungen selbst (idealerweise) nicht in Frage gestellt werden können. Auch dies haben wir zum größten Teil erreicht, wenngleich es noch Optimierungspotential gibt, wie Kapitel 6.3 zeigt.

In diesem Kapitel wurde der Einsatz von SUMOχ-generierten Prüflisten in der Lehre untersucht. Zur Evaluation von SAL$_E$ мx sind diese Listen allerdings nur bedingt geeignet: Da die Listen nur mit einer alternativen Synthesestufe erzeugt werden (vgl. Abschnitt 5.2.2), bleibt ein systematischer Fehler *des Ansatzes* bei einer solchen Evaluation verborgen. In Ermangelung einer echten Alternative habe ich aber SAL$_E$ мx *auch* mit einer SUMOχ-generierten Prüfliste evaluiert. Nach zwei Jahren haben wir den Schach-Text der Übungsaufgabe mit der neusten Version von SAL$_E$ neu annotiert und mit dem aktuellen Regelsatz ein Modell erzeugt. Das Resultat haben wir mit derselben Prüfliste bewertet, mit der auch die Studentenmodelle bewertet wurden. Die Ergebnisse dieser Auswertung sind in Kapitel 7.3 zu finden.

---

[6] nicht perfekt, aber für den Zweck gut genug

Kapitel 7

Evaluation von SAL$_E$ MX

Ein wesentlicher Kritikpunkt an den zielverwandten Arbeiten ist die schlechte bis nicht vorhandene Evaluation derselben. In der Tat sind Domänenmodellextraktoren (DMX) nicht leicht zu evaluieren. So erzeugen klassische Metriken zur Modell-Evaluation für generierte Modelle kaum sinnvolle Aussagen; für die Evaluation der Qualität der erzeugten Modelle in Bezug auf Vollständigkeit und Präzision existieren keine geeigneten Metriken (vgl. Abschnitt 5.2.2, Kapitel 6.5 und [GLK09]). Diese wären aber ebenfalls nötig, um einen Gewinn an Produktivität zu bestimmen („mit diesem Ansatz ist man so und so viel schneller als manuell"). Davon abgesehen könnte dieser Gewinn durch die prototypische Qualität der Werkzeuge und die vergleichsweise geringe Reifung des Prozesses (*best practices*) marginalisiert werden. Diese Probleme sind jedoch kein Freibrief, auf eine Evaluation zu verzichten und nur die Wirkungsweise des eigenen Ansatzes an einem Beispiel vorzuführen (vgl. Kapitel 2).

Der wesentliche Beitrag dieser Arbeit ist SENSE, der Formalismus zur Darstellung der Semantik der natürlichen Sprache. Mit Hilfe der Implementierung SAL$_E$ MX belege ich im Folgenden, dass man mit diesem Ansatz selbst aus fremden, realen Texten Modelle extrahieren kann, die vergleichbar vollständig wie manuell erzeugte Modelle sind. Der Formalismus selbst sollte auf drei Arten evaluiert werden (vgl. [BR08]): Erstens muss die Genauigkeit des Modells validiert werden, zweitens seine Anwendbarkeit und die Angemessenheit für die Aufgabe, und drittens müssen die Vorteile, die der Einsatz dieses Formalismus mit sich bringt, nachgewiesen werden. Ich habe SENSE Typ-1- und Typ-2-validiert. Eine Typ-3-Validation zu erbringen würde jedoch den Rahmen dieser Arbeit sprengen: Selbst der Produktivitätsgewinn der weit verbreiteten (und seit über 15 Jahren reifenden) UML ist noch nicht belegt. Die wenigen empirische Untersuchungen zu dem Thema, wie z. B. von Arisholm et al. [ABHL06], geben einen Eindruck davon, welchen Aufwand es bedeuten würde, empirisch stichhaltige Nachweise über einen Produktivitätsgewinn durch einen DMX zu erbringen.

Bisher wurden nur wenige Arbeiten überhaupt evaluiert (vgl. Tabelle 2.1). Wie Harmain und Gaizauskas bin ich der Meinung, dass für eine echte Validierung *fremde* Texte verwendet werden müssen [HG00]. Darüber hinaus sollte es sich um *reale* Texte handeln, also solche, die nicht extra dafür geschrieben wurden, um modelliert zu werden (vgl. Kapitel 2.1). Ich habe daher in meiner Evaluation keinen Text verwendet, der von mir geschrieben wurde und auch keinen, der ausschließlich zum Zwecke des „modelliert werdens" geschrieben wurde. Die einzige Ausnahme von der letzten Regel ist der Text, den auch Harmain und Gaizauskas verwendet haben, um meine Ergebnisse mit ihren vergleichen zu können.

7.1 Evaluation an der deutschen Grammatik

In Kapitel 4 habe ich vorgeführt, wie man beliebige deutsche Satzstrukturen in SENSE abbilden kann. Da SENSE und SAL$_E$ nicht auf dem Reißbrett entstanden sind, sondern bedarfsgerecht weiterentwickelt wurden (man vergleiche beispielsweise die in dieser Arbeit vorgestellte Version von SAL$_E$ mit der im Jahr 2007 publizierten Version in [GT07]), stellt dieses Kapitel eine Typ-1-Validation (eine Überprüfung der Präzision des Modells) dar. Es stellt die notwendigen Informationen bereit, um sich ein Bild über die Abdeckung beliebiger deutscher Texte machen zu können. Zusammenfassend lässt sich jedoch sagen, dass SENSE eine hervorragende Abdeckung für die relevanten Texte erreicht. Wir können mit dem Ansatz tatsächlich aus *jedem* zusammenhängenden Text das Domänenmodell (in Form eines SENSE-Graphen) nahezu vollständig extrahieren.

An dieser Stelle wäre die Angabe konkreter Prozent-Zahlen wünschenswert. Leider können wir sie nicht berechnen, da für die Angabe einer *relevanten* Zahl die statistische Häufigkeit der nicht-unterstützten Strukturen in konkreten Eingabedokumenten berücksichtigt werden müsste. Diese Daten stehen uns nicht zur Verfügung. Verfügbare Häufigkeitswerte lassen sich an dieser Stelle nicht verwenden, da sie in aller Regel zu großen Teilen auf Zeitungskorpora beruhen, die gerade bezüglich der nicht-unterstützten Strukturen ein deutlich anderes Profil aufweisen.

Ich habe bei der Analyse in Kapitel 4 explizit darauf hingewiesen, wenn ein linguistisches Konstrukt *nicht* in SENSE abgebildet werden kann. Zusammenfassend kann man sie einteilen in:

- *Bewusst nicht unterstützten Strukturen.* Dazu zählen Fragen, Frageadverbien, indirekte Rede, Kommentaradverbien, die erste und zweite Person und der *Modus* von Verben. Ihr Auftreten ist in Domänenbeschreibungen nicht zu erwarten. Diese Strukturen wurden folglich nicht auf ihre Kompatibilität mit SENSE untersucht. Es ist jedoch nicht auszuschließen, dass einige von ihnen mit SENSE umgesetzt werden können. Ferner gehören zu dieser Sorte auch Partikel und die Unterklasse der „irrelevanten" Modaladverbien. Beide tragen keine relevante Semantik und werden deshalb nicht unterstützt.

- *Strukturen, die aus ökonomischen Gründen (noch) nicht unterstützt werden.*
  In diese Klasse fallen die Zeitinformation (*Tempus*) von Verben, Multiplizitäten und Quantoren. Die in dieser Arbeit vorgestellte, pragmatische Lösung des „Durchreichens" hat sich aber für Multiplizitäten und Quantoren in unseren Fallbeispielen bewährt. Körner arbeitet darüber hinaus bereits an der Auswertung von Multiplizitäten [KB09]. Prinzipiell dürfte sich diese Art von linguistischen Strukturen jedoch in SENSE darstellen lassen.

- *Strukturen, die tatsächlich fehlen.* Hier sind komplexe Konjunktionalgruppen, Nebensätze der Aussagenpräzisierung, der Superlativ und Reziprokpronomen zu nennen. (Wobei die Semantik der letzten beiden jedoch häufig als unklar bewertet werden muss, vgl. Abschnitt 3.4.6.2 und Abschnitt 4.4.1.) Ihre Unterstützung wäre, zusammen mit guten Fallbeispielen, eine wertvolle Ergänzung für SENSE. Sie würden aber wahrscheinlich eine Erweiterung oder Überarbeitung der Strukturen von SENSE erfordern.

7.2 Evaluation an Fallbeispielen

In diesem Abschnitt untersuchen wir die Anwendbarkeit des Ansatzes und die Angemessenheit für die Aufgabe (Typ-2-Validation). Der Umfang der Eingabedokumente beschränkt sich dabei auf die Größe von Übungsaufgaben, die für die qualitative Auswertung des Ansatzes jedoch genügt. Der Grund für die Größenbeschränkung ist der überraschend große Umfang und die Komplexität der semantischen Informationen selbst kurzer Texte (es sei an dieser Stelle an den Umfang des ersten Satzes aus § 801 BGB erinnert): Die entstehenden UML-Diagramme sind so groß, dass sie kaum Platz auf den Seiten dieses Buches finden. Unseren Erfahrungen zufolge bleibt die Textdarstellung letztlich (bei gleichem Informationsgehalt) die kompakteste Form der Wissensrepräsentation.

7.2.1 Schuldverschreibung

In Abschnitt 5.1.5 haben wir den ersten Satz aus § 801 (BGB) als komplexes Beispiel für die Annotation mit SAL$_E$ besprochen. An dieser Stelle folgt nun die Diskussion der Ergebnisse. Zur Bequemlichkeit wiederholen Abbildung 7.1 und Abbildung 7.2 die Grafiken von Seite 164 und 169. Der Gesetzestext lautete:

> Der Anspruch aus einer Schuldverschreibung auf den Inhaber erlischt mit dem Ablauf von 30 Jahren nach dem Eintritt der für die Leistung bestimmten Zeit, wenn nicht die Urkunde vor dem Ablauf der 30 Jahre dem Aussteller zur Einlösung vorgelegt wird.

Klassendiagramm. *Der Anspruch aus einer Schuldverschreibung auf den Inhaber* wurde in unserem Modell in drei Klassen, zwei Assoziationen und drei Verwaltungsmethoden umgesetzt. Die die entstandenen Klassen sind *Anspruch*, *Schuldverschreibung* und *Inhaber*, die Assoziationen *createdBy* und *NaryAssoc_SchVer* und die Methoden *createAnspruch* und *giveThisFromTo* in der Klasse *Schuldverschreibung* und *takeSchuldverschreibungFrom* in der Klasse *Inhaber*. Damit entspricht das abgeleitete Modell in etwa dem „Überlegten Ansatz" aus Abbildung 5.1(b).

Die Assoziation *createdBy* speichert, *welcher* Anspruch aus einer bestimmten Schuldverschreibung hervor geht. Kann man sich diese Assoziation und die Klasse nicht sparen? In größerem Kontext gesehen könnte es sein, dass wir aus allen Schuldverschreibungen, die der Kunde unserer Software ausstellt, den gleichen Anspruch ableiten, beispielsweise den Anspruch auf 500 Euro (etwa weil unser Kunde eine kleine Sparkasse auf dem Land ist, die nur Schuldverschreibungen über 500 Euro herausgibt). Dann könnte man sich die Assoziation *createdBy*, aber auch die Klassen *Anspruch* und die daran hängende *Leistung* sparen. Dann

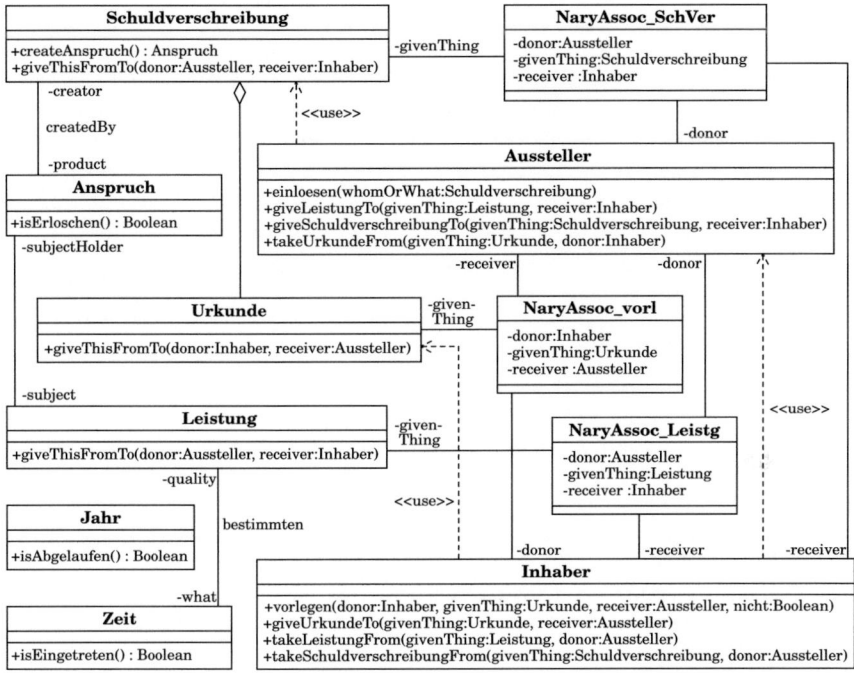

Abbildung 7.1: Klassendiagramm zu § 801 (gebeugt, Wdh.)

bräuchten wir nur noch eine Schuldverschreibung mit einem Datum[1]. Da der Aussteller ja auch klar ist (nämlich unsere kleine Landsparkasse), bräuchten wir dann eigentlich nur noch eine Schuldverschreibung mit Datum und einen Inhaber. Oder einen Inhaber und ein Datum in einer Excel-Tabelle namens „Schuldverschreibungen", das reicht eigentlich. Oder nicht?

Diese Argumentation soll natürlich niemanden davon überzeugen, dass eine Excel-Tabelle die optimale Datenverwaltungsstruktur für die Schuldverschreibungen einer Landsparkasse ist. Aber das Konstruktionsprinzip dieses Beispiels soll verdeutlichen, dass das „Festhalten" einzelner Instanzen im Einsatzkontext immer dazu verwendet werden kann, um das Modell zu vereinfachen. Wenn sich aber der Einsatzkontext ändert, verliert das Modell seine Gültigkeit. Wenn also unsere Landsparkasse und die örtliche Volksbank beim Rechnezentrumsbetrieb koope-

---

[1] Die *Zeit* sollte, wie bereits besprochen, eigentlich ein *Zeitpunkt* sein.

rieren wollen, wird das „optimierte" Modell ungültig, denn dann brauchen wir doch einen *Aussteller*. Wenn das Portfolio um Schuldverschreibungen über 1000 Euro erweitert werden soll, wird das optimierte Modell ungültig, denn dann brauchen wir doch die *Leistung*. Und wenn im Zuge der aktuellen Bankenkrise bestimmte Schuldverschreibungen mit besonderen Garantien angeboten werden sollen, dann wird das optimierte Modell ungültig, denn dann brauchen wir doch die *Ansprüche* mit einem neuen Attribut *Priorität*. Ein detailliertes Modell ist also gegenüber sich ändernden Einsatzkontexten robuster, als ein zu stark vereinfachtes Modell.

Die Klasse *NaryAssoc_SchVer* ist eigentlich eine ternäre Assoziation, in der wir nicht nur festhalten können, wer die Schuldverschreibung innehat, sondern auch, wer sie abgibt. Da wir (mangels der Unterstützung durch das UML-Werkzeug, vgl. Abschnitt 5.2.1) dreistellige Assoziationen nicht direkt angeben können, verwenden wir den Kunstgriff einer zusätzlichen Klasse, deren Instanzen die Verknüpfungen der Assoziation repräsentieren. Da somit die „Infrastruktur" schon vorhanden ist, könnten wir *NaryAssoc_SchVer* um Attribute erweitern und so eine Kreuzung zwischen einer ternären Assoziation und einer Assoziationsklasse zu erhalten. Attribute, die sich für *NaryAssoc_SchVer* (und alle anderen ternären Assoziationen) anbieten würden, wären drei Daten: *vorbereitet*, *angelegt* und *gelöscht*. Wahrscheinlich will unser Kunde sowieso irgendwann so etwas wissen, wie „Wie viele Schuldverschreibungen hat Inhaber *A* dieses Jahr im Vergleich zum letzten Jahr bei uns gezeichnet?" Auch daran, wer wem wann was geleistet hat (*NaryAssoc_Leistg*), wird der Kunde sicher zurückverfolgen können wollen. Das Anlegen dieser Attribute bei allen ternären Assoziationen wäre in meinen Augen jedoch kein Analyseschritt, sondern eine Entwurfsentscheidung, weswegen SAL$_E$ MX diese (triviale) Aufgabe nicht automatisch erledigt.

Die *Urkunde* ist ein Beispiel dafür, wie die Neutralität der „dummen" Maschine dafür sorgt, dass die verfügbaren Informationen gleichberechtigt behandelt werden. Stilistisch ist die Urkunde nämlich tief im Wörterwald versunken – wir hätten sie nicht so prominent modelliert. So, wie der Satz geschrieben ist, ist seine zentrale Aussage: „Der Anspruch erlischt nach 30 Jahren, wenn nicht ..." Reiners gibt als Grundregel für den deutschen Satzbau an: „Jeder Hauptgedanke erfordert einen Hauptsatz. Selbst ein kurzer und übersichtlicher Nebensatz ist von übel, wenn er eine Hauptsache wiedergeben soll." [Rei04, S. 92] Im Umkehrschluss scheint den Gesetzesvätern das Vorlegen der Urkunde für den Erhalt der Leistung nicht so wichtig gewesen zu sein; sie haben es in einem untergeordneten Nebensatz versteckt. Sie hätten den Satz auch wie folgt formulieren können, dann hätte er aus zwei *nebengeordneten* Hauptsätzen bestanden: „Der Inhaber muss die Urkunde vorlegen, sonst erlischt der Anspruch." Die Gefahr, und damit auch der Grund dafür, dass Reiners so vehement auf die Einhaltung dieser Regel pocht, ist, dass der Leser dem untergeordneten Satz auch eine untergeordnete Bedeutung beimisst. Für uns bedeutet das, dass er den untergeordneten Sachverhalt nicht genau so sorgfältig modelliert, wie die vermeintliche Hauptsache. Im extrahierten Diagramm aber hat die *Urkunde* die gleiche Behandlung erfahren, wie die *Leistung* oder die *Schuldverschreibung*. SAL$_E$ ᴍх kann gar nicht unterscheiden, ob es sich ursprünglich um einen Haupt- oder einen Nebensatz handelte und wie tief dieser gegebenenfalls eingeschachtelt war.

Im Klassendiagramm gibt es noch die Klasse *Jahr*, die keine Assoziationen oder *benutzt*-Beziehungen eingeht. Es gib jedoch eine funktionale Verbindung zwischen der Klasse *Zeit* und der Klasse *Jahr*. Diese wird im Aktivitätsdiagramm sichtbar.

Aktivitätsdiagramm. Die Aktionen im SAL$_E$ ᴍх-Modell sind mit „Prädikat-Argument-Deutsch" beschriftet, einer Mixtur aus Prädikat-Argument-Strukturen, UML-Methodensignaturen und SAL$_E$-Syntax. Diese durchaus verständliche Sprache ist ein Tribut an das nicht ganz triviale Problem, echte Sprache zu synthetisieren: Wenn das Aktivitätsdiagramm erstellt wird, liegt der Text in SAL$_E$ ᴍх nur noch als SENSE-Graph, also quasi in linguistischen Fragmenten vor. Aus diesen Fragmenten kann man durchaus wieder natürlichsprachliche Sätze erzeugen, wie wir in einer Arbeit evaluiert haben [Geb06] – allerdings braucht man dafür die Möglichkeit zu beugen, sowie eine geeignete Grammatik, um die Sätze aufzubauen. Als Randproblem dieser Arbeit haben wir das Thema nicht weiter verfolgt; eine leistungsfähige Komponente wäre an dieser Stelle aber sicher wünschenswert.

Die Syntax des „Prädikat-Argument-Deutsch" ist schnell beschrieben: Im Wesentlichen legen wir für ACT-, STAT- und TRANS-Konstituenten Aktivitäten an (vgl. Abschnitt 5.2.1.3) und können daher (meistens) ein Element dieser drei Rollen voraussetzen und als Prädikat verwenden. Alle Entitätenrollen der zugehörigen Relation werden in die Argumentliste gesteckt und mit Rollen-abhängigen Parameternamen versehen; Kommas werden dabei nicht verwendet. Modifikationen, egal ob Adjektive, Adverbien oder Zahlwörter, werden wie in SAL$_E$ vor das jeweilige Bezugswort gruppiert; Verschiebeoperatoren werden dabei nicht verwendet.

Dem Aktivitätsdiagramm in Abbildung 7.2 entsprechend muss zuerst einmal eine Zeit[2] eintreten ① und ein Inhaber derweil eine Urkunde *nicht* vorlegen ②, damit 30 Jahre anfangen können, abzulaufen ③. Bereits hier stoßen wir auf zwei Merkwürdigkeiten: Erstens gibt uns die Aktivität ② ein Beispiel für die Problematik eines *nichts* im Aktivitätsdiagramm. Wir können nicht ausdrücken, dass etwas *nicht* passiert (vgl. Abschnitt 4.6.1). Und zweitens enthält die Aktivität ③ eine Multiplizität am Aktor – sollen hier etwa *mehrere* handeln? Es nicht eine Woche oder ein Jahrzehnt, das abzulaufen beginnt, sondern *30 Jahre*. Bei einer einzelnen Zeitspanne wie eben einer Woche oder einem Jahrzehnt wäre wohl klar, was passiert.

---

[2] eigentlich ein „Zeitpunkt", vgl. Abschnitt 5.1.5

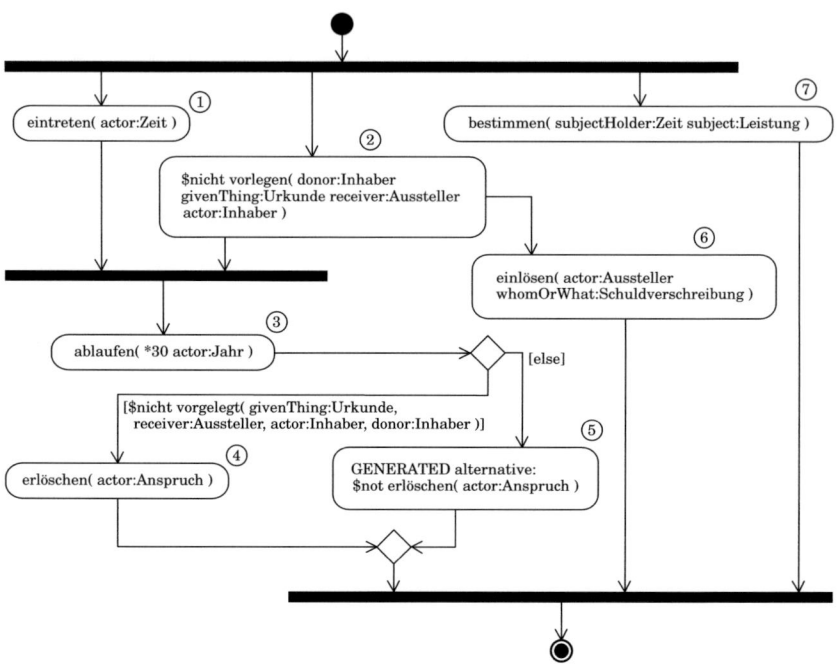

Abbildung 7.2: Aktivitätsdiagramm zu § 801 (gebeugt, Wdh.)

Aber wie laufen 30 Instanzen einer Klasse *Jahr* (vgl. Klassendiagramm) ab? Sequenziell oder parallel[3]? Und wie viele Schaltjahre sollen in dieser Menge sein? – Natürlich sind diese Fragen im Kontext leicht zu beantworten. Die *Jahre* sind aber ein schönes Beispiel dafür, dass der vordergründige Unsinn, den der Ansatz an manchen Stellen produziert, oftmals gar nicht so unsinnig ist. Einen Sachverhalt wie diesen „wie gewohnt" zu modellieren, erfordert manchmal Annahmen, die nicht in jedem Fall uneingeschränkt gelten.

Wenn die 30 Jahre mit dem Ablaufen fertig sind, ist laut Aktivitätsdiagramm eine Entscheidung zu treffen. Wenn eine Urkunde dem Aussteller vom Inhaber *nicht* vorgelegt wurde, dann soll ein Anspruch erlöschen ④. Was anderenfalls passiert, war nicht spezifiziert, weswegen unser Regelsatz automatisch eine Alternative erzeugt hat: Der Anspruch soll *nicht* erlöschen ⑤. Der Wächterausdruck (*guard*) auf dem Weg zur Aktivität ④ ist ein Beispiel, bei dem man durchaus über eine Verarbeitung des *nichts* nachdenken könnte, da es in OCL ein not gibt. Die Modifikati-

---

[3] Die „Mannjahre" des Projektmanagements beispielsweise können ja durchaus parallel ablaufen.

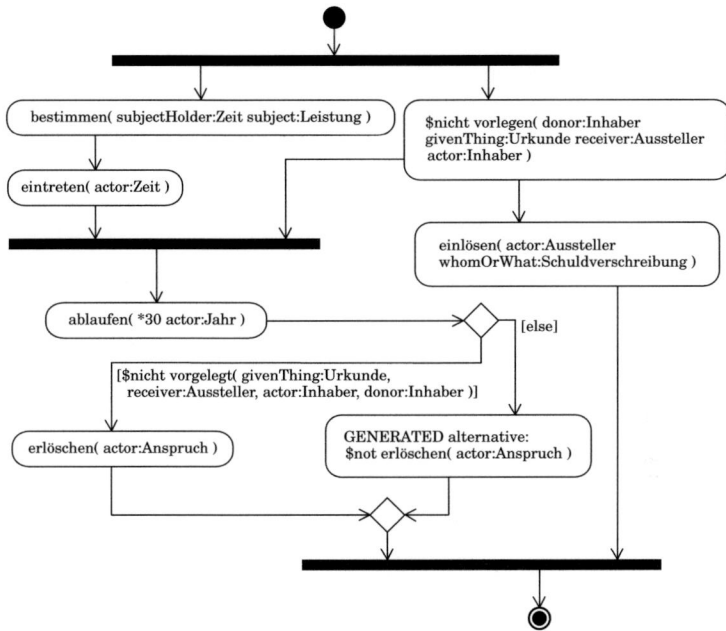

Abbildung 7.3: Aktivitätsdiagramm zu § 801 (gebeugt, korrigierte Version)

on *$not* in Aktivität ⑤ hingegen entstand bei der Erzeugung der Alternative (und ist deshalb wie alle unsere Prä- und Suffixe in Englisch). Dieses *$not* hat natürlich eine genau so unklare Semantik, wie das *$nicht* in Aktivität ②. Wir fügen es aber ein, weil sich so erfahrungsgemäß die „besten" (für den menschlichen Leser plausibelsten) erzeugten Alternativen ergeben.

Bisher entspricht die Semantik des Aktivitätsdiagramms recht genau dem, was wir aus dem Gesetzestext herauslesen. SAL$_E$ ᴍх hat aber noch zwei weitere Pfade vom Startknoten zum Endknoten angelegt, die wir im Folgenden genauer betrachten wollen.

Der Weg über Aktivität ② und ⑥ entstammt dem Fragment „[...], wenn nicht die Urkunde [...] zur Einlösung vorgelegt wird." Es enthält den Handlungsstrang: *Erst legt der Inhaber dem Aussteller die Urkunde vor und dann löst der Aussteller die Schuldverschreibung ein.* Es ist auch zu erkennen, dass SAL$_E$ ᴍх versucht hat, diesen Handlungsstrang zu erzeugen, es hat aber bei der Umsetzung einen Fehler gemacht: Da es sich um einen Konditionalsatz handelt, ist das Geschehen innerhalb diese Satzes offen, es könnte also passieren, oder auch nicht. Hier wären auf jeden Fall Entscheidungsknoten einzufügen; die „UND-Verknüpfung" beider Handlungsstränge durch Synchronisationsbalken ist falsch. Der Fehler liegt im Regelsatz.

Der Weg über Aktivität ⑦ erinnert uns daran, dass parallel zu dem ganzen Geschehen noch etwas *bestimmt* werden muss, und zwar eine Zeit – der Zeitpunkt für die Leistung. Das ist so überraschend wie richtig, denn wenn wir über die für die Leistung *bestimmte* Zeit sprechen wollen, dann muss sie schließlich auch irgendwann bestimmen. Wir haben beim Annotieren aus dem Partizip Perfekt des Verbs *bestimmen* einen STAT gemacht. Unsere Grundannahme für das Erzeugen von Aktivitätsdiagrammen war, dass Zustände, Übergänge und Beziehungen, mindestens eine *Aktion* erfordern, die die kleinste Form der *Aktivität* darstellt, weswegen wir auch für alle STATs Aktivitäten anlegen. An diese (chronologisch noch nicht einsortierte) Aktivität hat uns SAL$_E$ MX damit erinnert.

Was nicht richtig ist, ist dass die Aktivität parallel zum Rest ablaufen kann. Schließlich muss die Zeit erst bestimmt worden sein, bevor sie ablaufen kann. Hier liegt also ein Versäumnis bei der Annotation vor: Uns fehlt eine PRAE/SUCC-Beziehung zwischen *bestimmten* in Zeile 9 von Quelltext 5.1 (Seite 153) und dem *Eintritt* in Zeile 7. Wie könnten nun also, da uns der Fehler aufgefallen ist, einfach folgende Zusicherung an das Ende von Quelltext 5.1 anhängen und SAL$_E$ MX nochmal starten, um das Diagramm in Abbildung 7.3 zu erhalten.

`[@bestimmten|PRAE @Eintritt|SUCC].`

7.2.2 Kuchenrezept

Beim „Kuchenrezept" handelt es sich um eine Übungsaufgabe aus der Softwaretechnik-Vorlesung für Informatik-Studenten im Hauptdiplom an der Universität Karlsruhe aus dem Wintersemester 2005/2006. Die Aufgabe, wie sie an die Studenten ausgegeben wurde, ist in Abbildung 7.4 dargestellt. Es handelt sich bei dem ursprünglichen Text um ein Rezept für Schokoladenkuchen von einer Kochseite im Internet. Der Text wurde also weder speziell für die SAL$_E$-Annotation, noch überhaupt fürs „modelliert werden" geschrieben. Lediglich der „Zahnstochertest" wurde von den Übungsleitern damals hinzugefügt, um einen Regelkreis in den Studentenlösungen zu provozieren. Da wir das mit SAL$_E$ MX erzeugte Modell mit der Musterlösung von damals vergleichen wollen, habe ich den Satz im Text belassen.

Aktivitätsdiagramm. Auf den Seiten 194 und 195 sind zwei Aktivitätsdiagramme abgedruckt. Abbildung 7.5 zeigt die Musterlösung von damals, die beschreibt,

---

Aufgabe 2: Erstellen eines Aktivitätsdiagramms

Erstellen Sie ein Aktivitätsdiagramm fürs Schokoladenkuchenbacken.

Zutaten

225 g	Margarine	2 TL	Backpulver
225 g	Zucker	1 EL	Rum
1 EL	Zitronenschale	4 EL	Sahne
5	Eier	50 g	Mandeln
225 g	Mehl	20 g	Kakao, entölt
	Salz	50 g	Schokostreusel

Die Zitrone heiß abwaschen, abtrocknen und die Schale fein abreiben. Zusammen mit der Margarine, Zucker, den Eiern, Mehl, einer Prise Salz, Backpulver, Rum und Sahne in die Küchenmaschine geben. Zuerst langsam unterrühren, damit das Mehl nicht staubt. Dann auf der höchsten Stufe gut verrühren. Die Mandeln grob hacken und unterheben. Eine Kastenform mit Backpapier auslegen und 2/3 des Teiges einfüllen. In den restlichen Teig den entölten Kakao und die Schokostreusel oder in kleine Stücke geschnittene Zartbitterschokolade einrühren. Den dunklen Teig auf den hellen Teig in drei dicken Klecksen verteilen. 65 Min. in den auf 180° vorgeheizten Ofen (bei Umluftöfen entfällt das Vorheizen).

Zahnstochertest: Wenn man in den Kuchen sticht und nichts am Zahnstocher kleben bleibt, ist der Kuchen fertig!

Abbildung 7.4: Übungsaufgabe „Kuchenrezept" aus dem WS 05/06

was von den Studenten erwartet wurde. Ihr gegenüber, in Abbildung 7.6, ist dargestellt, was SAL$_E$ мx aus dem annotierten Kuchenrezept mit dem aktuellen Regelsatz extrahiert. Der annotierte Text ist in Quelltext 7.1 (erster Teil) und Quelltext 7.2 (zweiter Teil) abgedruckt[4].

Die beiden Diagramme sind sich auf den ersten Blick strukturell recht ähnlich. In beiden gibt es einen langen Hauptstrang vom Waschen der Zitrone bis zum Verrühren der Zutaten, danach werden die zeitgleich gehackten Mandeln untergehoben und ein Teil der Masse in die parallel mit Backpapier ausgelegt Form gefüllt (usw.). Offensichtlich ist SAL$_E$ мx in der Lage, nichttriviale Aktivitätsdiagramme auf Anfängerniveau zu erzeugen.

Wenn man genauer hinsieht, stellt man fest, dass in beiden Diagrammen Dinge fehlen. In der Musterlösung (Abbildung 7.5) wurde der Aspekt des Schokolade in kleine Stücke Schneidens vergessen. Im generierten Modell (Abbildung 7.6) wurde er berücksichtigt – allerdings mangels einer Auswertung der Semantik einer

---

[4] Die Aufteilung ist nur der Seitenkapazität geschuldet und hat keinen inhaltlichen Grund.

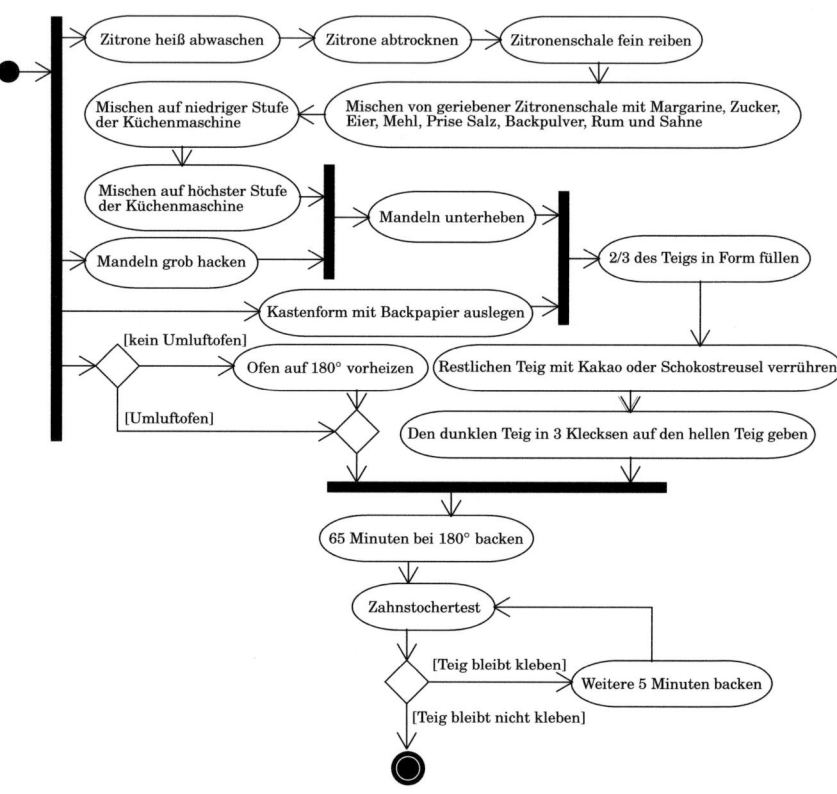

Abbildung 7.5: Musterlösung zur Aufgabe „Kuchenrezept"

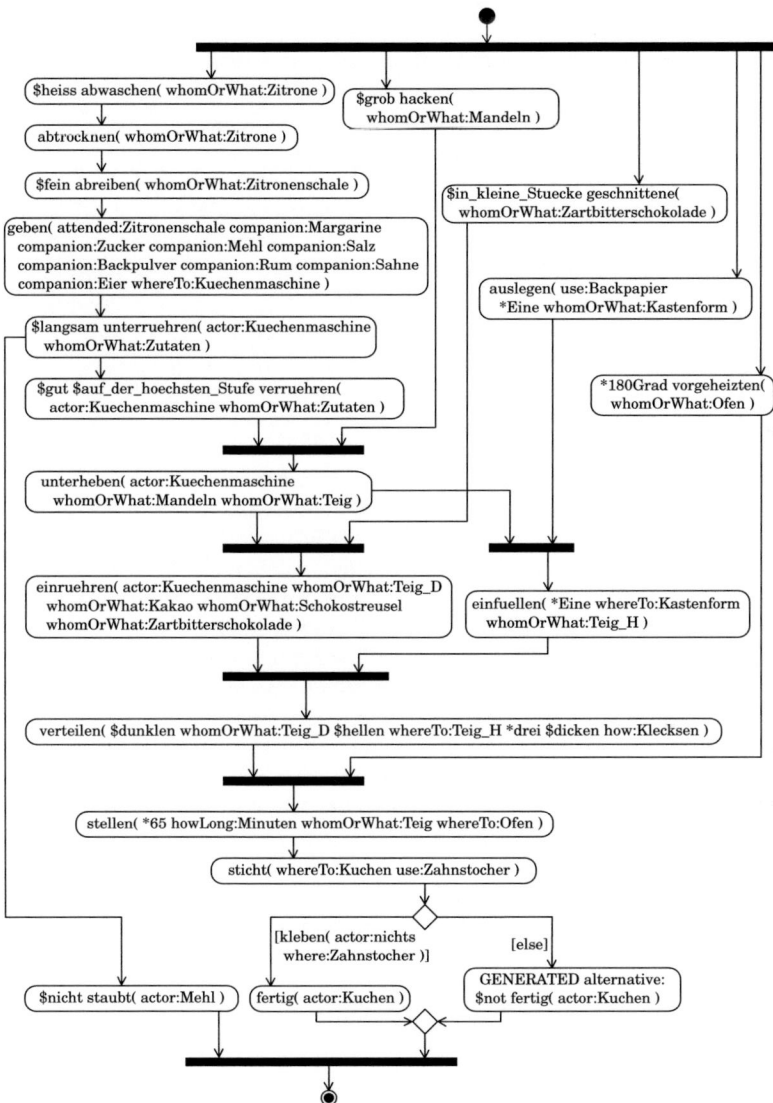

Abbildung 7.6: Aus dem Kuchenrezept erzeugtes Aktivitätsdiagramm

ODER-Menge (Zeile 44 und 45 im Quelltext) falsch (parallel statt alternativ) einge-hängt. Im generierten Modell fehlt zudem die Alternative, einen Umluftofen nicht vorheizen zu müssen. Der Grund hierfür ist, dass eine implementierte Regel nicht gepasst hat: Wir haben eine Regel, die nach OBL, REQ und REQII sucht, und OBL als Bedingung (*guard*) an einen optionalen Übergang zum REQ schreibt. Diese Regel ließ sich offensichtlich nicht auf die vorhandene Struktur (vgl. Zeile 67 im Quell-text) anwenden, da der OBL fehlt. Hierdurch wird das *eigentliche* Problem beim Regeln schreiben veranschaulicht: Die Regeln können auf Basis von GRGEN.NET nicht „fehlertolerant" erstellt werden. Das heißt, dass man für jede *prinzipielle* Re-gel[5], die man identifiziert hat, mehrere *konkrete* GRGEN.NET-Regeln aufschreiben muss – für jede Konfiguration[6] eine. Ob sich dieses Managementproblem durch eine mächtigere Regelsprache in den Griff bekommen lässt, oder durch eine an-dere Art des Programmierens mit Graphersetzungsregeln (Stichwörter: *best prac-tices* und Entwurfsmuster), diese Frage ist eher prinzipieller Natur als $\text{SAL}_E\,\textit{мх}$-spezifisch und sollte von der Graphersetzer-Forschergemeinde aufgegriffen werden (vgl. hierzu auch [SGS09]).

Interessant ist bei diesem Fallbeispiel die Quelle des nichttrivialen Aktivitäts-flusses: Wenn man das Rezept ausschließlich linguistisch analysiert und annotiert, erzeugt $\text{SAL}_E\,\textit{мх}$ ein Diagramm, dass im Wesentlichen aus der initialen und der fi-nalen Barriere besteht. Zwischen diesen beiden Barrieren sind dann bis auf we-nige Ausnahmen alle Aktivitäten parallel angeordnet. Um längere Folgen zu er-halten, wie Abbildung 7.5 und Abbildung 7.6 sie zeigen, muss man dem Transfor-mationsprozess einige Zusatzinformationen in Form von Zusicherungen zur Ver-fügung stellen. Diese Zusatzinformationen haben drei Quellen: erstens die Kore-ferenzanalyse, zweitens den „Sprachverstand" und drittens Domänenwissen. Im Umkehrschluss kann man folgern, dass die Schwierigkeit beim Bearbeiten der Aufgabe durch die Studenten also gerade *nicht* darin bestand, das zu modellieren, was da stand, sondern das, was *nicht* da stand. Ich habe zur Veranschaulichung in Quelltext 7.1 und Quelltext 7.2 alle drei Kategorien hervorgehoben. Wir werden diese nun im Einzelnen besprechen.

Die Zeile 11 enthält eine Zusicherung der ersten Kategorie (Koreferenzanalyse, hellgrau hinterlegt): Mit der *Schale* ist offensichtlich die Schale der Zitrone und damit die in der Zutatenliste erwähnte *Zitronenschale* gemeint. $\text{SAL}_E\,\textit{мх}$ kann das ohne Zusicherungen nicht erkennen.

Die Zeilen 12 und 13 enthalten Zusicherungen der zweiten Kategorie (Sprach-verstand, mittelgrau hinterlegt). In diese Kategorie habe ich Zusicherungen ein-

---

[5] Beispiel: „Mache aus einem ACT eine Methode und gebe die restlichen Rollen als Parameter hin-ein."

[6] Mit AG? Dann beim AG anlegen. Oder nur mit PAT? Dann beim PAT anlegen. Oder ohne beides? Dann bei der System-Klasse anlegen. ACT zusammen mit IUS (modal)? ACT zusammen mit REQ (modal)? ACT zusammen mit POT (modal)? etc.

```
1   [ Zutaten|OMN
2     { *255g Margarine,          *225g Zucker,
3       *1EL Zitronenschale,      *5 Eier,
4       *225g Mehl,               *1Priese Salz,
5       *2TL Backpulver,          *1EL Rum,
6       *4EL Sahne,               *50g Mandeln,
7       *20g Kakao $entoelt<<1, UND *50g Schokostreusel }|PARS ] .
8
9   [ #Die Zitrone|{POSS, PAT(w)} {$heiss abwaschen UND abtrocknen}|ACT(w)
10    #und #die Schale|{HAB, PAT(t)} $fein abreiben|ACT(t) ] .
11      [ @Schale|EQD @Zitronenschale|EQK ] .
12      [ @abwaschen|PRAE @abtrocknen|SUCC ] .
13      [ @abtrocknen|PRAE @abreiben|SUCC ] .
14
15  [ #Die @Schale|DUX #mit #der {@Margarine, @Zucker, #den Eiern,
16    @Mehl, #{einer Prise} @Salz, @Backpulver, @Rum UND @Sahne}|COM
17    #in #die Kuechenmaschine|LDEST geben|ACT ] .
18      [ @Eiern|EQD @Eier|EQK ] .
19      [ @abreiben|PRAE @geben|SUCC ] .
20
21  [ #Zuerst $langsam unterruehren|ACT(unterruehren)
22    [ #damit #das @Mehl|AG $nicht staubt|ACT ]|INT(unterruehren) ] .
23      [ @Kuechenmaschine|AG(unterruehren) @Zutaten|PAT(unterruehren) ] .
24      [ @geben|PRAE @unterruehren|SUCC ] .
25
26  [ #Dann $auf_der_hoechsten_Stufe>>2 $gut verruehren|ACT(verruehren) ] .
27      [ @Kuechenmaschine|AG(verruehren) @Zutaten|PAT(verruehren) ] .
28  [ @unterruehren|PRAE @verruehren|SUCC ] .
29
30  [ #Die @Mandeln|{PAT(hacken),PAT(unterheben)} $grob hacken|ACT(hacken)
31    #und unterheben|ACT(unterheben) ] .
32      [ @Kuechenmaschine|AG(unterheben) Teig|PAT(unterheben) ] .
33      [ @Zutaten|PARS @Teig|OMN ] .
34      [ @hacken|PRAE @unterheben|SUCC ] .
35      [ @verruehren|PRAE @unterheben|SUCC ] .
36
37  [ *Eine Kastenform|{PAT(auslegen),LDEST(fuellen)}
38    #mit Backpapier|INSTP(auslegen) auslegen|{ACT(auslegen)} #und
39    *zwei_drittel #des Teiges|PAT(fuellen) einfuellen|ACT(fuellen) ] .
40      [ @auslegen|PRAE @einfuellen|SUCC ] .
41      [ @unterheben|PRAE @einfuellen|SUCC ] .
42
43  [ #In #den $restlichen Teig_R|PAT(einruehren) #den #entoelten
44    @Kakao|PAT(einruehren) #und #die
45    { @Schokostreusel ODER [ $in_kleine_Stuecke geschnittene|STAT
46      ^Zartbitterschokolade|PAT ] }|PAT(einruehren)
47    einruehren|ACT(einruehren) ] .
48      [ @Kuechenmaschine|AG(einruehren) ] .
49      [ @geschnittene|PRAE @einruehren|SUCC ] .
50      [ @unterheben|PRAE @einruehren|SUCC ] .
```

Quelltext 7.1: Fallbeispiel „Kuchenrezept" in SAL$_E$ (Teil 1)

```
51   [ #Den $dunklen Teig_D|PAT #auf #den $hellen Teig_H|LDEST
52     #in *drei>>2 $dicken Klecksen|MOD verteilen|ACT ] .
53     [ @einfuellen|PRAE @verteilen|SUCC ] .
54     [ @einruehren|PRAE @verteilen|SUCC ] .
55   [ @Teiges|EQD @Teig_H|EQK ].
56   [ @Teig_R|EQD @Teig_D|EQK ].
57   [ @Teig_D|FIN @Teig|FIC ].
58   [ @Teig_H|FIN @Teig|FIC ].

60   [ Alles|PAT *65 Minuten|TDIM #in #den
61     [#auf *180Grad vorgeheizten|STAT ^Ofen|PAT]|LDEST
62     stellen|ACT ] .
63     [ @Alles|EQD @Teig|EQK ] .
64     [ @verteilen|PRAE @stellen|SUCC ] .
65   [ @vorgeheizten|PRAE @stellen|SUCC ] .

67   [ #bei Umluftoefen|REQII #entfaellt #das Vorheizen|REQM ] .
68     [ @Umluftoefen|FIN @Ofen|FIC ] .

70   [ #Zahnstochertest: #Wenn #man #in #den Kuchen|LDEST(sticht) ^sticht|ACT(sticht)
71     [#und nichts|AG #am Zahnstocher|LOC ^kleben|ACT #bleibt]|SUM
72     #ist #der @Kuchen|AG fertig|{STAT,CONSP} ] .
73     [ @Zahnstocher|INSTP(sticht) ] .
74     [ @stellen|PRAE @sticht|SUCC ] .
75   [ @sticht|PRAE @fertig|SUCC ] .
```

Quelltext 7.2: Fallbeispiel „Kuchenrezept" in $\mathrm{SAL_E}$ (Teil 2)

geordnet, die sich mit Faustregeln ableiten lassen, und für die Domänenwissen
(vermutlich) nicht notwendig ist – wenngleich es natürlich hilft. Hier im Beispiel
sind das die Tätigkeiten *abwaschen, abtrocknen* und *abreiben*. Der „gesunde Men-
schenverstand" sagt uns natürlich, dass man sinnvollerweise erst abwäscht und
dann abtrocknet. Wenn wir aber annehmen, wir wüssten nicht, was *abwaschen,
abtrocknen* und *abreiben* bedeuten, könnten wir das Problem auch mit unserem
Sprachverstand lösen: Wenn in einer Handlungsanweisung wie diesem Kuchenrezept ein bestimmter Gegenstand auf eine und auf eine andere Weise behandelt
wird, und wenn keine Temporal- oder Konjunktionaladverbien zusätzlich angegeben sind (vgl. Abschnitt 4.4.5.3), dann gehen wir davon aus, dass die Handlungen
in der lexikalischen Reihenfolge durchzuführen sind, selbst wenn das kopulative
und eher Gleichzeitigkeit signalisiert (vgl. Abschnitt 4.4.4). Diese Regel könnte
man natürlich direkt in $\mathrm{SAL_E}$ мх einbauen[7], ein Vorverarbeitungsschritt, der diese
Annahme (!) aber expressis verbis hinschreibt, erscheint mir sinnvoller.

Die Zeile 23 enthält eine Zusicherung der dritten Kategorie (Domänenwissen,
dunkelgrau hinterlegt): Dem vorausgehenden Satz fehlt sowohl ein Handelnder

---

[7] Diese Regel würde wohl sinnvollerweise *getrennt* von etwaigen Objektflussregeln (vgl. Abschnitt 5.2.1.3) implementiert!

(AG), als auch ein Behandelter (PAT); nur eine Handlungsanweisung (ACT) ist angegeben. Der Leser des Rezeptes weiß nur, dass irgendjemand irgendetwas *unterrühren* soll. Mit Sprachverstand muss er folgern, dass dann *er* der Handelnde ist – in solchen Texten ist der fehlende AG praktisch immer durch den Leser der Anleitung zu ersetzen. Das ist hier aber offensichtlich falsch: Nicht der Leser, sondern die *Küchenmaschine* soll unterrühren, und sie soll nicht irgendwas unterrühren, sondern die *Zutaten*. Das zu erraten benötigt aber (für den *Menschen* triviales) Domänenwissen. Diese Information lässt sich weder über Koreferenzanalyse noch über Sprachverständnis ergänzen. Auch dass man die gemischten Zutaten anschließend *Teig* nennt (Zeile 32/33), oder dass *alles*, was man in den Ofen stellt, nicht die *Küchenmaschine* umfasst (Zeile 63), erfordert Domänenwissen.

Einen interessanten Fall stellen die in den Zeilen 43 und 61 enthalten Spektren `Teig_R`, `Teig_D` und `Teig_H` dar. Das ursprüngliche Etikett für alle drei Spektren war nur „Teig", ohne die angehängten Buchstaben. Wir benötigen hier aber eindeutige Etiketten, da es sich erstens jedes Mal um einen anderen Teig handelt und wir aber zweitens auf diese Spektren in den Zusicherungen in den Zeilen 66 bis 68 nochmal zugreifen wollen. Die Notwendigkeit für diese Hilfskonstruktion kommt aus SAL_E und hat nichts mit SENSE zu tun: Aus ökonomischen Gründen (Tipparbeit bei der Annotation sparen) kann man sich mit dem Referenzoperator @ immer nur auf das unmittelbar vorgehende Spektrum mit demselben Etikett beziehen (vgl. Abschnitt 5.1.1). Die angehängten Buchstaben machen die Etiketten eindeutig, so dass wir uns in den Zusicherungen darauf beziehen können. Wir können aus diesem Beispiel lernen, dass auch der Referenzoperator letztlich eine Zusicherung darstellt, die für Zusammenhang im Modell sorgt. Die Zusicherungen gehören in diesem Fall zum Teil der ersten Kategorie[8] und zum Teil der dritten Kategorie[9] an.

Kritik. Insgesamt lässt sich feststellen, dass das extrahierte Aktivitätsdiagramm nur drei Schwächen aufweist: Erstens ist, wie bereits erwähnt, der Aspekt des Schokolade in kleine Stücke Schneidens falsch eingehängt. Dies ist ein echter Fehler und auf einen Mangel in unserem Regelsatz zurück zu führen. Zweitens führt der Zahnstochertest nicht zu einer Schleife wie in der Musterlösung. Diese Schwäche ist im Wesentlichen der unvollständigen Domänenbeschreibung anzulasten. Die Aktion „Weitere 5 Minuten backen" in der Musterlösung war frei erfunden, und da sie nicht im Text stand, konnte sie auch nicht annotiert werden[10]. Die dritte „Schwäche" im Aktivitätsdiagramm ist wieder der sturen Sorgfalt der Maschine anzulasten: Ab der Aktivität „$langsam unterrühren(...)" fordert unser

---

[8] Es handelt sich um dieselben Teige, von denen zuvor schon die Rede war.

[9] Der „dunkle" Teig ist derjenige, der das Kakaopulver enthält.

[10] Im Gegensatz zu den Zusicherung der dritten Kategorie handelt es sich ja hier um einen gänzlich neuen Aspekt, der nicht mit den bereits vorhandenen Entitäten ausgedrückt werden kann.

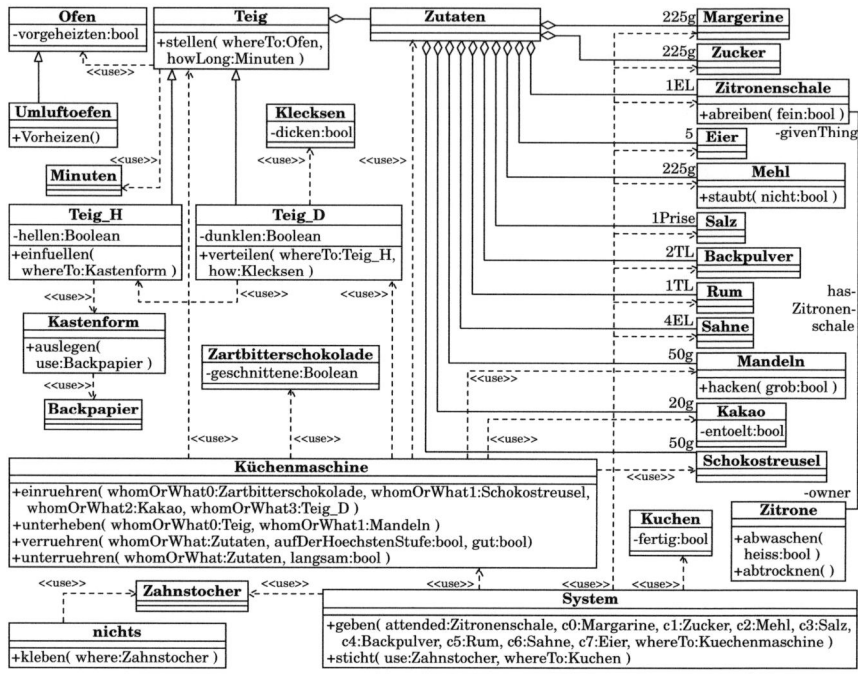

Abbildung 7.7: Aus dem Kuchenrezept erzeugtes Klassendiagramm (ungebeugt, aber Parameternamen und Standard-Typen z. T. gekürzt)

System bis zum Schluss eine weitere, parallele Aktivität, nämlich, dass *das Mehl nicht staubt* – immerhin der eigentliche Zweck (INT) des langsamen Unterrührens. Vermutlich hätte kein menschlicher Modellierer jemals diese Aktivität modelliert, völlig zu verwerfen ist der Gedanke aber trotzdem nicht.

Klassendiagramm. Der Text dieser Aufgabe wurde damals dafür ausgewählt, mit den Studenten das Erstellen von Aktivitätsdiagrammen zu üben. Er hat offensichtlich wenig Ähnlichkeit mit Aufgabetexten, die für das Üben von Klassendiagrammen verwendet werden (vgl. Abschnitt 7.2.3). Und die Frage, ob sich der Text auch für das Üben von Klassendiagrammen geeignet hätte, haben wir uns nie gestellt. Nun ermöglicht uns aber SAL$_E$ MX, ohne Zusatzmühen auch ein Klassendiagramm zu extrahieren. Das extrahierte Klassendiagramm ist in Abbildung 7.7

zu sehen. Die Frage, ob sich der Text auch für das Üben von Klassendiagrammen eignet, kann dem entsprechend wohl mit „ja" beantwortet werden.

Zunächst wollen wir uns an diesem Beispiel die Auswirkungen von Regeln ansehen, die in Abschnitt 5.2.1.2 noch nicht besprochen wurden: die Erzeugung von Vererbungsbeziehungen und von UML-Multiplizitäten. Vererbungsbeziehungen werden in unserem Regelsatz für Paare von FIN und FIC erzeugt. Derjenige, der die „Rolle" einnimmt (FIN) bildet die Unterklasse und die Rolle selbst (FIC) bildet die Oberklasse – dieser Zusammenhang lässt sich unmittelbar aus dem Substitutionsprinzip ableiten. Ein Beispiel ist hier der *Umluftofen* (oben links in der Abbildung), der die Rolle eines *Ofens* einnimmt, der also wie ein *Ofen* verwendet werden kann.

Für FIN/FIC-Paare können wir noch zwei weitere Regeln angeben. Einerseits können wir natürlich, wie bei allen adversen Rollen, statt der Vererbungsbeziehung einfache Assoziationen anlegen. Andererseits kann man „Rollen" in UML direkt am Assoziationsende angeben. In diesem Fall wird FIC als Rollenname für den FIN in allen Assoziationen verwendet, in denen der FIN teilnimmt. Das führt allerdings nur bedingt zu korrekten Ergebnissen, da der FIN nicht in allen Beziehungen die Rolle FIC spielt. Hier den richtigen Kontext zu bestimmen ist nicht einfach. Leider schließen sich die drei unterschiedlichen Umsetzungsmöglichkeiten gegenseitig aus, sodass wir jeweils nur eine Variante hier zeigen können.

Die erzeugten UML-Multiplizitäten (bei den einzelnen Zutaten) gehen auf SENSE-Multiplizitäten zurück. In Abschnitt 4.3.3.2 wurde beschrieben, dass die Multiplizitäten als ganzer Ausdruck an die nachfolgenden Verarbeitungsschritte „durchgereicht" werden, und genau das ist hier geschehen. Im SAL_E-Quelltext waren *225g Margarine* als Teil (PARS) der Zutaten (OMN) angegeben. Unser Regelsatz überträgt also die Multiplizitäten aus der SENSE-Relation auf die erzeugte UML-Assoziation.

Zuletzt betrachten wir noch die *System*-Klasse, die wie in Abschnitt 5.2.1.2 besprochen angelegt wurde und in diesem Diagramm das erste Mal sichtbar wird. Für das *geben* der Zutaten in die Küchenmaschine und das *stechen* mit dem Zahnstocher in den Kuchen konnte SAL_E мx keinen ACT und keinen PAT bestimmen, bei denen die Methode angelegt werden konnte. Deshalb wurden diese beiden Methoden in die künstliche *System*-Klasse verschoben. Der Grundgedanke ist, dass das *System* für alles zuständig ist, für das sonst keiner zuständig ist.

Kritik. Das Klassendiagramm ist äußerst detailliert und enthält alle Entitäten, Beziehungen und Aktionen, die man benötigt, um das gegebene Szenario in einer objektorientierten Programmiersprache nachstellen zu können. Das Klassendiagramm enthält aber durchaus einige Merkwürdigkeiten: So kann man beispielsweise dem *Mehl* den Befehl geben zu *stauben* – oder eben auch *nicht* zu stauben.

Dann gibt es ein *nichts*, das an einem Zahnstocher *kleben* kann. Das hätte vermutlich auch kein Mensch so modelliert. Aber ist es denn so unsinnig? Hätten wir den Zahnstochertest (objektorientiert!) zu implementieren, was spräche dagegen, zu prüfen, ob ein *nichts* am Zahnstocher klebt? Wir könnten dann zur Optimierung sogar ein Einzelstück daraus machen (⇒ Entwurfsmuster Nullobjekt) und ganz eloquent schreiben:

```
public void zahnstochertest( Zahnstocher z, Kuchen k ) {
  if (nichts.kleben(z)) k.fertig = true;
  else k.fertig = false;
}
```

Ganz ähnlich verhält es sich mit der Klasse *Minuten*. Wahrscheinlich hätten 9 von 10 Informatikern einfach einen int-Parameter für die Minuten angelegt, eine durchaus Speicher und Laufzeit sparende Maßnahme. Aber dürfen die Minuten wirklich negativ werden? Und was ist, wenn wir halbe Minuten ausdrücken wollen? Knuth sagte: "Premature optimization is the root of all evil." – Das gilt insbesondere auch für die Analyse! Es ist wohl klüger, mit der Klasse *Minuten* zu arbeiten und sie später in die Klasse *Zeitspanne* umzubenennen, als ohne Not in einer so frühen Prozessphase Probleme zu verankern. In diesem Fall bedeutet die sture Sorgfalt der Maschine sogar einen Vorteil.

7.2.3 Bibliothek

Die „Bibliothek" ist ein Anwendungsfall, den auch Harmain und Gaizauskas bearbeitet haben [HG00]. Der Text stammt ursprünglich aus einem Lehrbuch für objektorientierte Programmierung und erfüllt damit ebenfalls das Kriterium der „Unbeeinflusstheit", das wir von den beiden übernommen haben. Er wurde allerdings im Gegensatz zu den Texten der ersten beiden Fallbeispiele offensichtlich speziell dafür geschrieben, in ein Objekt-Modell transformiert zu werden.

Harmain und Gaizauskas bieten mit ihrem CM-Builder nicht unbedingt den leistungsfähigsten Ansatz. Ihre Arbeit ist aber so gut dokumentiert, dass wir uns auch mit ihnen vergleichen können. Darüber hinaus steht mit der Musterlösung aus dem Lehrbuch ein unbeeinflusstes menschliches Modell zur Verfügung. Aus diesem Grund wurden das Fallbeispiel „Bibliothek" und ihre Arbeit zum Vergleich an dieser Stelle ausgewählt. Der Text lautet:

> A library issues loan items to customers. Each customer is known as a member and is issued a membership card that shows a unique member number. Along with the membership number, other details on a customer must be kept such as a name, address, and date of birth. The library is made up of a number of subject sections. Each section is denoted by a classification mark. A loan item is uniquely identified by a

bar code. There are two types of loan items, language tapes, and books. A language tape has a title language (e.g. French), and level (e.g. beginner). A book has a title, and author(s). A customer may borrow up to a maximum of 8 items. An item can be borrowed, reserved or renewed to extend a current loan. When an item is issued the customer's membership number is scanned via a bar code reader or entered manually. If the membership is still valid and the number of items on loan less than 8, the book's bar code is read, either via the bar code reader or entered manually. If the item can be issued (e.g. not reserved) the item is stamped and then issued. The library must support the facility for an item to be searched and for a daily update of records. (Callan 1994)

Abbildung 7.8 und Abbildung 7.9 zeigen zwei Klassendiagramme für diesen Text. Das erste stammt aus dem Lehrbuch (wurde also voll-manuell erstellt), das zweite wurde mit Hilfe des CM-Builder erzeugt. (Beide Grafiken wurden [HG00] entnommen.) Die mit SAL$_E$ мх extrahierte Version ist in Abbildung 7.10 dargestellt. Der annotierte Text ist in Quelltext 7.3 und Quelltext 7.4 abgedruckt.

Da SAL$_E$ genauso gut für Englisch funktioniert, wie für Deutsch, können wir dieses Beispiel auch verarbeiten. Eigentlich funktioniert SAL$_E$ für das schwächer flektierende Englisch sogar besser, weil beispielsweise die Methodennamen häufiger von sich aus passend gebeugt sind. Ausgerechnet der Bibliothekstext ist jedoch vorwiegend im Passiv gehalten, unüblich für englische Texte und eigentlich schlechter Stil. Folglich passt die Beugung fast nie, weswegen die hier dargestellten Diagramme zur besseren Illustration von Hand gebeugt sind (vgl. Anhang D).

Bevor wir zur Besprechung der einzelnen Diagramme kommen, noch ein Wort zur Chancengleichheit. Harmain und Gaizauskas vergleichen ihren (nach meinem Verständnis) vollautomatischen Ansatz mit dem voll-manuell erstellten Modell von jemandem, der Bücher über Objektorientierung schreibt. Da dies ein Vergleich von Äpfeln mit Birnen ist, gestatte ich mir, noch Bananen zu diesem Obstsalat hinzuzufügen: Statt einfach nur den Text zu annotieren und den aktuellen Regelsatz anzuwenden, haben meine studentischen Hilfskräften und ich fehlende Regeln ergänzt, um das Potential des Ansatzes zu demonstrieren. Die Maßnahmen, die wir hierfür ergriffen haben, erweitern die Möglichkeiten von SAL$_E$ мх jedoch nur in dem Rahmen, in dem man annehmen kann, dass sie sowieso irgendwann implementiert würden. Das hier gezeigte Ergebnis muss folglich eher mit der Musterlösung von Callan verglichen werden, als mit der Ausgabe von CM-Builder. Um dem Leser die Möglichkeit zu geben, selbst zu beurteilen, ob die Maßnahmen angemessen sind, habe ich sie alle im Folgenden aufgeführt, zusammen mit der Zeit, die ihre Implementierung in etwa benötigte.

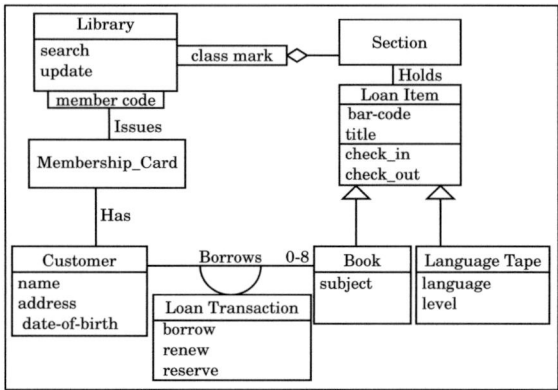

Abbildung 7.8: Fallbeispiel „Bibliothek", Klassen-Modell von Callan

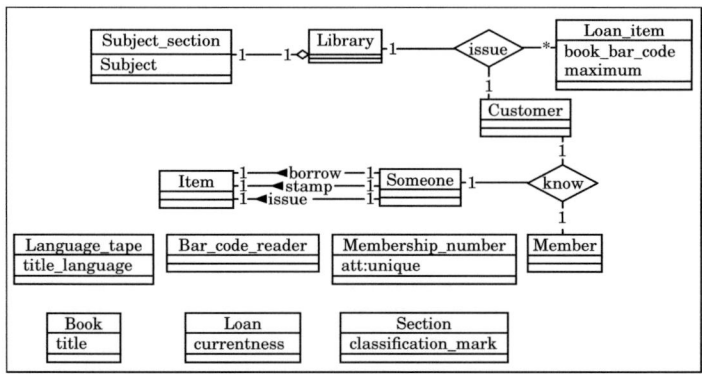

Abbildung 7.9: Fallbeispiel „Bibliothek", Klassen-Modell des CM-Builder

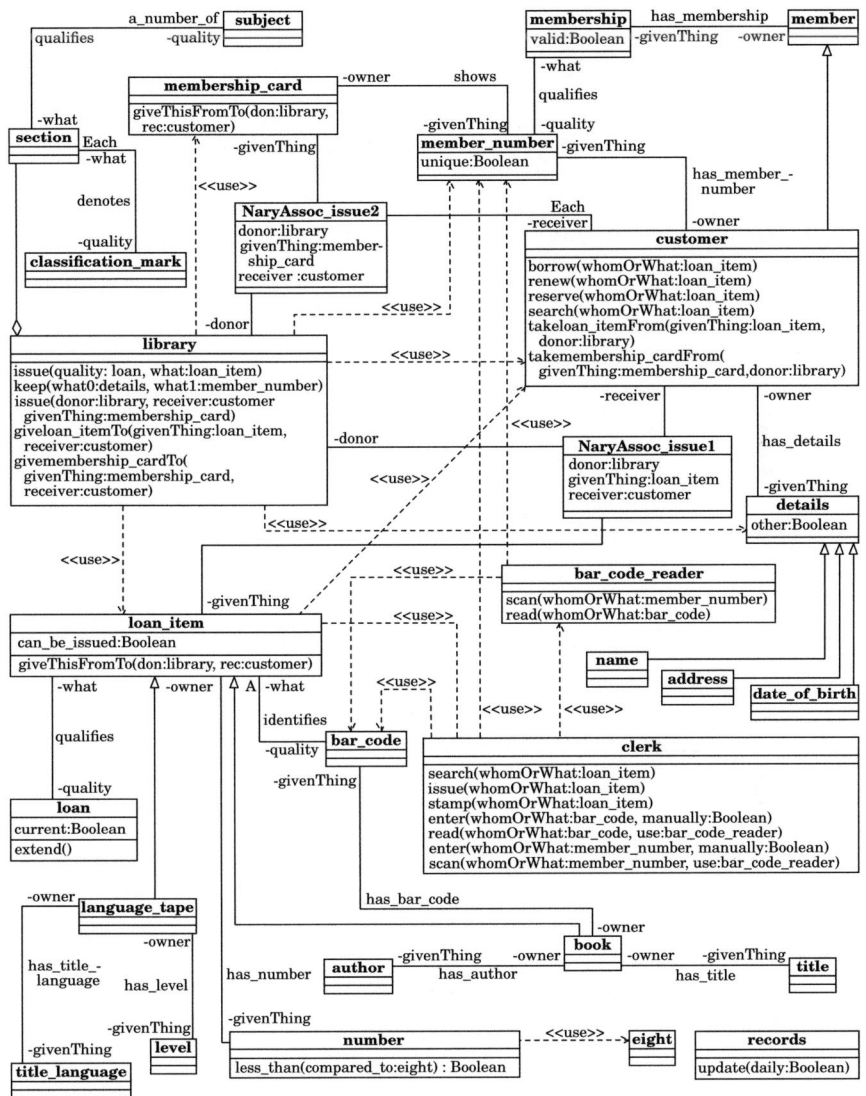

Abbildung 7.10: Fallbeispiel „Bibliothek", extrahiertes Klassen-Modell (gebeugt und Parameternamen z. T. gekürzt)

Optimierungsmaßnahmen: Hinzugefügtes Kontextwissen. Der Text ist vorwiegend im Passiv gehalten. Und es handelt sich dabei nicht um ein „Umstandspassiv", also ein Passiv, das nur verwendet wird, weil es so schön umständlich klingt: Der AG fehlt tatsächlich in fast allen Fällen[11]. Ob das nun gerade die von Callan geplante Schwierigkeit für diese Aufgabe war, wissen wir natürlich nicht. Aber offensichtlich hatte auch der CM-Builder Probleme mit dem fehlenden AG und hat den künstlichen *Someone* eingefügt (vgl. Abbildung 7.9). Wir haben unser Domänenwissen verwendet und einen künstlichen *clerk* eingeführt. Zwischen diesem *clerk* und der *library* haben wir die offenen Aufgaben aufgeteilt: Wir haben 13 Zusicherungen eingefügt, in denen wir nachträglich einen AG für Handlungen setzen. Anderenfalls wären die Methoden bei den PAT-Objekten oder der *System*-Klasse angelegt worden.

Eine zweite „Schwäche" dieses Textes (Callan könnte das absichtlich eingebaut haben) ist der großzügige Gebrauch von Synonymen. Wir haben länger darüber diskutiert, ob *item*, *loan_item* und *book*[12] synonym zu verstehen sind, ob *issue* und *borrow* dasselbe meinen und ob *customer* und *member* und *membership* zu unterscheiden sind. Wir haben die Ergebnisse unserer Diskussionen ebenfalls in Zusicherungen verankert. Ob die Entscheidungen richtig sind, kann ich nicht beurteilen, dafür müsste man den Kunden befragen. Sicher scheint aber, dass man an dieser Stelle keine unsichtbaren, automatischen Entscheidungen brauchen kann.

Optimierungsmaßnahmen für das Klassendiagramm. Für die Umsetzung des Klassendiagramms haben wir zwei zusätzliche Regeln implementiert. Die erste Regel betrifft die Behandlung von COMP/COMPII/CRIT-Tripeln, also von Vergleichen. Die Regel sollte beim COMPII eine Methode namens CRIT anlegen, die ein COMP als Parameter nimmt und einen Wahrheitswert zurück gibt. Diese recht einfache Regel zu implementieren, dauerte etwa 10 Minuten.

Die zweite Regel sollte Hilfsmittel (also INST) in die Lage versetzen, auch als solches verwendet zu werden. Zusätzlich zur bisher beim AG angelegten Methode soll nun noch eine Delegationsmethode beim INST angelegt werden, die die eigentliche Arbeit erledigt. Wenn also ein *clerk* (AG) einen *bar_code_reader* (INST) dazu verwendet, eine *member_number* (PAT) einzulesen, dann sollte der *bar_code_reader* eine Methode zum Einlesen erhalten, die der *clerk* aufrufen kann. Abstrakt ausgedrückt könnte man also sagen: AG+ACT+INST+PAT ↦ INST.ACT(:PAT) Natürlich gilt es hier einige Randbedingungen zu beachten. So muss es keinen PAT geben und es

---

[11] Der AG kann in Passivsätzen auch mit „von" angegeben werden: *Hugo wird von Thekla geküsst.*

[12] Der Text beschreibt: "When an item is issued the customer's membership number is scanned [...]. If the membership is still valid [...], the **book's** bar code is read, either via the bar code reader or entered manually."

```
1   [ #A library|{DON(issue1),AG} issues|ACT loan|QUAL items|{HAB(issue1),QUALII}
2     #to customers|RECP(issue1) ] .
3
4   [ *Each customer|{FIN,RECP(issue2)} #is #known #as #a member|FIC
5     #and #is issued|ACT(issue2) #a membership_card|{HAB(issue2),POSS(mc)}
6     #that shows|STAT(mc) #a $unique member_number|HAB(mc) ] .
7   [ @library|{DON(issue2),AG(issue2)} ] .
8   [ @customers|EQD @customer|EQK ] .
9
10  [ #Along #with #the membership|QUALII number|{PAT(keep),QUAL},
11    $other details|{HAB(details),FIC,PAT(keep)}
12    #on #a @customer|POSS(details) #must #be kept|ACT(keep) #such #as #a
13    {name, address, AND date_of_birth}|FIN ]
14  [ @library|AG(keep) ] .
15  [ @number|EQD @member_number|EQK ] .
16  [ @member|POSS @membership|HAB ] .
17
18  [ #The @library|OMN #is #made #up #of *a_number_of subject|QUAL
19    sections|{PARS,QUALII} ] .
20
21  [ *Each section|QUALII #is denoted|STAT #by #a classification_mark|QUAL ] .
22  [ @sections|EQD @section|EQK ] .
23
24  [ *A loan_item|QUALII #is $uniquely identified|STAT #by #a bar_code|QUAL ] .
25
26  [ #There #are #two #types #of loan_items|FIC, {language_tapes AND books}|FIN ] .
27  [ @loan_items|EQD @loan_item|EQK ] .
28
29  [ #A language_tape|POSS #has {#a title_language, AND #a level}|HAB ] .
30  [ @language_tapes|EQD @language_tape|EQK ] .
31
32  [ #A book|POSS #has #a {title, AND authors}|HAB ] .
33  [ @books|EQD @book|EQK ] .
34
35  [ #A @customer|{AG,IUSII(borrow)} #may borrow|{ACT,IUS(borrow)}
36    *up_to_a_maximum_of_8 @items|PAT ] .
37  [ @items|EQD @loan_item|EQK ] .
38  [ @library|PERM(borrow) ] .
39
40  [ #An item|{PAT(b),PAT(rs),PAT(rn)} #can #be borrowed|ACT(b), reserved|ACT(rs)
41    #or renewed|ACT(rn) #to [^extend|ACT #a $current @loan|PAT]|INT(rn) ] .
42  [ @item|EQD @loan_item|EQK ] .
43  [ @borrowed|EQD @borrow|EQK ] .
44  [ @customer|{AG(b),AG(rs),AG(rn)} ] .
45
46  [ #{When an item is issued the}
47    @customer|POSS(num) #membership @number|{PAT(enter1),PAT(scan1),HAB(num)}
48    #is {[^scanned|ACT(scan1) #via #a bar_code_reader|INSTP(scan1)]
49    OR [^entered|ACT(enter1) $manually<<1] }|PRAE(i1) ] .
50  [ clerk|{AG(issue),AG(enter1),AG(scan1)} ] .
```

Quelltext 7.3: Fallbeispiel „Bibliothek" in SAL$_E$ (Teil 1)

```
51   [ { [ #If #the @membership|AG #is $still valid|STAT ] AND
52       [ #the number|{HAB,COMPII} #of @items|POSS $on_loan<<1 #is less_than|CRIT
53         eight|COMP ] }|SUM(valid),
54     #the @book|POSS(bbc) @bar_code|{HAB(bbc),PAT(enter2),PAT(scan2)}
55     #is { [^read|ACT(scan2), #either #via #the @bar_code_reader|INSTP(scan2)]
56     OR [^entered|ACT(enter2) $manually<<1] }|{CONSP(valid),SUCC(i1),PRAE(i2)} ] .
57   [ @clerk|{AG(enter2),AG(scan2)} ].
58
59   [ [ #If #the @item|PAT can_be_issued|STAT ]|SUM(issueA)
60     #the @item|{PAT(stamp),PAT(issue4)} #is
61     stamped|{CONSP(issueA),ACT(stamp),SUCC(i2),PRAE(i3)}
62     #and #then issued|{ACT(issue4),SUCC(i3)} ] .
63   [ @clerk|{AG(stamp),AG(issue4)} ].
64
65   [ #The @library|REQII #must #support
66     { [ #the #facility #for #an @item|PAT(search) #to #be searched|ACT(search) ]
67       AND [ #for #a $daily update|ACT #of records|PAT ]
68     }|REQ ] .
69   [ {@customer AND @clerk}|AG(search) ].
```

Quelltext 7.4: Fallbeispiel „Bibliothek" in SAL$_E$ (Teil 2)

sind auch mehr und andere Ergänzungen denkbar. Prinzipiell sollten alle Ergänzungen außer dem vermeintlichen Aufrufer in der Parameterliste auftauchen. So könnte es auch sein, dass es keinen AG gibt und die Methode beim PAT angelegt wurde. In diesem Fall muss natürlich der PAT aus der Parameterliste herausgenommen werden, und so weiter. Diese Regel zu implementieren war offensichtlich etwas aufwändiger und benötigte etwa eine Stunde.

Optimierungsmaßnahmen für das Aktivitätsdiagramm. Für die Erstellung des Aktivitätsdiagramms haben wir ebenfalls zwei neue Regeln implementiert. Sie beschäftigen sich beide mit mengenwertigen Spektren. Die erste Regel kümmert sich um mengenwertige SUM-Knoten. Der Verknüpfungstyp der Menge wird mit dieser neuen Regel ausgewertet und in den erzeugten Wächterausdruck mit der entsprechenden OCL-Notation eingefügt. Die zweite Regel ist auf Mengen von Aktivitäten (also Mengen von ACT, TRANS und STAT) anwendbar. Aus diesen Mengen werden jetzt nicht mehr einzelne Aktivitätsknoten, die mit dem Standardalgorithmus parallel nebeneinander gehängt werden, sondern sogenannte *CallBehaviorActions* ([UML07, § 11.3.9]). Diese CallBehaviorActions ermöglichen es, andere in UML spezifizierte Verhalten (*behavior*) aufzurufen. Zu diesen Verhalten zählen beispielsweise auch Aktivitätsdiagramme. Wir rufen dann in diesen CallBehaviorActions quasi Unterprogramme auf, und zwar die, die wir für die Mengen von Aktivitäten erzeugen. Das sind jeweils ein Start- und ein Stoppknoten, sowie einzelne Aktivitätsknoten für alle in der Menge vorhandenen Aktivitäten. Im Ablaufplan liegen diese Aktivitäten stets parallel zueinander. Sie werden jedoch im Falle von UND-Mengen mit Synchronisationsbalten und im Falle von ODER-Mengen mit Entscheidungsknoten verbunden. Die Konzeption und Implementierung dieser beiden Regeln benötigte etwa zwei Arbeitstage.

Vergleich der Klassendiagramme. Im direkten Vergleich der Musterlösung von Callan mit dem extrahierten Klassenmodell fällt zuerst auf, dass SAL$_E$ ᴹˣ erheblich mehr Klassen erzeugt hat (8 Klassen zu 29 Klassen). Der wichtigste Grund hierfür ist, dass SAL$_E$ ᴹˣ praktisch keine Attribute anlegt, Callan hat hingegen 10 Attribute angelegt. Fast alle dieser Attribute sind im extrahierten Modell zu Klassen geworden, die Assoziationen zu den entsprechenden „Attributsträgern" vorweisen. Dies liegt an einer Grundsatzentscheidung für SAL$_E$ ᴹˣ: Ein *name*, eine *address* oder ein *date-of-birth* auf ein Attribut abzubilden ist eine Entwurfsentscheidung, die auf mehr oder weniger heiklen Annahmen beruht – leider verschweigt uns Callan *seine* Annahmen, indem er keine Datentypen angibt.

Wenn man jedoch Callans Klassen und Attribute zusammen nimmt, fehlt immer noch fast ein Drittel der Klassen, die SAL$_E$ ᴹˣ erzeugt hat. Die Klasse *member* zum Beispiel: Callan hat in seinem Modell offensichtlich *customer* und *member* in der Klasse *Customer* vereinigt. Im Text steht "Each customer is known as a member [...]". Beim annotieren haben wir aus diesem Satz herausgelesen, dass es *customer* gibt, und dass es *member* gibt, und dass (im Kontext einer Bibliothek) ein *customer* (FIN) die Rolle eines *members* (FIC) einnehmen kann. Entsprechend dieser Annotation und dem aktuellen Regelsatz hat SAL$_E$ ᴹˣ eine Vererbungsbeziehung zwischen den beiden angelegt. Der Satz "Each customer is known as a member [...]" kann aber auch so interpretiert werden, dass ein *customer* und ein *member* das selbe und nicht zu unterscheiden ist. Diese Interpretation lässt sich mit einer einfachen Zusicherung (EQK/EQD) realisieren, dann verwirft SAL$_E$ ᴹˣ die Klasse *member* und verwendet stattdessen an allen Stellen *customer*. Eine weitere Möglichkeit, um nur eine Klasse zu bekommen, besteht darin, an dieser Stelle die alternative Regel für FIN/FIC anzuwenden, die Rollennamen erzeugt (vgl. Kapitel 7.2.2). Die Klassen *member* und *customer* sind also ein typisches Beispiel für unterschiedliche Spektren, die man per Entwurfsentscheidung in eine gemeinsame Klasse packen *kann*. Im extrahierten Modell können wir zwischen (passiven) Mitgliedern und Mitgliedern, die gleichzeitig Kunde sind, also auch etwas ausleihen, unterscheiden.

Eine weitere Klasse, die in Callans Modell fehlt ist die Klasse *records*. Diese *records* kann man „updaten", und zwar *daily*, wenn man das möchte, ganz so, wie es der Text fordert. Uns war während der Annotation nicht klar, was dieser Satz bedeuten sollte. Folglich haben wir die entsprechenden Wörter nur semantisch annotiert und durch SAL$_E$ ᴹˣ mitverarbeiten lassen. Das Konzept ist so, wenn auch unzusammenhängend, zumindest im UML-Modell angekommen.

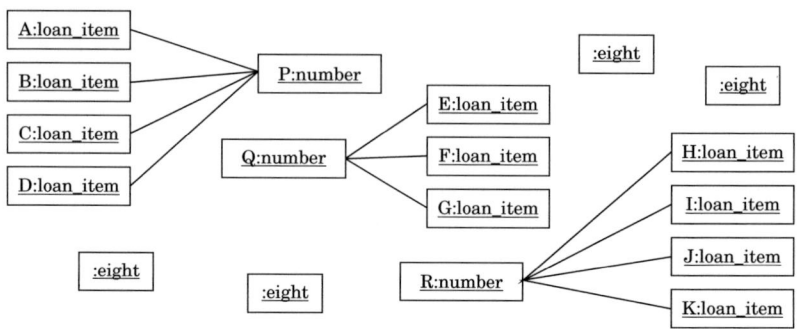

Abbildung 7.11: Objektdiagramm für *has_number* und adjazente Klassen

Zuletzt wollen wir noch eine Stelle betrachten, an der die sture Maschine abermals philosophisch interessanten „Unsinn" erzeugt hat. Der Text beschreibt: "If [...] the number of items on loan less than 8 [...]". Unser Modell sieht folglich vor, dass *loan_items*[13] eine Verbindung zu einem *loan* und eine *number* haben können. Diese *number* kann man mit der Methode *less_than* mit *eight* vergleichen.

Diese Modellierung funktioniert tatsächlich; das Objektdiagramm in Abbildung 7.11 illustriert, wie das geht: Die Assoziation *has_number* sorgt dafür, dass Instanzen der Klasse *loan_item* eine Instanz der Klasse *number* zugeordnet werden können. Den *loan_items* A, B, C und D wird gemeinsam die *number* P zugewiesen, den *loan_items* E, F, und G die *number* Q. Wir können nun P als „4" und „Q" als „3" interpretieren – müssen uns aber bewusst sein, dass diese Zuweisungen nicht eindeutig sind: R ist nämlich noch eine „4". Jede Instanz der Klasse *number* kann mit einer (beliebigen) Instanz der Klasse *eight* („8" wäre als Klassenname nicht zulässig gewesen) vergleichen werden. Die Implementierung für *less_than* anzugeben, ist nicht mal schwer. Als Optimierung würden wir die Klasse *eight* vielleicht zum Einzelstück machen, es ist aber auch denkbar, dass für Mitarbeiter der Bibliothek zukünftig eine „andere" *eight* gelten soll, als für normale Kunden. Indes, auch wenn dieser Entwurf nicht unbedingt falsch ist, so ist Callans Lösung an dieser Stelle doch eindeutig eleganter.

Im direkten Vergleich entsteht jedoch der Eindruck, dass Callans Modell nicht wirklich auf der Basis des Textes entstand: Nicht nur, dass Details wie die *records*, die *validity* der *membership* oder die *subjects* der *Sections* bei Callan einfach unter den Tisch gefallen sind, er hat aus der *member_number* auch kurzerhand einen *member_code* gemacht. Die im Text ausdrücklich beschriebene Möglichkeit, diese einzugeben (*enter*) oder zu scannen, fehlt in Callans Musterlösung ebenfalls. Die

---

[13] *loan_items* und *items* wurden unifiziert, siehe Zeile 42 in Quelltext 7.3

Methoden *check_in* und *check_out*, sowie das Attribut *subject* des *Book* finden hingegen keine Entsprechung im Text. Diese hat der Autor wohl beim Modellieren erfunden.

Aktivitätsdiagramm. Ein Aktivitätsdiagramm steht uns leider nicht für den Vergleich zur Verfügung. Da ein Teil des Textes aber durchaus ein interessantes Szenario beschreibt, wollen wir uns das Ergebnis der Transformation dennoch ansehen. Es ist in Abbildung 7.12 dargestellt.

Der Text besteht zum großen Teil aus „unzusammenhängenden" Aussagen: Diese Aussagen beschreiben Objekte, Beziehungen, Aktionen und Zustände in der Anwendungsdomäne. Eine Story, einen zusammenhängenden Anwendungsfall, ergibt es aber nicht.

Diese aus diesen Aussagen resultierenden Aktivitäten werden im Aktivitätsdiagramm erwartungsgemäß falsch dargestellt. Die ersten 13 Aktivitäten sollten durch einen großen Entscheidungsknoten am Anfang und am Ende alternativ statt parallel im Kontrollfluss angesteuert werden. Die Aktivitäten, die an *CallBehavior1_i1* hängen, modellieren den enthaltenen Anwendungsfall aber (fast) korrekt: "When an item is issued the customer's membership number is scanned via a bar code reader or entered manually. If the membership is still valid and the number of items on loan less than 8, the book's bar code is read, either via the bar code reader or entered manually. If the item can be issued (e.g. not reserved) the item is stamped and then issued."

Die Aktivitäten ① und ② sind „CallBehaviorActions", die wie oben beschrieben, erzeugt wurden. Die enthaltenen Verhalten sind unten im Bild in den beiden fett umrandeten Rechtecken dargestellt: *CallBehavior1_i1* bietet die Alternative zwischen *manually enter* und *scan* zur Identifikation des *customers* und *CallBehavior2_i1* lässt uns wählen zwischen *manually enter* und *read* zur Identifikation des *bar_code*.

Nach der Aktivität ① wird, wenn die Bedingung ③ erfüllt ist, die Aktivität ② ausgeführt. Wenn die Bedingung hingegen nicht erfüllt ist, wird die generierte Alternative ④ ausgeführt. Die Wiedervereinigung des Kontrollflusses ④ entsteht immer bei der automatischen Erzeugung von Alternativen. Ob der Kontrollfluss an dieser Stelle wieder vereint werden darf, ist unklar – der Text verbietet es aber nicht.

Nach der Wiedervereinigung des Kontrollflusses ④ wird geprüft, ob *can_be_issued* für einen *loan_item* gilt. Der Text verwendet hier den bestimmten Artikel ("If *the* item can be issued"), es ist also offensichtlich der *loan_item* gemeint, dessen *bar_code* zuvor erfasst wurde. Der selbe *loan_item* soll dann wohl im Anschluss auch gestempelt und ausgegeben werden. An dieser Stelle scheint eine Berücksichtigung des Objektflusses wünschenswert (vgl. Kapitel 5.2.1.3).

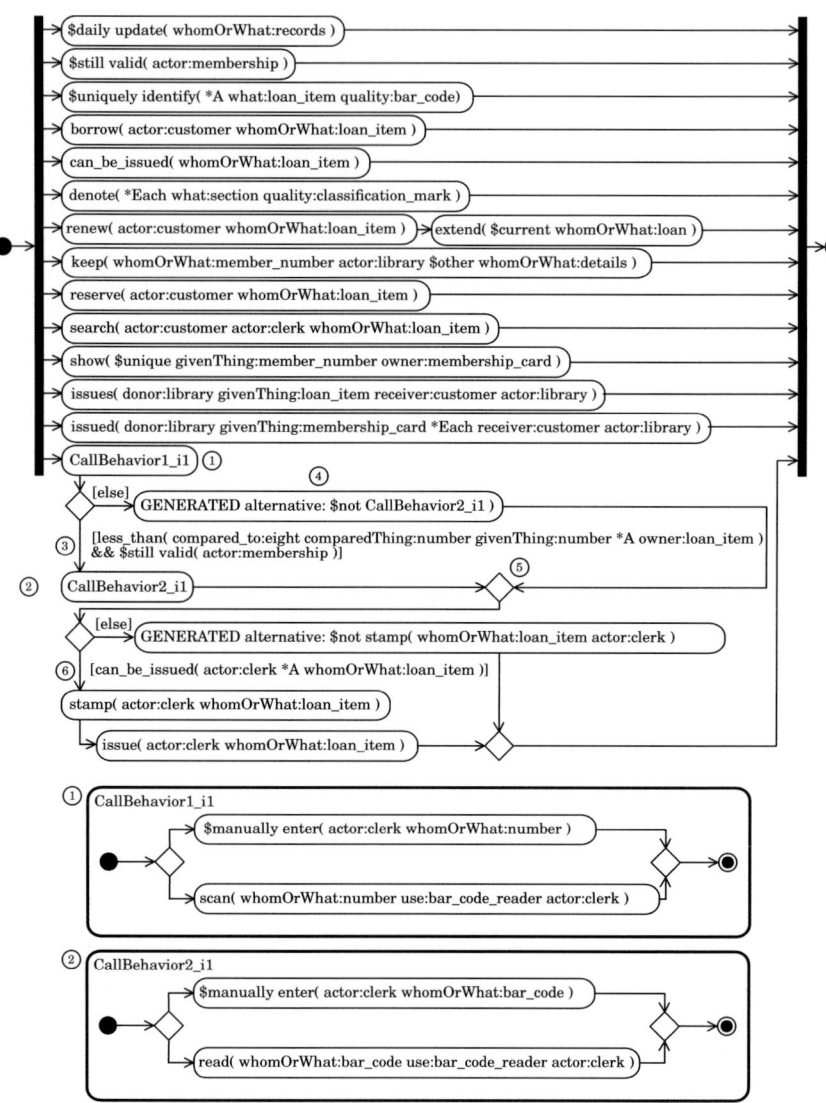

Abbildung 7.12: Fallbeispiel „Bibliothek", extrahiertes Aktivitätsdiagramm (gebeugt)

7.2.4 Beobachtungen

In diesem Abschnitt gehen wir noch kurz auf die Prozesserfahrungen ein, die wir bei der Evaluation an Fallbeispielen mit SAL$_E$ MX gemacht haben. Die wichtigste, aber kaum überraschende und leider auch schlechte Nachricht vorweg: Die Annotation eines Textes ist und bleibt sehr aufwändig. Zunächst hängt der Aufwand natürlich von der Übung ab. Hierbei gibt es drei Stufen: Das Erlernen der Syntax von SAL$_E$ geht am schnellsten. Alle 69 hier veröffentlichen Rollen kennen zu lernen, dauert schon länger. (Dazu muss aber gesagt sein, dass man sich eher die 21 Deixis merken sollte, und dass man anscheinend auch nicht alle Rollen *für Softwaredokumente* braucht.) Am längsten dauert es aber, ein Gefühl dafür zu bekommen, *was* man *wie* annotiert. Für den letzten Schritt scheint grammatikalisches Wissen hilfreich zu sein: Wenn man auf die Nominalisierung eines Verbs oder ein Partizip Perfekt stößt (vgl. Abschnitt 7.2.1), lohnt es sich, kurz darüber nachzudenken, ob hier eher eine Entitätenrolle, oder eher ACT, STAT oder TRANS anzubringen sind. Die Sensibilisierung für die entsprechenden grammatikalischen Konstrukte kann man sich aber antrainieren. Letztenendes sind deutliche Parallelen zu einer normalen Programmiersprachen auszumachen: Die Syntax der Sprache ist schnell gelernt, das Vokabular (also die Rollen beziehungsweise die zur Verfügung stehende Methoden) muss man büffeln, und letztlich ist Praxis durch nichts zu ersetzen. Für einen geübten SAL$_E$-Benutzer schätze ich die Geschwindigkeit, mit der Text annotiert werden kann, vergleichbar mit der Geschwindigkeit ein, mit der eine Gedichtinterpretation geschrieben werden kann.

Eine weitere wichtige Beobachtung ist, dass die Annotation nicht unabhängig vom sich ergebenden Modell bleibt. Einen großen Teil der Fehler im extrahierten Modell kann zurückgeführt werden a) auf einen Fehler bei der Annotation, b) auf fehlende Angaben zu Annahmen, die man unbewusst macht und c) fehlerhafte oder unvollständige Domänenbeschreibungen. Interessanterweise findet man sogar relativ häufig Fehler oder Löcher in der Domänenbeschreibung, weil einem das erzeugte UML-Diagramm an manchen Stellen „komisch" vorkommt, oder weil sich eine Textpassage von vorn herein nicht so recht annotieren lassen will. Dies führt schnell zu einem iterativen Prozess, in dem man sowohl die Annotation, als auch den ursprünglichen Text verbessert[14]: Die problematischen Stellen in den Quellen leiden übrigens häufig an so genannten Stil-Krankheiten, wie sie Reiners [Rei04] oder Schneider [Sch01] beschreiben. In der Regel kann man gut nachvollziehen, warum der Text an dieser Stelle (nicht nur für SAL$_E$ MX!) mangelhaft ist.

Einen längeren Text auf Anhieb fehlerfrei zu annotieren, scheint praktisch nicht möglich; und auch das Schreiben einer hib- und stichfesten Domänenbeschreibung

---

[14] Den Text zu verbessern haben wir für die in Kapitel 7.2 vorgestellten Fallbeispiele selbstverständlich unterlassen!

scheint nicht einfach zu sein, so dass sich die Iterationen nicht vermeiden lassen. Beim Iterieren aber neigt man dazu, irgendwelche Rollen zu vergeben, weil man irgendwann lernt, wie SAL$_E$ мx diese umsetzt, und man auch eigentlich schon eine Vorstellung hat, wo man hin möchte. Ob dies ein Vor- oder ein Nachteil der Methode ist, kann ich nicht sagen: Vielleicht sollte man mit dem Rollensatz *weg* von den thematischen Rollen *hin* zu reinen „UML-Rollen" entwickeln. Vielleicht liegt das Optimum aber auch in einer Kreuzung aus beiden. Wir verlieren in diesem Fall aber die gerade gewonnene Unabhängigkeit von Text-Semantik und Modellierungsentscheidung, könnten jedoch einen effizienten Weg gewinnen, Textdokumente und UML-Modelle *direkt* zu koppeln. Wir haben bei der Evaluation jedenfalls versucht, dieser Neigung zu widerstehen.

Ein geeigneter Weg, um zu gut annotierten SAL$_E$-Dokumenten zu gelangen, sind unseren Erfahrungen nach perspektivische Durchsichten (*perspective-based reading*). Dabei durchsucht der Rezensent das Dokument nach korrekter und einheitlicher Verwendung einer bestimmten Rolle oder Rollenkombination. Die resultierenden Modelle hinterlassen dann einen wesentlich homogeneren und durchdachteren Eindruck. Der Grund für diesen Eindruck könnte sein, dass „gleichartige Aspekte" – beispielsweise der *Besitz* – im Modell immer auf die gleiche Weise umgesetzt sind. Wenn das so ist, ergibt sich hier ein weiterer interessanter Ansatz für eine Metrik, die nicht die *Form*, sondern den *Inhalt* eines Modells beurteilt (vgl. Abschnitt 5.2.2 und Kapitel 6).

Der Regelsatz, der in SAL$_E$ мx die Transformationen ausdrückt, entstand schrittweise. Wir beobachteten, dass es nicht praktikabel ist, Regeln auf dem Reißbrett zu entwerfen. Es ist aber leicht, Regeln zu definieren, wenn erst mal ein griffiger Anwendungsfall vorliegt. Von diesem Anwendungsfall lässt sich leicht abstrahieren und überlegen, wie man solche Fälle modellieren würde. Die so entstandenen Regeln erwiesen sich auch als robuster als die ohne Anwendungsfall entworfenen. Der deutliche Unterschied im Schwierigkeitsgrad dieser beiden Wege zur Regel überrascht – und ist uns nicht erklärlich. Diese Tatsache akzeptierend haben wir Abstand davon genommen, einen „vollständigen" Regelsatz erreichen zu wollen, zu vielfältig sind die potentiellen Fehlentscheidungen die man hierfür treffen müsste. Wir betrachten daher den Regelsatz, der in SAL$_E$ мx wirkt und von dem in dieser Arbeit immer wieder die Rede ist, als Repository, dem wir nach Bedarf neue Regeln hinzufügen.

7.3 Evaluation mit SUMOχ

In diesem Abschnitt stelle ich einen Versuch vor, die „Ausbeute" zu vergleichen – also wie viel Modellelemente SAL$_E$ мх im Vergleich zu menschlichen Modellieren aus demselben Text zu extrahieren vermag. Ich habe dazu die internationalen Turnierschachregeln mit SAL$_E$ мх in ein Modell überführt. Diese Regeln haben wir auch zwei Jahre zuvor verwendet, um SUMOχ, die alternative Synthesestufe von SAL$_E$ мх, zu evaluieren (vgl. Abschnitt 6.2.2). Wir können so das von SAL$_E$ мх erzeugte Modell mit 53 von Hand erzeugten Modellen vergleichen.

Ein interessanter Aspekt der Domäne „Schach" ist, dass es für diese Domäne nicht das einzig wahre Modell (den „Goldstandard") gibt. Meine Kollegen am Institut und ich beobachteten in einem wiederholten Hauptdiplompraktikum zum Thema „Extreme Programming", dass es für die verschiedenen Aspekte zahlreiche Ansätze mit unterschiedlichen Vor- und Nachteilen gibt. Ob man beispielsweise die einzelnen Figuren als Aufzählungstyp (*enumerated type/enum*), Einzelstücke, Instanzen von verschiedenen Klassen oder Instanzen von *einer* Klasse[15] realisiert, hat einen wesentlichen Einfluss auf Eleganz, Performanz, Lesbarkeit, Testbarkeit und Änderbarkeit des resultierenden Codes. Folglich fällt die zum Teil unorthodoxe Art von SAL$_E$ мх, manch einen Zusammenhang zu modellieren, nicht sonderlich ins Gewicht. Im Gegenteil: Retrospektiv halte ich beispielsweise den Ansatz von SAL$_E$ мх, eine Klasse für die „Diagonale" anzulegen, für eine gute Idee, vor allem in Bezug auf die Aspekte Eleganz, Lesbarkeit und Testbarkeit des Codes.

Unglücklicherweise gibt es für den Vergleich der Ausbeute keine unabhängige Metrik, die wir anwenden können (vgl. Abschnitt 5.2.2). SUMOχ und SAL$_E$ мх basieren denselben theoretischen Überlegungen zur Kodierung der Semantik der natürlichen Sprache. Wenn diese Überlegungen prinzipiell falsch sind, ist auch der Vergleich wertlos. Eine SUMOχ-generierte Prüfliste subsumiert jedoch zumindest *den* Teil des Vergleichsverfahrens von Harmain und Gaizauskas, der auch tatsächlich im Text vorhanden ist, wie Abschnitt 7.2.3 zeigt. Weitere Methoden, die für den Vergleich herangezogen werden können, sind nicht bekannt.

Um die Abhängigkeit zu reduzieren, habe ich zusammen mit einer wissenschaftlichen Hilfskraft den Textauszug, den wir den Studenten zur Verfügung stellten (siehe Abbildung E.1 bis E.5), zwei Jahre später vollständig neu annotiert. Dies wurde zudem nötig, weil sich Syntax und Semantik der Annotationssprache SAL$_E$ inzwischen weiterentwickelt hatten. Beurteilt haben wir das Ergebnis jedoch mit der Original-Prüfliste.

---

[15] Wenn man den Typ einer Figur als *Eigenschaft* realisiert und nicht auf das Typsystem der Programmiersprache abbildet, lässt sich der Bauerntausch (*promotion*) viel eleganter realisieren, als wenn man Instanzen von verschiedenen Klassen verwendet (Identitätswechsel).

Wir haben den Text im Paar neu annotiert und dafür 5 Stunden und 20 Minuten benötigt (zuzüglich Pausen). Wir sind nur einmal durch den ganzen Text gegangen und haben danach nur noch die gröbsten Fehler beseitigt, die uns beim Betrachten der resultierenden UML-Diagramme aufgefallen sind. Auf perspektivische Durchsichten, wie wir sie für die Fallbeispiele durchgeführt haben, haben wir ganz verzichtet. Mit anderen Worten: Wir versetzten uns in die Lage eines 54. Studentenpaares, das mit Hilfe von SAL$_E$ MX nach der 80:20-Regel versucht, einen Übungsschein zu ergattern.

Abbildung 7.14 skizziert[16] den internen SENSE-Graphen, den SAL$_E$ MX für die Turnierschachregeln aus den Annotationen ableitet. Auf diesen Graphen wird der in Anhang C angeführte Regelsatz angewendet. Das Ergebnis umfasst 74 Klassendefinitionen mit insgesamt 44 Attributen und 120 Methoden, 67 Assoziationen, 119 Benutzt-Beziehungen, sowie 143 Aktivitäten, wovon 18 postulierte Alternativen sind.[17] Dieses Modell haben wir mit der Prüfliste beurteilt; die Einzelergebnisse der Beurteilung finden sich in Abbildung E.23 bis E.33.

Der Vergleich der Auswertung mit den Auswertungen der Studentenpaare (siehe Abbildung 7.13) zeigt, dass man mit der in dieser Arbeit vorgestellten Methode ähnlich vollständige Modelle erzeugen kann, wie von Hand: Keines der 53 Studentenpaare hatte mehr richtig modellierte Aspekte, kein Studentenpaar hatte weniger fehlende Aspekte, und immerhin zwei Studentenpaare hatten mehr falsch modellierte Aspekte, als die mit SAL$_E$ MX generierte Lösung.

Es fällt auf, dass die SUMOχ-Prüfliste offenbar 24 Aspekte mehr verlangt, als SAL$_E$ MX zu modellieren in der Lage war. Warum hat SAL$_E$ MX diese Aspekte nicht richtig und auch nicht falsch, sondern *überhaupt nicht* modelliert? Hierfür gibt es zwei wesentliche Gründe: Zum einen ist es, wie in Abschnitt 5.2.2 erwähnt, schwieriger, ein konsistentes Modell aufzubauen, als Fragen nach diesem oder jener Aspekt zu erzeugen: So haben auch in diesem Fall wieder einige der von uns implementierten Regeln „nicht ganz" gepasst, was *nach* dieser Evaluation eine erneute Erweiterung des Regelsatzes nach sich zog (vgl. Abschnitt 7.2.4). Der zweite Grund ist, dass SAL$_E$ MX bisher kein OCL erzeugt, und deshalb Aspekte wie den dritten Teil („Zug nicht möglich, wenn Zielfeld von gleicher Farbe belegt") von Satz 3.1 (siehe Abbildung E.26 oben auf Seite 269) nicht umsetzen kann. Der Schach-

---

[16] Grundlage für diese Skizze ist der vom ANTLR-basierten Übersetzer ausgegebene Graph. Zur Verbesserung der Darstellung wurden alle Kommentar- und Interpunktionsknoten, sowie alle dazugehörigen Kanten und alle transitiven Kanten entfernt. Diese Elemente werden vom System für administrative Zwecke benötigt, beispielsweise für die Reserialisierung. Leider bleibt der Inhalt des Graphen weiterhin nur in der elektronischen Form in vier bis achtfacher Vergrößerung erkennbar. Trotzdem gibt die Skizze einen Eindruck von der Verteilung der Strukturen und der Komplexität des Graphen.

[17] Die UML-Diagramme lassen sich wegen ihres Umfangs hier nicht mehr sinnvoll abdrucken.

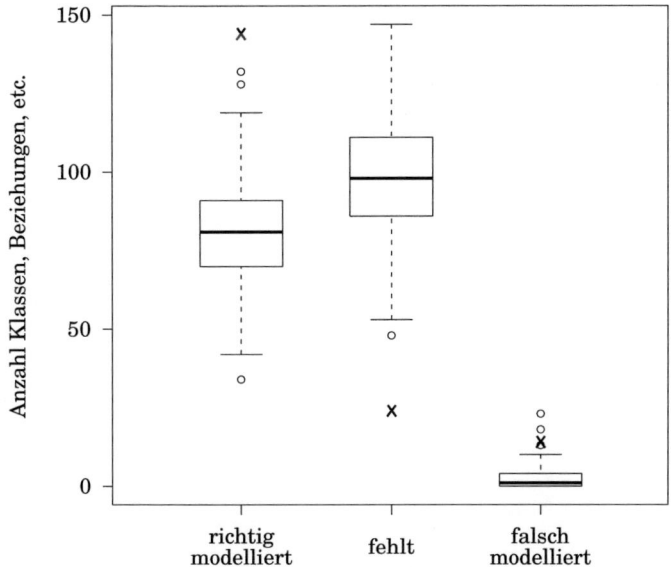

Abbildung 7.13: Vergleich der SAL$_E$ ᴍx-Ausgabe mit von Hand erzeugten Modellen (die schwarzen Kreuze entsprechen den Werten von SAL$_E$ ᴍx)

Text enthält einen relativ hohen Anteil von Modalbeziehungen, deren Umsetzung in ein UML-Modell nicht leicht ist.

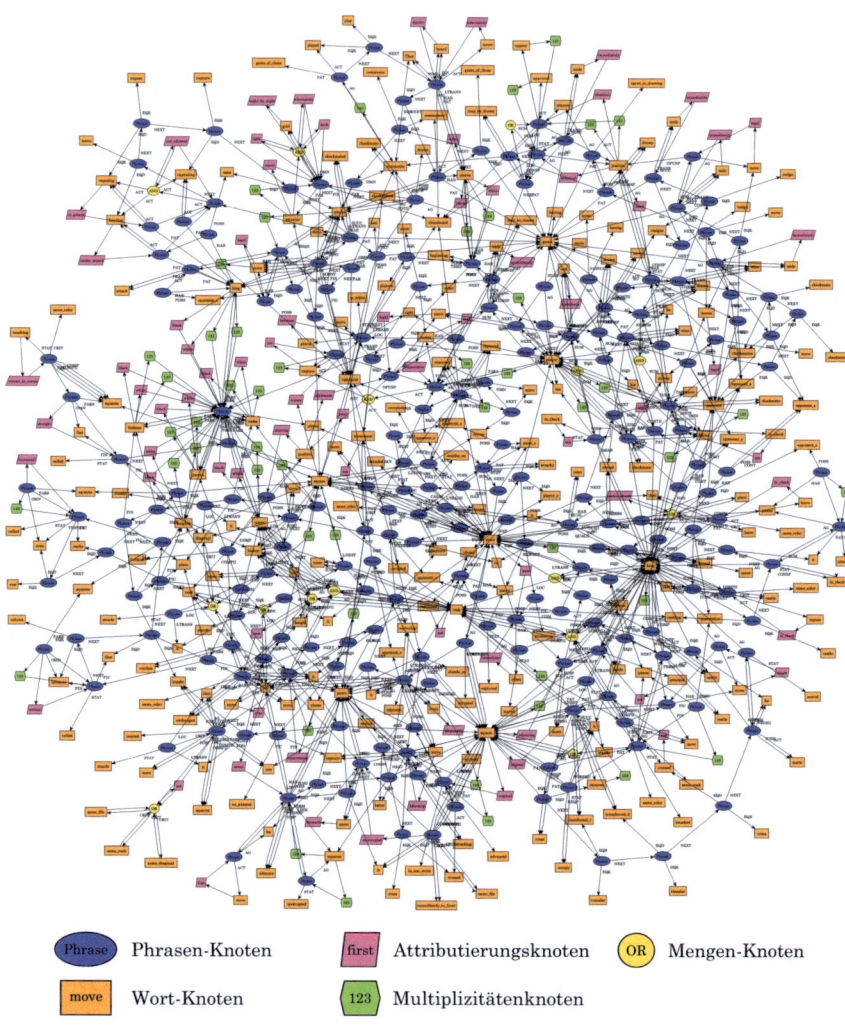

	Phrasen-Knoten		first	Attributierungsknoten		OR	Mengen-Knoten
	Wort-Knoten		123	Multiplizitätenknoten			

Abbildung 7.14: Interne Textrepräsenation der Schach-Spezifikation

7.4 Ergebnis

Die Thesen meiner Arbeit lauten:

1. Man kann aus natürlichsprachlichen Domänenbeschreibung das darin enthaltene Modell der Domäne extrahieren, wenn man die *Semantik der natürlichen Sprache* als Zwischendarstellung wählt.

2. Ein Domänenmodellextraktor kann aus dieser Zwischendarstellung systematisch UML-Modelle erzeugen, die *vergleichbar vollständig* sind, wie manuell erstellte Modelle.

In Kapitel 7.1 haben wir gesehen, dass die Semantik des größten Teils aller in Domänenbeschreibungen möglichen grammatikalischen Konstrukte in einen SEN-SE-Graphen übertragen werden kann. Dies führt dazu, dass selbst im Fall von hoch komplexen Gesetzestexten noch sinnvolle Modelle extrahiert werden können, wie ich in Abschnitt 7.2.1 zeige. Dabei lassen sich nicht nur Klassendiagramme, sondern auch nicht-triviale Verhaltensdiagramme erzeugen, wie Abschnitt 7.2.2 belegt. In Abschnitt 7.2.3 wird vorgeführt, dass ein mit SAL$_E$ мх erzeugtes Modell sogar präziser sein kann, das das von einem Fachbuchautor manuell erstellte Modell. Schließlich zeigt der Versuch in Kapitel 7.3, dass die Vollständigkeit der erzeugten Modelle mit der von Hand erzeugten mithalten kann – selbst mit der nur prototypischen Implementierung von SAL$_E$ мх.

Die Evaluation zeigt jedoch auch die Grenzen des Verfahrens auf: So kann erstens im Modell nichts entstehen, was nicht unmittelbar im Text steht. Die Gegenmaßnahmen sind jedoch so einfach wie effektiv: Man kann entweder den Text oder gleich das UML-Modell ergänzen. In beiden Fällen bleibt der Ansatz eine wertvolle Hilfe. Die zweite wesentliche Beschränkung des Verfahrens ist, dass Grafiken und Tabellen nicht unterstützt werden. Sie kommen häufig in entsprechenden Dokumenten vor. Ihre Verarbeitung würde aber vermutlich ganz andere Ansätze erfordern. Drittens ist der Ansatz auf funktionale Beschreibungen der Domäne beschränkt. Sobald sich nicht-funktionale Anforderungen in den verarbeiteten Text verirren, wird das Modell durch die analysierten Spektren verschmutzt. Die Gegenmaßnahme hierfür ist ebenfalls leicht umzusetzen: Man kann nicht-funktionale Anforderungen einfach auskommentieren. Ein Grenzfall zwischen funktionalen und nicht-funktionalen Anforderungen stellen übrigens die Modalitäten *dürfen* und *müssen*, sowie jeweils deren negierte Form, dar: Das „Gedurfte" und „Gemußte" kann zwar zum Teil in Modellelemente überführt werden, die Modalitäten selbst können jedoch nur über OCL-Ausdrücke wirksam gemacht werden. Die Erzeugung von OCL-Ausdrücken beherrscht SAL$_E$ мх bisher nicht.

Kapitel 8

Zusammenfassung und Ausblick

Das in dieser Arbeit vorgestellte Verfahren ist geeignet, annotierte, natürlich-sprachliche Texte in UML-Modelle zu transformieren. Es ergänzt den Prozess der modellgetriebenen Softwareentwicklung in deren eigenem Geiste: Es hilft, das abstrakteste Modell dieses Prozesses (das CIM) *systematisch* aus einer Domänenbeschreibung abzuleiten. Auf diese Weise kann die geordnete, schrittweise Vorgehensweise bereits früher einsetzen, der modellgetriebene Prozess wird ein Stück verlängert.

Offensichtlich ist nicht jeder Text für eine solche Aufbereitung geeignet. Der Text muss in narrativer Form die Anwendungsdomäne beschreiben und sollte möglichst keine nicht-funktionalen Anforderungen enthalten. Letztere *steuern* eher die Transformationen im (gesamten) modellgetriebenen Prozess, während die Domänenbeschreibung die zu transformierenden Daten enthält. Die Akquise entsprechender Texte ist aufwändig, da viele existierende Texte entweder genau für den Zweck des Modellierens geschrieben sind (und dann nur ein verbalisiertes, aber fertiges Modell beschreiben, wie beispielsweise Lehrbuchtexte) oder mit relevant vielen nicht-funktionalen Anforderungen durchsetzt sind (Anforderungsdokumente, Spezifikationen für EDV-Systeme). Interessanterweise eignen sich solche Texte am besten für die automatische Verarbeitung, die sich an die Regeln von Stil-Fibeln halten (und somit auch für den menschlichen Leser am geeignetsten sind).

Die Annotation der Texte geschieht bei diesem Ansatz von Hand. Diese zentrale Entwurfsentscheidung entkoppelt das Potential des Verfahrens von den Fähigkeiten aktuell verfügbarer Zerteiler für natürliche Sprache. Je nach ursprünglichem Einsatzgebiet bieten existierende Zerteiler unterschiedliche Informationen, die sie aus den zu verarbeitenden Texten extrahieren *können*. Durch den Annotationsansatz konnten wir aber frei entscheiden, welche Informationen aus dem vorliegenden Text wir gerne verarbeiten *möchten*. Diese beiden Mengen sind leider nicht deckungsgleich, aber es scheint jetzt schon möglich, einen Teil der gewünschten Informationen mit Zerteilern zu extrahieren (zum Beispiel die Phrasenstruktur). Es ist denkbar, einen weiteren Teil der gewünschten Informationen mit neuen, speziell für diese Aufgabe entwickelten Zerteilern zu gewinnen (beispielsweise feingranularere thematische Rollen). Die ressourcenverzehrende Aufgabe der Zerteilerkonstruktion bzw. -adaption konnte durch die Entscheidung für die Annotation aber ausgeklammert werden. Ein interessanter Nebeneffekt ist, dass das implementierte Verfahren nun sowohl für Deutsch und Englisch, als auch, wie Gruppeninterne Versuche gezeigt haben, für Französisch und Ungarisch funktioniert.

Die Annotation und die Transformation beruhen auf einem bestimmten Modell für die Semantik der natürlichen Sprache (SENSE). In dieses Modell flossen Erkenntnisse aus der Linguistik (insbes. Phrasenstrukturgrammatiken), der Wissensmodellierung (v. a. Topic Maps) und der Softwaretechnik (OO-Paradigma, UML) ein. Es basiert auf der kontextsensitiver Interpretation von Begriffen und Relationen höherer Ordnung (Omnikanten). Die Bindung geschieht über thematische Rollen, von denen wir einen umfassenden Satz für den Einsatzzweck entwickelt haben.

SENSE kann fast alle semantischen Strukturen der natürlichen Sprache Deutsch darstellen, wie die Evaluation zeigt. Generell ist SENSE aber auf die Eignung für die gegebene Aufgabe getrimmt worden und hat folglich Schwächen in der Darstellung von Text, der nicht den gegebenen Kriterien entspricht. So ist die Verarbeitung von indirekter Rede in Zeitungstexten ein bedeutendes Thema in der computerlinguistischen Forschung; wichtige Aspekte sind hier unter anderem Vertrauensmodelle und die Analyse zeitlicher Zusammenhänge. Indirekte Rede lässt sich jedoch beispielsweise in SENSE weniger gut darstellen – sie kommt aber im Gegenzug in unserer Anwendungsdomäne praktisch nicht vor. Ob sich SENSE in diese Richtung weiterentwickeln lässt, bleibt zu untersuchen.

Für die Annotation der Texte wurde im Rahmen dieser Arbeit die Annotationssprache SAL$_E$ entwickelt. Sie zeichnet sich durch eine maßgeschneiderte Semantik bei größtmöglicher Sparsamkeit der Syntax aus. Diese Sparsamkeit stellte sich als äußerst wichtige Eigenschaft heraus, da die Menge verwertbarer semantischer Informationen in einem Text erheblich über unseren Erwartungen lag. Eine zuerst entwickelte, XML-basierte Syntax stellte sich als unbrauchbar heraus, weil der eigentliche Text vor lauter spitzer Klammern kaum noch zu erkennen war. Technisch gesehen stellt SAL$_E$ eine Domain Specific Language (DSL) und die Transformationsumgebung SAL$_E$ мх einen Übersetzer von SAL$_E$ nach XMI dar. Als Basistechnologien zur Realisierung wurden ein Zerteilergenerator und ein Graphersetzungssystem verwendet.

Für den Übersetzer wurden zwei verschiedene Code-Erzeuger-Stufen (*backends*) implementiert: Ein Code-Erzeuger erstellt intern UML-Graphen, der dann in Standard-konformes XMI serialisiert wird. Dieses XMI-Dokument kann anschließend sowohl von MDA-Transformationswerkzeugen, als auch von graphischen UML-Editoren gelesen werden. Letztere können auch verwendet werden, um die erzeugten UML-Graphen zu visualisieren. Der zweite Code-Erzeuger erstellt tabellarische Fragebogen zur inhaltsbezogenen Vollständigkeitsprüfung von existierenden UML-Diagrammen. Dieses Maß, das als Ergänzung zu den herkömmlichen Qualitätsmetriken von UML-Diagrammen verstanden werden darf, konnten wir erfolgreich in der Lehre einsetzen, um studentische Übungsaufgaben zu bewerten.

Ergebnisse. Die Evaluation der Arbeit offenbarte, dass wir zwar die Semantik eines Textes nahezu vollständig erfassen können (es sind also alle notwendigen Strukturen in SENSE vorhanden), dass aber andererseits auch viel Semantik *zwischen den Zeilen* zu suchen ist – im wahrsten Sinne des Wortes. Die Annotationssprache ermöglicht es, über sog. Zusicherungen diese versteckte Semantik dazu zu schreiben. Hierdurch wird sie erstmalig sichtbar und gleichzeitig dokumentiert. Fehlinterpretationen sowohl des Geschriebenen, als auch des Nichtgeschriebenen können somit nachträglich identifiziert und korrigiert werden.

Insgesamt sind die erzeugten Modelle sehr detailliert und modellieren recht genau den Inhalt der Texte. Die Präzision erreicht zwar keine 100 %, aber die Vereinfachungen, die ein menschlicher Modellierer von sich aus vornimmt, führen zu größeren Abweichungen vom Text. Der Mangel an Präzision ist zum Teil auf fehlerhafte oder fehlende Transformationsregeln, in manchen Fällen aber auch auf Mängel in der UML zurückzuführen: Ein *nicht* beispielsweise kann kaum sinnvoll in UML 2.1 ausgedrückt werden. Unsinn erzeugt der Ansatz hingegen erstaunlich wenig.

Ausblick. Das höhere Ziel, das hinter dieser Arbeit steht, ist die funktionale Verknüpfung der Entitäten und Zusammenhänge vom Anforderungsdokument über die Modelle bis hin zum Code. Die Vision ist es, irgendwann in der Lage zu sein, vorherzusagen, welche Code-Zeilen genau betroffen sind, wenn der Kunde einen einzelnen Satz im Anforderungsdokument ändert. Die Extraktion des Domänenmodells aus der Domänenbeschreibung ist dabei nur ein kleines Puzzle-Teil. Um dieses Ziel zu erreichen wären noch verschiedenste Arbeiten notwendig. Dazu gehören die Optimierung des Annotationsprozesses, die Verbindung der SAL$_E$ $_{MX}$-Ausgabe mit einem modellgetriebenen Prozess, der tatsächlich Code erzeugt, hierbei das von nicht-funktionalen Anforderungen gesteuerte Einweben von Softwarearchitekturen, und die Konzeption einer Quellzeigerverwaltung für Modellelemente und Codefragmente.

Für die Optimierung des Annotationsprozesses sind mehrere Maßnahmen denkbar. Zuerst erscheint natürlich das Einbinden eines geeigneten Zerteilers für natürliche Sprache wünschenswert, der die Grobannotation erledigt. Dazu gehört das Aufteilen in Phrasen oder das auskommentieren der Wörter der geschlossenen Wortklassen.

Die automatische Ergänzung der „Semantik zwischen den Zeilen" scheint ebenfalls eine wichtige Aufgabe zur Weiterentwicklung dieser Arbeit in Richtung Automatisierung und Effizienzsteigerung zu sein. Jeder weiß, dass man eine verrührte Menge von Mehl, Milch, Eiern und Zucker einen „Teig" nennt, und dass derselbe Teig ab dem Zeitpunkt, an dem man ihn aus dem Ofen holt, ein „Kuchen" ist. Aber der Maschine muss man selbst solche Trivialitäten sagen. Körner arbeitet bereits an der Akquise des notwendigen Wissens aus Ontologien [KB09].

Die beobachtete Neigung zum iterativen Vorgehen bei der Annotation wirft weitere Fragen auf: Ist ein Text der richtige Ausgangspunkt? Ist der Rollensatz richtig gewählt? Soll man das Begreifen der Semantik und das Treffen der Entwurfsentscheidungen überhaupt strikt trennen? Sind die detaillierten Modelle überhaupt ein Vorteil? Und wenn ja, für welchen Zweck? Für den Software-Entwickler zur Kommunikation oder für nachfolgende MDA-Werkzeuge?

Das Modellieren einer Anwendung wird heute noch weithin als Kunst angesehen. Indem wir jetzt anfangen, die mentalen Abläufe beim Modellieren zu verstehen, schaffen wir die Voraussetzungen, um von der Modell-Alchemie weg zu kommen, hin zu einem „Modell-Engineering". Damit wird aber auch die Beantwortung der Frage für welchen Zweck wir modellieren immer wichtiger. Je nach Antwort auf diese Frage relativieren sich vielleicht auch die Kosten für den bisher noch recht aufwändigen SAL$_E$ мx-Prozess.

Zuletzt seien hier noch einige eher technische Aspekte genannt, die den Annotationsprozesse verbessern würden: Wünschenswert wäre ein Editor, der zu den gerade vergebenen thematischen Rollen gleich die möglichen Modellfragmente anzeigt und den Benutzer eins auswählen lässt. Die fehlende Möglichkeit der Auswahl der Transformationsregel *pro Anwendungsstelle* ist derzeit das größte Manko unserer Eclipse-Plugins. In SAL$_E$ мx fehlen für einen produktiven Einsatz zusätzlich noch zahlreiche Details wie die Erzeugung *zusammenhängender* Zustandsdiagramme, Erzeugung von Objektflusskanten in Aktivitätsdiagrammen, ein Textgenerator, automatisches Beugen und die Erzeugung von OCL. Hilfreich wäre ferner eine Methode, um festzustellen, ob der SENSE-Graph vollständig überdeckt wurde, oder ob für die Anwendung mancher Regeln bestimmte Konstituenten fehlen. Die Definition, ab wann eine Regel *fast* passt, ist allerdings auch nicht trivial. Zum Management größerer Anwendungsfälle fehlt SAL$_E$ мx noch eine Möglichkeit zur Modularisierung. Hierbei ist insbesondere die Kompatibilität der Kontexte verschiedener SENSE-Fragmente zu berücksichtigen.

Das zweite große Aufgabengebiet zur Erreichung der eingangs genannten Ziele wäre die Kopplung von SAL$_E$ мx mit einem modellgetriebenen Prozess, der tatsächlich Code erzeugt. Viele aktuelle Arbeiten im Bereich der MDA beschäftigen sich mit Werkzeugen und der hin- und Rücktransformation zwischen PIM und PSM; um die Erzeugung des PIM aus dem CIM kümmern sich bisher nur wenige Firmen und Forscher. Ein wesentlicher Teil der Aufgabe wären sicher auch die im Evaluationskapitel angesprochenen Vereinfachungen unter Rahmenannahmen, die sich aus der geplanten (nicht-technischen!) Einsatzumgebung ergeben. Da solche Annahmen offensichtlich sowohl richtig als auch falsch sein können, scheint ein zu SAL_E ʍx vergleichbares, regelgetriebenes Verfahren für diese Vereinfachungen der Modelle sinnvoll.

Bei der Erzeugung des PIM aus dem CIM sind auch Architekturüberlegungen einzubeziehen. Zunächst sind die Architektur und das CIM prinzipiell unabhängig voneinander. Die Architektur, die in das CIM hineingewebt wird (bzw. die Architektur, in die das CIM hineingedrückt wird, je nach Standpunkt) muss letztlich auf Grundlage der nicht-funktionalen Anforderungen ausgewählt werden.

Auf dem ganzen Prozess aufbauend benötigen wir dann noch die Konzeption und Implementierung einer Quellzeigerverwaltung für Modellelemente und Codefragmente. Egal, ob ein Stück Code voll-manuell oder durch einen Modelltransformationsprozess erzeugt wurde: Es ist genau so, wie es ist, weil bestimmte funktionale Anforderungen und bestimmte nicht-funktionale Anforderungen vom Kunden aufgestellt und vom Entwickler berücksichtigt wurden. Zusätzlich wurden vermutlich noch ein paar unmotivierte Entwurfsentscheidungen irgendwie gefällt, weil sie nun mal gefällt werden mussten. Die Quellzeigerverwaltung sollte es ermöglichen, festzustellen, welche Anforderungen und Entscheidungen aus den jeweils vorhergehenden Software-Dokumenten Einfluss auf dieses Stück Code nehmen. Diese Informationen wären wichtig beim Ändern von Codezeilen, die *anscheinend* (oder scheinbar?) fehlerhaft sind.

Anhang A

Thematische Rollen

ACT	*actus*	eine Handlung
AG	*agens*	ein Handelnder
BEN+/-	*beneficiens*	der Nutznießer einer Handlung
CAU+/-	*causa*	ein Grund
COM	*comes*	ein Begleiter
COMP	*comparand*	etwas, mit dem verglichen wird
COMPII	*compariens*	etwas, das verglichen wird
CONS+/-	*consequentia*	das, was gilt, wenn eine Bedingung erfüllt ist
CONT	*contrarius*	ein Gegner
CONTII	*contrariens*	jemand, der einen Gegner hat
CREA	*creator*	Synonym für *agens*, vor allem im Zusammenhang mit *opus*
CRIT	*criterium*	ein Vergleichskriterium
CUR	*currens*	das Gegenwärtige, Laufende
DON	*donor*	jemand, der etwas gibt
DUX	*dux*	jemand, der begleitet wird
EQD	*equal-drop*	technische Rolle
EQK	*equal-keep*	technische Rolle
EXP	*experior*	jemand, der etwas erfährt
FAU+/-	*fautor*	jemand, der einem einen Vorteil verschafft
FAV+/-	*favor*	ein Vorteil
FIC	*fictum*	eine Funktion oder Rolle, die jemand oder etwas spielt
FIN	*fingens*	jemand, der eine Rolle oder Funktion einnimmt
FREQ	*frequens*	eine zeitlich Häufigkeit
HAB	*habitum*	etwas, das jemand hat oder das ihm gehört
INST+/-	*instrumentum*	ein Hilfsmittel bei einer Tätigkeit
INT	*intentio*	eine Absicht
IUS+/-	*ius*	ein Recht (Anrecht), das jemand hat
IUSII	*iurens*	jemand, der ein Recht hat, der etwas darf
LDEST	*locus destinatio*	ein Ort, wo etwas hin geht oder bis zu dem es reicht

LDIM	*locus dimensio*	eine Strecke (Länge, Höhe, Breite, …)
LIM	*limes*	ein Pfad, ein Weg, den etwas nimmt
LOC	*locus*	ein Ort
LORIG	*locus origo*	ein Ort, wo etwas herkommt oder wo es anfängt
LTRANS	*locus transitum*	etwas, das sich durch dem Raum bewegt (oder bewegt wird)
MAG	*magister*	ein Lehrer, jemand, der einen anderen in die Lage versetzt, etwas zu tun
MOD	*modus*	die Art, wie jemand etwas tut
NOT	*notio*	eine Erfahrung oder eine Empfindung, die jemand macht
OBL	*obligens*	jemand, der jemand anderen verpflichtet, etwas zu tun
OMN	*omnium*	ein/das Ganze
OPUS+/-	*opus*	ein Werk, etwas, das geschaffen (+) oder zerstört (-) wird
PAR	*pars*	ein Teil eines Ganzen
PAT	*patiens*	ein Behandelter, das Ziel einer Handlung
PERM	*permitens*	jemand, der etwas erlaubt
POSS	*possesor*	der Besitzer einer Sache, der Halter, der „Haber"
POT+/-	*potentia*	ein Können, eine Fähigkeit
POTII	*potens*	jemand, der etwas kann
PRAE	*praecedens*	der Vorgänger, Vorläufer, was zuvor war
PROP	*proportiens*	ein Kriterium, an dem die Größe eines Vergleichskriteriums bestimmt wird
QUAL	*qualitas*	eine Qualität, eine Beschaffenheit
QUALII	*qualificatus*	ewas, das eine Qualität hat, dessen Beschaffenheit beschrieben wird
RECP	*recipient*	jemand, der etwas bekommt oder erhält
REQ+/-	*requisitum*	eine Anforderung, eine Pflicht
REQII	*requirens*	jemand, der eine Pflicht hat, an den eine Anforderung gestellt ist
STAT	*status*	ein Zustand
STIM	*stimulus*	jemand oder etwas, das eine Erfahrung oder Empfindung stimuliert
SUB	*substituens*	etwas, das ersetzt wird
SUBII	*substitutus*	etwas, das etwas anderes ersetzt
SUCC	*succedens*	der Nachfolger, etwas, das danach kommt
SUM	*sumtio*	eine Bedingung, eine Voraussetzung
TDEST	*tempus destinatio*	ein Zeitpunkt bis zu dem etwas ist, etwas war oder sein wird

TDIM	*tempus dimensio*	eine Zeitspanne, ein Zeitraum
TEMP	*tempus*	ein Zeitpunkt
THE	*thema*	ein Thema, der Inhalt
THEII	*thematus*	etwas, das ein Thema hat
TORIG	*tempus origo*	ein Zeitpunkt, seit dem etwas ist oder ab dem etwas war oder sein wird
TRANS	*transitus*	ein Zustandsübergang
TTRANS	*tempus transitum*	etwas, das sich durch die Zeit bewegt oder eine zeitliche Erstreckung hat
VOL+/-	*voluntas*	ein Wille, etwas, das jemand will
VOLII	*volens*	jemand, der etwas will

Anhang B

Die Grammatik von SAL_E

start

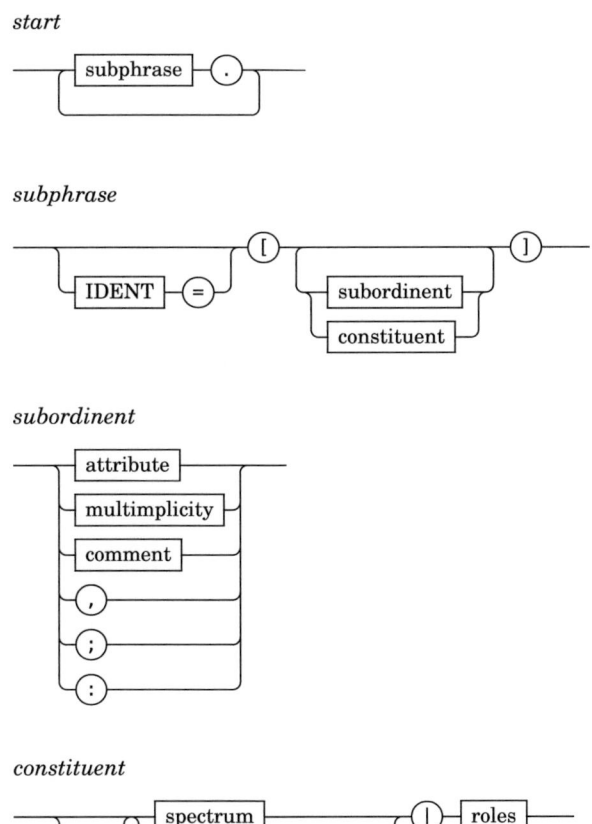

subphrase

subordinent

constituent

spectrum

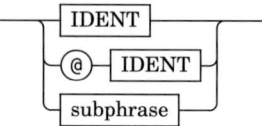

coordinatedSpectrum

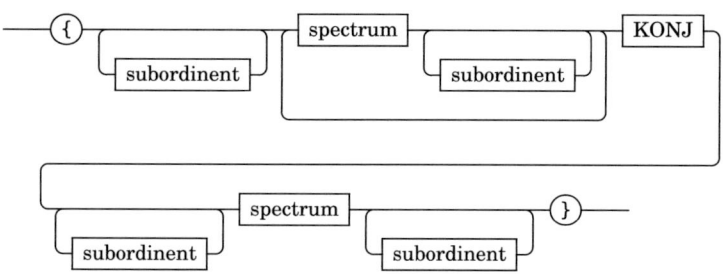

roles

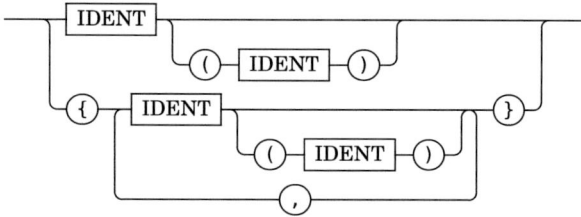

attribute

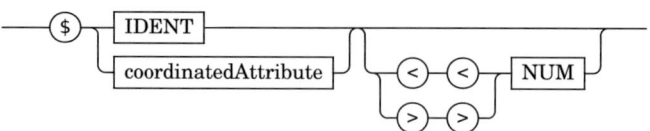

coordinatedAttribute

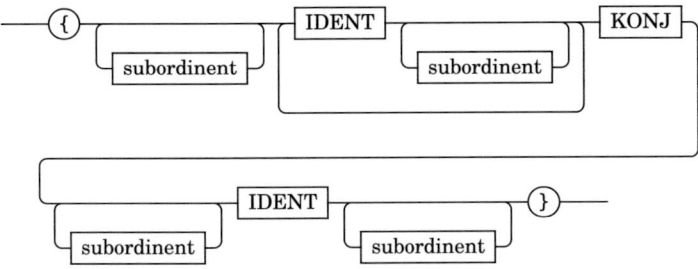

multiplicity

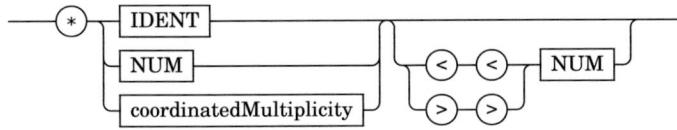

coordinatedMultiplicity

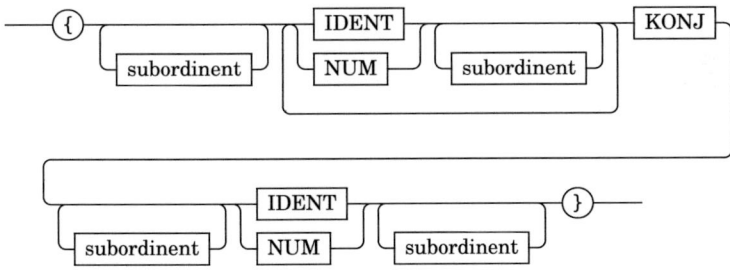

comment

KONJ

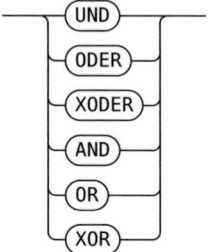

Anhang C

Transformationsregeln

Dieser Abschnitt enthält die wichtigsten Transformationsregeln auf einen Blick – für Details siehe Abschnitt 5.2.1 und Kapitel 7.2. Die Abkürzung „KD" stand dabei für das Klassendiagramm, „AD" für das Aktivitätsdiagramm und „ZD" für das Zustandsdiagramm. Wie in Kapitel 5 verwende ich im Folgenden die Abkürzungen der thematischen Rollen als Synonym für das Spektrum und die Rolle, die es einnimmt, aber beispielsweise auch für die Klasse, die gegebenenfalls für dieses Spektrum angelegt wurde. Wenn der Rollenname in spitze Klammern gesetzt wurde, meine ich das Wort selbst, an das die Rolle annotiert wurde – also die entsprechende Zeichenfolge, geeignet gebeugt.

Muster	Erzeugte Modellelemente
ACT, der auch als Objektrolle vorkommt	KD: Methode ⟨ACT⟩ beim der entsprechenden AG/PAT/System-Klasse ruft „execute()"-Methode bei der Klasse ⟨ACT⟩ auf, die Parameterlisten sind identisch (Strategie-Muster)
ACT/TRANS/STAT/CONS	AD: Aktivität
ACT+AG+PAT+weitere	KD: Methode namens ⟨ACT⟩ bei der Klasse ⟨AG⟩ mit PAT und den weiteren Rollen als Parameter
ACT+INST	KD: Lege Methode ⟨ACT⟩ nicht nur bei AG/PAT/System an, sondern auch bei INST und delegiere den Aufruf von ACT in AG/PAT/System an ACT in INST
ACT+PAT+weitere (ohne AG)	KD: Methode namens ⟨ACT⟩ bei der Klasse ⟨PAT⟩ mit den weiteren Rollen als Parameter
ACT+weitere (ohne AG und ohne PAT)	KD: Methode namens ⟨ACT⟩ bei der Klasse „System" mit den weiteren Rollen als Parameter

Adverse Rollen (OMN/PARS, SUB/SUBII, THE/THEII, etc.), ggf. mit STAT	KD: Assoziation, wenn STAT vorhanden, dann ⟨STAT⟩ als Assoziationsname, sonst fallabhängiger Standardname (beispielsweise „bestehtAus", „ersetzt", etc.)
AG+TRANS	KD: Prüfmethode in der Klasse ⟨AG⟩, ZD: Zustandsübergang ⟨TRANS⟩
Attribute von ACT	KD: als Booleschen Parameter in der Methode
Attribute von Objektrollen	KD: als boolesches Attribut in der entsprechenden Klasse
COMP+COMPII+CRIT	KD: Vergleichsmethode namens ⟨CRIT⟩ beim COMPII, mit einem COMP als Parameter und Booleschen Rückgabewert
CREA+OPUS	KD: „create⟨OPUS⟩()"-Methode beim CREA
DON+RECP+HAB, ggf. mit STAT	KD: n-äre Assoziation, wenn STAT vorhanden, dann ⟨STAT⟩ als Assoziationsname, KD: Verwaltungsmethoden bei DON, RECP und HAB mit den jeweils anderen Rollen als Parameter
FIN+FIC, SUB/SUBII	KD: Vererbungsbeziehung zwischen beiden oder ⟨FIC⟩ als Rollenname für FIN in Assoziationen oder Assoziation zwischen FIN und FIC, SUB/SUBII analog
Mengen von ACT/TRANS/STAT	AD: CallBehaviorAction mit parallelen Aktionen, mit Entscheidungsknoten im Fall von ODER-Mengen und Synchronisationsbalken im Fall von UND-Mengen
Mengen von SUM	AD: Verknüpfe SUMs mit OCL-Entsprechung des Mengentyps zu größerem OCL-Ausdruck
Multiplizitäten	KD: bei Assoziationen an das Ende des modifizierten Spektrums

Objektrolle (AG, CREA, HAB, PAT, DON, RECP, OPUS, HAB, THE, THEII, BEN, COM, COMP, COMPII, CONT, CONTII, CRIT, DUX, FAU, FIN, FIC, INST, IUSII, MAG, OBL, OMN, PARS, POSS, QUAL, QUALII, SUB, SUBII, VOLII oder eine Lokal- oder Temporalrolle)	KD: Klasse mit dem Namen des Spektrums, das die Rolle trägt
OBL+REQ+REQII (auch MAG/POT/POTII, VOL/VOLII, PERM/IUS/IUSII)	AD: Setze ⟨OBL⟩ als Bedingung an optionale Übergänge zu Aktivität ⟨REQ⟩, KD: Erzeuge Methode „forceTo⟨REQ⟩(legislator:⟨OBL⟩, weitere Rollen)" bei REQII, andere Modalkombinationen analog
PRAE+SUCC	AD: Kontrollflusskante
STAT+Objektrolle (nur eine)	ZD: neuer Zustand für das entsprechende Objekt, KD: „is⟨STAT⟩()"-Methode bei der entsprechenden Klasse
SUM	AD: Wächter-Ausdruck

Anhang D

Aufbereitung der Grafiken

Die in dieser Dissertation gezeigten UML-Diagramme entstammen in dieser Form **nicht** unserem Werkzeug. Das Ergebnis unserer Transformationsregeln ist ein UML-konformer Graph im Graphersetzungssystem GRGEN.NET. Diesen Graphen können wir mit weiteren Transformationsregeln in XMI-Dateien serialisieren (vgl. Abschnitt 5.2.1 und [GDG08]). Es ist dem Leser jedoch weder zuzumuten, den Graphen selbst zu interpretieren, noch seitenlange XML-Codes zu lesen. Aus diesem Grund wurden die Transformationsergebnisse als UML-*Diagramme* für diese Arbeit aufbereitet. Hierfür ist mindestens ein Layout-Schritt notwendig, der beispielsweise die Klassen und Assoziationen des statischen Modells übersichtlich anordnet. Wegen der begrenzten Druckfläche in diesem Buch mussten die Grafiken jedoch noch weiter optimiert werden, um die Lesbarkeit sicher zu stellen. Die folgende Aufzählung beschreibt die Manipulationen, die wir vorgenommen haben:

1. Laden der XMI-Dateien mit „Altova UModel 2008 Professional Edition sp1", einem UML-Editor, der sich durch seine Standard-Konformität auszeichnet

2. Manuelles Layout mit dem UML-Editor

3. Export der Diagrammgrafik als PDF-Datei

4. Import der PDF-Datei in das Vektor-Zeichenprogramm „Inkscape 0.46"

5. Feinkorrektur des Layouts im Zeichenprogramm (Farbverläufe und Icons entfernen, Schriftarten und -größen anpassen, Linienstärken und Farben vereinheitlichen, ggf. Zeilenumbrüche einfügen und Namen kürzen, wo beschrieben Beugung korrigieren)

6. Export der Grafik in das EPS-Format

7. Transformation der EPS-Grafik in das LaTeX-eigene Grafikformat PGF mit „eps2pgf-0.7.0"

8. Einbinden der PGF-Grafiken mittels der „figure"-Umgebung

Die Schritte 4 bis 7 wurden notwendig, da der verwendete UML-Editor nur sehr rudimentäre Möglichkeiten zur Optimierung des Layouts für den Druck anbietet. Darüber hinaus scheint die Grafik-Ausgabe der verwendeten UModel-Version fehlerhaft zu sein, da Zeichenketten teilweise im Ausdruck abgeschnitten werden, die auf dem Bildschirm noch zu sehen sind. Aus diesen beiden Gründen wählten wir den Umweg über das Zeichnenprogramm. Exemplarisch zeigt Abbildung D.1 aber doch noch einen Originalausdruck des Werkzeugs, um dem Leser einen Eindruck von den Manipulationen zu geben, die wir vorgenommen haben. Die optimierte Version dieser Grafik findet sich in Abbildung 7.7.

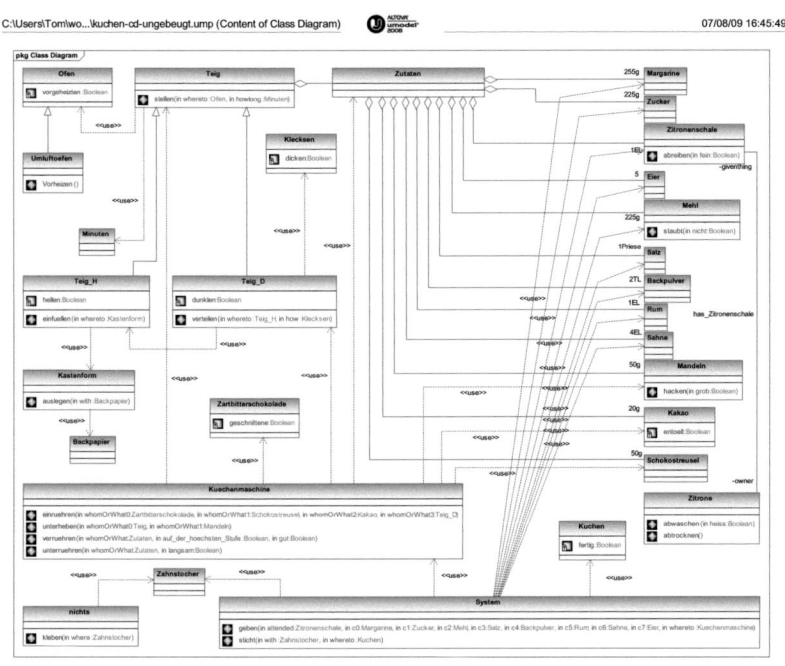

Abbildung D.1: Klassendiagramm zum Kuchenrezept (Originalausdruck)

Anhang E

Schachaufgabe – Material

Dieser Anhang enthält Unterlagen zur „Schachaufgabe" (vgl. Abschnitt 5.2.2). Die Abbildungen E.1 bis E.5 enthalten den Aufgabentext, wie er an die Studenten ausgegeben wurde. Ihnen folgt eine studentische Lösung (Abbildungen E.6 bis E.11) der Übungsgruppe „53". Es handelt sich dabei um eine Stichprobe aus den vier Lösungen, die von jeweils vier Mitarbeitern begutachtet wurden. Eines dieser Gutachten ist in den Abbildungen E.12 bis E.22 zu sehen. Es dokumentiert gleichzeitig den Fragenkatalog, den wir mit unserem Werkzeug zur damaligen Zeit erstellt haben. (Es handelte sich um eine ältere Version von SAL$_E$.) Die Formulierungen wurden damals für den Einsatz in den Tutorien von Hand verbessert, i. e. die Grammatik wurde korrigiert (Beugung, Wortstellung, etc.). In unverständlichen Fällen wurde der Text neu formuliert; die Intention der Fragen wurde dabei natürlich stets beibehalten.

Universität Karlsruhe (TH)
Forschungsuniversität · gegründet 1825

Institut für Programmstrukturen
und Datenorganisation (IPD)

Prof. Dr. Walter F. Tichy

Vorlesung	Übungsblatt 4	Ausgabe:	Abgabe:
Softwaretechnik	Wintersemester 2007/2008	13.12.2007	20.12.2007, 10:00 Uhr

Modellierung

Aufgabe 1: Schach (30P)

Modellieren Sie den angegebenen Ausschnitt der FIDE-Schach-Spezifikation in UML. Es handelt sich um die ersten fünf Artikel der internationalen Turnierschach-Regeln. Zweck des Modells sei die Entwicklung eines Schach-Programms, das gegen andere Schach-Programme oder menschliche Spieler antreten können soll.

Der Text entspricht weitgehend dem Original, es wurden lediglich einzelne Sätze in einfacheres Englisch umformuliert. Um den Umfang der Aufgabe zu beschränken, haben wir die Artikel 6-14 der Spezifikation ausgenommen. Modellieren Sie das, was in der Spezifikation steht, und nicht das, was Sie über Schach wissen (oder zu wissen glauben): Es geht bei dieser Aufgabe um eine möglichst spezifikationstreue Umsetzung in UML. Denken Sie also auch an Multiplizitäten, Rollennamen, Attribute, Methoden, Zustände, Übergänge, Wächterausdrücke und so weiter. Beachten Sie dabei den Zweck des Modells: Es kann sein, dass bestimmte Regelungen nicht modelliert werden müssen. **Dokumentieren Sie Ihre Entscheidung, Dinge nicht zu modellieren, sorgfältig und begründen Sie Ihre Entscheidung ausreichend – ohne Begründung bekommen Sie keine Punkte für Weggelassenes!**

Verwenden Sie für Ihre Modellierung Klassen-, Aktivitäts-, Sequenz- und Zustandsübergangsdiagramme und OCL-Ausdrücke. Graphische Notationen sind in der Regel wenig platzsparend, rechnen Sie daher mit etwa **8-10 Seiten** für Ihre Lösung. Sie können nicht davon ausgehen, dass Sie für 10 Klassen mit jeweils 3 Methoden die volle Punktzahl bekommen.

Bitte beschreiben Sie Ihre Blätter nur einseitig!

Fakultät für Informatik
Lehrstuhl für Programmiersysteme

Seite 1 von 5

Abbildung E.1: Aufgabentext, Seite 1 von 5

Article 1: The nature and objectives of the game of chess

1.1.

The game of chess is played between two opponents. They alternately move their pieces on a square board called a chessboard. The player with the white pieces commences the game. A player has the move, after his opponent made his move.

1.2.

The objective of each player is to place the opponent's king under attack in such a way that the opponent has no legal move. The player who achieves this goal has checkmated the opponent's king and wins the game. Leaving one's own king under attack, exposing one's own king to attack and also capturing the opponent's king are not allowed. The opponent whose king has been checkmated has lost the game.

1.3.

If the position is such that neither player can possibly checkmate, the game is drawn.

Article 2: The initial position of the pieces on the chessboard

2.1.

The chessboard is composed of an 8x8 grid which is composed of 64 equal squares which are alternately light and dark. The chessboard is placed between the players in such a way that the near corner square to the right of the player is white.

2.2.

At the beginning of the game one player has 16 white pieces; the other has 16 black pieces. These pieces are as follows: A white king, a white queen, two white rooks, two white bishops, two white knights, eight white pawns, a black king, a black queen, two black rooks, two black bishops, two black knights and eight black pawns.

2.3.

The initial position of the pieces on the chessboard is as follows: - GESTRICHEN -

2.4.

The eight vertical columns of squares are called files. The eight horizontal rows of squares are called ranks. A straight line of squares of the same color, touching corner to corner, is called a diagonal.

Article 3: The moves of the pieces

3.1

A piece may not move to a square which is occupied by a piece of the same color. If a piece moves to a square occupied by an opponent's piece, the opponent's piece is captured and removed from the chessboard as part of the same move. A piece attacks an opponent's piece if the piece could make a capture on that square. A piece attacks a square, even if this piece cannot move to that square because it would then leave or place the king of its own color under attack.

3.2.

The bishop may move to any square along a diagonal on which it stands.

Abbildung E.2: Aufgabentext, Seite 2 von 5

3.3.
The rook may move to any square along the file or the rank on which it stands.

3.4.
The queen may move to any square along the file, the rank or a diagonal on which it stands.

3.5.
When making these moves the bishop, rook or queen may not move over any intervening pieces.

3.6.
The knight may move to one of the squares nearest to that on which it stands but not on the same rank, file or diagonal.

3.7.
 a) The pawn may move forward to the unoccupied square immediately in front of it on the same file, or
 b) on its first move the pawn may advance one or two squares along the same file provided both squares are unoccupied, or
 c) the pawn may move to a square occupied by an opponent´s piece, which is diagonally in front of it on an adjacent file, capturing that piece.
 d) A pawn attacking a square crossed by an opponent's pawn which has advanced two squares in one move from its original square may capture this opponent´s pawn in the following move as though the latter had been moved only one square. This capture is called an "en passant" capture.

When a pawn reaches the rank furthest from its starting position it must be exchanged as part of the same move for a new queen, rook, bishop or knight of the same color. The player's choice is not restricted to pieces that have been captured previously. This exchange of a pawn for another piece is called promotion and the effect of the new piece is immediate.

3.8.
The king may move to any adjoining square if this square is not attacked by one or more pieces of the opponent. Alternately, the king may castle: This is a move of the king and either rook of the same color on the same rank, counting as a single move of the king and executed as follows: The king is transferred from its original square two squares towards the rook, then that rook is transferred to the square the king has just crossed.

3.8.1
If the king has moved, he may not castle. The king may not castle with a rook that has moved.

3.8.2
If the square on which the king stands, or the square which it must cross, or the square which it is to occupy, is attacked by one or more of the opponent´s pieces, the king may not castle. If there is any piece between the king and the rook with which castling is to be effected, the king may not castle.

3.9.
The king is said to be "in check" if it is attacked by one or more of the opponent's pieces, even if such pieces are constrained from moving to that square because they would then leave or place their own

Abbildung E.3: Aufgabentext, Seite 3 von 5

king in check. No piece can be moved that will expose the king of the same color to check. No piece can be moved that will leave the king of the same color in check.

Article 4: The act of moving the pieces

4.1.
Each move must be made with one hand only.

4.2.
Provided that he first expresses his intention, the player having the move may adjust one or more pieces on their squares.

4.3.
Provided that he not expresses his intention to adjust, if the player having the move deliberately touches on the chessboard one or more pieces of his own, he must move the first touched piece that can be moved. Provided that he not expresses his intention to adjust, if the player having the move deliberately touches on the chessboard one or more pieces of his opponent's, he must capture the first touched piece, which can be captured. Provided that he not expresses his intention to adjust, if the player having the move deliberately touches on the chessboard one piece of each color, he must capture the opponent's piece with his piece. Provided that he not expresses his intention to adjust, if the player having the move deliberately touches on the chessboard one piece of each color, and if he may not capture the opponent's piece with his piece, he must move the first touched piece which can be moved or capture the first touched piece that can be captured. If it is unclear, whether the player's own piece or his opponent's was touched first, the player's own piece shall be considered to have been touched before his opponent's.

4.4.
a) If a player deliberately touches his king and his rook he must castle on that side if it is legal to do so.
b) If a player deliberately touches a rook and then deliberately touches his king he may not castle on that side on that move. If a player deliberately touches a rook and then his king, he must move with the first piece touched that can be moved.
c) If a player intends to castle and the player touches the king or the king and a rook at the same time and castling on that side is illegal, the player must make another legal move with his king which may include castling on the other side. If a player intends to castle and the player touches the king or the king and a rook at the same time and castling on that side is illegal and the king has no legal move, the player may make any legal move.
d) If a player promotes a pawn and the piece has touched the square of promotion, the choice of the piece is finalized.

4.5.
If the player cannot move any of the touched pieces of his own and if the player cannot capture any of the touched pieces of his opponent´s, the player may make any legal move.

4.6.
When, as a part of a legal move, a piece has been released on a square, it cannot then be moved to another square.

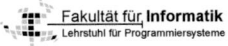

Abbildung E.4: Aufgabentext, Seite 4 von 5

a) If a piece is captured and the captured piece has been removed from the chessboard and the player, having placed his own piece on its new square, has released this capturing piece from his hand, the move has been made.

b) If the player castles and the player's hand has released the rook on the square previously crossed by the king, the move has been made. If the player castles and the player has released the king from his hand, the move is not yet made, but the player no longer has the right to make any move other than castling on that side, if this is legal.

c) If a player promotes a pawn, the pawn has been removed from the chessboard, and the player's hand has released the new piece after placing it on the promotion square, the move has been made. If a player promotes a pawn and the player has released from his hand the pawn that has reached the promotion square, the move is not yet made and the player may not play the pawn to another square.

4.7.

A player forfeits his right to a claim against his opponent's violation of Article 4.3 or 4.4, once he deliberately touches a piece.

Article 5: The completion of the game

5.1.

a) If a player checkmates his opponent's king, he wins the game. If a player checkmates his opponent's king and the move was legal, the game immediately ends.

b) If a player resigns, his opponent wins the game. If a player resigns, the game immediately ends.

5.2.

a) If the player having the move cannot make a move and his king is not in check, the game is drawn. If the player having the move cannot make a move and his king is not in check, he game is said to end in stalemate. If the player having the move cannot make a move and his king is not in check and the move producing the stalemate position was legal, the game immediately ends.

b) If neither player can checkmate the opponent's king with any series of legal moves, the game is drawn. If neither player can checkmate the opponent's king with any series of legal moves, the game is in a dead position. If neither player can checkmate the opponent's king with any series of legal moves and the move producing the position was legal, the game immediately ends.

c) If the players agree to drawing the game, the game is drawn. If the game is drawn, the game immediately ends.

d) If any identical position is about to appear on the chessboard at least three times or any identical position has appeared on the chessboard at least three times, the game may be drawn.

e) The game may be drawn if each player has made at least the last 50 consecutive moves without the movement of any pawn and without any capture.

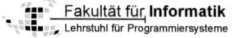

Abbildung E.5: Aufgabentext, Seite 5 von 5

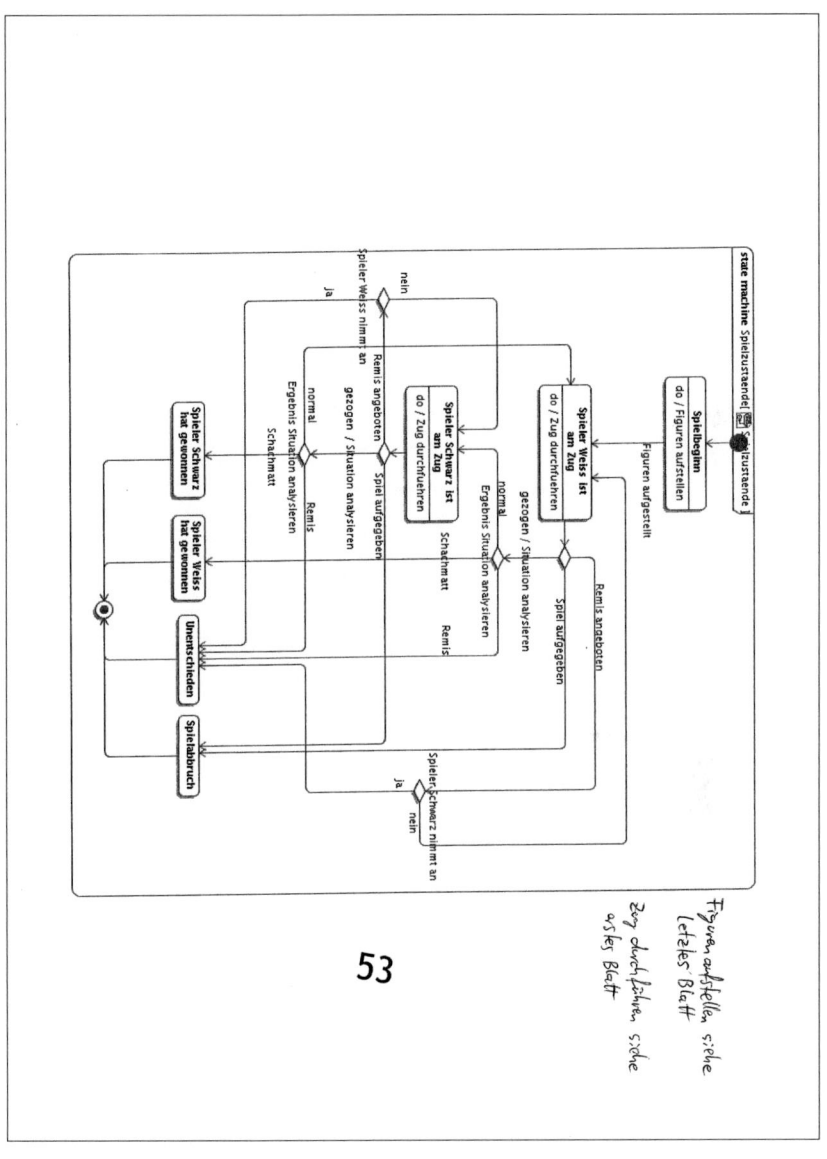

53

Abbildung E.6: Studentenlösung, Seite 1 von 6

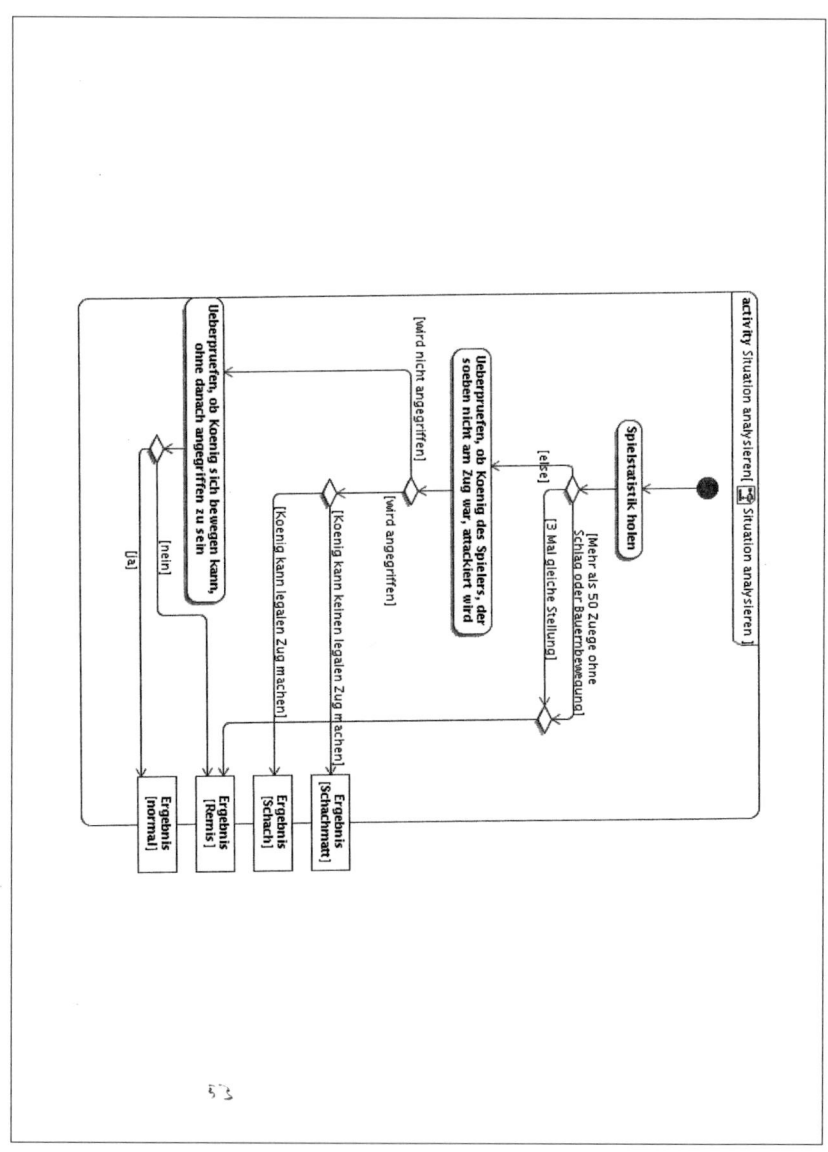

Abbildung E.7: Studentenlösung, Seite 2 von 6

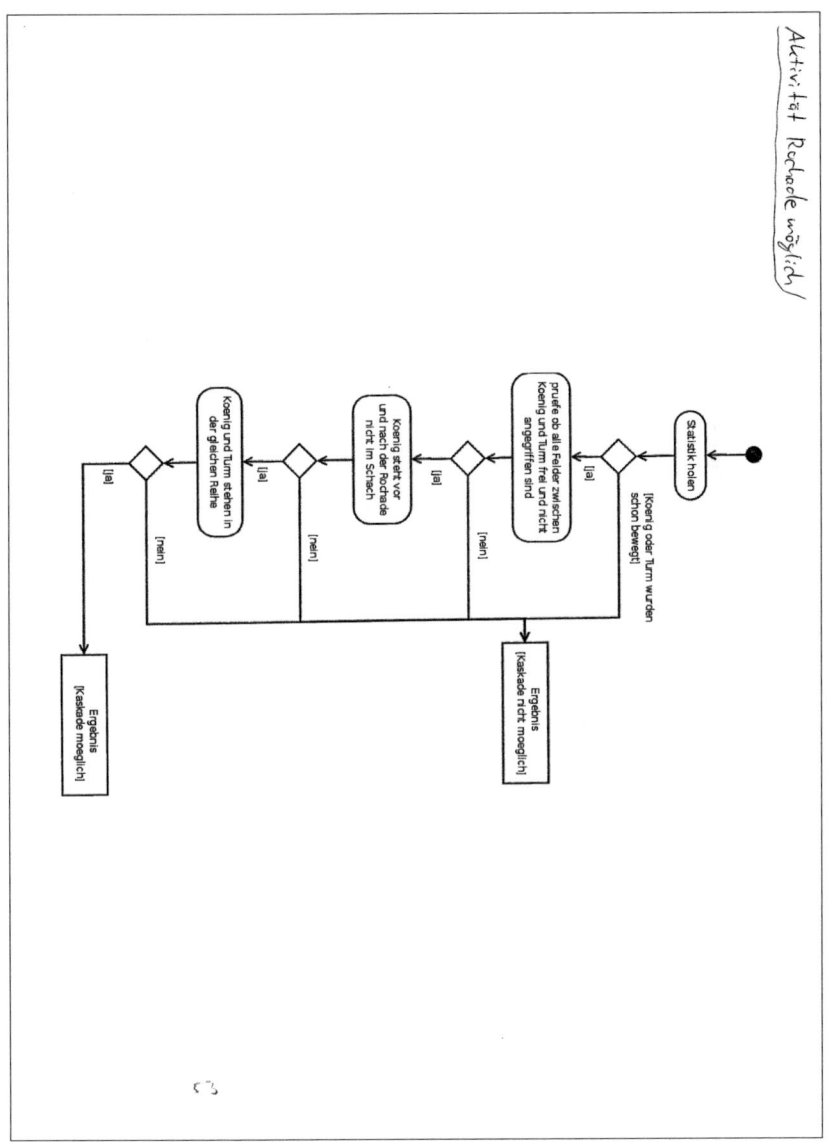

Abbildung E.8: Studentenlösung, Seite 3 von 6

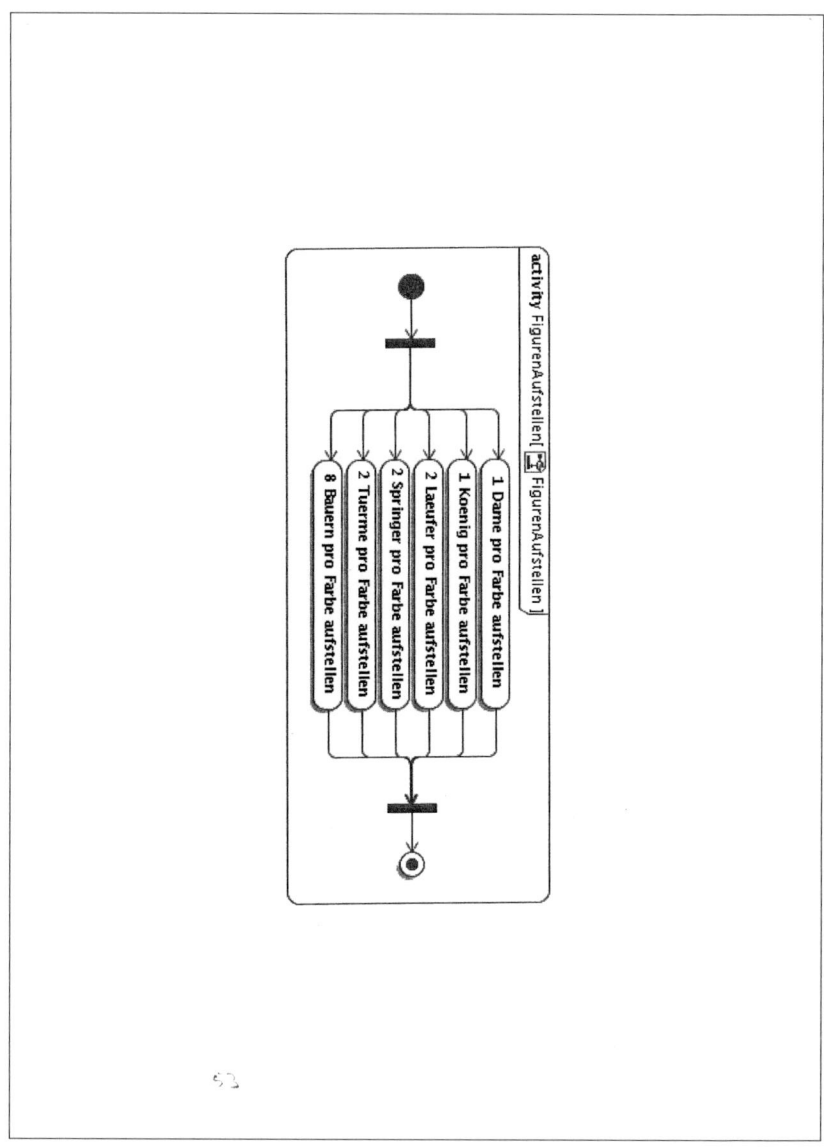

Abbildung E.9: Studentenlösung, Seite 4 von 6

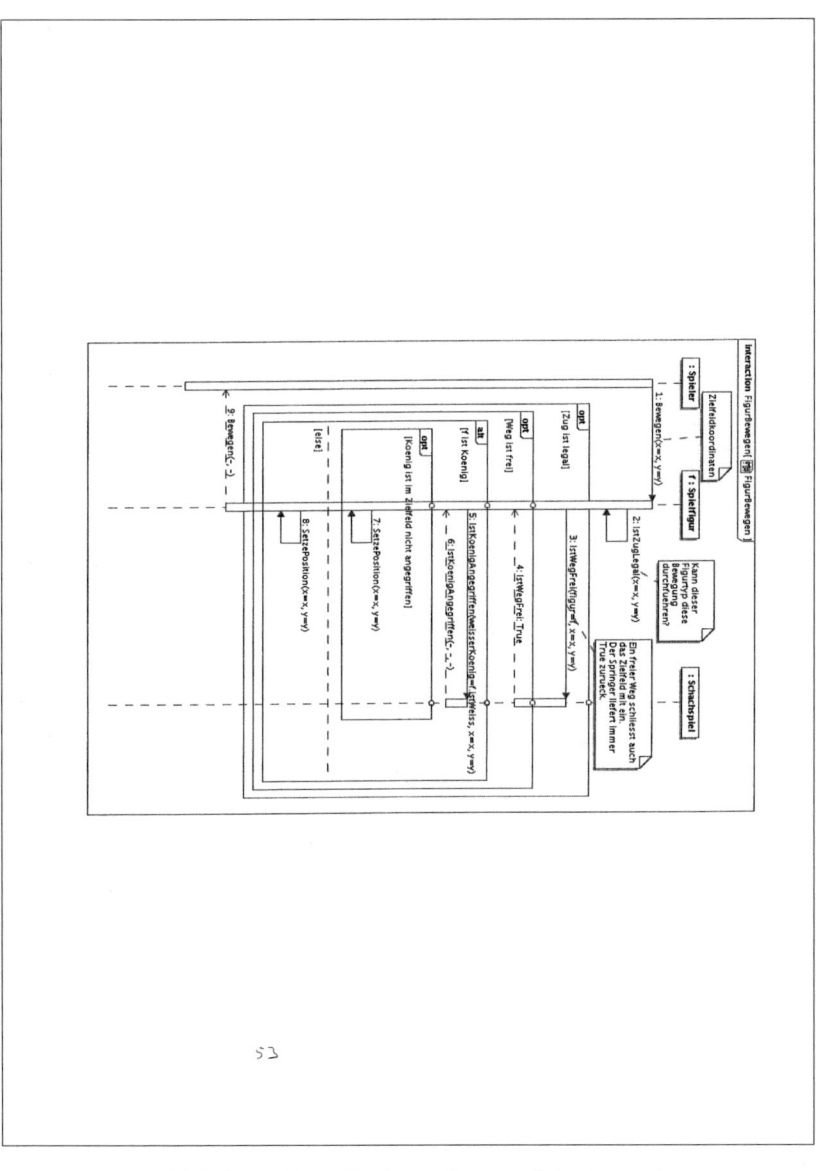

Abbildung E.10: Studentenlösung, Seite 5 von 6

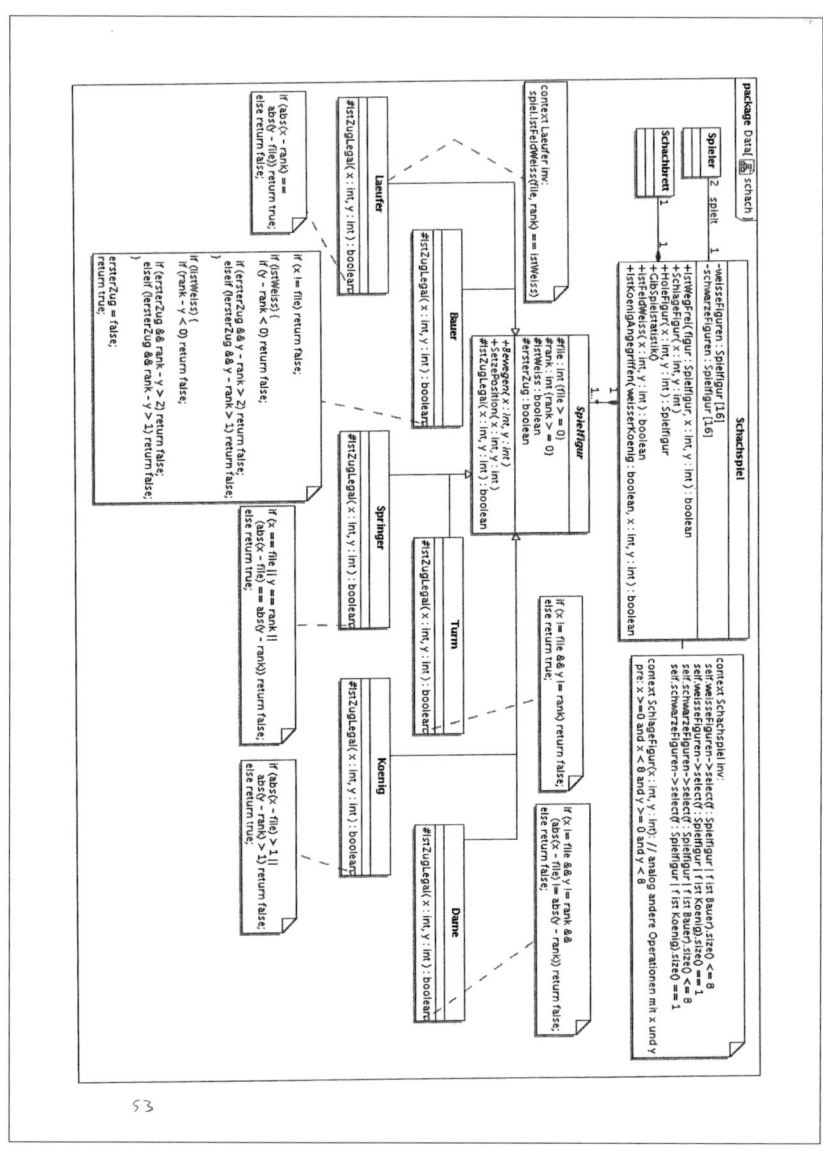

Abbildung E.11: Studentenlösung, Seite 6 von 6

Name: [Namen der Studenten hier eintragen] Tutorium # 4		RICHTIG	FEHLT	FALSCH	VP RICHT	VP FEHLT	VP FALSC
Satz 1.1 The game of chess is played between two opponents.							
Game of chess modelliert	als Klasse	x			1	0	0
	als Rolle			x			
	als Instanz			x			
	explizit weggelassen:						
	sonstiges:						
Play modelliert	als Beziehung	x			1	0	0
	als Methode (bei Player)			x			
	als Zustandsübergang			x			
	explizit weggelassen:						
	sonstiges:						
Opponents modelliert	als Rolle (an Player)			x	0	1	0
	als Klasse			x			
	als Instanz			x			
	explizit weggelassen:						
	sonstiges:						
Genau 2 Opponents (Multiplizität 2)				x	1	0	0
Satz They alternatey move their pieces on a square board called a `chessboard`.							
move modelliert	als Methode	x			1	0	0
	als Zustandsübergang			x			
	als Beziehung zwischen Piece und Player			x			
	explizit weggelassen:						
	sonstiges:						
"alternately move" modelliert (immer nur ein Zug pro Spieler)	im Methodennamen			x	1	0	0
	im Zustandsautomat	x					
	explizit weggelassen:						
	sonstiges:						
Piece modelliert	als Klasse	x			1	0	0
	als Rolle			x			
	als Instanz			x			
	explizit weggelassen:						
	sonstiges:						
Beziehung zwischen Player und Piece (besitzt o.ä.)				x	0	1	0
Board modelliert (evtl auch Chessboard)	als Klasse	x			1	0	0
	als Rolle			x			
	als Instanz			x			
	explizit weggelassen:						
	sonstiges:						
Satz The player with the white pieces commences the game.							
Player modelliert	als Klasse	x			1	0	0
	als Rolle			x			
	als Instanz			x			
	explizit weggelassen:						
	sonstiges:						
Farbe der Spielfiguren modelliert	als (Bool'sche) Funktion (isWhite)	x			1	0	0
	als Zustand			x			
	als Attribut			x			
	explizit weggelassen:						
	sonstiges:						
"commences" modelliert (der weiße Spieler beginnt)	als Methode (bei Player)	x			1	0	0
	Zustandsübergang im Automaten	x					
	Beziehung zwischen Player und Game			x			
	explizit weggelassen:						
	sonstiges:						
Satz A player has the move, after his opponent made his move.							
Move modelliert	Beziehung zwischen Player und Move			x	0	1	0
"has the move": Ist modelliert, wer am Zug ist?	im Sequenzdiagramm			x	1	0	0
	im Aktivitätsdiagramm			x			
	als Zustand	x					
	als Methode			x			
	explizit weggelassen:						
	sonstiges:						
"make a move": Beziehung zwischen Move und Player/Opponent	als Methode			x	0	1	0
	als Zustandsübergang			x			
	als Beziehung zwischen Player und Move			x			
	explizit weggelassen:						
	sonstiges:						
"has the move, after...": Ist modelliert wann welcher Spieler am Zug ist?	im Sequenzdiagramm			x	1	0	0
	im Aktivitätsdiagramm			x			
	im Zustandsautomat	x					
	explizit weggelassen:						
	sonstiges:						
Satz 1.2 The objective of each player is to place the opponent's king 'under attack' in such a way that the opponent has no legal move.							
King modelliert	als Klasse	x			1	0	0
	als Rolle			x			
	als Instanz			x			
	explizit weggelassen:						
	sonstiges:						
Beziehung zwischen Player und King				x	0	1	0
Zustand von King, Teil eines Sequenzdiagramms, Methode (+place)?	im Sequenzdiagramm			x	1	0	0
	im Aktivitätsdiagramm	x					
	als Zustand	x					
	als Methode	x					
	explizit weggelassen:						
	sonstiges: Bedingung beim Übergang						
"legal" modelliert (move <-- legal)	als Methode	x			1	0	0

Abbildung E.12: Auswertungen der Studentenlösung, Seite 1 von 11

53 Name: [Namen der Studenten hier eintragen] Tutorium # 4		RICHTIG	FEHLT	FALSCH	VP RICHTIG	VP FEHLT	VP FALSCH
	als Zustand (von Move)			x			
	als Attribut			x			
explizit weggelassen:							
sonstiges:							
'has no legal move': Ist ein Festellen der möglichen Züge spielerabhängig möglich	als Methode			x	0	1	0
	als Zustand (von Move)			x			
	als Attribut			x			
explizit weggelassen:							
sonstiges:							
Satz The player who achieves this goal has checkmated the opponent´s king and wins the game.							
'... who achieves this goal, has ... ': Ist modelliert, wann ein bei Schachmatt Spieler gewinnt?	als OCL-Bedingung für Player::winTheGame()			x	1	0	0
	im Sequenzdiagramm			x			
	im Aktivitätsdiagramm		x				
explizit weggelassen:							
sonstiges:	im Zustandsautomat		x				
Piece[King] <-- checkmated modelliert	als Methode			x	1	0	0
	als Zustandsübergang			x			
	als Beziehung			x			
explizit weggelassen:							
sonstiges:	als Bedingung im		x				
'wins the game' modelliert	als Methode			x	1	0	0
	als Zustandsübergang			x			
	als Beziehung			x			
explizit weggelassen:							
sonstiges:	als Zustand		x				
Satz Leaving one's own king under attack, exposing one's own king to attack and also 'capturing' the opponent's king are not allowed.							
'leaving under attack': Piece <-- move	als OCL-Invariante			x	0	1	0
	als Zustandsübergang ggf. mit Guard/Instrument			x			
	if-Anweisung im Kommentar			x			
explizit weggelassen:							
sonstiges:							
'exposing to attack': Piece <-- move	als OCL-Invariante			x	1	0	0
	als Zustandsübergang ggf. mit Guard/Instrument			x			
	if-Anweisung im Kommentar			x			
explizit weggelassen:							
sonstiges:	im Sequenzdiagramm		x				
Piece <-- capture	als OCL-Invariante			x	0	1	0
	als Zustandsübergang ggf. mit Guard/Instrument			x			
	if-Anweisung im Kommentar			x			
explizit weggelassen:							
sonstiges:							
Piece <-- capture	als Methode			x	1	0	0
	als Zustandsübergang			x			
	als Beziehung			x			
explizit weggelassen:							
sonstiges:							
Satz The opponent whose king has been checkmated has lost the game.							
'checkmated': Zustand von King, Sequenzdiagramm, Methode (implizit andere Klasse)	im Sequenzdiagramm			x	1	0	0
	im Aktivitätsdiagramm		x				
	als Zustand		x				
explizit weggelassen:							
sonstiges:							
'...has been checkmated, has ...': Bedingung für 'lost the game'	als OCL-Bedingung			x	1	0	0
	im Zustandsautomat		x				
	if-Anweisung im Kommentar			x			
	im Aktivitätsdiagramm		x				
	im Sequenzdiagramm			x			
explizit weggelassen:							
sonstiges:							
'loose the game' modelliert	Methode			x	1	0	0
	Zustandsübergang im Automaten			x			
	Beziehung			x			
explizit weggelassen:							
sonstiges:	als Zustand		x				
Satz 1.3 If the position is such that neither player can possibly checkmate, the game is drawn.							
'if ..., the game is drawn': Bedingung für 'drawn'	als OCL-Bedingung			x	0	1	0
	im Zustandsautomat			x			
	if-Anweisung im Kommentar			x			
	im Aktivitätsdiagramm			x			
	im Sequenzdiagramm			x			
explizit weggelassen:							
sonstiges:							
'drawn': Zustand des Games modelliert	im Sequenzdiagramm			x	1	0	0
	im Aktivitätsdiagramm			x			
	als Zustand		x				
	als Methode (bei anderer Klasse)			x			
explizit weggelassen:							
sonstiges:							
Satz 2.1 The chessboard is composed of an 8x8 grid of 64 equal squares which are alternately light and dark.							
Grid modelliert	als Klasse			x	0	1	0
	als Rolle			x			
	als Instanz			x			
explizit weggelassen:							
sonstiges:							
Square modelliert	als Klasse			x	1	0	0
	als Rolle			x			

Abbildung E.13: Auswertungen der Studentenlösung, Seite 2 von 11

53 Name: [Namen der Studenten hier eintragen]   Tutorium # 4

	Beschreibung	Detail	RICHTIG	FEHLT	FALSCH	VP RICHT	VP FEHLT	VP FALSCH
		als Instanz	x					
		explizit weggelassen:						
		sonstiges: implizit als `x und y`	x					
	Dimensionen des Grids modelliert (8x8)		x			1	0	0
		explizit weggelassen:						
		sonstiges:						
	Aggregation Chessboard<>---Grid			x		0	1	0
		explizit weggelassen:						
		sonstiges:						
	Multiplizität Chessboard<>---Grid			x		0	1	0
		explizit weggelassen:						
		sonstiges:						
	Multiplizität Grid<>---Square	genau 64 Squares		x		0	1	0
	Farbe der Squares modelliert	als Attribut				1	0	0
		explizit weggelassen:						
		sonstiges: als Methode des Schachspiels	x					
	alternately white and dark			x		0	1	0
		explizit weggelassen:						
		sonstiges:						
Satz	The chessboard is placed between the players in such a way that the near corner square to the right of the player is white.					0	1	0
		explizit weggelassen:						
		sonstiges:		x				
Satz 2.2	At the beginning of the game one player has 16 white pieces; the other has 16 black pieces.							
	GameOfChess <-- beginning		x			1	0	0
		explizit weggelassen:						
		sonstiges:						
	Multiplizitäten an Beziehung Player -- Pieces (1..16)			x		0	1	0
Satz	These pieces are as follows: One white king one white queen, [...] two black knights, eight black pawns.							
	Figuren mit Oberklasse (Piece) modelliert	Vererbungsbeziehung	x			1	0	0
		explizit weggelassen:						
		sonstiges:						
	Queen modelliert	als Klasse	x			1	0	0
		als Rolle			x			
		als Instanz			x			
		explizit weggelassen:						
		sonstiges:						
	Multiplizitäten für Queen korrekt umgesetzt. (0..1, 1, 0..9)		x			1	0	0
	Rook modelliert	als Klasse	x			1	0	0
		als Rolle			x			
		als Instanz			x			
		explizit weggelassen:						
		sonstiges:						
	Multiplizitäten für Rook korrekt umgesetzt. (0..2, 2, 0..10)		x			1	0	0
	Bishop modelliert	als Klasse	x			1	0	0
		als Rolle			x			
		als Instanz			x			
		explizit weggelassen:						
		sonstiges:						
	Multiplizitäten für Bishop korrekt umgesetzt. (0..2, 2, 0..10)		x			1	0	0
	Knight modelliert	als Klasse	x			1	0	0
		als Rolle			x			
		als Instanz			x			
		explizit weggelassen:						
		sonstiges:						
	Multiplizitäten für Knight korrekt umgesetzt. (0..2, 2, 0..10)		x			1	0	0
	Pawn modelliert	als Klasse	x			1	0	0
		als Rolle			x			
		als Instanz			x			
		explizit weggelassen:						
		sonstiges:						
	Multiplizitäten für Pawn korrekt umgesetzt. (0..8)		x			1	0	0
Satz 2.4	The eight vertical columns of squares are called `files`.							
	File/Column modelliert	als Klasse				1	0	0
		als Rolle						
		als Instanz						
		explizit weggelassen:						
		sonstiges: als Attribut	x					
	Aggregation File/Column<>---Square			x		0	1	0
	Multiplizität korrekt modelliert (8)			x		0	1	0
Satz	The eight horizontal rows of squares are called `ranks`.							
	Rank/Row modelliert	als Klasse				1	0	0
		als Rolle			x			
		als Instanz			x			
		explizit weggelassen:						
		sonstiges: als Attribut	x					
	Aggregation Rank/Row<>---Square			x		0	1	0
	Multiplizität korrekt modelliert (8)			x		0	1	0
Satz	A straight line of squares of the same colour, touching corner to corner, is called a `diagonal`.							
	Diagonal modelliert	als Klasse		x		0	1	0
		als Rolle			x			
		als Instanz			x			
		explizit weggelassen:						
		sonstiges:						
	Aggregation Diagonal/Line<>---Square			x		0	1	0
	OCL-Invariante auf Diagonal			x		0	1	0
		explizit weggelassen:					0	1	0

Abbildung E.14: Auswertungen der Studentenlösung, Seite 3 von 11

53 Name: [Namen der Studenten hier eintragen]	Tutorium # 4		RICHTIG	FEHLT	FALSCH	VP RICHTIG	VP FEHLT	VP FALSCH
	sonstiges:							
	explizit weggelassen:					0	1	0
	sonstiges:							
Satz 3.1	A piece may not move to a square which is occupied by a piece of the same colour.							
move(from,to) modelliert	bei Piece		x			1	0	0
	explizit weggelassen:							
	sonstiges: als Methode							
occupied modelliert	Methode bei Piece		x			0	0	1
	Methode bei Square		x					
	Beziehung zwischen Square und Piece		x					
	Zustandsübergang		x					
	explizit weggelassen:							
	sonstiges: Methode "IstWegFrei" bei Schachspiel				x			
Zug nicht möglich, wenn Zielfeld von gleicher Farbe belegt	OCL-Invariante		x			0	1	0
	Mögliche Züge eingeschränkt		x					
	explizit weggelassen:							
	sonstiges:							
Satz	If a piece moves to a square occupied by an opponent´s piece, the opponent´s piece is captured and removed from the chessboard as part of the same move.							
Bedingung für "capture" und "remove"	OCL-Bedingung		x			1	0	0
	Modelliert in einem Automaten		x					
	if-Anweisung im Kommentar		x					
	im Aktivitätsdiagramm				x			
	im Sequenzdiagramm		x					
	explizit weggelassen:							
	sonstiges:							
"captured" und "removed" als Teil des Moves	im Sequenzdiagramm		x			1	0	0
	im Aktivitätsdiagramm		x					
	als Kommentar für move (Unteraufrufe)		x					
	explizit weggelassen:							
	sonstiges: capture im Aktivitätsdiagramm als Teil des Move				x			
Piece <-- captured	Methode		x			1	0	0
	Zustandsübergang		x					
	Beziehung		x					
	explizit weggelassen:							
	sonstiges: als Methode bei Schachspiel				x			
Piece <-- removed	Methode		x			0	1	0
	Zustandsübergang		x					
	Beziehung		x					
	explizit weggelassen:							
	sonstiges:							
Satz	A piece attacks a square even if this piece cannot move to that square because it would then leave the king of it's own colour under attack or place the king under							
"attacks" ggü. Square modelliert	Beziehung zwischen Square und Piece		x			0	1	0
	als (Bool'sche) Methode		x					
	Zustandsübergang		x					
	explizit weggelassen:							
	sonstiges:							
Piece|King <-- "place under attac"	Methode		x			0	1	0
	Zustandsübergang		x					
	Beziehung		x					
	explizit weggelassen:							
	sonstiges:							
Satz 3.2	The bishop may move to any square along a diagonal on which it stands.							
Piece[bishop] <-- move Einschränkung	OCL-Bedingung für move bei Bishop		x			0	0	1
	Einschränkung möglicher Züge (Kommentar)				x			
	explizit weggelassen:							
	sonstiges: nicht ausreichend							
Piece "stands on diagonal"	Beziehung zwischen Piece und Diagonal		x			0	1	0
	als (Bool'sche) Methode		x					
	Zustandsübergang		x					
	explizit weggelassen:							
	sonstiges:							
Satz 3.3	The rook may move to any square along the file or the rank on which it stands.							
Piece[rook] <-- move Einschränkung	OCL-Bedingung für move bei Rook		x			1	0	0
	Einschränkung möglicher Züge (Kommentar)		x					
	explizit weggelassen:							
	sonstiges:							
Piece "stands on rank"	Beziehung zwischen Piece und Rank					1	0	0
	als (Bool'sche) Methode							
	explizit weggelassen:							
	sonstiges: Attributwert		x					
Satz 3.4	The queen may move to any square along the file, the rank or a diagonal on which it stands.							
Piece[queen] <-- move Einschränkung	OCL-Bedingung für move bei Queen		x			0	0	1
	Einschränkung möglicher Züge (Kommentar)				x			
	explizit weggelassen:							
	sonstiges:							
Piece "stands on file"	Beziehung zwischen Piece und File					1	0	0
	als (Bool'sche) Methode							
	explizit weggelassen:							
	sonstiges: Attributwert		x					
Satz 3.5	When making these moves the bishop, rook or queen may not move over any intervening pieces.							
Piece[Bishop] <-- move (over) Einschränkung	OCL-Bedingung für move bei Bishop		x			1	0	0
	Einschränkung möglicher Züge (Kommentar)		x					
	explizit weggelassen:							
	sonstiges: Methode bei Schachspiel		x					
Piece[Rook] <-- move (over) Einschränkung	OCL-Bedingung für move bei Rook		x			1	0	0
	Einschränkung möglicher Züge (Kommentar)		x					

Abbildung E.15: Auswertungen der Studentenlösung, Seite 4 von 11

53	Name: [Namen der Studenten hier eintragen] Tutorium # 4		RICHTIG	FEHLT	FALSCH	VP RICHTIG	VP FEHLT	VP FALSCH
		explizit weggelassen:						
		sonstiges: Methode bei Schachspiel	x					
	Piece[queen] <-- move (over) Einschränkung	OCL-Bedingung für move bei Queen		x		1	0	0
		Einschränkung möglicher Züge (Kommentar)	x					
		explizit weggelassen:						
		sonstiges: Methode bei Schachspiel	x					
	Piece <-- intervening	als (Bool'sche) Methode		x		0	1	0
		als Zustand	x					
		als Attribut	x					
		explizit weggelassen:						
		sonstiges:						

Satz 3.6 The knight may move to one of the squares nearest to that on which it stands but not on the same rank, file or diagonal.

			RICHTIG	FEHLT	FALSCH	VP RICHTIG	VP FEHLT	VP FALSCH
	Beziehung zwischen Piece und Square	Beziehung zwischen Piece und Square		x		1	0	0
		Methode boolean Piece::standsOn(Square)	x					
		explizit weggelassen:						
		sonstiges: Attributwert	x					
	Piece[Knight] <-- move Einschränkung	OCL-Bedingung für move bei Knight		x		0	0	1
		Einschränkung möglicher Züge (Kommentar)		x				
		explizit weggelassen:						
		sonstiges:						
	Es gibt eine Collection "possibleTargetSquares" bzw. sie kann berechnet werden			x		0	1	0
		explizit weggelassen:						
		sonstiges:						
	Es gibt ein Abstandsmaß für die Squares [dist(from, to) oder ähnliches]			x		0	1	0
		explizit weggelassen:						
		sonstiges:						
	Aus der Collection "possibleTargetSquares" können können einzelne Felder etc. entfernt			x		0	1	0
		explizit weggelassen:						
		sonstiges:						

Satz 3.7 The pawn may move forward to the unoccupied square immediately in front of it on the same file.

			RICHTIG	FEHLT	FALSCH	VP RICHTIG	VP FEHLT	VP FALSCH
	Piece[pawn] <-- move	OCL-Bedingung für move bei Pawn		x		1	0	0
		Einschränkung möglicher Züge (Kommentar)	x					
		explizit weggelassen:						
		sonstiges:						
	Piece[pawn] <-- move	als Methode	x			1	0	0
		als Zustandsübergang	x					
		explizit weggelassen:						
		sonstiges:						
	"in front of" kann bestimmt werden (abh. von Piece und Square)					1	0	0
		explizit weggelassen:						
		sonstiges: implizit	x					

Satz On its first move the pawn may move one or two squares forward along the same file provided both squares are unoccupied.

			RICHTIG	FEHLT	FALSCH	VP RICHTIG	VP FEHLT	VP FALSCH
	first move (move <-- isFirst)	als (Bool'sche) Methode		x		1	0	0
		als Zustand	x					
		als Attribut	x					
		explizit weggelassen:						
		sonstiges:						
	im ersten Zug zwei Felder vorwärts	OCL-Bedingung für move bei Pawn		x		1	0	0
		Einschränkung möglicher Züge (Kommentar)	x					
		explizit weggelassen:						
		sonstiges:						

Satz The pawn may move to a square occupied by an opponent`s piece, which is diagonally in front of it on an adjacent file, capturing that piece.

			RICHTIG	FEHLT	FALSCH	VP RICHTIG	VP FEHLT	VP FALSCH
	diagonally in front of kann bestimmt werden (abh. von Piece und Square)	als (Bool'sche) Methode		x		0	1	0
		als Zustand	x					
		als Attribut	x					
		explizit weggelassen:						
		sonstiges:						
	Aneinander angrenzende Files können bestimmt werden	als (Bool'sche) Methode		x		0	1	0
		als Zustand	x					
		als Attribut	x					
		explizit weggelassen:						
		sonstiges:						
	Piece[pawn] <-- move	OCL-Bedingung für move bei Pawn		x		0	1	0
		Einschränkung möglicher Züge (Kommentar)	x					
		explizit weggelassen:						
		sonstiges:						

Satz A pawn attacking a square crossed by an opponent`s pawn which has moved two squares forward in one move from its original square may capture this opponent`s pawn

			RICHTIG	FEHLT	FALSCH	VP RICHTIG	VP FEHLT	VP FALSCH
	square <-- crossed	als Methode		x		0	1	0
		als Beziehung	x					
		als Zustandsübergang	x					
		explizit weggelassen:						
		sonstiges:						
	square <-- isOriginalSquare(Piece)	als Methode		x		0	1	0
		als Beziehung	x					
		als Zustandsübergang	x					
		explizit weggelassen:						
		sonstiges:						
	Abhängig vom vorangegangenen Zug kann en passant geschlagen werden	OCL-Bedingung		x		1	0	0
		in einem Automaten	x					
		if-Anweisung im Kommentar	x					
		im Aktivitätsdiagramm	x					
		im Sequenzdiagramm	x					
		explizit weggelassen:						
		sonstiges:						

Satz This capture is called an `en passant` capture.

			RICHTIG	FEHLT	FALSCH	VP RICHTIG	VP FEHLT	VP FALSCH
		explizit weggelassen:				1	0	0

Abbildung E.16: Auswertungen der Studentenlösung, Seite 5 von 11

53	Name: [Namen der Studenten hier eintragen]	Tutorium # 4	RICHTIG	FEHLT	FALSCH	VP RICHTIG	VP FEHLT	VP FALSCH
	sonstiges:	im Aktivitätsdiagramm	x					
Satz	When a pawn reaches the rank furthest from its original square it must be exchanged as part of the same move for a new queen, rook, bishop or knight of the same							
	Methode/Zustandsübergang/Beziehung	als Methode				0	1	0
		als Zustandsübergang						
		als Beziehung						
	explizit weggelassen:							
	sonstiges:	???						
	Die jeweils entfernteste **Zeile** kann bestimmt werden					1	0	0
	explizit weggelassen:							
	sonstiges:	im Aktivitätsdiagramm	x					
	Austausch von Pieces ist möglich	über Rollen		x		1	0	0
		über übergeordnete Methode		x				
	explizit weggelassen:							
	sonstiges:	im Aktivitätsdiagramm	x					
	Austausch von Pieces tauscht nur weiß gegen weiß und schwarz gegen schwarz			x		0	1	0
	explizit weggelassen:							
	sonstiges:							
Satz	The player's choice is not restricted to pieces that have been captured previously.							
	Choice modelliert	als Klasse		x		1	0	0
		als Rolle		x				
		als Instanz		x				
	explizit weggelassen:							
	sonstiges:	Kommentar im Aktivitätsdiagramm	x					
	Beziehung zwischen Choice und Player			x		0	1	0
	explizit weggelassen:							
	sonstiges:							
	Choice kann alle Qualitäten (Queen, Rook, Bishop, Knight) enthalten			x		0	1	0
	explizit weggelassen:							
	sonstiges:							
	Piece <-- "captured"	als Zustand des Pieces		x		0	1	0
		Collection von captured Pieces vorhanden		x				
	explizit weggelassen:							
	sonstiges:							
Satz	This exchange of a pawn for another piece is called 'promotion' and the effect of the new piece is immediate.							
	Exchange modelliert	als Klasse		x		0	1	0
	explizit weggelassen:							
	sonstiges:							
	nur Exchange von Pawn möglich					0	1	0
	Promotion modelliert	als Klasse		x		0	1	0
	explizit weggelassen:							
	sonstiges:							
	nach der Promotion werden die angegriffenen Squares neu berechnet			x		0	1	0
	explizit weggelassen:							
	sonstiges:							
Satz 3.8	The king may move to any adjoining square if this square is not attacked by one or more pieces of the opponent's.							
	Piece[king] <-- move	OCL-Einschränkung für move bei Pawn		x		1	0	0
		Einschränkung möglicher Züge (Kommentar)	x					
	explizit weggelassen:							
	sonstiges:							
	Angrenzende Squares können bestimmt werden.	implizit	x			1	0	0
	Piece[king] <-- move	OCL-Einschränkung für move bei Pawn		x		1	0	0
		Einschränkung möglicher Züge (Kommentar)	x					
	explizit weggelassen:							
	sonstiges:							
	Square <-- attackedBy(Piece)	als Methode		x		0	1	0
		als Attribut		x				
		als Zustand		x				
	explizit weggelassen:							
	sonstiges:							
Satz	If the square on which the king stands, or the square which it must cross, or the square which it is to occupy, is attacked by one or more of the opponent's pieces, the							
	Bedingung fürs Castling	OCL-Bedingung		x		1	0	0
		in einem Automaten		x				
		if-Anweisung im Kommentar		x				
		im Aktivitätsdiagramm	x					
		im Sequenzdiagramm		x				
	explizit weggelassen:							
	sonstiges:							
Satz	If there is any piece between the king and the rook with which castling is to be effected, the king may not castle							
	Bedingung fürs Castling	OCL-Bedingung		x		1	0	0
		in einem Automaten		x				
		if-Anweisung im Kommentar		x				
		im Aktivitätsdiagramm	x					
		im Sequenzdiagramm		x				
	explizit weggelassen:							
	sonstiges:							
Satz 3.9	The king is said to be 'in check' if it is attacked by one or more of the opponent's pieces, even if such pieces are constrained from moving to that square because they							
	King/Piece <-- "in check"	als Methode einer anderen Klasse (implizit)		x		0	1	0
		im Sequenzdiagramm		x				
		im Aktivitätsdiagramm		x				
		Zustand (von King)		x				
	explizit weggelassen:							
	sonstiges:							
	Es kann festgestellt werden ob ein King/Piece angegriffen wird.	als Methode	x			1	0	0
		als Zustandsübergang		x				
		als Beziehung		x				
	explizit weggelassen:							

Abbildung E.17: Auswertungen der Studentenlösung, Seite 6 von 11

53	Name: [Namen der Studenten hier eintragen] — Tutorium # 4		RICHTIG	FEHLT	FALSCH	VP RICHT	VP FEHLT	VP FALSC
		sonstiges:						
	Menge der möglichen Züge = 0 (wenn Piece die Deckung des Königs aufgeben oder die Deckung nicht herstellen würde)	OCL-Bedingung bei Piece::move()	x			0	1	0
		Einschränkung der möglichen Züge (Kommentar	x					
		explizit weggelassen:						
		sonstiges:						
Satz	No piece can be moved that will expose the king of the same colour to check.							
Satz	No piece can be moved that will leave that king in check.							
Satz 4.1	Each move must be made with one hand only.							
	"hand" modelliert	als Klasse	x			0	1	0
		explizit weggelassen:						
		sonstiges:						
	Wenn "Hand" modelliert wurde, soll auch die Einschränkung da sein.	Einschränkung modelliert	x			0	1	0
		explizit weggelassen:						
		sonstiges:						
Satz 4.2	Provided that he first expresses his intention to adjust, the player having the move may adjust one or more pieces on their squares.							
	"adjust" --> pieces modelliert	als Methode	x			1	0	0
		als Zustandsübergang	x					
		sonstiges: Begründung im Aktivitätsdiagramm				x		
	Vorbedingung fürs "adjust"	OCL-Bedingung	x			1	0	0
		in einem Automaten	x					
		if-Anweisung im Kommentar	x					
		im Aktivitätsdiagramm	x					
		im Sequenzdiagramm	x					
		explizit weggelassen:						
		sonstiges: Begründung im Aktivitätsdiagramm				x		
Satz 4.3	Provided that he not expresses his intention to adjust, if the player having the move deliberately touches on the chessboard one or more pieces of his own, he must							
	Player <-- touch (+Parameter?)	als Methode	x			1	0	0
		als Beziehung	x					
		als Zustandsübergang	x					
		explizit weggelassen:						
		sonstiges: Begründung im Aktivitätsdiagramm				x		
	Player <-- touch kann auf mehr als 1 Piece angwendet werden		x			1	0	0
		explizit weggelassen:						
		sonstiges: Begründung im Aktivitätsdiagramm				x		
	"on the chessboard" --> piece (kann festgestellt werden ob eine Figur geschlagen wurde?)		x			1	0	0
		explizit weggelassen:						
		sonstiges: Begründung im Aktivitätsdiagramm				x		
	Piece <-- "first touched piece" (wid die Reihenfolge von "touch" beachtet?)	als (Bool'sche) Methode	x			1	0	0
		als Zustand	x					
		als Attribut modelliert	x					
		explizit weggelassen:						
		sonstiges: Begründung im Aktivitätsdiagramm				x		
	Piece <-- "can be moved"	als (Bool'sche) Methode	x			1	0	0
		als Zustand	x					
		als Attribut modelliert	x					
		explizit weggelassen:						
		sonstiges: Begründung im Aktivitätsdiagramm				x		
Satz	Provided that he not expresses his intention to adjust, if the player having the move deliberately touches on the chessboard one or more pieces of his opponent's, he							
	"can be captured" (Menge der schlagbaren gegnerischen Figuren kann ermittelt werden)	als (Bool'sche) Methode	x			0	1	0
		als Zustand	x					
		als Attribut modelliert	x					
		explizit weggelassen:						
	Zwang, berührte gegnerische, schlagbare Figuren zu schlagen	OCL-Bedingung	x			0	1	0
		in einem Automaten	x					
		if-Anweisung im Kommentar	x					
		im Aktivitätsdiagramm	x					
		im Sequenzdiagramm	x					
		explizit weggelassen:						
		sonstiges:						
Satz	Provided that he not expresses his intention to adjust, if the player having the move deliberately touches on the chessboard one piece of each colour, he must capture							
	Zwang, berührte gegnerische, schlagbare Figur mit eigener berührter Figur zu schlagen	OCL-Bedingung	x			0	1	0
		in einem Automaten	x					
		if-Anweisung im Kommentar	x					
		im Aktivitätsdiagramm	x					
		im Sequenzdiagramm	x					
		explizit weggelassen:						
		sonstiges:						
Satz	If it is unclear, whether the player's own piece or his opponent's was touched first, the player's own piece shall be considered to have been touched before his							
		explizit weggelassen:				0	1	0
		sonstiges:				x		
Satz 4.4	If a player deliberately touches his king and his rook he must castle with this rook if it is legal to do so.							
	Castling dann nur mit diesem Rook	OCL-Bedingung	x			0	1	0
		in einem Automaten	x					
		if-Anweisung im Kommentar	x					
		im Aktivitätsdiagramm	x					
		im Sequenzdiagramm	x					
		explizit weggelassen:						
		sonstiges:						
Satz	If a player deliberately touches a rook and then deliberately touches his king he may not castle on that move.							
	Reihenfolge beim Berühren der Figuren beachtet?	im Sequenzdiagramm	x			0	1	0
		im Aktivitätsdiagramm	x					
		im Methodenkommentar	x					
		explizit weggelassen:						

Abbildung E.18: Auswertungen der Studentenlösung, Seite 7 von 11

53 Name: [Namen der Studenten hier eintragen] Tutorium # 4		RICHTG	FEHLT	FALSCH	VP RICHT	VP FEHLT	VP FALSCH
	sonstiges:						
Reihenfolge (R, K) des Berührens verbietet Castling	OCL-Bedingung			x	0	1	0
	in einem Automaten			x			
	if-Anweisung im Kommentar			x			
	im Aktivitätsdiagramm			x			
	im Sequenzdiagramm			x			
explizit weggelassen:							
	sonstiges:						
Verbot gilt nur für diesen Zug				x	0	1	0
Satz If a player deliberately touches a rook and then his king, he must move with the first piece touched that can be moved.							
Reihenfolge (R, K) des Berührens führt zu erstem möglichen Spielzug (keine Wahl)	OCL-Bedingung			x	0	1	0
	Einschränkung möglicher Züge (Kommentar)			x			
	in einem Automaten			x			
	if-Anweisung im Kommentar			x			
	im Aktivitätsdiagramm			x			
	im Sequenzdiagramm			x			
explizit weggelassen:							
	sonstiges:						
Satz If a player intends to castle and the player touches the king or the king and a rook at the same time and castling on that side is illegal, the player must make another							
Wenn Castling wegen Reihenfolge der Berührung verboten ist, kann der Spieler einen anderen Zug mit König machen	OCL-Bedingung			x	0	1	0
	Einschränkung möglicher Züge (Kommentar)			x			
	in einem Automaten			x			
	if-Anweisung im Kommentar			x			
	im Aktivitätsdiagramm			x			
	im Sequenzdiagramm			x			
explizit weggelassen:							
	sonstiges:						
Satz If a player intends to castle and the player touches the king or the king and a rook at the same time and castling on that side is illegal and the king has no legal move,							
Wenn Castling verboten ist und der König nicht ziehen kann, kann der Spieler einen anderen Zug machen	OCL-Bedingung			x	0	1	0
	Einschränkung möglicher Züge (Kommentar)			x			
	in einem Automaten			x			
	if-Anweisung im Kommentar			x			
	im Aktivitätsdiagramm			x			
	im Sequenzdiagramm			x			
explizit weggelassen:							
	sonstiges:						
Satz If a player promotes a pawn and the piece has touched the square of promotion, the choice of the piece is finalised.							
Bedingung fürs Festlegen der Choice	OCL-Bedingung			x	0	1	0
	in einem Automaten			x			
	if-Anweisung im Kommentar			x			
	im Aktivitätsdiagramm			x			
	im Sequenzdiagramm			x			
explizit weggelassen:							
	sonstiges:						
Square of Promotion modelliert	als Klasse			x	0	1	0
	als Rolle			x			
	al Instanz			x			
explizit weggelassen:							
	sonstiges:						
Choice modelliert	als Klasse			x	0	1	0
	als Rolle			x			
	al Instanz			x			
explizit weggelassen:							
	sonstiges:						
Choice ist endgültig				x	0	1	0
explizit weggelassen:							
	sonstiges:						
Satz 4.5 If the player cannot move any of the touched pieces of his own and if the player cannot capture any of the touched pieces of his opponent´s, the player may make any							
Wenn keine Züge mit den berührten Figuren möglich ist, kann der Spieler andere Züge machen	OCL-Bedingung			x	0	1	0
	Einschränkung möglicher Züge (Kommentar)			x			
	in einem Automaten			x			
	if-Anweisung im Kommentar			x			
	im Aktivitätsdiagramm			x			
	im Sequenzdiagramm			x			
explizit weggelassen:							
	sonstiges:						
Satz 4.6 When, as a part of a legal move, a piece has been released on a square, it cannot then be moved to another square.							
'released' ist Teil von 'move'	im Sequenzdiagramm			x	0	1	0
	im Aktivitätsdiagramm			x			
	Kommentar zur Methode (Unteraufrufe)			x			
explizit weggelassen:							
	sonstiges:						
Wenn ein Piece "released" wird, kann die Position nicht mehr geändert werden.	OCL-Bedingung			x	0	1	0
	in einem Automaten			x			
	if-Anweisung im Kommentar			x			
	im Aktivitätsdiagramm			x			
	im Sequenzdiagramm			x			
explizit weggelassen:							
	sonstiges:						
Satz If a piece has been captured and the captured piece has been removed from the chessboard and the player has placed his own capturing piece on its new square and							
Wann ist ein Zug abgeschlossen? (Schlagen berücksichtigt)	OCL-Bedingung			x	0	1	0
	in einem Automaten			x			
	if-Anweisung im Kommentar			x			
	im Aktivitätsdiagramm			x			

Abbildung E.19: Auswertungen der Studentenlösung, Seite 8 von 11

	Name: [Namen der Studenten hier eintragen] Tutorium # 4		RICHTIG	FEHLT	FALSCH	VP RICHTIG	VP FEHLT	VP FALSCH
		im Sequenzdiagramm	x					
		explizit weggelassen:						
		sonstiges:						
	Piece <-- "is captured"	als (Bool'sche) Methode	x			0	1	0
		als Zustand modelliert	x					
		als Attribut modelliert	x					
		explizit weggelassen:						
		sonstiges:						
	Piece kann auf KEINEM Square stehen; Multiplizität Piece--standsOn-->Square (0..1)		x			0	1	0
		explizit weggelassen:						
		sonstiges:						
Satz	If the player castles and the player has released the rook on the square previously crossed by the king, the move has been made.							
	Wann ist ein Zug abgeschlossen? (Castling berücksichtigt)	OCL-Bedingung	x			0	1	0
		in einem Automaten	x					
		if-Anweisung im Kommentar	x					
		im Aktivitätsdiagramm	x					
		im Sequenzdiagramm	x					
		explizit weggelassen:						
		sonstiges:						
Satz	If the player castles and the player has released the king from his hand, the move is not yet made but the player no longer has the right to make any other move than							
	Wann ist ein Zug abgeschlossen? (Castling noch nicht fertig)	OCL-Bedingung	x			0	1	0
		in einem Automaten	x					
		if-Anweisung im Kommentar	x					
		im Aktivitätsdiagramm	x					
		im Sequenzdiagramm	x					
		explizit weggelassen:						
		sonstiges:						
Satz 5.1	If a player checkmates his opponent´s king, he wins the game.							
	Bedingung für player <-- "wins the game"	OCL-Bedingung	x			1	0	0
		in einem Automaten	x					
		if-Anweisung im Kommentar	x					
		im Aktivitätsdiagramm	x					
		im Sequenzdiagramm	x					
		explizit weggelassen:						
		sonstiges: Zustand	x					
Satz	If a player wins the game, the game immediately ends.							
	Game <-- ends modelliert	als Methode Game::ends()	x			1	0	0
		als Zustandsübergang im Automaten	x					
		explizit weggelassen:						
		sonstiges: Implizit: Endzustand	x					
	Bedingung für Game <-- ends	OCL-Bedingung	x			1	0	0
		in einem Automaten modelliert	x					
		if-Anweisung im Kommentar	x					
		im Aktivitätsdiagramm	x					
		im Sequenzdiagramm	x					
		explizit weggelassen:						
		sonstiges:						
Satz	If a player resigns, his opponent wins the game.							
	Player <-- "resigns" modelliert	als Methode	x			1	0	0
		als Zustandsübergang	x					
		explizit weggelassen:						
		sonstiges:						
	Bedingung für player (opponent) <-- "wins the game"	OCL-Bedingung	x			0	1	0
		in einem Automaten modelliert	x					
		if-Anweisung im Kommentar	x					
		im Aktivitätsdiagramm	x					
		im Sequenzdiagramm	x					
		explizit weggelassen:						
		sonstiges:						
Satz	If a player resigns, the game immediately ends.							
	Bedingung für Game <-- "ends"	OCL-Bedingung für Game::isFinished() o.ä.	x			1	0	0
		in einem Automaten modelliert	x					
		if-Anweisung im Kommentar zu isFinished()	x					
		im Aktivitätsdiagramm	x					
		im Sequenzdiagramm	x					
		explizit weggelassen:						
		sonstiges:						
Satz 5.2	If the player having the move cannot make a move and his king is not in check, the game is drawn.							
	Bedingung für Game <-- "is drawn"	OCL-Bedingung	x			0	0	1
		als Zustand modelliert	x					
		if-Anweisung im Kommentar zu isDrawn() o.ä.	x					
		im Aktivitätsdiagramm		x				
		im Sequenzdiagramm	x					
		explizit weggelassen:						
		sonstiges:						
	Game <-- "is drawn" modelliert	im Sequenzdiagramm	x			1	0	0
		im Aktivitätsdiagramm	x					
		als Zustand von Game (auch Game::isDrawn())	x					
		explizit weggelassen:						
		sonstiges:						
Satz	If the player having the move cannot make a move and his king is not in check, he game is said to end in ´stalemate´.							
	Bedingung für Game <-- "end in stalemate"	OCL-Bedingung	x			0	1	0
		in einem Automaten modelliert	x					
		if-Anweisung im Kommentar	x					
		im Sequenzdiagramm	x					
		im Aktivitätsdiagramm	x					

Abbildung E.20: Auswertungen der Studentenlösung, Seite 9 von 11

53 Name: [Namen der Studenten hier eintragen] Tutorium # 4	RICHTIG	FEHLT	FALSCH	VP RICHTIG	VP FEHLT	VP FALSCH
explizit weggelassen:						
sonstiges:						
Game <-- "end in stalemate" modelliert						
im Sequenzdiagramm			x	0	1	0
im Aktivitätsdiagramm			x			
als Zustand von Game (auch Game::isInStalemate())			x			
explizit weggelassen:						
sonstiges:						
Satz If the the game ends in stalemate, the game immediately ends.						
Bedingung für Game <-- "ends"						
OCL-Bedingung			x	1	0	0
in einem Automaten modelliert		x				
if-Anweisung im Kommentar			x			
im Sequenzdiagramm			x			
im Aktivitätsdiagramm			x			
explizit weggelassen:						
sonstiges:						
Satz If neither player can checkmate the opponent´s king with any series of legal moves, the game is drawn.						
"Series [of legal moves]" modelliert						
als Klasse			x	0	1	0
als Collection von Moves			x			
explizit weggelassen:						
sonstiges:						
Bedingung für Game <-- "is drawn"						
OCL-Bedingung für Game::isDrawn			x	0	1	0
in einem Automaten modelliert		x				
if-Anweisung im Kommentar			x			
im Sequenzdiagramm			x			
im Aktivitätsdiagramm			x			
explizit weggelassen:						
sonstiges:						
Satz If neither player can checkmate the opponent´s king with any series of legal moves, the game is in a ´dead position´.						
"dead position" modelliert						
als Zustand der Position			x	0	1	0
im Sequenzdiagramm			x			
im Aktivitätsdiagramm			x			
als Zustand des Games			x			
explizit weggelassen:						
sonstiges:						
Bedingung für die "dead position"						
OCL-Bedingung			x	0	1	0
in einem Automaten modelliert		x				
if-Anweisung im Kommentar			x			
im Sequenzdiagramm			x			
im Aktivitätsdiagramm			x			
explizit weggelassen:						
sonstiges:						
Satz If the game is in a ´dead position´, the game immediately ends.						
Bedingung für Game <-- "ends"						
OCL-Bedingung			x	0	1	0
in einem Automaten modelliert		x				
if-Anweisung im Kommentar			x			
im Sequenzdiagramm			x			
im Aktivitätsdiagramm			x			
explizit weggelassen:						
sonstiges:						
Satz If the players agree to drawing the game, the game is drawn.						
"agree (to drawing...)" modelliert						
als Methode			x	1	0	0
als Zustandsübergang		x				
als Beziehung			x			
explizit weggelassen:						
sonstiges:						
Bedingung für Game <-- "draw"						
OCL-Bedingung			x	1	0	0
in einem Automaten modelliert		x				
if-Anweisung im Kommentar			x			
im Sequenzdiagramm			x			
im Aktivitätsdiagramm			x			
explizit weggelassen:						
sonstiges:						
Satz If the game is drawn, the game immediately ends.						
Bedingung für Game <-- "ends"						
OCL-Bedingung			x	1	0	0
in einem Automaten modelliert		x				
if-Anweisung im Kommentar			x			
im Sequenzdiagramm			x			
im Aktivitätsdiagramm			x			
explizit weggelassen:						
sonstiges:						
Satz If any identical position is about to appear on the chessboard at least three times or any identical position has appeared on the chessboard at least three times, the						
Position modelliert						
als Klasse			x	0	1	0
explizit weggelassen:						
sonstiges:						
"identical": Aufstellungen können verglichen werden						
als (Bool'sche) Methode			x	0	1	0
explizit weggelassen:						
sonstiges:						
"has appeared": alle Aufstellungen werden aufgezeichnet			x	0	1	0
explizit weggelassen:						
sonstiges:						
Position <-- "appear": Aktuelle Position kann bestimmt werden						
Game::getPosition()			x	0	1	0
explizit weggelassen:						
sonstiges:						
Für die Position zählen nur die Figuren, die noch im Spiel sind (auf dem Spielbrett stehen)			x	0	1	0
Bedingung für Game <-- "may be drawn"						
OCL-Bedingung			x	1	0	0
in einem Automaten		x				

Abbildung E.21: Auswertungen der Studentenlösung, Seite 10 von 11

53	Name: [Namen der Studenten hier eintragen]	Tutorium # 4	RICHTIG	FEHLT	FALSCH	VP RICHTIG	VP FEHLT	VP FALSCH
		if-Anweisung im Kommentar	x					
		im Aktivitätsdiagramm	x					
		im Sequenzdiagramm	x					
	explizit weggelassen:							
	sonstiges:							
Satz	The game may be drawn if each player has made at least the last 50 consecutive moves without the movement of any pawn and without any capture.							
	"consecutive" modelliert	als Methode	x			0	1	0
		als Zustandsübergang	x					
		als Beziehung	x					
	explizit weggelassen:							
	sonstiges:							
	Bedingung für Game <-- "may be drawn"	OCL-Bedingung	x			1	0	0
		Zustandsübergang im Automaten	x					
		if-Anweisung im Kommentar	x					
	explizit weggelassen:							
	sonstiges:	im Aktivitätsdiagramm	x					
	Punkte GESAMT	182						
	Punkte RICHTIG	87						
	Punkte FEHLT	90						
	Punkte FALSCH	5						
	Notenpunkte	_____						

Abbildung E.22: Auswertungen der Studentenlösung, Seite 11 von 11

99 Name: SAL_E	Tutorium # [hier]	RICHTIG	FEHLT	FALSCH	VP RICHTIG	VP FEHLT	VP FALSCH
Satz 1.1 The game of chess is played between two opponents.							
Game of chess modelliert	als Klasse	x			1	0	0
	als Rolle						
	als Instanz						
	explizit weggelassen:						
	sonstiges:						
Play modelliert	als Beziehung				1	0	0
	als Methode (bei Player)						
	als Zustandsübergang						
	explizit weggelassen:						
	sonstiges: Methode bei opponents	x					
Opponents modelliert	als Rolle (an Player)				1	0	0
	als Klasse	x					
	als Instanz						
	explizit weggelassen:						
	sonstiges: als Rolle	x					
Genau 2 Opponents (Multiplizität 2)			x		0	1	0
Satz They alternatey move their pieces on a square board called a `chessboard`.							
move modelliert	als Methode	x			1	0	0
	als Zustandsübergang						
	als Beziehung zwischen Piece und Player						
	explizit weggelassen:						
	sonstiges: als Klasse	x					
"alternately move" modelliert (immer nur ein Zug pro Spieler)	im Methodennamen				1	0	0
	im Zustandsautomat						
	explizit weggelassen:						
	sonstiges: als Attribut	x					
Piece modelliert	als Klasse	x			1	0	0
	als Rolle						
	als Instanz						
	explizit weggelassen:						
	sonstiges:						
Beziehung zwischen Player und Piece (besitzt o.ä.)			x		1	0	0
Board modelliert (evtl auch Chessboard)	als Klasse	x			1	0	0
	als Rolle						
	als Instanz						
	explizit weggelassen:						
	sonstiges:						
Satz The player with the white pieces commences the game.							
Player modelliert	als Klasse	x			1	0	0
	als Rolle						
	als Instanz						
	explizit weggelassen:						
	sonstiges:						
Farbe der Spielfiguren modelliert	als (Bool'sche) Funktion (isWhite)				1	0	0
	als Zustand						
	als Attribut	x					
	explizit weggelassen:						
	sonstiges:						
"commences" modelliert (der weiße Spieler beginnt)	als Methode (bei Player)	x			1	0	0
	Zustandsübergang im Automaten						
	Beziehung zwischen Player und Game						
	explizit weggelassen:						
	sonstiges:						
Satz A player has the move, after his opponent made his move.							
Move modelliert	Beziehung zwischen Player und Move	x			1	0	0
"has the move": Ist modelliert, wer am Zug ist?	im Sequenzdiagramm				1	0	0
	im Aktivitätsdiagramm						
	im Zustand						
	als Methode						
	explizit weggelassen:						
	sonstiges: als Assoziation	x					
"make a move": Beziehung zwischen Move und Player/Opponent	als Methode				1	0	0
	als Zustandsübergang						
	als Beziehung zwischen Player und Move	x					
	explizit weggelassen:						
	sonstiges:						
"has the move, after...": Ist modelliert wann welcher Spieler am Zug ist?	im Sequenzdiagramm		x		0	1	0
	im Aktivitätsdiagramm		x				
	im Zustandsautomat		x				
	explizit weggelassen:						
	sonstiges:						
Satz 1.2 The objective of each player is to place the opponent's king `under attack` in such a way that the opponent has no legal move.							
King modelliert	als Klasse	x			1	0	0
	als Rolle						
	als Instanz						
	explizit weggelassen:						
	sonstiges:						
Beziehung zwischen Player und King			x		1	0	0
Zustand von King, Teil eines Sequenzdiagramms, Methode (+place)?	im Sequenzdiagramm				1	0	0
	im Aktivitätsdiagramm						
	als Zustand						
	als Methode	x					
	explizit weggelassen:						
	sonstiges:						
"legal" modelliert (move <-- legal)	als Methode				1	0	0

Abbildung E.23: Auswertungen der SAL_E **mx**-Lösung, Seite 1 von 11

99 Name: SAL_E	Tutorium # [hier]	RICHTIG	FEHLT	FALSCH	VP RICHTIG	VP FEHLT	VP FALSCH
	als Zustand (von Move)						
	als Attribut	x					
explizit weggelassen:							
sonstiges:							
"has no legal move": ist ein Festellen der möglichen Züge spielerabhängig möglich	als Methode			x	0	1	0
	als Zustand (von Move)	x					
	als Attribut	x					
explizit weggelassen:							
sonstiges:							
Satz The player who achieves this goal has checkmated the opponent´s king and wins the game.							
"... who achieves this goal, has ... ": ist modelliert, wann ein bei Schachmatt Spieler gewinnt?	als OCL-Bedingung für Player::winTheGame()				1	0	0
	im Sequenzdiagramm						
	im Aktivitätsdiagramm						
explizit weggelassen:							
sonstiges:	im Zustandsdiagramm von Player	x					
Piece[King] <-- checkmated modelliert	als Methode	x			1	0	0
	als Zustandsübergang						
	als Beziehung						
explizit weggelassen:							
sonstiges:							
"wins the game" modelliert	als Methode				1	0	0
	als Zustandsübergang						
	als Beziehung						
explizit weggelassen:							
sonstiges:	als Zustand			x			
Satz Leaving one's own king under attack, exposing one's own king to attack and also 'capturing' the opponent's king are not allowed.							
"leaving under attack": Piece <-- move	als OCL-Invariante				1	0	0
	als Zustandsübergang ggf. mit Guard/Instrument						
	if-Anweisung im Kommentar						
explizit weggelassen:							
sonstiges:	als Methode			x			
"exposing to attack": Piece <-- move	als OCL-Invariante				1	0	0
	als Zustandsübergang ggf. mit Guard/Instrument						
	if-Anweisung im Kommentar						
explizit weggelassen:							
sonstiges:	als Methode			x			
Piece <-- capture	als OCL-Invariante				1	0	0
	als Zustandsübergang ggf. mit Guard/Instrument						
	if-Anweisung im Kommentar						
explizit weggelassen:							
sonstiges:	als Methode			x			
Piece <-- capture	als Methode				1	0	0
	als Zustandsübergang						
	als Beziehung						
explizit weggelassen:							
sonstiges:	dito			x			
Satz The opponent whose king has been checkmated has lost the game.							
"checkmated": Zustand von King, Sequenzdiagramm, Methode (implizit andere Klasse)	im Sequenzdiagramm				1	0	0
	im Aktivitätsdiagramm						
	als Zustand	x					
explizit weggelassen:							
sonstiges:							
"...has been checkmated, has ...": Bedingung für "lost the game"	als OCL-Bedingung			x	0	1	0
	im Zustandsautomat			x			
	if-Anweisung im Kommentar			x			
	im Aktivitätsdiagramm			x			
	im Sequenzdiagramm			x			
explizit weggelassen:							
sonstiges:							
"loose the game" modelliert	Methode				1	0	0
	Zustandsübergang im Automaten						
	Beziehung	x					
explizit weggelassen:							
sonstiges:							
Satz 1.3 If the position is such that neither player can possibly checkmate, the game is drawn.							
"if ..., the game is drawn": Bedingung für "drawn"	als OCL-Bedingung			x	0	1	0
	im Zustandsautomat			x			
	if-Anweisung im Kommentar			x			
	im Aktivitätsdiagramm			x			
	im Sequenzdiagramm			x			
explizit weggelassen:							
sonstiges:							
"drawn": Zustand des Games modelliert	im Sequenzdiagramm				1	0	0
	im Aktivitätsdiagramm						
	als Zustand	x					
	als Methode (bei anderer Klasse)						
explizit weggelassen:							
sonstiges:							
Satz 2.1 The chessboard is composed of an 8x8 grid of 64 equal squares which are alternately light and dark.							
Grid modelliert	als Klasse	x			1	0	0
	als Rolle						
	als Instanz						
explizit weggelassen:							
sonstiges:							
Square modelliert	als Klasse	x			1	0	0
	als Rolle						

Abbildung E.24: Auswertungen der SAL_E **mx**-Lösung, Seite 2 von 11

99 / Name: SAL$_E$	Tutorium # [hier]	RICHTIG	FEHLT	FALSCH	VP RICHTIG	VP FEHLT	VP FALSCH
	als Instanz						
explizit weggelassen:							
sonstiges:							
Dimensionen des Grids modelliert (8x8)		x			1	0	0
explizit weggelassen:							
sonstiges:							
Aggregation Chessboard<>---Grid					1	0	0
explizit weggelassen:							
sonstiges:	Vererbungsbeziehung	x					
Multiplizität Chessboard<>---Grid				x	0	1	0
explizit weggelassen:							
sonstiges:							
Multiplizität Grid<>---Square	genau 64 Squares	x			1	0	0
Farbe der Squares modelliert	als Attribut	x			1	0	0
explizit weggelassen:							
sonstiges:							
alternately white and dark				x	0	0	1
explizit weggelassen:							
sonstiges:							
Satz The chessboard is placed between the players in such a way that the near corner square to the right of the player is white.							
explizit weggelassen:					1	0	0
sonstiges:	im Klassendiagramm über Klasse 'right'	x					
Satz 2.2 At the beginning of the game one player has 16 white pieces; the other has 16 black pieces.							
GameOfChess <-- beginning					1	0	0
explizit weggelassen:							
sonstiges:	Assoziation	x					
Multiplizitäten an Beziehung Player -- Pieces (1..16)	exakt 16	x			1	0	0
Satz These pieces are as follows: One white king, one white queen, [...] two black knights, eight black pawns.							
Figuren mit Oberklasse (Piece) modelliert	Vererbungsbeziehung	x			1	0	0
explizit weggelassen:							
sonstiges:							
Queen modelliert	als Klasse	x			1	0	0
	als Rolle						
	als Instanz						
explizit weggelassen:							
sonstiges:							
Multiplizitäten für Queen korrekt umgesetzt. (0..1, 1, 0..9)		x			1	0	0
Rook modelliert	als Klasse	x			1	0	0
	als Rolle						
	als Instanz						
explizit weggelassen:							
sonstiges:							
Multiplizitäten für Rook korrekt umgesetzt. (0..2, 2, 0..10)		x			1	0	0
Bishop modelliert	als Klasse	x			1	0	0
	als Rolle						
	als Instanz						
explizit weggelassen:							
sonstiges:							
Multiplizitäten für Bishop korrekt umgesetzt. (0..2, 2, 0..10)		x			1	0	0
Knight modelliert	als Klasse	x			1	0	0
	als Rolle						
	als Instanz						
explizit weggelassen:							
sonstiges:							
Multiplizitäten für Knight korrekt umgesetzt. (0..2, 2, 0..10)		x			1	0	0
Pawn modelliert	als Klasse	x			1	0	0
	als Rolle						
	als Instanz						
explizit weggelassen:							
sonstiges:							
Multiplizitäten für Pawn korrekt umgesetzt. (0..8)		x			1	0	0
Satz 2.4 The eight vertical columns of squares are called 'files'.							
File/Column modelliert	als Klasse	x			1	0	0
	als Rolle						
	als Instanz						
explizit weggelassen:							
sonstiges:							
Aggregation File/Column<>---Square		x			1	0	0
Multiplizität korrekt modelliert (8)				x	0	1	0
Satz The eight horizontal rows of squares are called ranks.							
Rank/Row modelliert	als Klasse	x			1	0	0
	als Rolle						
	als Instanz						
explizit weggelassen:							
sonstiges:							
Aggregation Rank/Row<>---Square		x			1	0	0
Multiplizität korrekt modelliert (8)				x	0	1	0
Satz A straight line of squares of the same colour, touching corner to corner, is called a 'diagonal'.							
Diagonal modelliert	als Klasse	x			1	0	0
	als Rolle						
	als Instanz						
explizit weggelassen:							
sonstiges:							
Aggregation Diagonal/Line<>---Square		x			1	0	0
OCL-Invariante auf Diagonal				x	0	1	0
explizit weggelassen:					0	1	0

Abbildung E.25: Auswertungen der SAL$_E$ мх-Lösung, Seite 3 von 11

99 Name: SAL_E	Tutorium # [hier]	RICHTIG	FEHLT	FALSCH	VP RICHTIG	VP FEHLT	VP FALSCH
	sonstiges:						
	explizit weggelassen:				0	1	0
	sonstiges:						
Satz 3.1 A piece may not move to a square which is occupied by a piece of the same colour.							
move(from,to) modelliert	bei Piece	x			1	0	0
	explizit weggelassen:						
	sonstiges:						
occupied modelliert	Methode bei Piece				1	0	0
	Methode bei Square	x					
	Beziehung zwischen Square und Piece	x					
	Zustandsübergang	x					
	explizit weggelassen:						
	sonstiges:						
Zug nicht möglich, wenn Zielfeld von gleicher Farbe belegt	OCL-Invariante		x		0	1	0
	Mögliche Züge eingeschränkt		x				
	explizit weggelassen:						
	sonstiges:						
Satz If a piece moves to a square occupied by an opponent´s piece, the opponent´s piece is captured and removed from the chessboard as part of the same move.							
Bedingung für "capture" und "remove"	OCL-Bedingung				1	0	0
	Modelliert in einem Automaten	x					
	if-Anweisung im Kommentar						
	im Aktivitätsdiagramm						
	im Sequenzdiagramm						
	explizit weggelassen:						
	sonstiges:						
"captured" und "removed" als Teil des Moves	im Sequenzdiagramm				1	0	0
	im Aktivitätsdiagramm						
	als Kommentar für move (Unteraufrufe)						
	explizit weggelassen:						
	sonstiges: Aggregation	x					
Piece <-- captured	Methode	x			1	0	0
	Zustandsübergang						
	Beziehung						
	explizit weggelassen:						
	sonstiges:						
Piece <-- removed	Methode	x			1	0	0
	Zustandsübergang						
	Beziehung						
	explizit weggelassen:						
	sonstiges:						
Satz A piece attacks a square even if this piece cannot move to that square because it would then leave the king of it's own colour under attack or place the king under attack.							
"attacks" ggü. Square modelliert	Beziehung zwischen Square und Piece	x			1	0	0
	als (Bool'sche) Methode						
	Zustandsübergang						
	explizit weggelassen:						
	sonstiges:						
Piece|King <-- "place under attac"	Methode	x			1	0	0
	Zustandsübergang						
	Beziehung						
	explizit weggelassen:						
	sonstiges:						
Satz 3.2 The bishop may move to any square along a diagonal on which it stands.							
Piece[bishop] <-- move Einschränkung	OCL-Bedingung für move bei Bishop				1	0	0
	Einschränkung möglicher Züge (Kommentar)						
	explizit weggelassen:						
	sonstiges: Methode in bishop	x					
Piece "stands on diagonal"	Beziehung zwischen Piece und Diagonal				1	0	0
	als (Bool'sche) Methode						
	Zustandsübergang						
	explizit weggelassen:						
	sonstiges: Beziehung zwischen bischop und diagonal	x					
Satz 3.3 The rook may move to any square along the file or the rank on which it stands.							
Piece[rook] <-- move Einschränkung	OCL-Bedingung für move bei Rook				1	0	0
	Einschränkung möglicher Züge (Kommentar)						
	explizit weggelassen:						
	sonstiges: Methode in rook	x					
Piece "stands on rank"	Beziehung zwischen Piece und Rank				1	0	0
	als (Bool'sche) Methode						
	explizit weggelassen:						
	sonstiges: Beziehung zwischen rook und rank und rook und file	x					
Satz 3.4 The queen may move to any square along the file, the rank or a diagonal on which it stands.							
Piece[queen] <-- move Einschränkung	OCL-Bedingung für move bei Queen				1	0	0
	Einschränkung möglicher Züge (Kommentar)						
	explizit weggelassen:						
	sonstiges: Methode in queen	x					
Piece "stands on file"	Beziehung zwischen Piece und File				1	0	0
	als (Bool'sche) Methode						
	explizit weggelassen:						
	sonstiges: Beziehung zwischen queen und rank/file/diagonal	x					
Satz 3.5 When making these moves the bishop, rook or queen may not move over any intervening pieces.							
Piece[Bishop] <-- move (over) Einschränkung	OCL-Bedingung für move bei Bishop				0	0	1
	Einschränkung möglicher Züge (Kommentar)						
	explizit weggelassen:						
	sonstiges: Methode	x					
Piece[Rook] <-- move (over) Einschränkung	OCL-Bedingung für move bei Rook				0	0	1
	Einschränkung möglicher Züge (Kommentar)						

Abbildung E.26: Auswertungen der SAL_E Mx-Lösung, Seite 4 von 11

99	Name: SAL$_E$	Tutorium # [hier]	RICHTIG	FEHLT	FALSCH	VP RICHTIG	VP FEHLT	VP FALSCH
	explizit weggelassen:							
	sonstiges:	Methode			x			
	Piece[queen] <-- move (over) Einschränkung	OCL-Bedingung für move bei Queen				0	0	1
		Einschränkung möglicher Züge (Kommentar)						
	explizit weggelassen:							
	sonstiges:	Methode			x			
	Piece <-- intervening	als (Bool'sche) Methode				1	0	0
		als Zustand						
		als Attribut	x					
	explizit weggelassen:							
	sonstiges:							
Satz 3.6	The knight may move to one of the squares nearest to that on which it stands but not on the same rank, file or diagonal.							
	Beziehung zwischen Piece und Square	Beziehung zwischen Piece und Square	x			1	0	0
		Methode boolean Piece::standsOn(Square)						
	explizit weggelassen:							
	sonstiges:							
	Piece[Knight] <-- move Einschränkung	OCL-Bedingung für move bei Knight				0	0	1
		Einschränkung möglicher Züge (Kommentar)						
	explizit weggelassen:							
	sonstiges:					x		
	Es gibt eine Collection "possibleTargetSquares" bzw. sie kann berechnet werden				x	0	1	0
	explizit weggelassen:							
	sonstiges:							
	Es gibt ein Abstandsmaß für die Squares [dist(from, to) oder ähnliches]					1	0	0
	explizit weggelassen:							
	sonstiges:	Vergleichsmethode			x			
	Aus der Collection "possibleTargetSquares" können können einzelne Felder etc. entfernt				x	0	1	0
	explizit weggelassen:							
	sonstiges:							
Satz 3.7	The pawn may move forward to the unoccupied square immediately in front of it on the same file.							
	Piece[pawn] <-- move	OCL-Bedingung für move bei Pawn				1	0	0
		Einschränkung möglicher Züge (Kommentar)						
	explizit weggelassen:							
	sonstiges:	Methode in pawn	x					
	Piece[pawn] <-- move	als Methode	x			1	0	0
		als Zustandsübergang						
	explizit weggelassen:							
	sonstiges:							
	"in front of" kann bestimmt werden (abh. von Piece und Square)					1	0	0
	explizit weggelassen:							
	sonstiges:	Assoziation	x					
Satz	On its first move the pawn may move one or two squares forward along the same file provided both squares are unoccupied.							
	first move (move <-- isFirst)	als (Bool'sche) Methode				1	0	0
		als Zustand	x					
		als Attribut						
	explizit weggelassen:							
	sonstiges:							
	im ersten Zug zwei Felder vorwärts	OCL-Bedingung für move bei Pawn		x		0	1	0
		Einschränkung möglicher Züge (Kommentar)		x				
	explizit weggelassen:							
	sonstiges:							
Satz	The pawn may move to a square occupied by an opponent`s piece, which is diagonally in front of it on an adjacent file, capturing that piece.							
	diagonally in front of kann bestimmt werden (abh. von Piece und Square)	als (Bool'sche) Methode				1	0	0
		als Zustand						
		als Attribut						
	explizit weggelassen:							
	sonstiges:	Assoziation	x					
	Aneinander angrenzende Files können bestimmt werden	als (Bool'sche) Methode				1	0	0
		als Zustand						
		als Attribut						
	explizit weggelassen:							
	sonstiges:	Methode bei square	x					
	Piece[pawn] <-- move	OCL-Bedingung für move bei Pawn		x		0	1	0
		Einschränkung möglicher Züge (Kommentar)		x				
	explizit weggelassen:							
	sonstiges:							
Satz	A pawn attacking a square crossed by an opponent`s pawn which has moved two squares forward in one move from its original square may capture this opponent`s pawn							
	square <-- crossed	als Methode		x		0	1	0
		als Beziehung		x				
		als Zustandsübergang		x				
	explizit weggelassen:							
	sonstiges:							
	square <-- isOriginalSquare(Piece)	als Methode		x		0	1	0
		als Beziehung		x				
		als Zustandsübergang		x				
	explizit weggelassen:							
	sonstiges:							
	Abhängig vom vorangegangenen Zug kann en passant geschlagen werden	OCL-Bedingung		x		0	1	0
		in einem Automaten		x				
		if-Anweisung im Kommentar		x				
		im Aktivitätsdiagramm		x				
		im Sequenzdiagramm		x				
	explizit weggelassen:							
	sonstiges:							
Satz	This capture is called an `en passant` capture.							
	explizit weggelassen:						1	0	0

Abbildung E.27: Auswertungen der SAL$_E$ mx-Lösung, Seite 5 von 11

99 Name: SAL$_E$	Tutorium # [hier]	RICHTIG	FEHLT	FALSCH	VP RICHT	VP FEHLT	VP FALSC
	sonstiges: als Zugklasse	x					
Satz When a pawn reaches the rank furthest from its original square it must be exchanged as part of the same move for a new queen, rook, bishop or knight of the same							
Methode/Zustandsübergang/Beziehung	als Methode	x			1	0	0
	als Zustandsübergang						
	als Beziehung						
	explizit weggelassen:						
	sonstiges:						
Die jeweils entfernteste **Zeile** kann bestimmt werden		x			1	0	0
	explizit weggelassen:						
	sonstiges:						
Austausch von Pieces ist möglich	über Rollen			x	0	1	0
	über übergeordnete Methode			x			
	explizit weggelassen:						
	sonstiges:						
Austausch von Pieces tauscht nur weiß gegen weiß und schwarz gegen schwarz			x		0	1	0
	explizit weggelassen:						
	sonstiges:						
Satz The player's choice is not restricted to pieces that have been captured previously.							
Choice modelliert	als Klasse	x			1	0	0
	als Rolle						
	als Instanz						
	explizit weggelassen:						
	sonstiges:						
Beziehung zwischen Choice und Player		x			1	0	0
	explizit weggelassen:						
	sonstiges:						
Choice kann alle Qualitäten (Queen, Rook, Bishop, Knight) enthalten					1	0	0
	explizit weggelassen:						
	sonstiges: im Aktivitätsdiagramm			x			
Piece <-- "captured"	als Zustand des Pieces				1	0	0
	Collection von captured Pieces vorhanden						
	explizit weggelassen:						
	sonstiges: Prüfmethode			x			
Satz This exchange of a pawn for another piece is called 'promotion' and the effect of the new piece is immediate.							
Exchange modelliert	als Klasse	x			1	0	0
	explizit weggelassen:						
	sonstiges:						
nur Exchange von Pawn möglich			x		0	1	0
Promotion modelliert	als Klasse	x			1	0	0
	explizit weggelassen:						
	sonstiges:						
nach der Promotion werden die angegriffenen Squares neu berechnet					1	0	0
	explizit weggelassen:						
	sonstiges: effect eines pieces			x			
Satz 3.8 The king may move to any adjoining square if this square is not attacked by one or more of the opponent's pieces.							
Piece[king] <-- move	OCL-Einschränkung für move bei Pawn				1	0	0
	Einschränkung möglicher Züge (Kommentar)						
	explizit weggelassen:						
	sonstiges: Methode			x			
Angrenzende Squares können bestimmt werden.				x	0	0	1
Piece[king] <-- move	OCL-Einschränkung für move bei Pawn				1	0	0
	Einschränkung möglicher Züge (Kommentar)						
	explizit weggelassen:						
	sonstiges: Methode			x			
Square <-- attackedBy(Piece)	als Methode				1	0	0
	als Attribut						
	als Zustand						
	explizit weggelassen:						
	sonstiges: Assoziation			x			
Satz If the square on which the king stands, or the square which it must cross, or the square which it is to occupy, is attacked by one or more of the opponent's pieces, the							
Bedingung fürs Castling	OCL-Bedingung				1	0	0
	in einem Automaten						
	if-Anweisung im Kommentar						
	im Aktivitätsdiagramm						
	im Sequenzdiagramm						
	explizit weggelassen:						
	sonstiges: Methode			x			
Satz If there is any piece between the king and the rook with which castling is to be effected, the king may not castle.							
Bedingung fürs Castling	OCL-Bedingung				1	0	0
	in einem Automaten						
	if-Anweisung im Kommentar						
	im Aktivitätsdiagramm						
	im Sequenzdiagramm						
	explizit weggelassen:						
	sonstiges: Methode			x			
Satz 3.9 The king is said to be 'in check' if it is attacked by one or more of the opponent's pieces, even if such pieces are constrained from moving to that square because they							
King/Piece <-- "in check"	als Methode einer anderen Klasse (implizit)				1	0	0
	im Sequenzdiagramm						
	im Aktivitätsdiagramm						
	Zustand (von King)			x			
	explizit weggelassen:						
	sonstiges: Prüfmethode			x			
Es kann festgestellt werden ob ein King/Piece angegriffen wird.	als Methode				1	0	0
	als Zustandsübergang						
	als Beziehung						
	explizit weggelassen:						

Abbildung E.28: Auswertungen der SAL$_E$ mx-Lösung, Seite 6 von 11

99 Name: SAL_E	Tutorium # [hier]	RICHTIG	FEHLT	FALSCH	VP RICHTIG	VP FEHLT	VP FALSCH
sonstiges:	Assoziation	x					
Menge der möglichen Züge = 0 (wenn Piece die Deckung des Königs aufgeben oder die Deckung nicht herstellen würde)	OCL-Bedingung bei Piece::move()			x	0	1	0
	Einschränkung der möglichen Züge (Kommentar			x			
explizit weggelassen: sonstiges:							
Satz No piece can be moved that will expose the king of the same colour to check.							
Satz No piece can be moved that will leave that king in check.							
Satz 4.1 Each move must be made with one hand only.							
"hand" modelliert	als Klasse				1	0	0
explizit weggelassen:	BITTE EINTRAGEN			x			
sonstiges:							
Wenn "Hand" modelliert wurde, soll auch die Einschränkung da sein.	Einschränkung modelliert				1	0	0
explizit weggelassen:	BITTE EINTRAGEN			x			
sonstiges:							
Satz 4.2 Provided that he first expresses his intention to adjust, the player having the move may adjust one or more pieces on their squares.							
"adjust" --> pieces modelliert	als Methode				1	0	0
	als Zustandsübergang						
explizit weggelassen:	BITTE EINTRAGEN			x			
sonstiges:							
Vorbedingung fürs "adjust"	OCL-Bedingung				1	0	0
	in einem Automaten						
	if-Anweisung im Kommentar						
	im Aktivitätsdiagramm						
	im Sequenzdiagramm						
explizit weggelassen:	BITTE EINTRAGEN			x			
sonstiges:							
Satz 4.3 Provided that he not expresses his intention to adjust, if the player having the move deliberately touches on the chessboard one or more pieces of his own, he must move							
Player <-- touch (+Parameter?)	als Methode				1	0	0
	als Beziehung						
	als Zustandsübergang						
explizit weggelassen:	BITTE EINTRAGEN			x			
Player <-- touch kann auf mehr als 1 Piece angwendet werden					1	0	0
explizit weggelassen:	BITTE EINTRAGEN			x			
sonstiges:							
"on the chessboard" --> piece (kann festgestellt werden ob eine Figur geschlagen wurde?)					1	0	0
explizit weggelassen:	BITTE EINTRAGEN			x			
Piece <-- "first touched piece" (wid die Reihenfolge von "touch" beachtet?)	als (Bool'sche) Methode				1	0	0
	als Zustand						
	als Attribut modelliert						
explizit weggelassen:	BITTE EINTRAGEN			x			
sonstiges:							
Piece <-- "can be moved"	als (Bool'sche) Methode				1	0	0
	als Zustand						
	als Attribut modelliert						
explizit weggelassen:	BITTE EINTRAGEN			x			
sonstiges:							
Satz Provided that he not expresses his intention to adjust, if the player having the move deliberately touches on the chessboard one or more pieces of his opponent´s, he							
"can be captured" (Menge der schlagbaren gegnerischen Figuren kann ermittelt werden)	als (Bool'sche) Methode				1	0	0
	als Zustand						
	als Attribut modelliert						
explizit weggelassen:	BITTE EINTRAGEN			x			
Zwang, berührte gegnerische, schlagbare Figuren zu schlagen	OCL-Bedingung				1	0	0
	in einem Automaten						
	if-Anweisung im Kommentar						
	im Aktivitätsdiagramm						
	im Sequenzdiagramm						
explizit weggelassen:	BITTE EINTRAGEN			x			
sonstiges:							
Satz Provided that he not expresses his intention to adjust, if the player having the move deliberately touches on the chessboard one piece of each colour, he must capture							
Zwang, berührte gegnerische, schlagbare Figur mit eigener berührter Figur zu schlagen	OCL-Bedingung				1	0	0
	in einem Automaten						
	if-Anweisung im Kommentar						
	im Aktivitätsdiagramm						
	im Sequenzdiagramm						
explizit weggelassen:	BITTE EINTRAGEN			x			
sonstiges:							
Satz If it is unclear, whether the player´s own piece or his opponent´s was touched first, the player´s own piece shall be considered to have been touched before his							
explizit weggelassen:	BITTE EINTRAGEN			x	1	0	0
sonstiges:							
Satz 4.4 If a player deliberately touches his king and his rook he must castle with this rook if it is legal to do so.							
Castling dann nur mit diesem Rook	OCL-Bedingung				1	0	0
	in einem Automaten						
	if-Anweisung im Kommentar						
	im Aktivitätsdiagramm						
	im Sequenzdiagramm						
explizit weggelassen:	BITTE EINTRAGEN			x			
sonstiges:							
Satz If a player deliberately touches a rook and then deliberately touches his king he may not castle on that side on that move.							
Reihenfolge beim Berühren der Figuren beachtet?	im Sequenzdiagramm				1	0	0
	im Aktivitätsdiagramm						
	im Methodenkommentar						
explizit weggelassen:	BITTE EINTRAGEN			x			

Abbildung E.29: Auswertungen der SAL_E mx-Lösung, Seite 7 von 11

99	Name: SAL_E	Tutorium # [hier]	RICHTIG	FEHLT	FALSCH	VP RICHTIG	VP FEHLT	VP FALSCH
		sonstiges:						
	Reihenfolge (R, K) des Berührens verbietet Castling	OCL-Bedingung				1	0	0
		in einem Automaten						
		if-Anweisung im Kommentar						
		im Aktivitätsdiagramm						
		im Sequenzdiagramm						
	explizit weggelassen:	BITTE EINTRAGEN			x			
		sonstiges:						
	Verbot gilt nur für diesen Zug					0	1	0
Satz	If a player deliberately touches a rook and then his king, he must move with the first piece touched that can be moved.							
	Reihenfolge (R, K) des Berührens führt zu erstem möglichen Spielzug (keine Wahl)	OCL-Bedingung				1	0	0
		Einschränkung möglicher Züge (Kommentar)						
		in einem Automaten						
		if-Anweisung im Kommentar						
		im Aktivitätsdiagramm						
		im Sequenzdiagramm						
	explizit weggelassen:	BITTE EINTRAGEN			x			
		sonstiges:						
Satz	If a player intends to castle and the player touches the king or the king and a rook at the same time and castling on that side is illegal, the player must make another							
	Wenn Castling wegen Reihenfolge der Berührung verboten ist, kann der Spieler einen anderen Zug mit König machen	OCL-Bedingung				1	0	0
		Einschränkung möglicher Züge (Kommentar)						
		in einem Automaten						
		if-Anweisung im Kommentar						
		im Aktivitätsdiagramm						
		im Sequenzdiagramm						
	explizit weggelassen:	BITTE EINTRAGEN			x			
		sonstiges:						
Satz	If a player intends to castle and the player touches the king or the king and a rook at the same time and castling on that side is illegal and the king has no legal move, the							
	Wenn Castling verboten ist und der König nicht ziehen kann, kann der Spieler einen anderen Zug machen	OCL-Bedingung				1	0	0
		Einschränkung möglicher Züge (Kommentar)						
		in einem Automaten						
		if-Anweisung im Kommentar						
		im Aktivitätsdiagramm						
		im Sequenzdiagramm						
	explizit weggelassen:	BITTE EINTRAGEN			x			
		sonstiges:						
Satz	If a player promotes a pawn and the piece has touched the square of promotion, the choice of the piece is finalised.							
	Bedingung fürs Festlegen der Choice	OCL-Bedingung				1	0	0
		in einem Automaten						
		if-Anweisung im Kommentar						
		im Aktivitätsdiagramm						
		im Sequenzdiagramm						
	explizit weggelassen:	BITTE EINTRAGEN			x			
		sonstiges:						
	Square of Promotion modelliert	als Klasse				1	0	0
		als Rolle						
		al Instanz						
	explizit weggelassen:	BITTE EINTRAGEN			x			
		sonstiges:						
	Choice modelliert	als Klasse				1	0	0
		als Rolle						
		al Instanz						
	explizit weggelassen:	BITTE EINTRAGEN			x			
		sonstiges:						
	Choice ist endgültig					1	0	0
	explizit weggelassen:	BITTE EINTRAGEN			x			
		sonstiges:						
Satz 4.5	If the player cannot move any of the touched pieces of his own and if the player cannot capture any of the touched pieces of his opponent´s, the player may make any							
	Wenn keine Züge mit den berührten Figuren möglich ist, kann der Spieler andere Züge machen	OCL-Bedingung				1	0	0
		Einschränkung möglicher Züge (Kommentar)						
		in einem Automaten						
		if-Anweisung im Kommentar						
		im Aktivitätsdiagramm						
		im Sequenzdiagramm						
	explizit weggelassen:	BITTE EINTRAGEN			x			
		sonstiges:						
Satz 4.6	When, as a part of a legal move, a piece has been released on a square, it cannot then be moved to another square.							
	"released" ist Teil von "move"	im Sequenzdiagramm				1	0	0
		im Aktivitätsdiagramm						
		Kommentar zur Methode (Unteraufrufe)						
	explizit weggelassen:	BITTE EINTRAGEN			x			
		sonstiges:						
	Wenn ein Piece "released" wird, kann die Position nicht mehr geändert werden.	OCL-Bedingung				1	0	0
		in einem Automaten						
		if-Anweisung im Kommentar						
		im Aktivitätsdiagramm						
		im Sequenzdiagramm						
	explizit weggelassen:	BITTE EINTRAGEN			x			
		sonstiges:						
Satz	If a piece has been captured and the captured piece has been removed from the chessboard and the player has placed his own capturing piece on its new square and the							
	Wann ist ein Zug abgeschlossen? (Schlagen berücksichtigt)	OCL-Bedingung				1	0	0
		in einem Automaten						
		if-Anweisung im Kommentar						
		im Aktivitätsdiagramm						

Abbildung E.30: Auswertungen der SAL_E mx-Lösung, Seite 8 von 11

99 Name: SAL$_E$	Tutorium # [hier]	RICHTIG	FEHLT	FALSCH	VP RICHTIG	VP FEHLT	VP FALSCH
	im Sequenzdiagramm						
explizit weggelassen:	BITTE EINTRAGEN			x			
sonstiges:							
Piece <-- "is captured"	als (Bool'sche) Methode				1	0	0
	als Zustand modelliert						
	als Attribut modelliert						
explizit weggelassen:	BITTE EINTRAGEN			x			
sonstiges:							
Piece kann auf KEINEM Square stehen; Multiplizität Piece--standsOn-->Square (0..1)					1	0	0
explizit weggelassen:	BITTE EINTRAGEN			x			
sonstiges:							
Satz If the player castles and the player has released the rook on the square previously crossed by the king, the move has been made.							
Wann ist ein Zug abgeschlossen? (Castling berücksichtigt)	OCL-Bedingung				1	0	0
	in einem Automaten						
	if-Anweisung im Kommentar						
	im Aktivitätsdiagramm						
	im Sequenzdiagramm						
explizit weggelassen:	BITTE EINTRAGEN			x			
sonstiges:							
Satz If the player castles and the player has released the king from his hand, the move is not yet made but the player no longer has the right to make any other move than							
Wann ist ein Zug abgeschlossen? (Castling noch nicht fertig)	OCL-Bedingung				1	0	0
	in einem Automaten						
	if-Anweisung im Kommentar						
	im Aktivitätsdiagramm						
	im Sequenzdiagramm						
explizit weggelassen:	BITTE EINTRAGEN			x			
sonstiges:							
Satz 5.1 If a player checkmates his opponent´s king, he wins the game.							
Bedingung für player <-- "wins the game"	OCL-Bedingung				1	0	0
	in einem Automaten						
	if-Anweisung im Kommentar						
	im Aktivitätsdiagramm						
	im Sequenzdiagramm						
explizit weggelassen:							
sonstiges:	im Zustandsdiagramm			x			
Satz If a player wins the game, the game immediately ends.							
Game <-- ends modelliert	als Methode Game::ends()	x			1	0	0
	als Zustandsübergang im Automaten						
explizit weggelassen:							
sonstiges:							
Bedingung für Game <-- ends	OCL-Bedingung				1	0	0
	in einem Automaten modelliert						
	if-Anweisung im Kommentar						
	im Aktivitätsdiagramm			x			
	im Sequenzdiagramm						
explizit weggelassen:							
sonstiges:							
Satz If a player resigns, his opponent wins the game.							
Player <-- "resigns" modelliert	als Methode	x			1	0	0
	als Zustandsübergang						
explizit weggelassen:							
sonstiges:							
Bedingung für player (opponent) <-- "wins the game"	OCL-Bedingung				0	0	1
	in einem Automaten modelliert						
	if-Anweisung im Kommentar						
	im Aktivitätsdiagramm			x			
	im Sequenzdiagramm						
explizit weggelassen:							
sonstiges:							
Satz If a player resigns, the game immediately ends.							
Bedingung für Game <-- "ends"	OCL-Bedingung für Game::isFinished() o.ä.				1	0	0
	in einem Automaten modelliert						
	if-Anweisung im Kommentar zu isFinished()						
	im Aktivitätsdiagramm			x			
	im Sequenzdiagramm						
explizit weggelassen:							
sonstiges:							
Satz 5.2 If the player having the move cannot make a move and his king is not in check, the game is drawn.							
Bedingung für Game <-- "is drawn"	OCL-Bedingung				0	0	1
	als Zustand modelliert						
	if-Anweisung im Kommentar zu isDrawn() o.ä.						
	im Aktivitätsdiagramm			x			
	im Sequenzdiagramm						
explizit weggelassen:							
sonstiges:							
Game <-- "is drawn" modelliert	im Sequenzdiagramm				1	0	0
	im Aktivitätsdiagramm						
	als Zustand von Game (auch Game::isDrawn())	x					
explizit weggelassen:							
sonstiges:	Attribut			x			
Satz If the player having the move cannot make a move and his king is not in check, he game is said to end in `stalemate`.							
Bedingung für Game <-- "end in stalemate"	OCL-Bedingung				0	0	1
	in einem Automaten modelliert						
	if-Anweisung im Kommentar						
	im Sequenzdiagramm						
	im Aktivitätsdiagramm			x			

Abbildung E.31: Auswertungen der SAL$_E$ MX-Lösung, Seite 9 von 11

99 Name: SAL$_E$	Tutorium # [hier]	RICHTIG	FEHLT	FALSCH	VP RICHT	VP FEHLT	VP FALSCK
	explizit weggelassen:						
	sonstiges:						
Game <-- "end in stalemate" modelliert	im Sequenzdiagramm				1	0	0
	im Aktivitätsdiagramm			x			
	als Zustand von Game (auch Game::isInStalemate())						
	explizit weggelassen:						
	sonstiges:						
Satz If the the game ends in stalemate, the game immediately ends.							
Bedingung für Game <-- "ends"	OCL-Bedingung				1	0	0
	in einem Automaten modelliert						
	if-Anweisung im Kommentar						
	im Sequenzdiagramm						
	im Aktivitätsdiagramm			x			
	explizit weggelassen:						
	sonstiges:						
Satz If neither player can checkmate the opponent´s king with any series of legal moves, the game is drawn.							
"Series [of legal moves]" modelliert	als Klasse	x			1	0	0
	als Collection von Moves						
	explizit weggelassen:						
	sonstiges:						
Bedingung für Game <-- "is drawn"	OCL-Bedingung für Game::isDrawn				1	0	0
	in einem Automaten modelliert						
	if-Anweisung im Kommentar						
	im Sequenzdiagramm						
	im Aktivitätsdiagramm			x			
	explizit weggelassen:						
	sonstiges:						
Satz If neither player can checkmate the opponent´s king with any series of legal moves, the game is in a ´dead position´.							
"dead position" modelliert	als Zustand der Position				1	0	0
	im Sequenzdiagramm						
	im Aktivitätsdiagramm			x			
	als Zustand des Games						
	explizit weggelassen:						
	sonstiges: Klasse			x			
Bedingung für die "dead position"	OCL-Bedingung				0	0	1
	in einem Automaten modelliert						
	if-Anweisung im Kommentar						
	im Sequenzdiagramm						
	im Aktivitätsdiagramm			x			
	explizit weggelassen:						
	sonstiges:						
Satz If the game is in a ´dead position´, the game immediately ends.							
Bedingung für Game <-- "ends"	OCL-Bedingung				1	0	0
	in einem Automaten modelliert						
	if-Anweisung im Kommentar						
	im Sequenzdiagramm						
	im Aktivitätsdiagramm			x			
	explizit weggelassen:						
	sonstiges:						
Satz If the players agree to drawing the game, the game is drawn.							
"agree (to drawing...)" modelliert	als Methode	x			1	0	0
	als Zustandsübergang						
	als Beziehung						
	explizit weggelassen:						
	sonstiges: Aktivitätsdiagramm			x			
Bedingung für Game <-- "draw"	OCL-Bedingung				1	0	0
	in einem Automaten modelliert						
	if-Anweisung im Kommentar						
	im Sequenzdiagramm						
	im Aktivitätsdiagramm			x			
	explizit weggelassen:						
	sonstiges:						
Satz If the game is drawn, the game immediately ends.							
Bedingung für Game <-- "ends"	OCL-Bedingung				1	0	0
	in einem Automaten modelliert						
	if-Anweisung im Kommentar						
	im Sequenzdiagramm						
	im Aktivitätsdiagramm			x			
	explizit weggelassen:						
	sonstiges:						
Satz If any identical position is about to appear on the chessboard at least three times or any identical position has appeared on the chessboard at least three times, the game							
Position modelliert	als Klasse	x			1	0	0
	explizit weggelassen:						
	sonstiges:						
"identical": Aufstellungen können verglichen werden	als (Bool'sche) Methode				0	0	1
	explizit weggelassen:						
	sonstiges: als Attribut			x			
"has appeared": alle Aufstellungen werden aufgezeichnet				x	0	1	0
	explizit weggelassen:						
	sonstiges:						
Position <-- "appear": Aktuelle Position kann bestimmt werden	Game::getPosition()				1	0	0
	explizit weggelassen:						
	sonstiges: Methode bei position			x			
Für die Position zählen nur die Figuren, die noch im Spiel sind (auf dem Spielbrett stehen)				x	0	1	0
Bedingung für Game <-- "may be drawn"	OCL-Bedingung				1	0	0
	in einem Automaten						

Abbildung E.32: Auswertungen der SAL$_E$ **MX**-Lösung, Seite 10 von 11

99 Name: SAL_E	Tutorium # [hier]	RICHTIG	FEHLT	FALSCH	VP RICHT	VP FEHLT	VP FALSCH
	if-Anweisung im Kommentar						
	im Aktivitätsdiagramm	x					
	im Sequenzdiagramm						
explizit weggelassen:							
sonstiges:							
Satz	The game may be drawn if each player has made at least the last 50 consecutive moves without the movement of any pawn and without any capture.						
"consecutive" modelliert	als Methode				0	0	1
	als Zustandsübergang						
	als Beziehung						
explizit weggelassen:							
sonstiges:	Attribut			x			
Bedingung für Game <-- "may be drawn"	OCL-Bedingung				0	0	1
	Zustandsübergang im Automaten						
	if-Anweisung im Kommentar						
explizit weggelassen:							
sonstiges:	Aktivitätsdiagramm			x			
Punkte GESAMT	182						
Punkte RICHTIG	143						
Punkte FEHLT	26						
Punkte FALSCH	13						
Notenpunkte	_____						

Abbildung E.33: Auswertungen der SAL_E mx-Lösung, Seite 11 von 11

Anhang F

XML-Definition des Topic Maps-Beispiels

```
<topic id="ID_pc">
  <topname>
    <basename>PC</basename>
  </topname>
</topic>

<topic id="ID_mac">
  <topname>
    <basename>Mac</basename>
    <dispname>Apple Macintosh</dispname>
    <dispname>Apple PC</dispname>
    <sortname>Macintosh</sortname>
  </topname>
</topic>

<topic id="ID_hd">
  <topname>
    <basename>HD</basename>
    <dispname>Festplatte</dispname>
  </topname>
</topic>

<topic id="ID_ram">
  <topname>
    <basename>RAM</basename>
    <dispname>RAM</dispname>
    <dispname>Random Access Memory</dispname>
    <dispname>Arbeitsspeicher</dispname>
  </topname>
</topic>

<topic id="ID_pc100">
  <topname><basename>PC100</basename></topname>
</topic>

<topic id="ID_pc133">
  <topname><basename>PC133</basename></topname>
</topic>

<topic id="ID_rdram">
  <topname>
    <basename>RDRAM</basename>
```

```
      <dispname>Rambus DRAM</dispname>
    </topname>
  </topic>

  <topic id="ID_cpu">
    <topname>
      <basename>CPU</basename>
      <dispname>CPU</dispname>
      <dispname>Central Processing Unit</dispname>
      <dispname>Prozessor</dispname>
    </topname>
  </topic>

  <topic id="ID_alu">
    <topname>
      <basename>ALU</basename>
      <dispname>ALU</dispname>
      <dispname>Arithmetic Logical Unit</dispname>
    </topname>
  </topic>

  <topic id="ID_cache">
    <topname><basename>Cache</basename></topname>
  </topic>

  <topic id="ID_register">
    <topname><basename>Register</basename></topname>
  </topic>

  <topic id="ID_firma">
    <topname><basename>Firma</basename></topname>
  </topic>

  <topic id="ID_amd" types="ID_firma">
    <topname>
      <basename>AMD</basename>
      <dispname>AMD</dispname>
      <dispname>Advanced Micro Devices</dispname>
    </topname>
    <occurs type="ID_homepage">http://www.amd.com</occurs>
    <occurs type="ID_news">
      http://www.heise.de/newsticker/data/jow-11.12.00-000/
    </occurs>
  </topic>

  <topic id="ID_intel" types="ID_firma">
    <topname><basename>Intel</basename></topname>
    <occurs type="ID_homepage">http://www.intel.com</occurs>
    <occurs type="ID_news">
      http://www.heise.de/newsticker/data/jow-11.12.00-000/
    </occurs>
  </topic>

  <!-- Topic Links, die zur Verwaltung benötigt werden -->

  <topic id="ID_homepage">
    <topname><basename>Homepage</basename></topname>
  </topic>
  <topic id="ID_news">
    <topname><basename>Neuigkeiten</basename></topname>
  </topic>
```

```
<topic id="ID_ist_hersteller">
  <topname><basename>ist Hersteller von</basename></topname>
</topic>
<topic id="ID_hersteller">
  <topname><basename>Hersteller</basename></topname>
</topic>
<topic id="ID_produkt">
  <topname><basename>Hersteller</basename></topname>
</topic>
<topic id="ID_besteht_aus">
  <topname><basename>besteht aus</basename></topname>
</topic>
<topic id="ID_ganzes">
  <topname><basename>Ganzes</basename></topname>
</topic>
<topic id="ID_teil">
  <topname><basename>Bestandteil</basename></topname>
</topic>
<topic id="ID_ist_konkurrent">
  <topname><basename>Konkurrent</basename></topname>
</topic>
<topic id="ID_ist_nachfolger">
  <topname><basename>Konkurrent</basename></topname>
</topic>
<topic id="ID_vorgaenger">
  <topname><basename>Vorgänger</basename></topname>
</topic>
<topic id="ID_nachfolger">
  <topname><basename>Nachfolger</basename></topname>
</topic>
<topic id="ID_sprache">
  <topname><basename>Sprache</basename></topname>
</topic>
<topic id="ID_dtspr">
  <topname>
    <basename>Deutsch</basename>
    <dispname>Deutschsprachig</dispname>
    <dispname>German</dispname>
  </topname>
</topic>

<!-- Assoziationen -->

<assoc type="ID_besteht_aus">
  <assocrl type="ID_ganzes">ID_pc</assocrl>
  <assocrl type="ID_teil">ID_cpu</assocrl>
  <assocrl type="ID_teil">ID_ram</assocrl>
  <assocrl type="ID_teil">ID_hd</assocrl>
</assoc>

<assoc type="ID_besteht_aus">
  <assocrl type="ID_ganzes">ID_mac</assocrl>
  <assocrl type="ID_teil">ID_cpu</assocrl>
  <assocrl type="ID_teil">ID_ram</assocrl>
  <assocrl type="ID_teil">ID_hd</assocrl>
</assoc>

<assoc type="ID_besteht_aus">
  <assocrl type="ID_ganzes">ID_cpu</assocrl>
  <assocrl type="ID_teil">ID_alu</assocrl>
  <assocrl type="ID_teil">ID_register</assocrl>
```

```
    <assocrl type="ID_teil">ID_cache</assocrl>
  </assoc>

  <assoc type="ID_ist_konkurrent">
    <assocrl>ID_amd</assocrl>
    <assocrl>ID_intel</assocrl>
  </assoc>

  <assoc type="ID_ist_konkurrent">
    <assocrl>ID_pc133</assocrl>
    <assocrl>ID_rdram</assocrl>
  </assoc>

  <assoc type="ID_ist_hersteller" scope="ID_pc">
    <assocrl type="ID_hersteller">ID_intel</assocrl>
    <assocrl type="ID_produkt">ID_cpu</assocrl>
  </assoc>

  <assoc type="ID_ist_hersteller" scope="ID_pc">
    <assocrl type="ID_hersteller">ID_amd</assocrl>
    <assocrl type="ID_produkt">ID_cpu</assocrl>
  </assoc>

  <assoc type="ID_ist_nachfolger">
    <assocrl type="ID_vorgaenger">ID_pc100</assocrl>
    <assocrl type="ID_nachfolger">ID_pc133</assocrl>
  </assoc>

  <assoc type="ID_ist_aktuell_benutzeter_typ" scope="ID_pc">
    <assocrl type="ID_klasse">ID_ram</assocrl>
    <assocrl type="ID_unterklasse">ID_pc100</assocrl>
    <assocrl type="ID_unterklasse">ID_pc133</assocrl>
    <assocrl type="ID_unterklasse">ID_rdram</assocrl>
  </assoc>

  <assoc type="ID_ist_aktuell_benutzeter_typ" scope="ID_mac">
    <assocrl type="ID_klasse">ID_ram</assocrl>
    <assocrl type="ID_unterklasse">ID_pc100</assocrl>
    <assocrl type="ID_unterklasse">ID_pc133</assocrl>
  </assoc>

  <!-- Facetten -->

  <facet type="ID_sprache">
    <fvalue type="ID_dtspr">
      http://www.heise.de/newsticker/data/jow-11.12.00-000/
    </fvalue>
  </facet>
```

Abbildungsverzeichnis

1.1 Ansatz zur Prüfung von Assoziationen in UML-Diagrammen 3

2.1 "OOA Method Steps" nach Juristo, Moreno und Lopez [JM97] 23
2.2 Vergleich des Zeitpunktes der Modellbildung 29

3.1 Wissenspyramide (nach [SZ03]) 44
3.2 Beispielhafte Darstellung einer Topic Map 48
3.3 Semiotik in Bezug auf den Begriff (vgl. Abbildung 4.4) 59
3.4 Die Selektivität von Symbolen in Comics [McC93, S. 31] 60
3.5 Zur Eindeutigkeit von Symbolen [McC93, S. 24-25] 62
3.6 Fünf Wege, ein Schwein zu spezifizieren 64
3.7 Ternäre Assoziation [UML07, Fig. 7.21] 78
3.8 {xor}-Zusicherung [UML07, Fig. 7.34] 78
3.9 Illustration der Formalisierung der {xor}-Zusicherung (Namen der Omnikanten ausgelassen) 79
3.10 Umsetzung eines SPO-Satzes als Klassendiagramm 80

4.1 Die Wortgrammatik der deutschen Sprache. Hinweis: Das ist *kein* Modell von SENSE! 90
4.2 Beispielausgabe 92
4.3 Wortfolgen und „ihre" Semantik 93
4.4 Semiotik in Bezug auf den Text 94
4.5 Expeditionsmobil: LKW oder PKW? 95
4.6 Sondermodell „Polo Harlekin" von Volkswagen 105
4.7 Halbordnung der Quantoren nach Helbig [Hel01, Abb. 9.1] 108
4.8 CombinedFragment aus der UML-Spezifikation 138

5.1 Alternativen für das erste Subjekt aus § 801 157
5.2 SAL_Eмх-Plugin für Eclipse 158
5.3 SAL_Eмх Prozessübersicht 159
5.4 Illustration der Metamodellschichtung 161
5.5 Aus § 801 erzeugtes Klassendiagramm (ungebeugt) 163
5.6 Aus § 801 erzeugtes Klassendiagramm (gebeugt) 164
5.7 Für die Klasse „Anspruch" erzeugtes Zustandsdiagramm 165

5.8 Aus § 801 erzeugtes Aktivitätsdiagramm (ungebeugt) 168

5.9 Aus § 801 erzeugtes Aktivitätsdiagramm (gebeugt) 169

6.1 Erfolgreiche Beschwerden in der Klausureinsicht 176

6.2 Vergleich der Bewertungen verschiedener Korrektoren 177

7.1 Klassendiagramm zu § 801 (gebeugt, Wdh.) 187

7.2 Aktivitätsdiagramm zu § 801 (gebeugt, Wdh.) 190

7.3 Aktivitätsdiagramm zu § 801 (gebeugt, korrigierte Version) 191

7.4 Übungsaufgabe „Kuchenrezept" aus dem WS 05/06 193

7.5 Musterlösung zur Aufgabe „Kuchenrezept" 194

7.6 Aus dem Kuchenrezept erzeugtes Aktivitätsdiagramm 195

7.7 Aus dem Kuchenrezept erzeugtes Klassendiagramm (ungebeugt, aber Parameternamen und Standard-Typen z. T. gekürzt) 200

7.8 Fallbeispiel „Bibliothek", Klassen-Modell von Callan 204

7.9 Fallbeispiel „Bibliothek", Klassen-Modell des CM-Builder 204

7.10 Fallbeispiel „Bibliothek", extrahiertes Klassen-Modell (gebeugt und Parameternamen z. T. gekürzt) 205

7.11 Objektdiagramm für has_number und adjazente Klassen 210

7.12 Fallbeispiel „Bibliothek", extrahiertes Aktivitätsdiagramm (gebeugt) . 212

7.13 Vergleich der SAL$_E$ мx-Ausgabe mit von Hand erzeugten Modellen (die schwarzen Kreuze entsprechen den Werten von SAL$_E$ мx) 217

7.14 Interne Textrepräsenation der Schach-Spezifikation 218

D.1 Klassendiagramm zum Kuchenrezept (Originalausdruck) 241

E.1 Aufgabentext, Seite 1 von 5 244

E.2 Aufgabentext, Seite 2 von 5 245

E.3 Aufgabentext, Seite 3 von 5 246

E.4 Aufgabentext, Seite 4 von 5 247

E.5 Aufgabentext, Seite 5 von 5 248

E.6 Studentenlösung, Seite 1 von 6 249

E.7 Studentenlösung, Seite 2 von 6 250

E.8 Studentenlösung, Seite 3 von 6 251

E.9 Studentenlösung, Seite 4 von 6 252

E.10 Studentenlösung, Seite 5 von 6 253

E.11 Studentenlösung, Seite 6 von 6 254

E.12 Auswertungen der Studentenlösung, Seite 1 von 11 255

E.13 Auswertungen der Studentenlösung, Seite 2 von 11 256

E.14 Auswertungen der Studentenlösung, Seite 3 von 11 257

E.15 Auswertungen der Studentenlösung, Seite 4 von 11 258

E.16 Auswertungen der Studentenlösung, Seite 5 von 11 259

E.17 Auswertungen der Studentenlösung, Seite 6 von 11 260

E.18 Auswertungen der Studentenlösung, Seite 7 von 11 261

E.19 Auswertungen der Studentenlösung, Seite 8 von 11 262

E.20 Auswertungen der Studentenlösung, Seite 9 von 11 263

E.21 Auswertungen der Studentenlösung, Seite 10 von 11 264

E.22 Auswertungen der Studentenlösung, Seite 11 von 11 265

E.23 Auswertungen der SAL_E mx-Lösung, Seite 1 von 11 266

E.24 Auswertungen der SAL_E mx-Lösung, Seite 2 von 11 267

E.25 Auswertungen der SAL_E mx-Lösung, Seite 3 von 11 268

E.26 Auswertungen der SAL_E mx-Lösung, Seite 4 von 11 269

E.27 Auswertungen der SAL_E mx-Lösung, Seite 5 von 11 270

E.28 Auswertungen der SAL_E mx-Lösung, Seite 6 von 11 271

E.29 Auswertungen der SAL_E mx-Lösung, Seite 7 von 11 272

E.30 Auswertungen der SAL_E mx-Lösung, Seite 8 von 11 273

E.31 Auswertungen der SAL_E mx-Lösung, Seite 9 von 11 274

E.32 Auswertungen der SAL_E mx-Lösung, Seite 10 von 11 275

E.33 Auswertungen der SAL_E mx-Lösung, Seite 11 von 11 276

Tabellenverzeichnis

2.1   Gegenüberstellung der Arbeiten mit vergleichbarem Ziel 27

3.1   Adverse Rollen 86
3.2   Transitive Rollen (Teil 1) 87
3.3   Transitive Rollen (Teil 2) 88

4.1   Konjunktionen der deutschen Sprache 115
4.2   Konstituenten des einfachen Satzes 123
4.3   Klassifikation der Relativbeziehungen 129
4.5   Klassifikation der Verhältnissätze 132
4.4   Klassifikation der Inhaltssätze 133

5.1   Begriffe und Komponenten 143

6.1   Paarweise Korrelation der Korrektoren. 178

Quelltexte-Verzeichnis

5.1   Fallbeispiel „Schuldverschreibung" in SAL$_E$ 153

7.1   Fallbeispiel „Kuchenrezept" in SAL$_E$ (Teil 1) 197

7.2   Fallbeispiel „Kuchenrezept" in SAL$_E$ (Teil 2) 198

7.3   Fallbeispiel „Bibliothek" in SAL$_E$ (Teil 1) 207

7.4   Fallbeispiel „Bibliothek" in SAL$_E$ (Teil 2) 208

Literaturverzeichnis

[Abb83]   ABBOTT, Russell J.: Program Design by Informal English Descriptions. In: *Communnications of the ACM* 26 (1983), November, Nr. 11, S. 882–894. DOI 10.1145/182.358441. – ISSN 0001–0782

[ABHL06] ARISHOLM, Erik ; BRIAND, Lionel C. ; HOVE, Siw E. ; LABICHE, Yvan: The Impact of UML Documentation on Software Maintenance: An Experimental Evaluation. In: *IEEE Transactions on Software Engineering* 32 (2006), Nr. 6, S. 365–381. DOI 10.1109/TSE.2006.59. – ISSN 0098–5589

[Bal00]   *Kapitel* 2.18 OOA. In: BALZERT, Helmut: *Lehrbuch der Software-Technik*. Bd. 1. Spektrum Akademischer Verlag, 2000. – ISBN 3–8274–0480–0, S. 375–430

[BB05]   BAZIRE, Mary ; BRÉZILLON, Patrick: Understanding Context Before Using It. In: DEY, Anind K. (Hrsg.) ; KOKINOV, Boicho N. (Hrsg.) ; LEAKE, David B. (Hrsg.) ; TURNER, Roy M. (Hrsg.): *CONTEXT* Bd. 3554, Springer, 2005 (Lecture Notes in Computer Science), 29-40

[BBN99]   Norm 13250:1999 Dezember 1999. *Topic Maps*

[Bec05]   BECK, Kent: *Extreme Programming*. Studentenausgabe, [Nachdr.]. Addison Wesley, 2005. – ISBN 3–8273–2139–5

[Büh78]   BÜHLER, Karl: *Sprachtheorie – Die Darstellungsfunktion der Sprache*. Frankfurt/Berlin/Wien : Ullstein, 1978

[BKR07]   BECKER, Steffen ; KOZIOLEK, Heiko ; REUSSNER, Ralf: Model-Based performance prediction with the palladio component model. In: *WOSP '07: Proceedings of the 6th international workshop on Software and performance*. New York, NY, USA : ACM, 2007. – ISBN 1–59593–297–6, S. 54–65

[BR95]   BURG, J. F. M. ; RIET, Reind P. d.: COLOR-X: Object Modeling profits from Linguistics. In: *Proceedings of the KB&KS'95, the Second International Conference on Building and Sharing of Very Large-Scale Knowledge Bases*, 1995

[BR97]   BURG, J. F. M. ; RIET, Reind P. d.: Truly intelligent CASE environ-
          ments profit from linguistics. In: *Proceedings of the 9th International
          Conference on Software Engineering and Knowledge Engineering*, 1997,
          S. 407–414

[BR08]   BÖHME, Rainer ; REUSSNER, Ralf: Validation of Predictions with Mea-
          surements. In: EUSGELD, Irene (Hrsg.) ; FREILING, Felix C. (Hrsg.) ;
          REUSSNER, Ralf (Hrsg.): *Dependability Metrics* Bd. 4909. Berlin Hei-
          delberg : Springer, 2008 (Lecture Notes in Computer Science), S. 14–18

[Bru08]   BRUMM, Torben: *Erstellung eines Systems thematischer Rollen mit Hil-
          fe einer Experimentsreihe*, Universität Karlsruhe, Studienarbeit, Juli
          2008. http://www.ipd.uka.de/Tichy/theses.php?id=135

[Cal94]   CALLAN, Robert E.: *Building Object-Oriented Systems: An Introduction
          from Concepts to Implementation in C++*. Computational Mechanics,
          1994. – ISBN 978–1853123405

[Can09]   CANOO ENGINEERING AG: *canoo net – Deutsche Wörterbücher und
          Grammatik*. online. http://www.canoo.net. Version: 2009. – Ein Pro-
          dukt der Canoo Engineering AG, Kirschgartenstr. 5, CH-4051 Basel

[Cho65]   CHOMSKY, Noam: *Aspects of the Theory of Syntax*. Cambridge, Mass. :
          The MIT Press, 1965

[CS97]   CUSUMANO, Michael A. ; SELBY, Richard W.: How Microsoft builds
          software. In: *Communications of the ACM* 40 (1997), Nr. 6, S. 53–61.
          DOI 10.1145/255656.255698. – ISSN 0001–0782

[Den07]   DENNINGER, Oliver: *Erweiterung des Kantenkonzepts deklarativer
          Graphersetzungssysteme von Einfachkanten über Hyperkanten zu Su-
          perkanten*, Universität Karlsruhe, Diplomarbeit, März 2007. http:
          //www.ipd.uka.de/Tichy/theses.php?id=149

[Des37]   DESCARTES, René: *Discours de la Méthode pour bien conduire sa raison
          et chercher la vérité dans les sciences*. Leiden, 1637

[DGG08]   DENNINGER, Oliver ; GELHAUSEN, Tom ; GEISS, Rubino: Applicati-
          ons of Graph Transformations with Industrial Relevance. In: MAN-
          FRED NAGL, Andy S. (Hrsg.): *Applications of Graph Transformations
          with Industrial Relevance* Bd. 5088. Berlin / Heidelberg : Springer, 2008
          (Lecture Notes in Computer Science 1), S. 168–183

[DKK⁺87] DIGNUM, F. ; KEMME, T. ; KREUZEN, W. ; WEIGAND, H. ; RIET, R. P. d.: Constraint modelling using a conceptual prototyping language. In: *Data & Knowledge Engineering* 2 (1987), Nr. 3, S. 213–254. DOI 10.1016/0169–023X(87)90031–0. – ISSN 0169–023X

[DR91] DIGNUM, Frank ; RIET, Reind P. d.: Knowledge Base Modelling Based on Linguistics and Founded in Logic. In: *Data & Knowledge Engineering* 7 (1991), 1-34. http://igitur-archive.library.uu.nl/math/2007-0329-200230/dignum_91_knowledge.pdf

[Ebe05] EBERT, Christof: *Systematisches Requirements-Management.* 1. Aufl. dpunkt.verlag, 2005. – ISBN 3–89864–336–0

[EGW⁺98] EISENBERG, Peter (Hrsg.) ; GELHAUS, Hermann (Hrsg.) ; WELLMANN, Hans (Hrsg.) ; HENNE, Helmut (Hrsg.) ; SITTA, Horst (Hrsg.): *Duden, Grammatik der deutschen Gegenwartssprache.* Bd. 4. 6., neu bearb. Aufl. Mannheim; Leipzig; Wien; Zürich : Dudenredaktion, 1998

[EKR⁺69] EGGERS, Hans ; KLEIN, Wolfgang ; RATH, Rainer ; ROTHKEGEL, Annely ; WEBER, Heinu-Josef ; ZIMMERMANN, Harald: Die automatische Behandlung diskontinuierlicher Konstituenten im Deutschen. In: *Muttersprache. Datenverarbeitung und Linguistik* 9/10 (1969), 260-265. http://is.uni-sb.de/zimmermann/pdf/1969c.pdf

[Eme90] *Kapitel 16:* Temporal and Modal Logic. In: EMERSON, E. A.: *Handbook of Theoretical Computer Science (Volume B): Formal Models and Semantics.* Cambridge, MA, USA : MIT Press, 1990. – ISBN 0–444–88074–7, S. 995–1072

[FID08] FIDE World Chess Federation: *FIDE Handbook – E.I.01A. Laws of Chess.* Version: Februar 2008. http://www.fide.com/component/handbook

[Fil69] FILLMORE, Charles J.: Toward a modern theory of case. In: REIBEL, D. A. (Hrsg.) ; SCHANE, S. A. (Hrsg.): *Modern Studies in English.* Prentice Hall, 1969, S. 361–375

[GBG⁺06] GEISS, Rubino ; BATZ, Gernot V. ; GRUND, Daniel ; HACK, Sebastian ; SZALKOWSKI, Adam M.: GrGen: A Fast SPO-Based Graph Rewriting Tool. In: CORRADINI, A. (Hrsg.) ; EHRIG, H. (Hrsg.) ; MONTANARI, U. (Hrsg.) ; RIBEIRO, L. (Hrsg.) ; ROZENBERG, G. (Hrsg.): *Graph Transformations – ICGT 2006,* Springer, 2006 (Lecture Notes in Computer Science), 383-397. – Natal, Brasil

Literaturverzeichnis

[GDG08]   GELHAUSEN, Tom ; DERRE, Bugra ; GEISS, Rubino: Customizing GrGen.NET for Model Transformation. In: *GRaMoT '08: Proceedings of the 3rd International Workshop on Graph and Model Transformation*. New York, NY, USA : ACM, 2008. – ISBN 978–1–60558–033–3, S. 17–24

[Geb06]   GEBHART, Michael: *Erzeugung natürlicher Sprache aus semantischen Graphen*, Universität Karlsruhe, Studienarbeit, Oktober 2006. http://www.ipd.uka.de/Tichy/theses.php?id=134

[Gel01]   GELHAUSEN, Tom: *Topic Maps und ihre Anwendbarkeit im webbasierten Lern- und Autorensystem Companion*, Universität Karlsruhe, Studienarbeit, März 2001. http://www.ipd.uni-karlsruhe.de/Tichy/uploads/publikationen/90/TopicMaps.pdf

[GLK09]   GELHAUSEN, Tom ; LANDHÄUSSER, Mathias ; KÖRNER, Sven J.: Automatic Checklist Generation for the Assessment of UML Models. In: CHAUDRON, Michel R. V. (Hrsg.): *Models in Software Engineering* Bd. 5421, Springer, 2009 (Lecture Notes in Computer Science), S. 387–399

[Gog92]   GOGUEN, Joseph A.: The Dry and the Wet. In: FALKENBERG, Eckhard (Hrsg.) ; ROLLAND, Colette (Hrsg.) ; EL-SAYED, Nasr-El-Dein (Hrsg.): *Information Systems Concepts*, Elsevier North-Holland, 1992, S. 1–17

[GR03]   GOETZ, Rolf ; RUPP, Chris: Psychotherapy for System Requirements. In: *International Conference on Cognitive Informatics* 00 (2003), S. 75. DOI 10.1109/COGINF.2003.1225956. ISBN 0–7695–1986–5

[GT07]   GELHAUSEN, Tom ; TICHY, Walter F.: Thematic Role based Generation of UML Models from Real World Requirements. In: *First IEEE International Conference on Semantic Computing (ICSC 2007)* Bd. 0. Irvine, CA, USA : IEEE Computer Society, September 2007, 282-289

[Hel01]   HELBIG, Hermann: *Die semantische Struktur natürlicher Sprache*. Berlin ; Heidelberg u. a. : Springer, 2001. – ISBN 3–540–67784–4

[HG00]   HARMAIN, H. M. ; GAIZAUSKAS, Robert J.: CM-Builder: An Automated NL-Based CASE Tool. In: *Automated Software Engineering*, 2000, S. 45–54

[HHH⁺99] HOPPENBROUWERS, Jeroen ; HEUVEL, Willem-Jan van d. ; HOP-
PENBROUWERS, Stijn ; WEIGAND, Hans ; TROYER, Olga de: The
Grammalizer: A CASE Tool Based on Textual Analysis / Infolab,
Tilburg University. Version: März 1999. http://infolab.uvt.nl/pub/
hoppenbrouwersj-1999-43.pdf. 1999 (43). – Forschungsbericht

[How99] HOWELL, David C.: *Fundamental Statistics for the Behavioral Sciences.*
4th. Brooks/Cole Publishing Company, 1999. – ISBN 0–534–35821–7

[HPS04] HORROCKS, Ian ; PATEL-SCHNEIDER, Peter F.: Reducing OWL entail-
ment to description logic satisfiability. In: *J. of Web Semantics* 1 (2004),
Nr. 4, 345-357. DOI 10.1016/j.websem.2004.06.003

[IEE98] *IEEE Standard for a Software Quality Metrics Methodology.* Dec 1998.
– IEEE Std 1061-1998

[IO05] ILIEVA, M.G. ; ORMANDJIEVA, Olga: Automatic Transition of Natural
Language Software Requirements Specification into Formal Presenta-
tion. In: *Natural Language Processing and Information Systems* Bd.
3513/2005. Alicante, Spain : Springer, 2005 (10th International Conference on Applications of Natural Language to Information Systems),
392-397

[IO06] ILIEVA, M. G. ; ORMANDJIEVA, Olag: Models Derived from Automati-
cally Analyzed Textual User Requirements. In: *Software Engineering
Research, Management and Applications, 2006. Fourth International
Conference on* (2006), August, S. 13–21. DOI 10.1109/SERA.2006.51

[JM97] JURISTO, Natalia ; MORENO, Ana M.: Object-Oriented Modeling Focu-
sed on a Linguistic Approach. In: *22nd Annual NASA Software Engineering Workshop.* Maryland (USA), 1997

[JML00] JURISTO, Natalia ; MORENO, Ana M. ; LOPEZ, Marta: How to Use Linguistic Instruments for Object-Oriented Analysis. In: *IEEE Software*
17 (2000), Mai/Juni, Nr. 3, S. 80–89. DOI 10.1109/52.896254. – ISSN
0740–7459

[KB09] KÖRNER, Sven J. ; BRUMM, Torben: RESI – A Natural Language Specification Improver. In: *Third IEEE International Conference on Semantic Computing.* Berkeley, CA, USA, September 2009. – eingereicht

[KC04] KLYNE, Graham ; CARROLL, Jeremy J.: *Resource Description Fra-
mework (RDF): Concepts and Abstract Syntax.* http://www.w3.org/TR/
2004/REC-rdf-concepts-20040210/. Version: Februar 2004

[KG08]   KÖRNER, Sven J. ; GELHAUSEN, Tom: Improving Automatic Model Creation using Ontologies. In: *Proceedings of the Twentieth International Conference on Software Engineering & Knowledge Engineering*, Knowledge Systems Institute, Juli 2008, 691-696

[Kri80]   KRIPKE, Saul A.: *Naming and necessity*. Cambridge, Massachusetts : Harvard University Press, 1980. – ISBN 0–674–59845–8 ; 0–674–59846–6

[Kri94]   KRISTEN, Gerald: *Object Orientation – The KISS Method*. 1. pr. Addison-Wesley, 1994. – ISBN 0–201–42299–9

[KS77]   KLAPPENBACH, Ruth (Hrsg.) ; STEINITZ, Wolfgang (Hrsg.): *Wörterbuch der deutschen Gegenwartssprache (WDG)*. Berlin : Deutschen Akademie der Wissenschaften, 1977 http://www.dwds.de/?qu=Text&woerterbuch=1

[KS98]   KOTONYA, Gerald ; SOMMERVILLE, Ian: *Requirements Engineering: processes and techniques*. John Wiley & Sons, 1998. – ISBN 0–471–97208–8

[LB02]   LEE, Beum-Seuk ; BRYANT, Barrett R.: Automated Conversion from Requirements Documentation to an Object-Oriented Formal Specification Language. In: *SAC '02: Proceedings of the 2002 ACM symposium on Applied computing*. New York, NY, USA : ACM, März 2002. – ISBN 1–58113–445–2, S. 932–936

[LL04]   LIU, Hugo ; LIEBERMAN, Henry: Toward a Programmatic Semantics of Natural Language. In: *Visual Languages and Human Centric Computing, 2004 IEEE Symposium on*. Washington, DC, USA : IEEE Computer Society, 26-29 Sept. 2004. – ISBN 0–7803–8696–5, S. 281–282

[McC93]   MCCLOUD, Scott: *Understanding Comics – The Invisible Art*. New York : HarperCollins Publishers, 1993. – ISBN 0–06–097625–X

[Men04]   MENCL, Vladimir: Deriving Behavior Specifications from Textual Use Cases. In: *Workshop on Intelligent Technologies for Software Engineering (WITSE 2004)*. Lenz, Austria, 2004, S. 331–341

[MH04]   MCGUINNESS, Deborah L. ; HARMELEN, Frank van: *OWL Web Ontology Language Overview*. http://www.w3.org/TR/2004/REC-owl-features-20040210/. Version: Februar 2004

[Mül99]   MÜLLER, Stefan: *Deutsche Syntax deklarativ. Head-Driven Phrase Structure Grammar für das Deutsche.* Tübingen : Max Niemeyer Verlag, 1999 (Linguistische Arbeiten 394). http://www.cl.uni-bremen.de/~stefan/Pub/hpsg.html.en

[Mül07]   MÜLLER, Stefan: *Head-Driven Phrase Structure Grammar – Eine Einführung.* Tübingen, Germany : Stauffenburg Verlag, 2007 (Stauffenburg Einführungen 17). http://hpsg.fu-berlin.de/~stefan/Pub/hpsg-lehrbuch.html

[MM03]   MUKERJI, Jishnu ; MILLER, Joaquin: *MDA Guide V1.0.1.* Version: jun 2003. http://www.omg.org/cgi-bin/doc?omg/03-06-01 Document omg/03-06-01

[MOF06]   Object Management Group: *Meta Object Facility (MOF) Core Specification.* Version: Januar 2006. http://www.omg.org/spec/MOF/2.0/

[MR97]   MORENO, Ana M. ; RIET, Reind van d.: Justification of the Equivalence Between Linguistic and Conceptual Patterns. In: *Third International Workshop on Applications of Natural Language to Information Systems.* Simon Fraser University, Vancouver, Juni 1997

[OCL06]   Object Management Group: *Object Constraint Language – Version 2.0.* Version: Mai 2006. http://www.omg.org/spec/OCL/2.0/PDF

[OMG01]   Object Management Group: *Model Driven Architecture (MDA).* Version: Juli 2001. http://www.omg.org/mda/

[Par09]   PARR, Terence: *ANTLR Parser Generator.* Version: Mai 2009. http://www.antlr.org/, Abruf: 13. Mai 2009. online. – Version 3.1.2

[PM02]   PLASIL, Frantisek ; MENCL, Vladimir: Use Cases: Assembling "Whole Picture"Behavior / Department of Computer Science University of New Hampshire. 2002 (TR 02/11). – Forschungsbericht

[PM03]   PLASIL, Frantisek ; MENCL, Vladimir: Getting 'Whole Picture' Behavior In A Use Case Model. In: *Journal of Integrated Design & Process Science* 7 (2003), Dezember, Nr. 4, S. 63–79. – ISSN 1092–0617

[Rau88]   RAUH, Gisa: *Tiefenkasus, thematische Relationen und Thetarollen.* Tübingen, Germany : Gunter Narr Verlag, 1988. – ISBN 3878083696

[Rei04]   REINERS, Ludwig: *Stilkunst – Ein Lehrbuch deutscher Prosa.* 2. Auflage der neubearbeiteten Ausgabe. München : Verlag C. H. Beck, 2004. – ISBN 3–406–34985–4

[RP92]   ROLLAND, C. ; PROIX, C.: A Natural Language Approach for Require-
           ments Engineering. In: LOUCOPOULOS, P. (Hrsg.): *Proceedings of the
           Fourth International Conference CAiSE'92 on Advanced Information
           Systems Engineering* Bd. 593. Manchester, United Kingdom : Springer,
           1992, S. 257–277

[Rup02a]   RUPP, Chris: Requirements and psychology. In: *IEEE SOFTWARE* 19
           (2002), May/June, Nr. 3, S. 16–18. DOI 10.1109/MS.2002.1003447

[Rup02b]   RUPP, Chris: *Requirements-Engineering und -Management*. 2., überar-
           beitete Auflage. Hanser Fachbuchverlag, 2002. – ISBN 3–446–21960–9

[Sch98]   SCHWITTER, Rolf: *Kontrolliertes Englisch für Anforderungsspezifikatio-
           nen*, Universität Zürich, Diss., Januar 1998. http://www.comp.mq.edu.
           au/~rolfs/papers/DissBook.pdf

[Sch01]   SCHNEIDER, Wolf: *Deutsch für Profis – Wege zu gutem Stil*. 11. Auflage.
           München : Willhelm Goldmann Verlag, 2001. – ISBN 3–442–16175–4

[SGS09]   SCHIMMEL, Jochen ; GELHAUSEN, Tom ; SCHAEFER, Christoph A.: Ge-
           ne Expression with General Purpose Graph Rewriting Systems. In:
           Proceedings of the 8th GT-VMT Workshop, 2009

[SI95]   SZENT-IVANYI, Bela: *Der ungarische Sprachbau*. Buske, 1995

[SN05]   SMITH, James E. ; NAIR, Ravi: The architecture of virtual machines. In:
           Computer 38 (2005), may, Nr. 5, S. 32–38. DOI 10.1109/MC.2005.173. –
           ISSN 0018–9162

[SR05]   SOMMERVILLE, Ian ; RANSOM, Jane: An empirical study of indus-
           trial requirements engineering process assessment and improvement.
           In: *ACM Transactions on Software Engineering and Methodology (TO-
           SEM)* 14 (2005), Nr. 1, S. 85–117. DOI 10.1145/1044834.1044837. –
           ISSN 1049–331X

[SSMG06] STREEKMANN, Niels ; STEFFENS, Ulrike ; MÖBUS, Claus ; GARBE, Hil-
           ke: Model-Driven Integration of Business Information Systems. In:
           Softwaretechnik-Trends 26 (2006), November, Nr. 4, S. 9–13

[Sta02]   STANDISH: *What Are Your Requirements? 2003*. Version: 2002. http:
           //www.telelogic.com/download/index.cfm?id=3380

[SVS98]   SAWYER, Peter ; VILLER, Stephen ; SOMMERVILLE, Ian: Requirements Process Improvement Through the Phased Introduction of Good Practice. In: *Software Process: Improvement and Practice* 3 (1998), Nr. 1, 19-34. citeseer.ist.psu.edu/sawyer97requirements.html

[SW99]   STRUNK, William ; WHITE, Elwyn B. ; 4 (Hrsg.): *The Elements of Style*. Longman Publishers, 1999. – 105 S. – ISBN 978–0205313426

[SWM04]   SMITH, Michael K. ; WELTY, Chris ; McGUINNESS, Deborah L.: *OWL Web Ontology Language Guide*. http://www.w3.org/TR/2004/REC-owl-guide-20040210/. Version: Februar 2004

[SZ03]   SCHMITZ, Christof ; ZUCKER, Betty: *Wissensmanagement. Schnelleres Lernen in Unternehmen*. Metropolitan, 2003

[UML06]   Object Management Group: *New XMI 2.1.1 specification – UML 2.1.1 XMI file(s)*. Version: Oktober 2006. http://www.omg.org/cgi-bin/doc?ptc/2006-10-06

[UML07]   Object Management Group: *Unified Modeling Language, Superstructure Specification – Version 2.1.2*. Version: November 2007. http://www.omg.org/spec/UML/2.1.2/

[VS05]   VÖLTER, Markus ; STAHL, Thomas: *Modellgetriebene Softwareentwicklung*. 1. Aufl. dpunkt-Verlag, 2005. – ISBN 3–89864–310–7

[Win86]   WINTER, Horst: Benennungsmotive für chemische Stoffnamen. In: *Special Language / Fachsprache* Bd. 8, 1986

[Wit22]   WITTGENSTEIN, Ludwig: *Tractatus logico-philosophicus*. Kegan Paul, Trench, Trubner & Co., 1922

[Woe07]   *Duden, Deutsches Universalwörterbuch*. 6., überarbeitete und erweiterte Auflage. Mannheim; Leipzig; Wien; Zürich : Dudenredaktion, 2007

[Wol06]   WOLF, Peter: *Interaktive Auswahl mittels kopfgesteuerter Phrasenstrukturgrammatiken erstellter Analysen von Sätzen deutscher Sprache*, Universität Karlsruhe, Studienarbeit, Januar 2006. http://www.ipd.uka.de/Tichy/theses.php?id=133

[XMI07]   Object Management Group: *MOF 2.0/XMI Mapping, Version 2.1.1*. Version: formal/2007-12-01, Dezember 2007. http://www.omg.org/spec/XMI/2.1/

[Zwi90]   ZWISLER, Rainer: *Sprachentwicklung*. Version: 1990. http://www.
           zwisler.de/scripts/Sprachentwicklung.html

Stichwortverzeichnis

Thematische Rollen

ACT...87, 99, 101, 121, 146, 165–167, 170, 187, 194, 196, 199, 204, 206, 211, 231, 232

AG...........................87, 102, 121, 123, 146, 149, 162–165, 170, 194, 196, 201, 204, 231–233

BEN.................88, 164, 233

CAU ... 85, 87, 114, 126, 128–130, 167

COM 86, 114, 164, 233

COMP 88, 105, 114, 123, 124, 164, 204, 232, 233

COMPII ... 88, 105, 123, 124, 164, 204, 232, 233

CONS 86, 149, 165, 168, 231

CONT 86, 164, 233

CONTII 86, 164, 233

CREA 164, 232, 233

CRIT . 88, 105, 114, 123, 124, 164, 204, 232, 233

CUR.........................87

DON .. 88, 146, 164, 169, 232, 233

DUX.................86, 164, 233

EQD............99, 150, 154, 207

EQK............99, 150, 154, 207

EXP 88

FAU 88, 164, 233

FAV........................85, 88

FIC ... 86, 103, 123, 164, 198, 199, 207, 232, 233

FIN ... 86, 103, 123, 164, 198, 199, 207, 232, 233

FREQ 88, 118

HAB...88, 103, 164, 169, 232, 233

INST . 87, 114, 128, 130, 164, 204, 231, 233

INSTR 114

INT 87, 114, 130, 167, 197

IUS.............87, 101, 194, 233

IUSII.................87, 164, 233

LDEST..........88, 116, 121, 124

LDIM....................88, 116

LIM 88

LOC 88, 116

LORIG 88, 116, 124

LTRANS 88, 121

MAG 87, 164, 233

MOD 87, 130

NOT...........................88

OBL.............87, 164, 194, 233

OMN ... 86, 98, 164, 199, 232, 233

OPUS 85, 87, 164, 232, 233

PARS......86, 164, 199, 232, 233

PAT...87, 123, 146, 149, 164, 165, 170, 194, 196, 199, 204, 231, 233

PERM....................87, 233

POSS......88, 103, 111, 164, 233

POT.............87, 101, 194, 233

POTII 87, 233
PRAE.87, 153, 165, 167, 168, 190, 233
PROP 88, 114
QUAL....86, 98, 99, 104, 164, 233
QUALII 86, 103, 164, 233
RECP 88, 164, 169, 232, 233
REQ............87, 101, 194, 233
REQII 87, 194, 233
STAT .. 87, 99, 101, 110, 123, 126, 164–167, 187, 190, 206, 211, 231–233
STIM.......................... 88
SUB............ 86, 164, 232, 233
SUBII.......... 86, 164, 232, 233
SUCC.87, 153, 165, 167, 168, 190, 233
SUM..86, 114, 130, 149, 165–168, 206, 232, 233
TDEST 88
TDIM....................88, 118
TEMP............... 88, 114, 118
THE .. 86, 114, 128, 129, 164, 232, 233
THEII.86, 128, 129, 164, 232, 233
TORIG 88, 124
TRANS 87, 99, 101, 162, 165–167, 187, 206, 211, 231, 232
TTRANS 88
VOL................. 87, 101, 233
VOLII 87, 164, 233

Abstrakta 98, 99
Adjektiv......................90, 103
Adjektivgruppe 122
    satzgliedwertig...............123
    satzwertig...............124, 125
Adjektivierung..................103
Adjunkt 37–41
Adposition.....................42, 81

Adverb 90, 103
Adverbgruppe...............122, 124
agile Methoden....................17
Aktiv...........................101
anaphorisch..............41, 108, 110
Anforderungsermittlung...........20
Antinomie........................41
Apposition 42, 123
Argument 37–41
Artikel 90, 112

Begriff........................70, 98
Bezeichner 91
Bruchzahl.......................105

CallBehaviorAction.............. 206
CIM............................. 18
Computation Independent Model .. 18

Deixis 41, 86–88, 108, 124
    Diskursdeixis...................41
    Lokaldeixis....................41
    Objektdeixis...................41
    Personaldeixis.................41
    Temporaldeixis................41
Demonstrativpronomen 111, 112
deskriptive Grammatik 38
destinatio 87, 88
dimensio.......................87, 88
directio 87, 88
distal 41, 86
DMX...........................2, 18
dynamische Strukturen...........13

Eclipse-Plugin 157, 222
Eigennamen 98
Elativ.......................... 105
Ellipse 38, 111, 139, 140
Extreme Programming............17

Frageadverb 113
Fragesatz 111

funktionale Anforderungen 16

Gattungsbezeichnung 98
Gattungsbezeichnungen 99
Gattungszahlwort 105
Gebrauch
    adverbial 42, 90, 103
    attributiv 42
    prädikativ 43
Gebrauchstext 6, 12
Genus 99
Genus Verbi 101, 102
grammatisches Geschlecht 99
GrGen ... 143, 145, 158–161, 164, 194,
    235

Handlungsverb 101
Head-Driven Phrase Structure Gram-
    mar 33
hic-nunc-ego-origo 41
HPSG 33, 37, 120

idem ipso 85, 86, 105
Imperativ 101, 102
Indefinitartikel 106, 107
Indefinitpronomen 111, 112
Indikativ 101, 102
Infinitiv
    Infinitivsatz 125
Infinitivkonstruktion 38
Instanzbeziehung 102
inter-rater agreement 172, 175
Inter-Student-Fairness 174
Interrogativpronomen 111, 112
Intra-Student-Fairness 173

Kasus 81
kataphorisch 41, 108, 110
kategorialer Wert 129
Kohärenz 6
Kohäsion 6
Kollektiva 98

Kommentaradverb 114
Komparativ 105
Kongruenz 108, 112
Konjunktion 40, 90, 113, 115
    adversative 114
    disjunktive 114
    finale 114
    instrumentale 114
    kausale 114
    konditionale 114
    konsekutive 114
    konzessive 114
    kopulative 114
    proportionale 114
    restriktive 114
    temporale 114
    vergleichende 114
Konjunktionaladverb 115
Konjunktionalgruppe 122, 125
Konjunktionen
    disjunktive 71
    kausale 71
    kopulative 71
    restriktive 71
Konjunktiv 101, 102
Konkordanz 172, 175
Konkreta 98
Konstituente ... 34–40, 101, 120, 121,
    140
    Kopf einer 121
Konstituenten
    diskontinuierliche 141
Konstituententest 34, 35
Koordination ... 35, 40, 43, 70, 71, 140
Kopf 35–37, 39–41
    einer Konstituente 121
Korpus 25
kumulativ 172

Lokaladverb 116

Stichwortverzeichnis

Lokalitätsstufe 41, 99, 124

medial 41
Mengenalgebra 70
Modaladverb 117
Model Driven Architecture 17
modellgetriebene Entwicklung 17
Modellieraufgaben 171
Modifikation 41, 70, 71
Modus 101, 102
monosem 140
Multiplizität 105–107

Namen 98
narrativ 11, 12
narrativer Text 97
natürliche Sprache 6–7
Nebenordnung 71
Negation 134
nicht-funktionale Anforderungen . 16,
   22
Nicht-Kopf-Tochter 40, 41
Nomen 90, 98
Nominalisierung 99
notwendiger Relativsatz 127
Numerus 99, 101

Oberflächenstruktur 92
Ontologie 25, 45, 94
Ordnungszahl 105
origo 87, 88

Partikel 119
Partizip 43, 122
   Partizipialsatz 125
Partizipgruppe
   satzgliedwertig 123
   satzwertig 124, 125
Partizipialsatz 124
Passiv 101
Passivkonstruktion 38
Personalpronomen 109

Phänomen 70
Plural 99
polysem 139
positio 87, 88
Positiv 105
Possessivpronomen 110, 112
Prädikat 100, 120, 121
Prädikat-Argument-Strukturen . . 100
Präposition 90, 112
Präpositionalgruppe 112, 122, 124
präskriptive Grammatik 38
Pronomen 90, 106, 108
Pronominaladverb 118
proximal 41, 86

Quantor 106, 107

Reflexivpronomen 110
Reifegradmodell für das Anforderungs-
   ingenieurwesen 21
Relation 97
Relativadverb 127
Relativpronomen 111
Relativsatz 111, 127
Requirements Engineering 19
Reziprokpronomen 110
Rolle
   thematische 80–85

Sale 9, 143–170, 181–214
SaleMX 143–170, 181–214
Sammelbezeichnung 98
Satz
   einfacher 120
   Hauptsatz 125
   Infinitivsatz 125
   Nebensatz 125
   Partizipialsatz 125
   Periode 125
   Satzgefüge 125
   Satzreihe 125

Satzverbindung 125
Satzverbindungen 125
Teilsatz 125
zusammengesetzter 125
Satzadjektiv 122
Satzadverb 114, 122
Satzglieder 34
Satznegation 134, 138
Satzpartikel 122
Sense 2, 89–141
Singular 99
Softwareprozessmodelle 17, 22
Sondernegation 134, 138
Spektrum 58, 68–71, 91,
  96–98, 104, 107–109, 111, 113,
  127, 133, 138, 143–150, 161,
  164–166, 169, 197, 206, 207,
  217
Sprachökonomie 4
Sprachverstand 194
Stakeholder 20
statische Strukturen 13
Steigerungsform 105
Stoffbezeichnung 98, 99
Streckverb 39
Strukturmodell 91–93
Substantiv 98, 103
Substantivgruppe 122
Substitutionsprinzip 199
SUD 11
Sumox 171–180, 213–214
Superlativ 105
Syllepse 139, 140
Symbol 70

Temporaladverb 118
Tempus 101
Text 6
Textbezug 41
Textsorte 6, 7

Texttypologie 7
Textualitätskriterium 6
thematische Rolle . 37, 40, 41, 81, 101,
  112
Transformation
  extrinsische 92, 95, 160
  intrinsische 92, 95, 160
transitum 87, 88

Valenz 37–39
Verb 90, 100
  finites 42
  Hilfsverb 101
  Modalverb 101
  Streckverb 100, 121
  Tätigkeitsverb 101
  Vollverb 101
  Vorgangsverb 101
  Zustandsverb 101
Verbaladjektiv 43
Verbguppe 121
Vererbungsbeziehung 102
Vergleichform 105
Vervielfältigungszahlwort 105
Verwendung
  adverbial 42, 90, 103
  attributiv 42
  prädikativ 43
via 87, 88

Wortbildungsmechanismen 89, 98
Wortklasse 89
  geschlossene 89, 90
  offene 89, 90, 98

Zahladjektiv 106
  bestimmtes 105
  unbestimmte 106
Zahlwort 105
Zeitform 101
Zeugma 139